CAEN. — IMPRIMERIE DE E. POISSON.

MÉLANGES

RELIGIEUX, HISTORIQUES

POLITIQUES ET LITTÉRAIRES

PAR

Louis VEUILLOT

RÉDACTEUR EN CHEF DE L'*Univers.*

TOME I

(1842-1845.)

PARIS

L. VIVÈS, LIBRAIRE-ÉDITEUR

RUE DELAMBRE, 5

1860

« désordre, à l'impiété, à la dépravation des doctrines, à
« l'effroyable avilissement des mœurs. Justes envers tous,
« soumis aux lois du pays, dévoués à celles de l'Eglise, —
« libres et chrétiens, — nous réservons notre hommage et
« notre amour à l'Autorité vraiment digne de nous qui,
« sortant de l'anarchie actuelle, fera connaître qu'elle est
« de Dieu, en marchant vers les nouvelles destinées de la
« France, une croix à la main. »

Ce programme a sans doute quelque chose de trop élevé
pour être admis et même compris de tout le monde. — Il
s'écarte tant de la vieille politique de passion, qu'on le juge
impossible ; il est si désintéressé, qu'on ne veut pas le croire
sincère. Tentons une dernière fois de l'expliquer.

C'est en effet une nouveauté, en un temps où chacun
cherche le gain, l'autorité, la vengeance, et veut, pour soi
seul ou pour sa secte, ranimer le passé, moissonner dans le
présent, ensemencer l'avenir ; — c'est une nouveauté qu'une
conspiration de dévouement, ourdie par quelques hommes
ayant vie et courage, au profit de ces deux mots qui représentent tant d'idées méconnues : *Eglise* et *Patrie*.

Eglise et Patrie, c'est-à-dire soumission aux vérités de
la Foi ; soumission aux adorables volontés de la Providence,
même lorsqu'elles pèsent sur nous, et surtout lorsque leur
poids semble plus extrême ; constance dans le travail qui paraît inutile ; générosité dans le sacrifice méconnu, loyauté
dans le combat le plus vif et contre l'ennemi le plus déloyal ;
pardon, oubli, dévouement dans la défaite et dans la victoire
à l'adversaire vainqueur ou vaincu, parce qu'il est moins un
adversaire qu'un frère, et que c'est pour lui-même que l'on
a lutté contre lui.

Oui, obéir à l'Eglise contre nos désirs et contre les instincts mêmes de nos cœurs ; contre ces instincts encore, aimer des frères ingrats ; mettre sous nos pieds les préjugés,
les rancunes, les haines que l'on garde contre nous ; anéantir

PROGRAMME DE L'UNIVERS.

Le 1 décembre dernier, dessinant la place que nous voulons garder à l'écart des partis, non pour les maudire, mais pour leur faire entendre d'indispensables vérités ; reniant tout attachement aux doctrines de la politique humaine, nous protestions n'accepter pour bannière que la croix.

« Au milieu des factions de toute espèce, nous n'appar-
« tenons qu'à l'Eglise et à la Patrie.

« Parmi ces choses qui passent, parmi ces débris, dans
« ce mouvement des idées qui s'en vont, reviennent et
« s'en vont encore, nous embrassons fermement les seules
« choses, les seules idées qui ne passent pas : l'Eglise et la
« Patrie.

« Nous n'entreprenons point de devancer le jugement
« de Dieu sur des causes en litige, ni de faire violence à
« l'avenir pour lui arracher des secrets qui ne seront dé-
« couverts qu'au jour marqué ; mais, dépouillés de toute
« prévention contre des opinions loyales et permises, —
« persuadés que tout ce qui est honnête et légitime dans le
« désordre présent trouvera sa place et sa garantie dans
« l'ordre futur, et s'y rangera de soi-même, — nous ne
« sommes entièrement hostiles qu'à la source radicale du

en nous jusqu'aux ressentiments les plus légitimes ; supporter non-seulement l'injure et la calomnie des méchants, mais parfois aussi la suspicion et le blâme des gens d'honneur et de foi ; garder le calme dans cet ouragan de colères ; épuiser nos forces à réunir, paisibles dans la profondeur du même lit, ces torrents qui nous submergeront au moment de se confondre, c'est ce que nous avons rêvé, c'est ce que nous osons entreprendre, et nous savons que le dessein est hardi : — mais nous l'avons mûri dans la prière, et nous y espérons les secours et les récompenses de Dieu.

Voilà pourquoi ni les insinuations habiles, ni les interprétations cruelles, ni les syllogismes ne sauront nous arracher de cette voie où nous sentons que nous pousse une force surhumaine. Nous sommes chrétiens : ce n'est que dans nos consciences et dans nos cœurs que nous aurions pu trouver des obstacles insurmontables. Nous y avons regardé longuement ; nous n'y avons rien vu qui dût nous arrêter ; nous poursuivons notre chemin. Pour le fond et pour la forme, nous sommes en dehors des conditions qui aident ou entravent, soutiennent ou ruinent les entreprises de presse. Nous vivons de dévouements infatigables ; nous ne tenons point à faire parade d'indépendance ; nous aimons mieux subir cent calomnies que d'écrire une parole sciemment injuste ; nous rendrions justice au Pouvoir, quand même on affecterait de nous croire soudoyés par lui ; nous blâmerions, s'il le fallait, nos amis les plus généreux, dussent-ils aussitôt nous abandonner. — Et de même que nous ne descendons pas au niveau des passions mesquines, nous refusons le joug de la logique vulgaire. On ne nous déconcerte pas avec les axiomes usés des vieilles opinions ; nous ne restons pas prisonniers dans l'étreinte désespérée des choses qui doivent mourir ; nous ne reculons point parce qu'il faudrait un miracle pour nous faire passer ! Peu nous importe que la colonne mêlée d'ombre et de lumière qui marche devant nous, se dirige parfois vers les montagnes infranchissables, et parfois nous apparaisse sur la vaste étendue des mers ! Notre chef est CELUI qui commande aux flots de s'ouvrir et aux montagnes de s'abaisser.

Quelle que soit la force des raisonnements que l'on emploie pour nous attacher à tel ou tel parti, à tel ou tel système, nous échapperons par la force de la charité. Un parti, c'est une haine ; un système, c'est une entrave ; nous n'en voulons d'aucune sorte. Nous prenons la société comme l'ont prise les apôtres : nous ne sommes ni à Paul, ni à Céphas ; nous sommes à Jésus-Christ.

Sans admettre toutes les opinions, ne peut-on se refuser à choisir exclusivement entre elles ? Nous jugeons les opinions du seuil de l'Église, où nous les convions à venir toutes s'épurer ; et nous ne voulons donner à qui que ce soit le motif de croire que l'Église le repousse, parce qu'après cinquante années d'essais en tout genre, il pense de telle ou telle façon sur l'une ou l'autre des formes essayées. Nous croyons que disputer là-dessus est le meilleur moyen de ne jamais s'entendre. Mais si l'on ne peut s'accorder, on peut oublier la dispute : il est plus facile de s'embrasser que de se convaincre. Des concessions mutuelles sont devenues nécessaires : la douceur du sentiment religieux les obtiendra plus promptes, plus larges et plus sûres que ne pourraient le faire toutes les violences de l'argumentation et de la prépondérance politique. Jusqu'où ces concessions iront-elles ? jusqu'où doivent-elles aller ? Dieu, par les événements qu'il dispose de toute éternité, et contre lesquels nos petits ressentiments ne prévaudront point, saura bien nous en donner la mesure. Quant à nous, tout ce que nous savons à présent, c'est qu'il faut aimer Dieu par-dessus tout, lui tout sacrifier, lui tout remettre, et, dans l'amour que nous devons à nos frères, donner plus d'amour à ceux qui nous en montrent moins.

Nous voyons, depuis cinquante ans, ce que produisent les discussions et les victoires. Quand on envoie une idée dans les cachots, c'est le geôlier qui se charge de chaînes ; quand on l'envoie au bourreau, c'est le bourreau qui meurt ; Dieu noie les triomphateurs dans le sang qu'ils ont répandu. Conquérant doux et pacifique, la religion seule sait bien retenir sous son empire ceux qu'elle a vaincus une fois.

Nous campons au milieu des ruines sur lesquelles nos pères, coupables ou punis, se sont combattus, haïs, injuriés. Fuyons ces restes couverts de tristes souvenirs ; rassemblons-nous dans le sein de l'Eglise, et demandons-lui l'accord indispensable pour tout réédifier sur les plans nouveaux qu'il a plu au Seigneur de rendre nécessaires. L'œuvre n'était pas moindre il y a dix-huit siècles, et le cœur de l'homme, depuis lors, n'a pas changé. Malgré toutes les contestations, nous sommes fermes dans notre espérance. Le mot qui doit reconstituer la France est lancé désormais : c'est la formation, sous les ailes de l'Eglise, d'une seule famille composée de tous nos débris. Il faut que, par le pardon, par l'oubli, par la prière, par le sacrifice de tous les intérêts propres et personnels, nous méritions de n'avoir en toutes choses que le même désir de soumission aux volontés divines. Après un demi-siècle d'incomparables désastres, nous comprenons tous les deuils, mais nous n'y voulons pas ensevelir notre liberté. Nous ne demandons rien pour nous-mêmes, nous ne voulons rien regretter. Nous n'aimons pas la destruction, nous ne glorifions pas les destructeurs ; cependant ces destructeurs sont nos frères. Rien ne nous empêchera d'aller vers eux pour les amener, par un langage qu'ils puissent comprendre, dans les bras ouverts de l'Eglise, notre mère commune, où se sont disciplinés bien d'autres barbares que n'avaient pu soumettre ni l'éloquence, ni l'épée.

La paix inexplicable où reste la France nous dit que

Dieu ne veut plus permettre aux haines civiles de se perpétuer par d'abominables enfantements. Sans outrager aucun linceul, nous laissons mourir ce qui meurt et ce qui veut
mourir ; sans fermer les yeux sur le mal, nous ne rava-
geons pas le champ par trop de hâte à détruire cette ivraie
que le père de famille veut bien laisser croître jusqu'à la
moisson. Notre rôle est le combat dans la patience et dans la
charité. Que nos mœurs, nos écrits, nos discours, tendent
d'abord à former des chrétiens : quand les hommes auront
le même Dieu, il leur sera facile d'accepter la même loi ;
quand la société sera devenue chrétienne par l'exemple et
par la prédication des chrétiens, secondés de la grâce de
Dieu, des institutions unanimement bénies viendront compléter ce noble ouvrage. Nous travaillons pour nos enfants ;
nous leur laisserons un héritage magnifique. Et nous, sortis
les premiers de la servitude de l'Egypte, nourris de manne,
combattus, nous aurons des jours laborieux, nous ne con-
naîtrons que des yeux la terre promise. Qu'importe ! nous
n'attendons pas le Messie : il nous attend !

Nous lui dirons qu'en des temps pleins de troubles et
d'incertitudes, nous avons combattu pour sa justice, non
pour la nôtre, et que nous n'avons haï que l'impiété.

Et nous ne craindrons point, au dernier jour, d'avoir
lésé les droits souverains de Dieu, en laissant dans le doute
la limite mal définie des devoirs politiques ; car nous n'aurons point travaillé pour nous, et nous n'aurons rien entrepris, rien demandé, rien souhaité, rien rêvé, sans ajouter
aussitôt du fond de l'âme : *Fiat voluntas tua... Non nobis,
Domine, non nobis, sed nomini tuo da gloriam, super mi-
sericordia tua et VERITATE TUA...*

DE L'ACTION DE LA PROVIDENCE.

22 juillet 1842.

I. La mort d'un prince est-elle un coup de la *Providence?* — La théologie libérale ne veut en accuser que les *dieux.* — Qu'il faut bénir la *Providence* lorsqu'elle envoie des biens, et maudire le *Destin* lorsqu'il arrive des maux.

II. Réplique.

La *Revue de Paris* ne veut pas que nous prononcions le nom de la Providence. Dans la consternation d'un événement terrible[1], nous avons dit que la Providence venait de frapper un grand coup : la *Revue de Paris* trouve que notre langage blesse les lois de la charité chrétienne et même celles de l'humanité la plus profane. Elle demande ce que signifie cette mysticité hypocrite ; à quoi nous reconnaissons le doigt de la Providence dans ce coup fatal ; par quelle inspiration malheureuse nous faisons un usage si niais ou si perfide des choses les plus sacrées ?

Lorsqu'on nous adresse de ces objections et qu'elles viennent de cette source, nous avouons qu'elles nous embarrassent toujours. Évidemment la *Revue*, ici, nous demande pourquoi nous croyons en Dieu. Si elle voulait bien nous dire pourquoi elle n'y croit pas, et plus spécialement à quoi

---

[1] La mort du duc d'Orléans.

elle ne reconnaît pas le doigt de la Providence, non-seulement dans cette catastrophe, mais dans tout ce qui arrive
sur la terre, cela sans doute l'embarrasserait peu et nous
rendrait la discussion plus aisée. En attendant, puisque la
Revue n'a pas assez pour son zèle de régenter les vaudevillistes et les danseuses, et qu'elle veut encore nous instruire
des voies de la Providence, apprenons-lui ce que nous
croyons, pour lui faire mieux comprendre ce que nous disons et la mettre en état de redresser plus efficacement nos
erreurs.

Nous croyons que rien ne se fait et n'arrive sans la permission de Dieu, et, dût la *Revue* se renverser d'étonnement,
nous lui déclarons qu'elle ne publie pas elle-même un article, pas un de ces lambeaux d'écriture tout chargés de
choses honteuses, que Dieu ne l'ait bien voulu. Oui, Dieu
veut bien qu'un malheureux écrivain, qu'un fou, qu'un
méchant, qu'un impudique cède à la tentation qui le prend
de médire, de blasphémer, d'outrager les mœurs, et qu'un
marchand lui achète ce travail et le livre au public. Pourquoi le permet-il? Cela nous mènerait loin, et d'ailleurs les
doctes de la *Revue de Paris* le sauront un jour aussi bien
que nous. Mais si nous croyons que c'est par la permission
divine que les uns écrivent, que les autres lisent, que les
uns combattent et triomphent, que les autres cèdent et succombent, à plus forte raison croyons-nous que la volonté
de Dieu règle ces événements fortuits, ces tragédies soudaines où notre liberté n'a point de part, qui nous attei-
gnent sans que nous ayons pu les prévoir, qui nous frappent
sans que notre intelligence puisse les détourner, qui nous
terrassent au milieu de notre force réduite à néant, qui
nous avertissent enfin avec tant d'éclat que les desseins de
l'homme ne sont rien, que l'homme lui-même n'est que
l'instrument d'une main invisible et toujours présente;
instrument fort ou faible au gré de cette main qui l'emploie;

aujourd'hui levier dont elle remue les empires, demain roseau séché qu'elle laisse briser au vent.

Le nuage vole où Dieu veut, l'Océan s'arrête au grain de sable que Dieu lui a donné pour limite, il n'y a point de balle aveugle dans le chaos des batailles, il n'y a point de miasme aveugle dans le souffle empoisonné; au fond du cloaque des misères et des vices de l'homme, dans les recoins des hôpitaux, dans les ténèbres des prisons, un pauvre, un criminel ne meurt pas que Dieu n'y songe : Dieu se manifeste toutes les fois qu'il rompt ou dénoue les liens charnels d'une âme ; il fait alors un grand acte ; il appelle au jugement cette âme pour laquelle il a souffert l'outrage, l'abandon, les fouets, le fiel et la mort. Et si c'est une existence royale qu'il lui plaît de terminer, une de ces existences qui sont destinées *pour la ruine ou pour la résurrection de plusieurs*[1], s'il la termine en un clin d'œil, si l'héritier plein de jeunesse et de force d'un grand empire, si le chef déjà reconnu d'un peuple puissant, si le général échappé aux mêlées, si le prince miraculeusement sauvé des assassins, si l'aigle-roi qui s'élançait dans l'avenir comme dans son domaine, tombe tout à coup sans défense et sans ennemis.., quel esprit ferme, quelle intelligence déchue, quel *niais*, pour employer justement votre langage, osera dire que ce n'est pas Dieu qui frappe, et qu'il ne vient pas de frapper un grand coup?

Certes, Dieu a frappé! Et, pour enlever le doute à l'incrédulité même, pour être vu des aveugles et entendu des sourds, pour montrer à tous que c'était bien lui, il n'a pas choisi d'instrument : sa main toute seule est visible en ce grand désastre. Quelques-uns se sont écriés : C'est une leçon! Oui, c'est une leçon pour ceux même qui le disent,

[1] Paroles tirées de l'Évangile de saint Luc (XI, 14) que Massillon appliquait à Louis XV.

une leçon pour nous, pour chacun, une leçon qui nous avertit de l'inanité de nos forces, de la chimère de nos espérances,
de l'impuissance de nos combinaisons, de la nécessité de ne
former que des vœux agréables au Seigneur et de n'en demander l'accomplissement qu'à lui. Leçon grande et terrible, que beaucoup oublieront, mais que Dieu se souviendra
d'avoir donnée : et malheur à qui n'aura pas voulu la recevoir, ou l'aura reçue en vain !

Vous ne voulez pas que ce soit une leçon, vous ne voulez
pas que ce soit un grand coup, vous ne voulez pas que ce
soit la Providence ! Et qu'est-ce donc? qui donc a fait mourir
ce prince? qui donc a ému l'Europe et consterné toute la
France? Ce n'est pas un grand coup, celui qui va peut-être
changer les destinées du monde! Ce n'est pas à la Providence
qu'il appartient de frapper ces coups-là!... Baladins de la
phrase, qui pensez ne pouvoir exécuter votre pas funèbre
sans jeter l'injure à ceux qui montrent le Ciel, comme le lieu
d'où cette foudre invisible est partie , dites-nous donc d'où
vient la foudre! Montrez la main, nommez le pouvoir, l'être,
le quelque chose qui a su ébranler et peut-être renverser
notre avenir; portez son nom à cette mère qui pleure entre
deux cercueils, et dites-lui que ce n'est pas à Dieu qu'elle
doit offrir ses prières pour sauver ses autres enfants...

La *Revue de Paris* a répondu par avance : Ce pouvoir, qui
n'est pas la Providence et qui n'est pas Dieu, mais qui dispose des existences humaines et des destinées publiques,
elle le connaît; elle le nomme au début de l'article même
où elle nous reproche l'usage que notre hypocrisie et notre
ignorance font des choses sacrées. Laissons-la parler ; il faut
que ces idées-là soient connues :

« Nous félicitions le pays de la situation paisible et ré-
« gulière dans laquelle il se trouvait, et voilà qu'aujour-
« d'hui le sol semble trembler sous nos pas. Un coup af-
« freux a tout changé. Cependant la France avait traversé

« assez de crises et de périls pour avoir mérité un peu de
« repos et de calme. La sagesse antique déclarait qu'il
« n'y avait pas de spectacle plus agréable *aux dieux* qu'un
« grand homme aux prises avec l'adversité; aujourd'hui
« c'est un grand pays pour lequel la lutte avec la *destinée*
« recommence sans cesse. Le *Ciel* semble prendre plaisir à
« donner la France en spectacle au monde et, par des ca-
« tastrophes multipliées, à faire un appel incessant à son
« énergie, à son patriotisme, à son génie, à sa fortune. »

Ainsi, le Dieu de la *Revue de Paris* s'appelle les dieux,
le Ciel, la destinée; il frappe des coups affreux, il multiplie
les catastrophes : on ne nous dit pas ce qui peut le toucher;
mais il se laisse vaincre par *le patriotisme*, *le génie* et *la
fortune !* Voilà les divinités qu'il faut implorer : elles nous
sauveront certainement, comme elles ont sauvé la Grèce et
l'Empire romain. Disons donc que le *Destin* bouleverse nos
projets, mais que la *Fortune* réparera le mal; cela est pieux
et permis, cela est clair, cela console. Mais ne disons plus
que la Providence a frappé un grand coup; c'est de l'hypocrisie et du sacrilége, c'est un usage niais ou perfide des
choses les plus sacrées.

Car, il faut le reconnaître encore, la *Revue de Paris*, large
dans sa foi, ne refuse pas absolument son hommage à la
Providence : elle lui dresse un autel à côté de celui de la
Fortune, au pied du grand autel de la Destinée, comme à
ces divinités inférieures qui peuvent être bonnes à quelque chose dans l'occasion.

« C'est, dit-elle, la périlleuse grandeur de notre situation
« qui nous fait espérer en la Providence. Elle (la Provi-
« dence) laissera au Roi le temps de tout réparer ; elle ne
« voudra pas le ravir à la France avant qu'il ait tout raf-
« fermi, avant qu'il ait élevé l'enfance et la jeunesse de son
« petit-fils. Ce n'est pas pour rien qu'elle l'a soustrait tant
« de fois aux balles des assassins : elle savait que la France

« aurait encore besoin longtemps de sa sagesse et de sa
« fermeté. »

Telle est la théologie au nom de laquelle on nous condamne : la main qui nous a ravi le prince royal n'est pas
celle qui nous a conservé le Roi. C'est à la Providence que
nous devons nos biens : c'est aux *dieux*, c'est au *Destin*,
c'est au *Ciel* que nous devons nos maux ; la *Providence* a
préservé le père, dans l'impossibilité où elle s'est vue sans
doute d'empêcher le *Destin* de terminer les jours du fils.
La *Providence* est bonne : elle trouvait, comme la *Revue
de Paris*, que nous avions mérité un peu de repos et de
calme ; mais le *Ciel* prend plaisir à nous donner en spectacle au monde, il s'amuse du combat de notre *fortune* contre
la DESTINÉE! Quels sont ces gémissements, ces angoisses,
ces funérailles, et tant de fortunes chancelantes, et tant
d'existences abattues, et tant de mères éplorées? Ce n'est
rien, c'est un poëme tragique, représenté par la France
pour l'agrément des *dieux !* Il nous semble que la *Revue
de Paris* pouvait nous l'apprendre sans nous injurier : car,
en vérité, nous ne le savions pas.

Nous ne savions pas distinguer en Dieu ces divinités
contraires et ces forces opposées qui le détruisent pour faire
je ne sais quoi d'informe, de cruel, d'anarchique et d'impuissant. Nous pensions, avec la langue française, qu'il fallait entendre par Providence la conduite de Dieu sur toutes
les choses créées, la puissance qu'il déploie dans l'administration du monde, l'impulsion irrésistible qui fait tout obéir
à ses desseins ; conduite souvent impénétrable à nos regards,
puissance souvent effrayante à nos cœurs, souvent formidable à nos péchés, mais après tout, conduite, puissance, force,
providence en un mot d'un Dieu souverainement bon, souverainement sage, souverainement miséricordieux, qui ne
veut peut-être que le salut du pécheur, quand nous croyons
qu'il veut sa mort ; qui ne craint pas de nous éprouver ici

par beaucoup d'angoisses, de nous purifier par beaucoup de punitions, parce qu'il connaît, aussi bien que les nécessités de sa justice, les secrets de son inépuisable clémence et de son éternité. Forts de cette conviction, persuadés que tout ce qui arrive n'est que l'effet de sa volonté, une et suivie depuis l'origine des temps, notre amour ne pensait pas l'injurier en reconnaissant sa main dans nos blessures; nous n'attendions pas, pour le proclamer bon et juste, qu'il eût réduit sa grandeur à contenter nos désirs ou à servir nos projets.

Mais ce Dieu n'est pas le vôtre, vous en avez inventé de meilleurs, gardez-les donc, si vous les trouvez plus dignes de vous ! Adorez la fortune, craignez le destin, espérez dans votre génie ; et toutefois permettez que nous restions au Dieu qui console les mères, qui remet les péchés et qui avertit les nations avant de les punir.

Bossuet écrivait un jour : « Laissez discourir ; pourvu « qu'on ne manque pas de foi à la Providence, on verra la « gloire de Dieu. » Nous ne manquons pas de foi, nous verrons la gloire de Dieu dans tout ce qu'il lui plaît de permettre, et cette gloire sera le bonheur des âmes fidèles.

Et, s'il faut tout dire, pourquoi désespérer ? Le coup est terrible, mais c'est Dieu qui le frappe, et nous n'apercevons, Bossuet parle encore, que « l'écorce du grand ouvrage qu'il accomplit incessamment. » Ce regrettable prince n'a perdu qu'une vie : rien ne nous dit qu'il ne l'a pas perdue au moment le plus opportun pour son bonheur éternel. Dieu nous menace par sa mort, et cependant nous ne savons pas si ce chef qu'il nous enlève n'est pas un holocauste qui sauve le peuple entier. Eh ! que savons-nous donc ! croyez-vous que vos phrases décident quelque chose ? Depuis huit jours, on a fait beaucoup de phrases ; mais ce qui nous rassure, nous, et ce qui nous instruit, c'est qu'on a fait encore plus de prières. Sur le front de cette reine, de

cette mère tant de malheurs laissent une auréole. Dieu nous
prend un prince dont tout semble annoncer que nous avions
besoin ; mais s'il nous donne une sainte, il ne nous abandonne pas, et nous demanderons avec confiance à la prière
ce que nous n'attendrons jamais de l'intelligence de l'homme
ou de la force de son bras. Toutefois, le deuil public est
aussi légitime qu'il est grand ; nous en prenons notre part.
Mais, parce que cette part est sérieuse, elle est chrétienne, et
nous ne pouvons nous affliger, ni nous consoler, ni espérer,
ni craindre comme des païens ! Nous ne contestons pas la
Providence, et nous ne la blâmons pas ; nous ne tremblons
pas devant le Destin, nous n'invoquons pas la Fortune, nous
n'espérons pas uniquement dans nos institutions, nous ne
choisissons pas surtout ce moment pour garantir l'avenir à
la dynastie et le repos à la France. La dignité de notre
conscience nous défend des promesses de charlatans et nous
impose des actes de foi. Nous reconnaissons le doigt de Dieu,
nous rentrons en nous-mêmes, nous faisons humblement le
sacrifice de nos désirs, nous prions pour les personnes royales, nous nous soumettons par avance à cette sagesse qui
ne demande point conseil, nous tâchons de n'être point avertis en vain, nous adorons Dieu, quoi qu'il ordonne, — et
nous le prions que sa volonté soit faite en nous, par nous
et sur nous.

15 août 1842.

II. La *Revue de Paris* se demande ce que l'on peut dire à
certains adversaires (c'est de nous-mêmes, s'il vous plaît,
qu'il s'agit) chez lesquels l'esprit de mensonge et de calomnie s'égare jusqu'à l'extravagance. « Nos lecteurs, ajoute-

t-elle, se douteraient-ils que nous sommes accusés de vouloir créer une religion ? L'*Univers* n'a trouvé que cette manière de répondre au reproche trop fondé que nous lui avions adressé d'avoir vu dans la mort de M. le duc d'Orléans la main de la Providence. »

Voilà ce qui s'appelle résumer une discussion. La *Revue de Paris*, qui a seulement vu dans cette catastrophe la main du Destin, ou celle du Sort, ou celle peut-être des dieux (car elle a dans l'esprit, pour expliquer les choses, autant de mots que maître l'Intimé a de tons dans la voix), trouve que, certes, il faut avoir « le fanatisme d'un moine du moyen âge pour y signaler une vengeance divine. » La *Revue* se passe ici ce qu'elle appelle une escobarderie. Nous voudrions qu'elle nous montrât en quel endroit nous avons qualifié de vengeance un acte redoutable, dont nous nous sommes bornés à dire que la Providence venait de frapper un grand coup, tandis qu'on y voyait un « coup affreux, » frappé par le *Destin*, ce qui est impie et par conséquent stupide. On sait ce que c'est que la Providence. Mais votre inexorable et imbécile Destin, que vous craignez et que l'on vous entend maudire, qu'est-il donc ? Que fait-il en face de la Providence que vous reconnaissez aussi ? Que devient la Providence, à côté de cet autre pouvoir tantôt formidable, tantôt inférieur ? Que devient Dieu même entre ces forces contraires ? Avouez que tout bonnement, tout bêtement, comme de purs philosophes, ne voulant pas vous soumettre à Dieu, n'osant pas le nier, vous lui donnez deux noms, l'un sous lequel vos phrases le bénissent, l'autre sous lequel votre ignorance se réserve de le blasphémer.

Du reste, la *Revue de Paris* se déclare *charmée* d'apprendre qu'on n'est pas chrétien quand on refuse de voir l'action de la Providence dans le malheur qui vient de frapper le pays. A la bonne heure ! qu'elle en profite ! Si ses rédacteurs savent tirer de cette vérité le parti convenable, nous leur garantissons qu'ils n'auront plus à craindre le Destin, ni les sifflets des gens sensés. Ils ne sont pas sans savoir que ce dernier avantage a son prix.

La *Revue* continue par un petit argument personnel : « D'où viennent donc ces catholiques si farouches? N'étaient-ils pas par hasard, hier encore, à l'école de Diderot ou de Fourier? » — Nous étions à ces écoles, et s'il y en a de plus mauvaises, nous y étions aussi : nous étions à l'école mutuelle, au collège, aux journaux ; nous étions avec toute la jeunesse, partout où l'opium de vos sophismes l'hébète, partout où le vice de votre impiété la tue ; nous avons lu les mauvais livres que vous avez faits ; nous avons ignoré les saintes vérités que vous entreprenez de détruire. Voilà justement pourquoi nous connaissons si bien vos hideux mystères, pourquoi nous poursuivons, non pas vous, mais vos œuvres, de cette haine vigoureuse que le frère porte à l'ennemi de son frère et le père au corrupteur de son enfant. — A merveille, dit la *Revue*, « et vous voulez nous damner pour vous sauver. » Ce que c'est qu'une mauvaise conscience! Il semble à la *Revue* qu'il dépend de nous de damner les gens. Eh! messieurs, dans le cas où cela nous plairait que vous fussiez damnés, vous y travaillez assez vous-mêmes : nous n'avons pas besoin de mettre la main à cette besogne.

Non! nous ne vous damnons point ; cela ne regarde que vous ; mais nous voudrions bien qu'il ne vous fût plus possible de gâter les consciences, de gangrener les cœurs, et enfin de nous donner le douloureux ennui de vous entendre parler si faussement et si ridiculement d'une religion que vous ne connaissez pas. Si nous savions vous persuader combien vous y êtes malhabiles et grotesques, vous nous remercieriez. Est-ce que nous vous troublons beaucoup dans votre espèce de littérature? Est-ce que nous contrecarrons vos petites affaires avec les vaudevillistes, les romanciers, les comédiens, les ministres? Nous sommes à cet égard d'une patience admirable, et même, quand vous faites quelque chose de bien, nous ne répugnons point à vous applaudir. Mais quoi! s'il faut absolument que vous dogmatisiez, tenez-vous pour avertis qu'il faut absolument que nous sifflions.

CONTROVERSE SUR L'ASSASSINAT POLITIQUE.

3 et 7 septembre 1842.

Polémique entre le *National* et le *Journal des Débats*. — Identité morale
de ces deux journaux.

I. Nous pensions connaître la solidité morale et philosophique du *Journal des Débats*; mais cette célèbre feuille n'a
jamais achevé de prouver au monde en quelle profondeur
de mépris elle tient ses opinions bonnes ou mauvaises.
Après avoir, dans l'occasion, produit tant d'articles contre
la secte hideuse des assassins politiques, — phénomène
effroyable, qui est un des faits caractéristiques de notre
histoire et de notre honte depuis dix ans, — le *Journal des
Débats*, oubliant tout à coup ce qu'il a dépensé d'éloquence,
de considérations morales, de plaisanteries même, au sujet
des Fieschi, des Alibaud, des Morey, des Meunier et de
leurs nombreux apologistes, s'est avisé de faire à son tour,
avant-hier, à propos de Charlotte Corday, une petite justification de l'assassinat. Un journal reproduit et recommande à l'attention de ses lecteurs les lignes suivantes, ex-
traites de la feuille où moralisent tour à tour MM. Janin,
Cuvillier-Fleury, Michel Chevalier, F. Barrière, etc. :

..... Tel a été l'héroïsme de Charlotte Corday. Ce n'est pas ici le lieu
de l'apprécier en casuiste : la politique a pu le condamner comme inu-

tile, mais la morale ne peut que s'humilier. L'assassinat de Marat prouve que la morale de l'école est impuissante à classer rigoureusement les actions humaines ; toujours elle verra l'énergie des grandes âmes et l'irrésistible empire des circonstances briser le cercle de ses systèmes et reculer en quelque sorte les bornes de la vertu. L'héroïsme est une anomalie insaisissable, au même titre que le génie. De même que, dans l'ordre intellectuel, il n'y a souvent qu'un pas du génie à l'extravagance, de même dans l'ordre moral, il n'y a souvent qu'un pas de l'héroïsme au crime. Il y a la morale classique, la morale des âmes et des circonstances communes, celle pour laquelle la sagesse de l'école a fait la règle : *In medio virtus* ; mais il y a la morale héroïque, la morale des âmes et des temps extraordinaires, celle pour qui le cœur humain a fait la devise : *Virtus in extremis*.

Cette doctrine a inspiré au journal qui la relève des réflexions fort sages, et d'autant plus méritoires que ce journal n'est autre que le *National* :

On ne sait, en vérité, s'écrie-t-il, si l'on doit rire ou s'indigner en lisant de pareils sophismes, écrits d'un aussi étrange style. Ainsi, pour les docteurs des *Débats*, il y a des morales à toutes les tailles, comme des bottes et des habits ; des vertus appropriées à tous les tempéraments, comme les mets d'une carte de restaurateur; et c'est un journal qui se prétend l'organe des idées d'ordre et de conservation qui émet ces doctrines ! Cessez donc de vous étonner que les consciences chancellent, que les âmes hésitent et que la probité semble une duperie. Vous avez le secret de cette corruption qui envahit nos mœurs et porte la dissolution au sein même de la société. La morale des âmes communes, la morale classique, celle que nous sommes habitués à respecter, irait mal aux génies qui gouvernent la France. Il leur faut la morale héroïque, et c'est pour ne l'avoir pas compris que vous vous révoltez chaque jour contre leurs actes et leurs maximes. Esprits mesquins et stationnaires, ne saviez-vous pas qu'ils avaient reculé les bornes de la vertu ?

Le *National*, peut-être, n'aurait pas ressenti tant de zèle pour la morale commune, si le *Journal des Débats*, au lieu de tomber lourdement sur l'exemple de Marat et de Charlotte Corday, avait seulement introduit dans sa thèse les noms de Karl Sand et de Kotzbue.

Cependant félicitons le *National* de sa vigoureuse sortie, et admirons l'effet de ce coup de plume qui nous amène à voir le journal républicain contestant au journal dynastique la légitimité de l'assassinat !

La partie du *National* serait belle s'il voulait la jouer ; néanmoins on peut parier que le *Journal des Débats* ne la tiendrait pas perdue. Le *National* saurait prouver avec beaucoup d'éloquence, et avec le plus grand dédain pour ses adversaires, que l'assassinat n'est jamais permis, même sur le plus détestable et le plus accusé des tyrans. Il ferait voir, clair comme le jour, que tous les excès, que tous les crimes, que la plus infâme perversité, que la frénésie d'une bête féroce dans le cœur d'un homme, n'autorisent pas le premier venu à s'instituer le juge de cet homme et à plonger dans ce cœur un poignard ; il dirait que l'intérêt de la patrie n'est qu'un prétexte dont chacun peut s'armer pour commettre les forfaits les plus hideux ; il invoquerait les lois divines et humaines, il produirait des textes, il citerait le *Journal des Débats*.

Mais le *Journal des Débats* ne serait point lent à la réplique : avec cette bonne grâce de collége qu'il met à tous ses exercices, se tirant lestement de la morale commune, où l'on sait qu'il n'est pas attaché par des liens doubles, et grimpant aux régions éclectiques, il démontrerait que l'assassinat est permis, que dis-je, qu'il est bon, pourvu que ce soit une grande âme qui veuille bien s'en charger. Et si on le poussait un peu, il fabriquerait sans peine un syllogisme ou un dilemme, au choix des amateurs, qui ferait voir assez nettement que les petites âmes aussi peuvent assassiner : car enfin (supposez qu'il parle), pourquoi donc la petite âme n'aurait-elle pas les priviléges de la grande ? n'est-elle pas une aussi ? ne souffre-t-elle pas, n'aime-t-elle pas ? n'est-elle pas opprimée comme la grande ? ne peut-on pas lui persuader, contre le sujet à assassiner, tout ce que

l'on veut qu'elle croie? Nous lui ferons lire les *articles solides* que Pepin faisait lire à Fieschi, et une fois qu'elle sera
persuadée, elle aura justement tous les droits de la grande
âme. Mais quelle est cette aristocratie des âmes que l'on
prétend créer? Il n'y a pas de grande âme, il n'y a pas de
petite âme, peut-être même qu'il n'y a pas d'âme du tout,
et je crois l'avoir déjà démontré, et je veux le faire voir encore. Venez, *un tel* : établissez qu'il n'y a pas d'âme ; qu'il
n'y a que des citoyens, et une justice *in extremis* au moyen
de laquelle chacun peut tuer le tyran! Eh! quand il est permis de calomnier le tyran pour se faire des rentes ou pour
accrocher une croix d'honneur, je voudrais bien que l'on
prouvât qu'il n'est pas permis de le tuer pour quelque autre
dessein... surtout si l'on peut le faire sans exposer soi-
même sa chère peau. Allez, *un tel ;* soyez éloquent, soyez
aimable; conservez la bonne renommée du journal et la
vôtre ; parlez-leur latin, mon ami ; citez-leur des textes :
vous en trouverez dans le *National* qu'il ne sera pas nécessaire de tordre beaucoup.

Ainsi, ces rares esprits, ces habiles gens, pourraient, s'ils
voulaient s'en donner la peine, faire admirer leur aptitude
à soutenir le pour et le contre ; mais à quoi bon ? L'on sait
déjà qu'ils savent manier les principes, et que chacun
s'exerce dans son arsenal aux armes favorites de l'ennemi.

Après tout, ce n'est pas l'assassinat que l'on met en discussion : l'assassinat, pour eux, reste au nombre des choses
neutres. La question, entre ces grands moralistes, n'est
point de savoir si l'on peut assassiner, mais qui l'on peut
assassiner. Réduit à ces termes, que le *Journal des Débats*
pose crûment, comme un rhéteur en débauche, et que le
National, avec plus d'adresse, s'est contenté de laisser deviner dans les nombreuses occasions qui se sont présentées,
le litige est à la solution des bandits, des athées, des âmes
brutales ou folles qui, ne croyant dans la vie qu'à leurs

passions, et hors de la vie qu'à leur néant, se décident, pour un peu de vin ou pour un peu de renommée, à contenter par un meurtre des haines qu'on leur fait bien éprouver, mais que souvent ils ne comprennent pas.

Voilà donc où en sont tous ces réformateurs, ces philosophes, ces fiers mortels, qui ont entrepris de supprimer du monde, comme de leur âme et de leurs desseins, l'idée de Dieu et de la justice de Dieu ! Dans la nuit hideuse où ils se sont plongés, voilà sur quelles bases ils instaurent des lois pour l'avenir. Ces institutions de leur délire ressemblent à l'instrument sur lequel plusieurs d'entre eux les appuient : il n'y a de libre et de facile que le jeu du couperet : leurs libertés forgent des chaînes : leur morale est armée du poignard !

7 septembre 1842.

II. L'un des rédacteurs politiques du *Journal des Débats* descend au feuilleton pour vernir un peu la gloire d'une muse obscure : cette muse a chanté Charlotte Corday. Charlotte Corday, c'est l'assassinat politique, et la muse en question le glorifie : le rédacteur va-t-il critiquer cette donnée ? nullement : il a le cœur trop tendre à l'endroit des dames ! Terrible dans le *premier-Paris*, il est, dans le feuilleton, un parfait tourtereau : Il vante l'auteur, il vante l'ouvrage, il vante aussi l'héroïne : passe ! Il met Charlotte Corday au-dessus de Jeanne Darc : passe encore : ce n'est que ridicule. Il dit que Charlotte Corday a donné l'exemple d'un dévouement unique dans l'histoire des femmes de France : passe toujours ! Oublions celles qui affrontèrent et reçurent la mort pour avoir arraché des victimes au monstre que Charlotte égorgea : celles-là n'étaient que chrétiennes, et point héroïques. Quant aux femmes fortes de ces jours-ci, qui ont un dévouement d'un autre genre, qui ne sauvent personne, qui ne tuent personne, qui se contentent de nous faire lire au fond de leurs âmes aimantes, et qui confessent publiquement, dans l'intérêt de l'humanité, les inconvénients qu'elles reconnaissent aux lois du mariage, nous trouvons à vrai dire qu'elles sacrifient plus que la vie ; néanmoins nous les laisserons réclamer elles-mêmes. D'ailleurs, il faut reconnaître que l'action de Charlotte présente quelque chose d'assez viril pour émerveiller beaucoup ce gynécée de précieux qui tricotent et filent de la politique et de la littérature au *Journal des Débats*. Mais l'innocent écrivain s'émancipe dans son admiration (à laquelle est loin de nuire la terreur que lui font éprouver les républicains) jusqu'à trouver que l'assassinat offre vraiment des côtés sublimes ; que celui de Marat, entre autres, eut vraiment du bon ; qu'il est vraiment heureux que cette brave fille, Charlotte Corday, se soit senti le courage de frapper un pareil tyran : car pour lui, certes, il n'aurait pas osé ! Bref, il s'échauffe, il se monte et il écrit le beau passage que nous avons cité. Le nom de Marat appelle sur ce feuilleton l'attention du *National*, aussi naturellement que son objet et la signature du critique étaient faits pour en éloigner d'autres yeux. Le *National* s'indigne comme on l'a vu : nous faisons nos observations, mais en annonçant que le *Journal des Débats* ne regardera point la partie perdue : vous allez maintenant voir le *Journal des Débats* se tirer d'affaire.

Premièrement, il prend contre nous des sûretés dans l'esprit du lecteur ; il affirme que nous nous mettons du parti du *National*, et que ce journal et l'*Univers* se font écho l'un à l'autre. Il est vrai que nous avons, en cette occasion, répété avec le plus grand plaisir les saines réflexions du *National*, et que nous faisons écho, très-volontiers, à tout ce qui se peut dire de noble et de bon dans la presse. Ce n'est pas

notre faute si le *Journal des Débats* nous en fournit la joie
moins souvent que qui que ce soit, et si ses doctrines, même
lorsqu'elles ont cette sagesse du ventre par laquelle il entreprend de guider la France, sont les plus antipathiques du
monde à nos convictions. Quand le *National* a raison, il a
dignement raison : quand le *Journal des Débats* dit vrai,
cette vérité est basse, ou elle n'est pas vraie dans sa bouche,
ou il ne l'accroche au mensonge de la veille que comme
pierre d'attente pour le mensonge du lendemain. Il n'y a
point pour lui de vérité ni de morale, ni de convictions sur
la terre ; il y a des moyens, des instruments, nous dirions
presque des comestibles. Une idée, n'importe laquelle, lui
est bonne, dès qu'on en peut tirer des paroles, c'est-à-dire
du profit. Si le *Journal des Débats* veut faire une comparaison qui nous humilie, qu'il cherche les points de ressemblance entre lui et nous : il n'aura pas besoin d'y revenir
à deux fois pour nous faire changer d'allure.

Mais Charlotte Corday, mais l'assassinat politique, mais
la question ? Là-dessus le *Journal des Débats* maintient
bravement son dire. Voulez-vous que ces rhéteurs aient
tort ? périssent plutôt la morale et tous les tyrans ou gens
réputés tels ! Le *Journal des Débats* a dit et il répète « qu'il
n'y a rien d'absolu dans les choses de ce monde ; que, parmi
les actions humaines, il y en a qui sont placées en quelque sorte sur les limites du bien et du mal, et que la morale
abstraite, la morale ordinaire est embarrassée pour classer
rigoureusement. » Notons ici une concession : la morale n'est
plus qu'*embarrassée* ; dans le feuilleton, la morale devait
s'humilier. Il assure que les déclamations contraires ne
prévaudront pas contre les décisions de l'humanité, qui a
bien aussi son omnipotence. Il nous demande si nous voulons ranger Charlotte Corday sur la même ligne que Ravaillac et Damiens : il cite au *National* deux autorités formidables, deux poètes, André Chénier et Klopstock, qui ont

fait l'apologie de cette fille ; et à nous, avec le respect et le
tact qui le caractérisent, deux exemples plus familiers, dit-
il, à des dévots : Judith et Aod, que le Saint-Esprit, parlant dans l'Écriture, non-seulement n'a pas condamnés,
mais qu'il a proposés à l'admiration du monde. Conclusion :
nous sommes des fanatiques, des despotes de sacristie, des
cerveaux malades, des esprits grossiers, étroits, vulgaires,
qui avons la malheureuse prétention de régenter le monde,
et que le monde repousse avec toute l'énergie de l'horreur
et du mépris. — Voilà pour nous apprendre à ne vouloir
pas qu'on assassine les gens.

Nous ne relevons point la politesse exquise de cette argumentation : on sait que le *Journal des Débats* a des
formes, et s'il paraît peut-être y manquer un peu envers
nous, nous ne devons oublier ni que nous sommes « des
dévots en horreur au monde, » ni que nous avons nous-
mêmes le tort de parler de cette feuille avec une sincérité
peu faite pour la mettre en bonne humeur. Mais que résulte-t-il de son raisonnement ? la doctrine des circonstances atténuantes, que dis-je, des circonstances justifiantes :
— car de pareilles folies font violence à la langue comme
au bon sens, — non-seulement pour l'assassinat, mais pour
tous les crimes qu'il est possible de commettre. De ce qu'il
n'y a rien d'absolu dans les choses de ce monde, on conclut qu'il n'y a rien d'absolu dans les lois de Dieu. L'adultère, le vol, la luxure, quel crime ne saura pas se placer,
aussi bien que l'assassinat, sur cette limite du bien et du
mal, où le *Journal des Débats* prétend que sa morale est
embarrassée ? — et je ne crois pas que ce souci la prenne
souvent ! Poussez un peu ces gens qui vous absolvent
Charlotte Corday, et demandez-leur ce qu'ils pensent
d'Agnès Sorel : n'y a-t-il pas, pour glorifier aussi celle-là,
l'omnipotence de l'humanité ? Si l'une n'a point commis
un crime, l'autre n'a rien fait de honteux : l'une et l'autre

sont condamnées par la même loi. Si subtiles que soient vos distinctions, vous n'en obtiendrez pas de pouvoir admirer le meurtre, sans qu'aussitôt la prostitution et l'adultère ne deviennent innocents, peut-être même estimables ! Et ce n'est pas ce qui vous gêne, je le sais bien. Vous auriez encore sur ce point quelque immonde théorie à nous vomir dans vos feuilletons, quitte après à distinguer dans un article apologétique. Mais tandis que vous triturez des distinctions, vous avez des lecteurs qui tirent des conséquences : les jeunes filles qui vous lisent n'imiteront pas Charlotte Corday, je le crois aisément ; mais que M. Soulié, M. Barrière, M. Janin, M. Sue ne leur apprennent pas à imiter d'autres héroïnes, c'est ce dont je suis moins sûr : elles sont aussi habiles à distinguer que vous. J'admire les écrivains qui se tranquillisent suffisamment la conscience, en pensant qu'ils n'ont poussé personne à assassiner le roi ! cela rappelle justement l'absolution que se donnent les chiffonniers esprits forts : Que peut-on me reprocher ? Je n'ai tué ni volé !

Mais puisque le *Journal des Débats* distingue si bien, qu'il nous dise donc pourquoi l'on ne pourrait pas ranger Charlotte Corday sur la même ligne que Ravaillac, Damiens et Louvel ? S'il ne s'agit que de frapper bravement, elle n'a point été plus brave que Ravaillac, qui certes a résolûment fait son coup ; si elle a cru changer en bien les destinées de la patrie, Louvel, ce misérable, s'était donné cette mission, il aspirait à cette gloire ; si elle a voulu effacer du nombre des vivants un tueur d'hommes, vous n'auriez pas assez de marbres pour tailler des statues au mortel généreux qui, en 1815, aurait couché par terre, d'un coup de poignard, celui qu'à cette époque vous appeliez un ogre et un tyran. Vous faites une morale qui donne au premier insensé, au premier philanthrope venu, droit de vie et de mort sur tout roi qui déclare la guerre. Mais la victime de

Charlotte était détestable ! Est-ce donc toute la question ?
Vous haïssez le souvenir de Marat, il y en a qui l'aiment ;
et l'assassin a bien assez d'ailleurs de sa haine ou de sa folie,
sans s'inquiéter de vos jugements et de vos goûts. On dé-
teste suffisamment celui que l'on tue ; on le croit assez coupable, assez exécré, du moins assez digne de l'être ; et vous
n'aurez rien à répondre, que par la hache, au clubiste
gorgé des calomnies répandues contre le roi, qui viendrait
demain vous dire que ce prince est pour lui ce que Henri III
était pour Jacques Clément, Henri IV pour Ravaillac,
Marat pour Charlotte Corday ! Ce mystère de haine, d'ignorance, de fanatisme, lui constitue, d'après vous-mêmes, des
droits que vos subtilités seront mal venues à lui contester
plus tard ; et comme il sacrifie sa vie à ses « convictions, »
il ne vous reste qu'à lui offrir votre admiration. Car c'est à
vos yeux quelque chose d'admirable que de savoir mourir !
Quoi ! renoncer à tant de belles places que l'on peut toujours
obtenir, à tant de stalles à l'Opéra, à tant de dîners que l'on
pouvait faire encore ? Cela vous étonne, et vous restez stupéfaits, vous qui rêvez délicieusement de mourir tard et
de mourir gras !

Faut-il répondre encore à cette impertinence, familière
au *Journal des Débats*, de nous citer l'Ecriture sainte avec
dérision ? Judith et Aod sont sans doute proposés à l'admiration du monde ; faut-il pour cela mettre sur un autel le
couteau de Jacques Clément ? Que diraient demain ces beaux
railleurs, si quelque dévot de Fieschi, se mettant à lire l'E-
criture suivant leurs préceptes et l'interprétant comme eux,
passait de l'admiration à l'imitation ? Que diraient-ils et que
n'ont-ils déjà dit de quelques théologiens aventureux qui,
dans le double silence de l'école et de la langue latine, ont
incliné à croire que le meurtre du tyran n'est pas un péché ?

En résumé, comme nous faisons profession d'être sincères, nous ne voulons point nier que certains cas ne puis-

sent se présenter où le meurtre d'un homme semble en quelque sorte devenir un acte de légitime défense. Mais ces
choses-là, on les garde au fond de la conscience. Un chrétien s'en ouvrira dans le mystère du confessionnal, afin
d'obtenir la force nécessaire pour supporter la tyrannie et
laisser passer, même sur sa tête et sur celle des siens, le flot
terrible des vengeances de Dieu. Un homme de cœur selon
le monde et la pauvre philosophie du monde attendra le
jour et l'heure; il ne parlera de son dessein à personne, il
l'exécutera si Dieu n'a pitié de lui, laissant son nom à la
postérité qui le dira coupable, son corps aux lois violées,
qui feront bien de le frapper, son âme au souverain juge.
Et malheur à cette âme, si elle n'a pour se justifier que son
zèle à servir l'humanité par des coups de couteau ! — Mais
il n'appartient qu'à un de ces demi-lettrés frivoles, pour
qui rien n'est mystérieux ni sacré, de venir, sans croyance,
sans lumières, considérant toutes les lois divines et humaines comme non avenues, agiter dans un feuilleton ces
redoutables matières, ne pas s'inquiéter s'il parle au milieu
d'un peuple qui a perdu toutes les notions chrétiennes et
dont une partie ardente s'est, depuis dix ans, familiarisée
avec l'idée du régicide; dire ce qui lui passe par la tête, faire
une morale à sa guise, et finalement se prononcer en faveur
de l'assassinat, comme il se prononce en faveur de quelques
méchants vers. Eh ! Monsieur le Galant, si vous mesurez
qu'une grande âme comme celle de Charlotte Corday, comme
celle de votre auteur, ou même comme la vôtre, peut sans
crime tuer le tyran, attendez d'avoir un tyran à tuer, et
jusque-là taisez-vous !

Nous souhaitons que le *Journal des Débats* profite de ce
dernier avis. Malgré nos fréquentes querelles, tout le mal
que nous lui voulons n'aboutit pas plus loin que ce désir.
Mais ce désir ne sera pas satisfait ! Le *Journal des Débats*
nous déclare qu'il réclame la liberté de discussion sur les

matières philosophiques. Il veut, dit-il, pour achever sa justification, qu'il y ait dans ses colonnes une région à part,
une place réservée, où le souffle des passions ne puisse atteindre et où les esprits élevés puissent respirer un air plus
pur que celui de la politique journalière. Cet air plus pur
est celui qui s'exhale des feuilletons de M. Janin, de M. Soulié et de M. Süe. Pour refaire ses lecteurs, fatigués de l'o-
deur de sa politique, le *Journal des Débats* leur offre les
aventures du Chourineur et de la Goualeuse [1], et se réserve de mettre en discussion dans l'article littéraire ce qu'il
considère comme indiscutable dans le *premier-Paris*. Nous
n'avons rien à dire contre un pareil système ; il y a visiblement là-dessous une question d'abonnement. Le *Journal
des Débats* a toujours mieux aimé changer de drapeau que
de renverser sa marmite. Mais qu'il cesse de s'étonner si le
club et la rue aussi se mettent à discuter, et si, pour couper court à des conversations qui ne nourrissent pas tout
le monde, quelques philosophes inférieurs entreprennent
de terminer le litige avec l'argument du poignard ou du
pistolet.

[1] Personnages des *Mystères de Paris*, que publiait en ce moment le
Journal des Débats.

DU CYNISME

(à propos de Chodruc-Duclos).

---

22 octobre 1842.

L'Europe sait maintenant que Chodruc-Duclos n'est plus, mais les abonnés de l'*Univers* savent-ils ce qu'était Chodruc-Duclos? Chodruc était une sorte de feuilleton vivant, un gueux plein de vanité qui passait sa vie à promener ses haillons dans le Palais-Royal. On l'avait d'abord appelé *l'homme à la longue barbe;* puis on connut son nom, ses aventures, on eut son portrait, et il parlait de publier ses Mémoires. On y aurait trouvé le relevé des lignes écrites sur lui dans les diverses feuilles parisiennes. Il avait calculé, à deux sous la ligne et à trente sous le repas, combien les journalistes lui ont dû de dîners. Sa mort a démesurément grossi le total, et déjà la somme était ronde. Chodruc se considérait comme un bienfaiteur des lettres. Il leur était quelque chose de plus. Peu de Mécènes furent d'ailleurs mieux traités et payés de plus de gloire. Nos jeunes littérateurs cultivaient Chodruc, lui faisaient des mots, écrivaient même des morceaux sous son nom. Quand Chodruc paraissait en police correctionnelle, ils assistaient au jugement; quand Chodruc changeait quelque chose à sa toilette, ils en avertissaient le monde; quand Chodruc était malade, ils publiaient le bulletin. Si Chodruc s'était marié, nous aurions eu le portrait, le nom, la généalogie et l'histoire de sa femme, l'inventaire du mobilier, tout le détail de la noce. Il ne tenait qu'à Chodruc d'acheter un chien pour faire dans Athènes le même bruit qu'Alcibiade. Chodruc depuis huit jours est mort, et depuis huit jours les oraisons funèbres pleuvent et pleurent.

Sans doute, il y a de la spéculation : la ligne vaut un sou, deux sous, trois sous, quelquefois plus, mais il y a aussi quelque chose d'amical et de fraternel. L'article Chodruc est de rigueur ; un maréchal de France ne serait pas si diligemment ni si tendrement servi. A la complaisance du journalisme on sent que Chodruc était de la famille. Disons le mot, cet homme tenait à la petite littérature par un lien plus étroit : elle vient de perdre en lui un symbole. Il était si essentiellement symbolique, que je le prendrais aujourd'hui pour un mythe, si je ne l'avais pas rencontré mille fois en vie et en haillons. Suivez cette figure :

Il usa dans les dissipations et les orgies sa jeunesse et son patrimoine ; il s'abstint sévèrement de toute besogne utile : tyran de parterre, bel esprit de café, lion de tabagie, zélateur des modes nouvelles, duelliste, etc. C'est le feuilletoniste en sa fleur.

L'âge venu, le patrimoine parti, Chodruc trouva qu'il avait rendu au commerce des spiritueux, aux beaux-arts et à l'humanité assez d'éminents services pour être récompensé. Il fit savoir au ministère qu'il accepterait une recette générale, on lui offrit un bureau de tabac. L'analogie se maintient : ces hautes visées et ces demi-succès se présentent souvent dans l'histoire des lettres contemporaines. Seulement, avec le bureau de tabac, l'on offre aujourd'hui la croix d'honneur.

Chodruc trouva la faveur au-dessous de ses droits et ne voulut point l'accepter : nous avouons que tous les gens

de lettres ne sont pas si fiers. A l'humiliation de vivre laborieusement d'un emploi honnête, il préféra noblement gueu-
ser toute sa vie, prêt à soutenir cette oisive existence, non
point par l'aumône, fi donc! il était trop gentilhomme, mais
par l'emprunt. Il se fit un habit de guenilles et commença
ses promenades, qu'il n'interrompit plus. Comme quelques-
uns de ses anciens compagnons d'aventure étaient devenus
ministres (qui n'a pas un ami de jeunesse au ministère, et
un au bagne?), il se donna pour exemple mémorable de
l'ingratitude des grands. Ceci n'est pas seulement de la littérature, c'est de la haute politique. Cette polissonnerie eut
un succès admirable. Chodruc fut d'emblée reçu à une
place d'honneur dans les rangs de l'opposition; il devint un
argument avec quoi les patriotes prouvèrent fort bien que
le ministre Peyronnet était digne de la hart pour son mauvais cœur.

A dater de ce coup, par où Chodruc fit voir qu'il connaissait l'homme en général et le Parisien en particulier,
notre gueux ne se donna plus la moindre peine; il comprit
que sa réputation était faite, sa position conquise. Le Parisien aime le nouveau, mais il a cela de commode qu'on peut
le divertir vingt ans avec la même nouveauté; et c'est en
quoi Chodruc fut véritablement mythique. Cette éternelle
guenille qu'il promenait éternellement aux mêmes lieux
avec le même succès, n'est-ce pas l'homme de lettres formé,
mûr pour l'Académie? Voyez la phrase de M. J., le vaudeville de M. S., le roman de M. K., l'article de M. Q. E?
Tout cela sort tous les matins comme faisait feu Chodruc,
se promène, se fait voir, fièrement, collige les gros sous,
rentre quand les cafés s'éteignent, reparaît le lendemain
plein de grâce et d'imprévu.

Notez que Chodruc ne quittait pas le Palais-Royal, le
lieu du monde où cette sorte de littérature qu'il signifiait
est le plus connue et souvent le seul où elle soit connue.

C'est après avoir vingt ans mené ce train, que Chodruc est mort subitement, dans la rue, à la porte d'un cabaret, aux environs de ce jardin d'Académe où il avait fait un cours pratique de littérature si prolongé. Ainsi meurent tous les jours beaucoup d'œuvres qui n'ont pas tant vécu.

Il faut oser faire maintenant quelques réflexions plus graves. Le malheureux de qui nous parlons est mort frappé d'apoplexie, et vraisemblablement sans avoir eu le temps de songer à son âme. Ses amis les journalistes, qui ont tant écrit de sa misérable vie et de sa misérable mort, sont brefs sur ce point effrayant d'une telle mort après une telle vie. Quelques-uns seulement en entrevoient la logique. Aucun ne s'arrête, aucun ne songe à plaindre ce confrère, mort cyniquement au coin d'une borne. Et plaise à Dieu que nul d'entre eux n'ait fait le souhait d'expirer de la même façon, sinon au même endroit, complétant l'analogie de l'existence et des œuvres par celle de la mort ! Il est remarquable combien la mort subite, ce vieil effroi des chrétiens, qui leur fait faire tant de prières, qui les conduit à tant de pèlerinages, qui leur inspire tant d'actes de charité, épouvante peu cette sorte de gens, et, tout au contraire, leur paraît une manière assez douce de quitter la vie : point de souffrance, à peine une courte épouvante ; on est exempt de l'ennui de regretter ce que l'on a fait, ou du chagrin d'abandonner ce que l'on aime, du souci de songer à ce qui peut suivre. Voilà le goût des esprits et la nature du courage moral qui règne présentement dans les cœurs ; c'est ainsi qu'on ne veut pas avoir le démenti d'une vie tout animale, et qu'après avoir vécu comme un Cafre, on aspire à mourir comme un chien. Mais que dis-je ? M. J. J. soutient que Chodruc n'était pas un cynique, et qu'il n'y a de cynique au monde que la haine, l'envie, les jalousies féroces, les calomnies abominables, les médisances dans les carrefours, les plus sales besoins de la vie satis-

faits en public.—De quels feuilletons parle donc ici l'auteur
des feuilletons du *Journal des Débats?*

Le même M. J. J. vient de donner une belle leçon aux
vaudevillistes. Un de ces moralistes aimables a tiré une pièce
de la chanson de M. Béranger intitulée : *Les deux Sœurs de
charité*, dont voici le premier couplet :

> Vierge défunte, une sœur grise,
> Aux portes des cieux rencontra
> Une beauté leste et bien mise
> Qu'on regrettait à l'Opéra.
> Toutes deux dignes de louanges
> Arrivaient, après d'heureux jours,
> L'une sur les ailes des anges,
> L'autre dans les bras des amours.

A ce propos, M. J. J., qui n'est pas sans utilité gouvernementale, et qui ne refuse jamais un coup de main à la
saine politique, déclare que les chansons politiques de Béranger sont mortes, et qu'elles méritaient de mourir, mais
que ses chansons joyeuses sont justement immortelles :
« Béranger et sa chanson, dit-il, avaient aimé jusqu'à l'a-
« doration l'Empereur, ce dieu tombé, et le peuple, qui est
« le véritable éternel... Aujourd'hui les graves refrains s'es-
« timent fort heureux d'être protégés par les douces et
« amoureuses chansons, chancelantes sous la double ivresse
« de l'esprit et du vin de Champagne ; folles inspirations
« de sentiments intimes, gracieux caprices d'un esprit va-
« gabond. Béranger appelle ces chansons-là ses filles ché-
« ries ; filles chéries en effet, filles immortelles de quatre
« puissances qui ne sauraient mourir : l'esprit, le vin, la
« jeunesse et l'amour. »

Ayant ainsi réhabilité la gloire pâlissante de Béranger,
M. J. J. revient à son vaudevilliste et se montre moins clément.—Ce vaudevilliste a été trop moral ! il n'est pas entré
dans les intentions de M. J. J. et du *Journal des Débats ;*

il y a de la vertu dans sa pièce, une autre vertu que celle qui est dans la chanson. Il semble y avoir parlé d'un éternel qui n'est pas Napoléon et pas même le peuple. « Ce « sont deux béguines qu'il nous montre, deux vierges défuntes ; la vierge de l'Opéra est aussi prude que la sœur « grise, et ce n'est qu'à l'aide d'un bon mariage qu'elle « consent à aimer M. Paul Raymond. De cette fille de charité si bien mise, de cette cousine de Camille et de Frétillon, le mélodrame a fait une femme de ménage, une « héroïne d'épargne et de pot-au-feu. Vanité de toute chose « et même de la chanson. » Oh ! non, Chodruc ! tu n'étais pas le cynique de ce temps !

LES DEUX NATIONS.

28 février 1843.

Décadence de la nation philosophique. — Progrès de la nation chrétienne. — Pourquoi rien n'est mort.

Les spectacles d'ignominie donnés en ce moment, avec autorisation de la police, par une si grande partie de la population parisienne, les scandales plus prolongés et plus révoltants de la presse, le caractère mesquin de l'intrigue qui se poursuit dans les hauteurs politiques, nous inspirent de tristes réflexions. Certes, il est cruel d'entendre une grande nation se plaindre que son gouvernement n'a pas soin de son honneur, et de la voir en même temps se ruer dans de sales et sots plaisirs ; il est navrant de lire, à la suite des comptes rendus de la justice criminelle, ces feuilletons, au moyen desquels les journaux, qui se plaignent de la décadence des mœurs, font pénétrer partout les plus âcres poisons de l'immortalité ; mais ce qui porte au comble la peine intime du vrai citoyen, c'est de mesurer les pensées qui préoccupent ceux qui gouvernent,—journaux, chambres et ministère,—en présence des maux et des besoins de la patrie.

Quels que soient le nombre et l'étendue de ces besoins, quelle que soit, devant leur immensité, la faiblesse, nous ne disons pas du Ministère actuel, mais de tout Ministère

possible (puisque le mal est dans le fond même de la société
et qu'il n'y a point de régime politique qui puisse guérir
instantanément des maladies morales aussi invétérées que
les nôtres), cependant nous pourrions espérer contre l'espérance même ; nous mettrions notre recours en CELUI qui
a fait guérissables les peuples de la terre. Ce que toutes
les forces humaines ne sauraient obtenir, un peu de bonne
volonté le peut faire ; tout est possible à la miséricorde de
Dieu. Un regard sérieux sur nos misères, un seul effort,
dût-il échouer, tenté par le Gouvernement ou par les
Chambres, pour jeter dans le ciel ces ancres de salut que
réclament nos périls, nous remplirait de confiance en
dépit des tempêtes du présent et des menaces de l'avenir.

Mais quand le mal moral produit chaque jour des maux
physiques infinis ; quand, politique extérieure, administration, enseignement, tout est faussé, détraqué, rompu, abandonné à l'aventure ; quand la souveraine habileté des pouvoirs n'est plus de corriger le mal ni d'en arrêter les progrès, et que c'est un succès de le faire durer de jour en
jour, d'heure en heure, dans l'attente d'une catastrophe toujours imminente au milieu de cette dissolution ; entendre
cinquante journaux gloser tous les matins sur un mot de
M. Thiers, sur une démarche de M. Dufaure, sur un signe
de M. Passy, voilà ce qui pourrait briser l'espérance au fond
du cœur.

Ne parlez point à nos législateurs des milliards qui s'a-
joutent aux milliards de la dette ; taisez-vous sur le dés-
arroi de la morale publique, sur les embarras de l'industrie ; ils s'occupent d'une affaire plus sérieuse : dix ou
quinze d'entre eux passeront-ils du parti qui peut aujour-
d'hui donner les places au parti qui pourrait les donner
demain ? C'est la grande question nationale. La vieille
Byzance, oubliant que l'ennemi est aux portes, regarde dans
le cirque courir ses cochers. On parie, on fait des vœux,

on se passionne, on se coalise ; tout le reste est oublié.
Quelle joie ! les *bleus* l'emporteront peut-être sur les *verts* !
que tout ira bien demain si M. Molé remplace M. Guizot, si
M. Wustemberg remplace M. Cunin-Gridaine, si le minis-
tre des travaux publics, qui se nomme présentement
M. Teste, se nomme demain M. Billault !

Nous renonçons à formuler l'inexprimable mépris qu'inspire cette puérilité des vieilles opinions. Eh ! que vous
importe quels noms seront apposés au bas des traités qui
vous châtient ! Levez-vous, prenez les armes, exigez d'autres traités. En donnant les fonds secrets à M. Dufaure
plutôt qu'à M. Duchâtel, croyez-vous changer la face des
choses dans le monde ? Diminuerez-vous ainsi le nombre
foudroyant des vols, des assassinats, des suicides, des adultères ? Laisserez-vous moins voir dans vos consciences la
large plaie par où peuvent entrer les faveurs ? L'ordre sera-
t-il rétabli dans vos administrations? la décence et le bon
sens siégeront-ils dans vos colléges ? verra-t-on la pudeur
diriger la plume de vos écrivains ? vos philosophes sauront-
ils et enseigneront-ils s'il y a un Dieu ?

Certes, nos plaintes n'ont rien d'exagéré, nous n'avons
que trop amplement de quoi les justifier toutes : la situation du pays est affreuse, et d'autant plus lamentable qu'elle
ne résulte pas moins de la corruption des mœurs que du
vice des institutions. Il serait commode, sans doute, de tout
rejeter sur le Pouvoir, et l'on peut dire avec vérité que le
Pouvoir est ignorant, insouciant, timide. Mais qu'est-ce,
après tout, que ce pouvoir, sinon nous-mêmes ? D'où sortent
les quelques hommes que l'on appelle ministres et qui ont
la signature nationale? D'où sort la Chambre qui les nomme,
qui les dirige, qui les maintient? Qui forme enfin l'opinion? La presse n'est-elle pas la pratique incessante du suffrage universel, et s'aperçoit-on que ce suffrage universel,
exercé par tout ce que l'on appelle capacité ou intelligence,

s'occupe en majorité de remédier à la profondeur du mal moral, source de tous les autres maux?.... — Nous avons beau dire, nous sommes solidaires!

Nous sommes solidaires, et c'est pourquoi nous ne désespérons pas! Au milieu de nos misères, cette bonne volonté qui commande aux bénédictions célestes existe dans un grand nombre d'âmes, et s'y développe avec une énergie incomparable.

Il y a une France officielle à qui appartiennent les scrutins, les tribunes, les emplois, les chaires, les journaux, presque toute la littérature. C'est celle-là qui s'occupe d'une parole de M. Guizot, d'un geste de M. Dufaure, du silence de M. Thiers, et qui s'amuse de la guerre des portefeuilles quand elle est repue des plaisirs du bal masqué. Elle est comme du monde, dont elle supporte avec une colère impuissante, peut-être menteuse, les longues risées.

Il y a une autre France, silencieuse, mais active, à qui appartiennent les bonnes œuvres, les sérieuses études, l'austérité de la prière et du dévouement : celle-là est ignorée encore des regards vulgaires ; elle est patiente dans l'oubli, elle accepte l'humiliation présente comme la juste expiation des torts anciens ; mais elle se confie en une parole infaillible. Et tandis que vous errez sans guide au fond de vos ténèbres, des hauteurs de la vérité elle voit poindre le jour où Dieu bénira ses travaux et comblera son espérance.

Qu'on y regarde avec cet œil de la foi qui reconnaît le germe du grain éternel enfoui sous la terre : on découvrira qu'au milieu de cette stérilité, parmi ces ronces, dans ce perpétuel avortement de l'orgueil humain, Dieu nous prend en pitié, et nous conduit à quelque chose de meilleur. Ce Gouvernement, qui ne sait pas empêcher le mal, n'ose pas, autant qu'il le pourrait peut-être, empêcher le bien ; il ne l'ose pas, il ne le peut pas, et souvent il ne le veut pas.

Obligé de compter avec tout le monde, s'il faiblit devant les mauvais, il ne craint pas toujours de céder à la raison et au vouloir des bons. Et c'est une source d'espérance de voir tout ce qui vit, tout ce qui résiste, tout ce qui grandit pour le bien, vivre, subsister et grandir sans secours, par la seule et unique force du bien, à côté de tant de préjugés naguère furieux, maintenant indolents et craintifs, ou stupéfaits comme s'ils assistaient à la résurrection des morts. Dans une société anarchique, contre des adversaires disciplinés pour le combat, la religion, qui n'a que peu de journaux, et dont les enfants les plus zélés sont souvent divisés entre eux par des opinions et par des origines contraires, est cependant assez forte pour soutenir la lutte, avancer et gagner du terrain. Elle fait des conquêtes partout, l'on n'en fait plus sur elle ! ou si parfois les passions humaines lui ravissent un combattant de marque, le monde est tout étonné de voir qu'elle n'en est point affaiblie. Les traits qu'on lui lance tombent sans force à ses pieds, et il n'en arrive pas qui n'arme tout aussitôt dans ses rangs un vengeur. A l'ombre de sa bannière viennent continuellement se ranger des soldats inattendus ; s'il en est qui soient plus pressés de souffrir et de mourir pour elle, ce sont les heureux transfuges qui combattaient hier chez l'ennemi. L'Allemagne protestante lui apporte le tribut de ses veilles ; l'Angleterre hérétique est aujourd'hui la nation qui bâtit des églises. L'archiconfrérie de Notre-Dame-des-Victoires, sortie depuis cinq ans à peine de son œuf imperceptible, est depuis longtemps répandue dans le monde entier. Hier, en vingt endroits de la France, les reptiles habitaient d'illustres et saintes ruines, maintenant relevées et bientôt agrandies, et devenues l'encensoir d'or où le parfum de la prière publique brûle toujours. L'admirable armée des Frères de la Doctrine Chrétienne multiplie sous les injures ; nous produisons des Sœurs de Charité pour tout l'univers ; nous apprenons pres-

que au même instant que l'on a découvert une terre nouvelle et que nos missionnaires et nos martyrs l'ont gagnée
à Jésus-Christ. Qu'une flotte anglaise introduise l'opium à
Canton ! quelque pauvre vaisseau marchand y portera bientôt des Français et l'Évangile, et nous saurons un jour qui,
de l'Angleterre ou de ces quelques Français, aura fait la
plus durable conquête !

Les doctrines philosophiques, tombant en décomposition
dans le cœur des peuples allaités par l'impiété, laissent
l'homme sans croyance, c'est-à-dire sans lumière. Il cherche, il n'est pas maître de ne point chercher ; car il faut une
croyance à l'homme, comme il lui faut de l'air et comme il
lui faut du pain ; il cherche, parce que rien ne fera que
l'homme ne soit plus l'homme, que l'abuser soit le transformer, que lui faire croire le mensonge soit lui ôter le
besoin de la vérité ; il cherche, et sous ce *détritus* d'erreurs
stériles, découvrant vivante et éternelle cette foi de l'Eglise
qu'il croyait morte, il se prend pour elle d'un ardent amour ;
et Paris voit le *Credo* emporter de vive force, au milieu des
applaudissements, jusqu'aux bastions voltairiens de la Sor-
bonne et de l'Académie des sciences.

Voilà pourquoi, dans l'ignominie de nos langueurs pré-
sentes, les mains tendues vers le ciel, nous espérons iné-
branlablement. Quelles que soient nos fautes et notre dégradation, Dieu ne s'est point retiré du monde et de nous.
Nous croyons à la vie d'un peuple chez qui l'impiété rail-
leuse peut tous les jours saisir la Providence en flagrant délit de miracle, d'un peuple qui produit des Sœurs de Charité, des prêtres, des martyrs. Rien de digne et de grand
n'est mort, là où reste du sang pour arroser la croix.

L'ÉVÊQUE ET LE PRÉFET.

---

11 mars 1843.

Mesquine situation du préfet; grandeurs et force de l'autorité spirituelle. — Ce qu'il faut aux évêques pour faire le bien.

La mort, en frappant dans les rangs vénérables de l'épiscopat français, nous permet de remarquer fréquemment la grande place que tiennent aujourd'hui parmi nous les évêques. Les préfets, les généraux, les premiers présidents changent de poste, vont et viennent sans que l'on y prenne garde ; la foule se presse, recueillie, autour du cercueil de l'Evêque qui meurt, et bientôt se porte avec des palmes et des chants d'allégresse au-devant de l'Evêque nouveau. Partout, lorsqu'il arrive, ce sont des arcs de verdure, des fêtes, des gardes d'honneur. Pourquoi ces démonstrations? Est-ce l'autorité civile qui les provoque ? Non, car elle ne pourrait rien obtenir de semblable pour elle-même. Est-ce l'attente d'une récompense ? On sait, il est vrai, que l'Evêque partagera son modique revenu avec les pauvres ; mais ce ne sont pas seulement les pauvres, c'est encore et surtout la classe aisée qui lui souhaite cette bienvenue, qui lui forme ces cortéges brillants, qui lui prépare ces triomphes, et elle ne reçoit de lui que des conseils et des bénédictions.

Fait digne de la plus sérieuse attention des hommes d'Etat, c'est-à-dire des esprits libres de tout préjugé vulgaire, qui s'appliquent à démêler, dans la confusion des manifestations publiques, les sentiments vraiment profonds et utiles, pour les féconder, pour s'en servir comme d'un instrument avec lequel il est plus facile d'accomplir le bien.

Après tant de coups portés à l'Eglise, tant d'efforts en apparence couronnés de succès pour ruiner tout ensemble et l'influence du sacerdoce et l'empire des croyances religieuses, qu'est-il arrivé? Cette autorité de l'Eglise, que l'on voulait abolir, est restée seule debout dans le cœur du peuple! Là où le peuple croit à quelque chose, il croit en Dieu; s'il respecte quelqu'un, c'est l'Evêque.

Nous ne voulons offenser personne. L'autorité temporelle, malgré nos critiques fréquentes, n'a pas d'administrés plus dociles que nous, plus désireux de lui faciliter sa tâche, plus reconnaissants lorsqu'elle l'a dignement remplie. Mais enfin, nous avons à constater un fait dont les conséquences importent au bien général, et nous demandons ce qu'est dans nos départements le préfet à côté de l'Evêque? De quel côté est la considération, l'influence, l'autorité véritable et reconnue?

Légalement, le préfet est tout, fait tout, ou du moins met la main à tout. On ne peut ouvrir un chemin, bâtir un édifice, former un établissement, nommer un garde champêtre, ériger une paroisse, obtenir une gratification ou une croix d'honneur, qu'il ne s'en mêle plus ou moins. Il tient dans sa main l'abrégé de tous les pouvoirs du Gouvernement; il touche un traitement assez sortable, il a une petite cour.

L'Evêque, renfermé dans l'administration de son diocèse, n'est rien hors de ce cercle, où il rencontre à chaque pas le préfet, soit pour recevoir son contrôle, soit pour lui demander approbation; à peine le consulte-t-on lorsqu'il s'agit de son séminaire et de sa cathédrale; il ne peut par lui-même ni placer un aumônier de son choix dans un collège,

ni fermer une mauvaise école, ni gouverner un hospice. Ce
qui devrait le plus évidemment lui appartenir lui est soustrait, ou ne lui est laissé que moyennant conditions. Son
unique patronage est sur la multitude des abandonnés et
des derniers de ce monde : et quiconque dans son troupeau
peut vivre sans lui n'a rien à attendre de lui : la loi veut
que l'on puisse naître, vivre, mourir au delà des limites
bornées où peut atteindre la houlette pastorale.

Mais, ce que permet la loi humaine n'est pas toujours permis par la loi de Dieu, c'est-à-dire, en beaucoup de cas, par
la nature de l'homme même : car la nature de l'homme et la
loi de Dieu viennent de la même main, sont faites l'une
pour l'autre, et c'est le lieu d'appliquer une sainte parole
dont le sens est ici rigoureusement vrai : *L'homme*, quoi
qu'il fasse, *ne séparera pas ce que Dieu a uni*.

Allons à la réalité : pourquoi le préfet, malgré la multitude de ses pouvoirs, est-il si peu important ? Pourquoi
l'Évêque, relégué dans le gouvernement des choses saintes,
indifférentes au plus grand nombre de ces hommes qui sont
comme les forces vives de la société, tient-il néanmoins une
si grande place ?

Ce n'est pas uniquement parce que le préfet n'est, après
tout, comme administrateur, que l'instrument des bureaux ;
comme homme politique, que l'envoyé du ministre, muable
et révocable à volonté, serviteur d'intérêts qui sauront tout
aussi bien, lui absent, se faire servir par un autre. Ces
considérations, ainsi que les considérations personnelles, où
nous ne voulons pas nous arrêter, contribuent sans doute
au manque absolu d'autorité qui paralyse le préfet dès qu'il
veut agir par lui-même, et qui le contraint à n'être qu'un
entremetteur plus ou moins habile et un chef d'atelier plus
ou moins intelligent ; mais la grande, la vraie raison de
cet état de choses, c'est que l'Église est toujours une autorité, tandis que le Gouvernement n'est plus qu'une fonction.

Le Gouvernement s'est détruit lui-même en voulant détruire l'Eglise.

Par une triste conséquence de l'imperfection humaine, tout pouvoir temporel penche à l'ingratitude envers Dieu et à la tyrannie sur les hommes. Dieu permet les pouvoirs temporels pour l'organisation matérielle de la société et pour le service des peuples : à ce titre, l'Eglise les reconnaît, les appuie et les honore, sans préjudice de ce qui est dû au Maître des maîtres d'une part, et de l'autre à la dignité et à la liberté de la conscience chrétienne. Ces pouvoirs infidèles ont voulu tout abaisser au niveau de la servitude, et, trouvant dans l'Eglise un élément de liberté qui leur résistait toujours, ils ont excité contre elle l'ignorante fureur des passions populaires ; ils ont rompu toutes les digues, armé toutes les mains, permis toutes les violences, déchaîné toutes les cupidités, encouragé toutes les folies ; mais quand l'œuvre des destructions a été accomplie et qu'ils ont voulu recueillir le butin, la multitude révoltée s'est tournée contre eux, leur demandant qui les avait faits rois ? Et tandis que le flot populaire, en se retirant, laisse à découvert, dépouillé mais intègre, ce vieux rocher de l'Eglise avec ses temples, ses croix, ses prêtres, ses évêques et son Pape au sommet, quelques hommes s'efforcent péniblement d'arracher du limon les débris dispersés et déshonorés du pouvoir temporel, qu'ils n'emploient qu'en hésitant, non plus à la façon des possesseurs légitimes, mais comme des serviteurs à gages, toujours injuriés, toujours à la veille d'être frappés et chassés.

Entendez sur leur compte les éternels discours des orateurs, du public, des journaux. Les reproches vont jusqu'à l'injustice, le dédain jusqu'à l'ingratitude. « Quel est ce pouvoir ? d'où vient-il ? Il nous est apparu tout effaré au lendemain d'une nuit d'orage, traînant des insignes déchirés, cachant avec vergogne un sceptre rompu, cherchant à renier

la Sédition qui se dit sa mère et qui le fustige tous les jours.
Recule-t-il devant elle, il nous trahit et se trahit lui-même.
La combat-il, on crie au parricide. Il n'emploie pas un
agent qui lui soit dévoué, pas un homme que la foule dé-
bordée aime ou redoute assez pour rentrer dans le devoir
à son seul aspect. Nous ririons s'il osait nous parler de morale. Il ne s'énonce qu'au nom de la force et avec l'appareil
de la logique ; mais ses prescriptions, ses lois, ses ordonnances portent dans leur sécheresse nous ne savons quelle
empreinte de doute, de servilité et de peur. C'est lui qui
nous craint ; et nous, nous ne le craignons pas, nous ne le
haïssons même pas ; il semble que nous le connaissions à
peine, nous le laissons faire, nous le supportons... »

Ce langage n'est pas le nôtre ; mais il nous permet d'apprécier combien le Pouvoir est déchu ; combien, par suite,
la société est languissante, et combien l'action de ce
Pouvoir abaissé doit rester impuissante à lui rendre la force
et la vie.

Si les lois établissent que l'on peut être citoyen sans le
secours de l'Évêque, il est établi de Dieu, et l'on sent qu'il
est impossible de faire ou de recomposer une société avec des
ministres et des préfets.

La société est une famille. La famille existe par le père,
et non par les frères aînés ou les serviteurs de la maison.
L'Évêque, prince du sacerdoce, est le père immortel de la
famille sociale.

Cette vérité dormait au fond de la conscience des peuples,
elle commence à s'y réveiller.

Je sais que les derniers murmures d'une révolte insensée
ne sont pas apaisés encore ; je sais que les frères aînés insur-
gés contre l'autorité paternelle, ne se sont pas tous repentis ;
je sais que les serviteurs ambitieux n'ont pas abjuré le coupable rêve de régner sans contrôle. Mais je sais aussi que
leurs prétentions, démasquées hier, sont contestées ce ma-

tin, et qu'elles seront risibles avant la fin du jour. Je sais qu'on les voit se débattre et sombrer sans leur tendre la main. Ceux qui ont des yeux pour voir, regardant ce rocher de l'Eglise inutilement submergé par tant de flots, s'aperçoivent qu'il n'y a d'appui qu'en ce qui est fort, qu'il n'y a de fort que ce qui est vivant, qu'il n'y a de vivant que ce qui est éternel.

Quel prodige est-ce là? Comment cette Eglise n'a-t-elle pas succombé? On prête l'oreille aux voix qui retentissent sur la montagne sublime ; on entend des mots qui semblaient n'être plus de la langue des hommes, et qui vont, jusque dans les plus obscures profondeurs du cœur et de l'entendement, frapper des échos longtemps endormis. Est-ce un rêve? Est-ce un souvenir? Beaucoup ne sauraient dire encore ce qu'ils éprouvent. Néanmoins, au milieu de leur étonnement, ils devinent que cette parole tendre, miséricordieuse et sage, est plus nécessaire au monde que tous les règlements de police façonnés par les préfets, et que tous les Codes, sans elle impuissants, promulgués par les sénats.

L'Église ne dit pas des choses nouvelles, mais elle dit des choses oubliées ; un grand nombre de ceux qui l'écoutent, l'écoutent pour la première fois, et sont émerveillés comme des aveugles qui tout à coup verraient le jour. Il fallait peut-être que nous eussions passé par un demi-siècle d'erreurs et de ténèbres, pour saluer avec cet amour les sereines lumières de la vérité ; il fallait que nous eussions poursuivi l'égalité sur tant de routes chimériques et périlleuses, pour nous attacher à la hiérarchie de l'égalité chrétienne ; il fallait que les pouvoirs temporels, tout en nous exhortant à la concorde, et tout en nous traitant de *chers concitoyens*, eussent tour à tour employé et souvent prodigué la prison, la confiscation, l'exil et l'échafaud, pour nous faire comprendre que dans l'Église et dans le cœur de l'Évêque nous sommes vraiment frères et fils. Durant cinquante ans, sous prétexte

de liberté, on a fait de nous des sauvages; sous prétexte de
gloire, on a fait de nous des tyrans; sous prétexte d'intérêts
matériels, on a fait de nous des bêtes de somme et des machines : il fallait cela pour que nous fussions étonnés et ra-
vis d'entendre dire que nous avons une âme immortelle, que
notre liberté est d'obéir à Dieu, que notre gloire est d'aimer
nos semblables et de les servir.

Si les hommes d'État osaient comparer les proclamations
des préfets et leurs propres discours aux mandements des
évêques; s'ils examinaient ensuite ce que le préfet peut par
lui-même dans son département, ce que l'Évêque peut et
pourrait dans son diocèse, cette étude leur révélerait toute
une face de l'époque qui leur est trop inconnue.

Fénelon traçait, il y a cent cinquante ans, un tableau
déplorable. « Il ne faut pas, écrivait-il à l'Évêque d'Arras,
« que les évêques s'abusent sur leur autorité : elle est si
« affaiblie qu'à peine en reste-t-il des traces dans l'esprit des
« peuples. On est accoutumé à nous regarder comme des hom-
« mes riches et d'un rang distingué, qui donnent des béné-
« dictions, des dispenses et des indulgences; mais l'autorité
« qui vient de la confiance, de la vénération, de la docilité
« et de la persuasion des peuples, est presque effacée. On
« nous regarde comme des seigneurs qui dominent et qui
« établissent au dehors une police rigoureuse; mais on ne
« nous aime point comme des pères tendres et compatis-
« sants qui se font tout à tous. Ce n'est point à nous qu'on
« va demander conseil, consolation, direction de con-
« science... »

Grâce à Dieu, Fénelon ne ferait plus aujourd'hui entendre ces plaintes.

Nous ne regrettons certes pas l'influence politique et les
richesses que les évêques possédaient jadis; nous bénissons
Dieu qui les en a dépouillés, et qui leur rend en échange *l'autorité de la confiance et de la persuasion*; mais nous fai-

sous des vœux pour que le Pouvoir temporel comprenne que cette autorité peut devenir le salut de la France et le sien, s'il a seulement l'intelligence de la laisser exercer, pleine et entière, par les mains où Dieu l'a placée. Il ne s'agit point ici d'anciens priviléges à rétablir, de nouveaux priviléges à donner, d'injustices criantes à réparer, de pacte à conclure entre l'autel et le trône quel qu'il soit : il s'agit simplement de laisser nos évêques faire le bien qu'ils peuvent faire, de les abandonner aux libres inspirations de leur foi et de leur charité, de ne pas boucher de vive force les oreilles qui veulent s'ouvrir à leurs conseils, de ne pas contraindre à l'oisiveté les actifs dévouements qui se lèvent par milliers dès qu'ils disent un mot.

Croyez-nous; les préfets et tous les agents politiques, quels que soient leur zèle et leur habileté, ont aujourd'hui peu d'empire sur les esprits, et vous sont d'un petit secours : ils se bornent à procurer dans les conseils généraux quelques votes de nulle valeur; ils parviennent à faire nommer une majorité de députés tranquilles, qui ne rehaussent pas beaucoup les formes constitutionnelles et qui ne garantissent guère la stabilité des institutions.

L'Évêque, en jetant parmi le peuple quelques germes de croyance et de morale, fait plus de politique qu'il n'en sort d'une session, et la fait meilleure pour nous tous. On vous reprochait dernièrement de n'avoir pas encore apporté votre dot à la France, et celui qui vous le reprochait [1] ne nous paraît pas lui-même savoir nettement de quelle dot, de quel bien inconnu la France sent le besoin. Souffrez qu'on lui fasse acquérir la grâce de Dieu : c'est le don qui lui manque; elle sera fidèle et contente lorsqu'elle l'aura reçu.

[1] Discours de M. de Lamartine dans la discussion des fonds secrets.

LE CONSTITUTIONNEL ET LE P. LACORDAIRE.

19 avril 1843.

Le R. P. Lacordaire à Nancy. — Le *Constitutionnel* l'accuse de bonapartisme. — Terreurs du libéralisme. — Le moyen de parvenir. — Ce que c'est que la liberté du culte catholique.

Le *Constitutionnel* se préoccupe beaucoup des prédications du R. P. Lacordaire. Sans doute renseigné par quelques amis de Nancy, où l'illustre orateur répand depuis bientôt six mois les salutaires enseignements de la foi chrétienne, le vieil organe du vieux libéralisme ne cesse de crier qu'il faut prendre garde, si l'on ne veut tout à l'heure revoir les bûchers de l'Inquisition, et, pour nous servir de l'heureuse expression d'un protestant de ses compères, qui lui écrit de Strasbourg, revenir aux horreurs de la SainteBarthélemy. C'est là qu'en est encore ce *demeurant d'un autre âge*. Il mourra dans ces idées, et si nous en parlons, c'est seulement à titre de curiosité. De semblables raretés ont une valeur, la valeur des choses qui vont passer de la vie au souvenir. En outre, ce qui, de près ou de loin, touche à la mission du P. Lacordaire ne saurait être indifférent aux catholiques ; les impuissantes clameurs du *Constitutionnel* acquièrent une sorte d'intérêt lorsqu'elles s'élèvent contre ce grand cœur et contre ce grand nom. De quel tort l'éloquent religieux s'est-il donc rendu coupable ? quel mal a-t-il fait? Le *Constitutionnel* va nous l'apprendre. Voici un premier exposé de ses griefs :

Le R. P. Lacordaire, voyant la Lorraine peu disposée à prendre pour patron et pour modèle le bienheureux saint Dominique, n'a rien avisé de mieux pour vivifier ses sermons que de parler à un auditoire patriote de la grande armée, du général Bonaparte, de guerres et de lauriers français, etc., etc. Le dominicain s'est retrempé dans le *chauvinisme* pour attirer la foule, et il appelle les curieux au son des clairons et de la grosse caisse de nos armées. A Nancy, il fait respirer l'odeur de la poudre; ailleurs, il évoquait les souvenirs de 93, et partout il fait valoir la beauté de son organe et l'élégance de ses gestes. *On dit ses prédications fort en succès près du sexe.* Ainsi l'héritier de saint Dominique aurait une assez bonne escorte, si l'on savait où il veut mener ses adeptes; mais il n'est pas facile de discerner la physionomie et le caractère d'un ancien collaborateur de M. Lamennais, qui s'est fait d'abord radical, puis qui a arboré la bannière de saint Dominique et qui finit par transformer en vrais théâtres les lieux des saints mystères, du recueillement et de la piété.

Il nous semble jusqu'ici qu'à part l'inconvénient *d'être fort en succès près du sexe*, qui peut exciter la jalousie du *Constitutionnel*, les torts du P. Lacordaire ne devraient pas paraître si grands ni à ce journal, ni au bel esprit de province qui le renseigne avec tant de délicatesse. Parler de la grande armée, du général Bonaparte, invoquer les souvenirs de 93 et ceux de 89, si ce sont là des choses qui déplaisent au *Constitutionnel*, comment lui plaira-t-on? Il ne fait pas autre chose dans le monde. Mais le dominicain transforme en vrais théâtres les lieux des saints mystères? Eh bien, que vous importe? Les chrétiens le trouvent bon, les évêques ne s'en plaignent pas : ne pouvez-vous nous laisser traiter, comme nous l'entendons, une religion et un culte qui ne sont point les vôtres?

Mais le *Constitutionnel* a d'autres griefs : d'abord il avait annoncé tout joyeusement que le Gouvernement venait de refuser au P. Lacordaire l'autorisation de s'établir à Nancy :

ensuite il s'est trouvé que la nouvelle de ce refus était fausse : et c'est là ce qui le fâche pour le moins tout autant que l'assiduité du *sexe* à ces sermons où paraissent le général Bonaparte et la grande armée. « A en croire, dit-il, un « journal de l'Est, feuille catholique et radicale » (il s'agit de l'*Espérance*, qui est radicale à peu près comme nous), « le « R. P. Lacordaire *est gravé bien profondément dans le* « *cœur et dans l'esprit des Nancéiens.* » Le *Constitution- nel* souligne ces mots, tant ils lui paraissent exorbitants. « Il doit, poursuit-il, fonder un monastère de son ordre, « dans un magnifique domaine *qui lui a été donné en pur* « *don.* » Encore souligné. *Donné en pur don* exprime l'idée du plus haut et du plus dangereux fanatisme. « Une maison « du prix de 45,000 fr lui a été donnée à Nancy même. « On prétend, en outre, *qu'on lui a donné cinq cent mille* « *francs en espèces.* »

Ici le *Constitutionnel* termine l'alinéa. Il sent le besoin de respirer ; il partage évidemment la terreur que ces choses formidables doivent inspirer à ses abonnés ; et il a besoin de courage pour ce qui lui reste à dire.

Il [le P. Lacordaire] compte sur douze dominicains qui ont fait leur noviciat pour fonder son monastère. A ces religieux s'adjoindraient plusieurs jeunes gens qui habitent Nancy, tous distingués *par leurs emplois et par leurs talents.* Ils attendent avec impatience le moment de l'ouverture de l'établissement.

Sentez-vous grandir l'épouvante ! Des jeunes gens ! chose lamentable. Des jeunes gens distingués ! chose affreuse. Le *Constitutionnel* se demande si l'on veut dire que ces jeunes gens sont prêts à prendre le froc. Cela lui paraîtrait, ajoute-t-il, *assez curieux de la part d'employés de l'Etat* ; et devinez l'idée qui se présente aussitôt à lui : en méditant sérieusement le fait, le *Constitutionnel* découvre que ces jeunes gens, ces employés de l'Etat qui prendraient le froc, *verraient là peut-être* UN MOYEN ASSURÉ D'AVANCEMENT !...

On croira que nous inventons, et l'on nous fera trop d'honneur. Tout le monde peut dire qu'un homme qui entre en religion, qui renonce à tout, qui fait vœu de pauvreté, de chasteté, d'obéissance, agit par fanatisme, par faiblesse d'esprit, par ambition d'atteindre aux dignités ecclésiastiques ; mais trouver qu'il le fait *pour s'avancer dans les fonctions publiques*, c'est-à-dire pour devenir, de surnuméraire, employé ; de substitut, procureur du roi ; de sous-préfet, préfet ; de lieutenant, capitaine, etc., c'est ce que ne croiraient pas les esprits forts de Pontoise. Un tel excès d'innocence n'appartient dans le monde entier qu'au *Constitutionnel*. Nous avouons qu'il se surpasse, et que l'on voit peu d'acteurs comiques soutenir si longtemps leur réputation.

Nous ignorons ce qu'il y a de vrai dans tous ces bruits. Si le P. Lacordaire établit une maison de son ordre dans l'intelligente capitale du pays lorrain ; si, ayant trouvé à Nancy tant d'esprits dignes de le comprendre, il y a encore trouvé des cœurs assez forts pour le suivre et pour l'imiter, nous en bénissons Dieu, sans nous étonner d'un fait dont l'heure est venue. D'accord en cela avec le *Constitutionnel*, nous réclamons la liberté des cultes ; il la possède, et nous touchons au moment où il devra souffrir que nous partagions avec lui.

Or, la liberté de notre culte, mal connu du *Constitutionnel*, mais plus familier et plus respectable aux têtes intelligentes, c'est que, moyennant l'approbation de l'Église, chacun puisse servir Dieu de la façon et sous l'habit qui lui convient, s'engager suivant la pente de son cœur sous la règle de saint Dominique, sous celle de saint Benoît, sous celle de saint Bruno, sous celle de saint Ignace, sous celle de saint Vincent de Paul, également saintes, également salutaires à ceux qui les prennent, également secourables à l'humanité, également faites pour procurer l'avancement des âmes dans cette voie ardue qui mène au ciel. Nous ne sommes pas libres si nous ne

pouvons pas nous dévouer à la prière, à la retraite, au silence, aux bonnes œuvres, à l'ardeur de la pénitence et du
repentir ; nous ne sommes pas libres, si nous ne pouvons
pas fuir la mêlée des passions humaines, et, fatigués du combat, employer le reste de nos jours à prier Dieu pour ceux
qui nous ont blessés. On a voulu nous dégager de ce souci,
nous faire une autre liberté ; mais puisqu'il est clair que
nous ne l'acceptons pas, et que les pierres dispersées de nos
temples et de nos monastères se relèvent pour ainsi dire
d'elles-mêmes, il faudra bien qu'on y laisse de nouveau retentir nos hymnes et couler nos pleurs ; qu'on laisse nos
âmes, opprimées par les spectacles du monde, y chercher
la paix et l'oubli. Nous y reviendrons donc. Quand et comment? bientôt et par la liberté. Tous les hommes ne le veulent pas? Et quand donc ont-ils voulu d'un commun accord
que la conscience chrétienne fût libre, et que Dieu pût être
servi? Mais Dieu et la conscience chrétienne ont de tout
temps fait leur jeu de ces entraves. A ne compter que les
moyens humains, nous avons ce qu'il faut pour vaincre ;
et si vraiment les ennemis de la prière s'épouvantent, ils
ont raison, car ils seront vaincus. Pour combattre l'Église,
il leur a fallu faire des lois d'iniquité dont nous saurons
équitablement nous servir. Nous ne puiserons que dans leur
arsenal, et nous n'y prendrons que la loi. Nous leur laisserons la fraude et la tyrannie. Nous userons de nos droits de
citoyen, nous userons de la presse ; et si Dieu permettait
que, par un dernier effort, ils parvinssent à nous enlever ces
armes puissantes, dans le silence et dans le secret de nos
âmes il nous resterait la prière : ce serait plus qu'il ne faut.
Dix-huit siècles ne leur ont pas appris à quel pouvoir ils
s'attaquent : soit ! Ces dix-huit siècles nous laissent sans
inquiétude, en ce qui nous concerne, sur ce qu'ils peuvent
et sur ce qu'ils sont. Leur persécution est à regretter sans
doute, mais enfin ils n'ont pas plus de rhétorique et d'ima-

gination que Julien l'Apostat ; ils ont moins de moyens d'exécution que Dioclétien et Galère. Combien de philosophes avant eux ont entrepris d'anéantir ce grain de sénevé qui partout est devenu un grand arbre sous l'averse des injures et des calomnies ? Combien de bourreaux l'ont cherché dans les veines des martyrs et l'ont vu germer au fond des cachots, et couvrir de ses rameaux les instruments du supplice, et ombrager la terre arrosée de sang ? Ils ne veulent pas que nous soyons libres ; nous serons libres, parce que Dieu le veut.

Qu'ils écrivent donc, s'il leur plaît ; qu'ils aient de l'esprit, s'ils le peuvent ; que cette vieille vipère voltairienne qui frétille encore *incognito* dans le fond des provinces, trouve un reste de venin à répandre, un reste de dent à briser sur la lime éternelle ! Puisque la question hollando-belge est épuisée, que le droit de visite a fait son temps, et que voilà le procès Caumartin fini, il faut bien que les cafés s'amusent de quelque chose. *Les chrétiens aux bêtes !* Nous connaissons ce cri, et ceux qui le poussent verront encore une fois que les chrétiens n'en meurent pas. Non ! en vérité, nous ne ressentons point les colères qu'ils nous reprochent, et nous n'y avons aucun mérite. Où trouverait-on des ennemis qu'il fût plus facile d'aimer ?

DES LIBERTÉS DU THÉATRE

CONTRE LA RELIGION.

---

30 mai 1843.

Impuissance de la censure ; description du censeur. — Argument de M. Duchâtel, ministre de l'intérieur. — Que la religion catholique doit être librement insultée sur la scène, par respect pour *Athalie*.

Nous ne pouvons laisser sans observations l'attitude prise à la Chambre des Pairs par M. le Ministre de l'Intérieur, dans la discussion de la loi sur la police des théâtres. Il s'agissait d'ajouter au projet ministériel un article destiné à prévenir les complaisances de la censure pour les auteurs qui veulent introduire sur la scène les costumes, les cérémonies et les symboles de la Religion. Rien, assurément, de plus légitime que cette prétention ; rien aussi de mieux fondé et de plus parfaitement modéré, sous tous les rapports, que les raisonnements et les faits dont MM. de Tascher, du Bouchage et de Gabriac l'ont appuyée. Les nobles Pairs ont fait toucher au doigt l'impuissance des censeurs, honnêtes gens, sans doute, mais enfin très-petits, très-minces employés, manquant de lumières quand la bonne volonté ne leur manque pas, manquant d'autorité lors même qu'ils auraient bonne volonté et lumières. Les censeurs laisseraient paraître Notre-Seigneur Jésus-Christ sur la scène, pourvu qu'on ne lui fît rien dire contre le Gou-

vernement. Et si le vaudevilliste ou le dramaturge, ayant
par hasard jeté les yeux dans les évangiles, montrait le Ré-
dempteur du monde comme un homme bon, faisant du bien
aux pauvres, guérissant les malades, mariant les amoureux,
alors le censeur, visant la pièce, croirait, dans la simplicité
de son âme, rendre service à la mémoire de Jésus-Christ.
Que l'habit sacré soit traîné sur les planches, que la mitre
y paraisse au front d'un figurant, la croix aux mains d'un
autre ; que les demoiselles de la maison, déguisées en enfants de chœur, agitent l'encensoir ; que les danseuses, sous
le voile des épouses de Jésus-Christ, suivent les bannières
de la Vierge dans une procession dansante ; que l'on produise les dais, les cierges et jusqu'au simulacre blasphéma-
toire du Saint Sacrement ; qu'en même temps l'orgue chante,
l'encens fume et que le reste du peuple de théâtre se jette à
genoux : il y a cent à parier contre un que le censeur trouvera cela fort moral, fort *religieux*, qu'il sera même attendri
et qu'il croira bonnement qu'un tel spectacle purifie l'âme.
Il faut savoir ce que c'est qu'un censeur ! Pas un censeur,
qui, de grand vouloir, ne fût demain vaudevilliste, s'il en
avait le génie.

Cependant le censeur a-t-il lu quelque part quelque lambeau de discours ministériel, où il aura vu que le Gouvernement veut protéger la Religion ? les cris d'un feuilletoniste en verve de piété l'auront-ils alarmé sur les audaces du
vaudeville ? Il pourra projeter d'être désormais plus sévère ;
il n'y parviendra pas. L'auteur est là qui l'épouvante de son
courroux. Il craint les brocards de coulisse, il a peur d'un
article de petit journal. Aucun censeur n'est fier de ce titre
et ne se soucie de paraître en public ses ciseaux à la main.
On a tant ri des censeurs sous la Restauration ! Ils faisaient
la paire avec les *Jésuites*, et il n'est pas impossible que le
censeur d'aujourd'hui n'ait lui-même autrefois, *quand son
âge fleuri roulait son gai printemps*, lancé contre la cen-

sure, dans le *Miroir* ou dans le *Nain jaune*, des traits qu'il
n'a point oubliés. Devant ces menaces, devant ces souvenirs, devant cette horreur dont il se sent chargé, il plie, il
ferme les yeux. Il se contente de sarcler ce que le manuscrit peut renfermer d'impiétés et de sacriléges envers les
majestés de l'Etat, princes, ministres, chefs de bureau,
commissaires de police, gendarmes. Dans une pièce, par
exemple, où l'on dit de Mazarin : Ce *damné ministre*, il
efface le blasphème, met : Ce *damné cardinal* (1), et s'en
va, bien avec sa conscience, bien avec l'auteur, bien avec
le Gouvernement, jouir aux premières loges du succès de
sa correction.

Voilà quelle est la censure. Il faudrait donc la fortifier
contre elle-même : on le pouvait sans nuire à l'art et sans
nuire aux auteurs. De longs discours ne sont pas nécessaires
pour prouver que partout, sous la loi chrétienne, c'est l'intelligence et le respect des choses sacrées qui ont fait la gloire
et la splendeur de l'art. Personne en France ne l'ignore, et
moins que personne M. le Ministre de l'Intérieur, lui qui
dirige les Beaux-Arts, et qui connaît leur état présent. Quant
aux auteurs, d'un ordre si notoirement inférieur, qui croient
avoir besoin de la profanation et du sacrilége pour donner
à leurs ouvrages un peu de montant, dès qu'ils sauront que
cet élément ne peut plus entrer dans leurs spéculations, ils
s'industrieront pour le remplacer par un autre. Ils ont vécu,
depuis les lois de septembre, sans outrager les personnes
royales, ni les ministres en place ; sans rouvrir, comme ils
le faisaient auparavant, les tombeaux à peine fermés, pour
dévorer ce que la mort y avait laissé de chairs : ne sauraient-
ils pas tout aussi bien se passer d'introduire nos saints, nos
mystères, notre clergé, nos religieux, tous les objets de
notre vénération, dans leurs parades indécentes ?

(1) Historique.

Les nobles orateurs faisaient valoir ces considérations avec une force irrésistible, et nous le répétons, avec une modération que leurs collègues et M. le Ministre lui-même ont dû admirer. Ils ajoutaient les réflexions naturelles en pareille matière à tout esprit vraiment politique ; démontrant que rien n'est funeste aux mœurs, et par conséquent à la saine police des Etats, comme le mépris des croyances ; que l'honneur de la Religion est délicat par-dessus toute chose, et que montrer sur la scène l'habit de ses ministres, y parodier son culte, c'est véritablement lui porter des coups empoisonnés.

Qu'a répondu M. le Ministre ?

Il a demandé d'abord de quelle religion on voulait parler : que si c'était de la catholique, elle n'était pas la seule reconnue en France, et qu'on ne pouvait créer un privilége en sa faveur. Quoi ! pas même le privilége de n'être plus outragée sur le tréteau par permission de la police et des autorités constituées ? Admettons néanmoins l'objection comme les nobles Pairs l'ont admise. Qu'il s'agisse dans la loi de tous les cultes reconnus, qu'ils soient tous respectés, nous ne demandons pas mieux, la morale ne peut qu'y gagner. Mais c'est justement là que M. le Ministre nous guette, armé de l'argument incomparable qui doit l'emporter sur les raisons de dignité, de morale, de bonne police qu'on lui présente et qu'il apprécie tout le premier. Dans le fond, dit-il aux auteurs de l'amendement, je suis de votre avis ; mais s'il faut prohiber sur la scène les cérémonies de la religion catholique, il faut prohiber aussi celles de la religion juive ? — D'accord, quoique nous ne sachions pas bien ce que le théâtre serait tenté de prendre aujourd'hui dans les cérémonies de la Synagogue. — Eh bien ! reprend triomphalement M. le Ministre, si les cérémonies juives sont interdites, comment représentera-t-on *Athalie ?*...

Voilà le coup de dialectique qui a mis l'amendement sur

le carreau. Vainement les nobles Pairs qui l'avaient proposé ont voulu le relever ; M. le Ministre se contentait de
répéter: *Athalie! Athalie*, cet ouvrage impérissable! *Athalie*,
ce chef-d'œuvre immortel ! *Athalie*, qui... *Athalie*, que...
Athalie ! Athalie ! Et à chaque fois l'amendement retombait
plus meurtri, tant qu'enfin il en est mort. Hélas ! combien
de larmes aurait versées le pauvre Racine et de quel cilice il
se serait couvert, s'il avait pu prévoir que ce poëme, le der-
nier-né de son génie et de sa piété, servirait de raison péremptoire à un ministre pour autoriser les profanations que
la Religion subirait un jour sur tous les théâtres du royaume
très-chrétien !

Il faut que M. Hugo, Mᵐᵉ Sand, M. Dumas, M. Carmou-
che, MM. Cogniard frères et tant d'autres puissent nous
montrer en plein théâtre des cardinaux pervers, des prêtres
tolérants, des moines infâmes, des nonnes lascives ; il faut
que celui-ci ait le droit de mettre le confessionnal sur la
scène, que celui-là parodie le baptême, comme on le faisait
sous Néron, que cet autre y déploie les processions de la
Fête-Dieu.... Ces processions qui n'ont pas le droit de sortir
de l'église, le premier venu peut en faire un divertissement
scénique ! Tel costume que la police ne tolérerait pas dans
la rue, sur les épaules d'un saint, sera licite sur les tréteaux,
dans les farandoles et les bals masqués, dans le cortége du
bœuf gras, où M. le Ministre de l'Intérieur a pu voir
comme nous, cette année même, la croix de Jésus-Christ, le
glorieux insigne des combats de la Terre sainte, sur la poi-
trine d'un garçon boucher, au milieu d'une cohue d'écuyè-
res et de baladins ! Tout cela parce que Racine a fait *Athalie !...*

Et puis l'on viendra nous affirmer que l'on est plein de
vigilance et de soucis pour le bien de la Religion, que l'*on sent
toute l'importance de ce grand intérêt social*, qu'on le respecte, qu'on le protége ! M. le Ministre de l'Intérieur n'a pas

manqué d'en donner sa parole à la Chambre des Pairs, ainsi
que M. Cousin l'avait fait quelques jours auparavant dans
la même assemblée, le jour où M. Quinet parlait au Collége
de France ; ainsi que M. le Ministre de l'Instruction publique le répétait au même instant à la Chambre des Députés ! Avec cette parole, on répond à tout, on est quitte
de tout, rien ne prévaut contre d'aussi nettes assurances ;
et ceux qui ne s'en contentent pas, voyant les faits, sont des
emportés, des *imprudents* (nous citons les expressions de
M. le Ministre de l'Intérieur), *qui, par leurs excès, discré-
ditent la Religion aux yeux des populations.* O bonne foi !
De quelle exagération dans la pensée, de quel excès dans
la forme se sont donc rendus coupables, nous en revenons
là toujours, ces trois nobles Pairs, qui priaient qu'on mît un
terme à des jeux sacriléges, dont l'impudeur a maintes fois
scandalisé jusqu'aux feuilletons ?

C'est l'État, au contraire, nous ne craignons pas de le
dire, qui continuellement repousse, par des violences de
langage, les réclamations les plus mesurées de l'Épiscopat,
les observations les plus calmes des orateurs catholiques,
les discussions les plus légales de la presse. Il s'irrite contre
des prélats, contre des hommes politiques, contre des écrivains qui ne témoignent et qui n'ont pour la plupart, il
le sait bien, aucun sentiment hostile à son égard ; qui se
feraient scrupule de l'entraver dans le moindre bien qu'il
voudrait sérieusement opérer, qui se sont mis en dehors de
tous les partis pour n'embrasser que les intérêts de la
France : il les repousse, il est âpre envers eux, il calomnie
leurs intentions, il les injurie en les traitant de calomniateurs. Oui ! des ministres ne rougissent pas de venir, à
l'exemple d'un vil journal, nous traiter de calomniateurs,
dans le sein même du parlement ; et ils nous blessent moins
qu'ils ne nous font souffrir pour eux par cet oubli de leur
dignité ; car si nous avons calomnié, ils nous doivent des

juges ; si nous n'avons pas calomnié, ils nous doivent justice, et dans l'un comme dans l'autre cas, ils nous doivent le silence, et ils se le doivent encore plus qu'à nous. La violence vient d'eux, vient de l'État, voilà le fait ! Et en même temps, contraste lumineux, l'État n'a pas un acte de vigueur, pas une parole de blâme officiel contre des rhéteurs, contre des journalistes, contre des ouvriers de théâtre qui déversent insolemment en son nom, ou de par le privilége qu'il leur a concédé, l'outrage et le mépris non-seulement sur les choses qu'il doit vénérer le plus comme chrétien, mais encore sur des doctrines hors desquelles il n'est point de salut pour les sociétés.

En bonne foi, que pouvons-nous conclure, sinon : premièrement, qu'avec toutes ces belles paroles, le Gouvernement n'aime pas la Religion ou ne la comprend pas ; qu'il la protége à titre de chose existante, peut-être utile, mais non à titre de chose respectable et divine en soi ; secondement, que, malgré notre réserve, malgré un respect dont nous avons soin de ne jamais nous départir envers les lois, envers la dynastie, envers tous les corps constitués (l'Université exceptée, qui n'a point d'existence légale), le Gouvernement, par une erreur déplorable, nous considère comme ennemis, nous et ce que nous défendons, et nous traite en conséquence ?

Nous livrons ces réflexions à la méditation de tous les catholiques de France : elles porteront des fruits, et tant pis pour ceux qui récolteront la défiance après avoir semé l'injustice !

M. DE LAMARTINE ET LA DÉMOCRATIE.

18 juin 1843

Nouvel habit de la vieille opposition. — *A l'accomplissement régulier et pacifique des destinées de la Démocratie!* — En quoi M. de Lamartine se trompe. — Annonce de sa destinée politique.

Quinze cents personnes de Mâcon ont donné un banquet à M. de Lamartine pour le féliciter de la direction politique, nous n'osons pas dire nouvelle, car M. de Lamartine prétend n'avoir pas varié, mais plus marquée, qu'il a prise depuis la loi sur la régence. Suivant l'usage de ces réunions l'illustre député a harangué ses quinze cents convives, doublés d'un nombre bien plus considérable de simples spectateurs. Il y avait, dit-on, quatre mille personnes. C'est beaucoup pour un *meeting* français, et cela nous semblerait beau, sans le contraste offert tous les jours par les assemblées qui courent au-devant d'O'Connell, et qui ne dînent pas. D'ailleurs, les orateurs et les intérêts sont dans la proportion des assemblées. M. de Lamartine a dit à un interrupteur trop obligeant que la France n'est pas l'Irlande, qu'il n'est pas O'Connell, et qu'il ne poursuit pas le même but. Rien de plus vrai. Hommes, principe, influence et gloire sont dans la proportion de quatre mille à quatre cent mille. Les talents seuls sont équivalents ; mais qu'est-ce que le talent tout seul ? Avec le talent on fait les apparences, non les réalités. Le meilleur cuisinier du monde (qu'on nous passe cette comparaison à propos d'un discours d'entremets), s'il ne sert que des sauces, ne servira rien de fortifiant.

La sauce de M. Lamartine est cependant appétissante; elle a enthousiasmé les convives et sera goûtée ailleurs qu'à Mâcon. Le Pouvoir et les partis, depuis longtemps, n'ont rien présenté à l'intelligence publique que l'on puisse comparer même à cette nourriture creuse. L'orateur a parlé très-habilement toujours et quelquefois avec une rare magnificence, de liberté complète et pourtant paisible, de démocratie absolue et pourtant ordonnée, d'égalité parfaite et pourtant d'hiérarchie; il a dépouillé fort rudement la vieille opposition de ses lambeaux misérables, dont on commence à se lasser, pour la vêtir, en sa personne, d'un habit tout neuf et tout brillant; il a proposé une conciliation des partis qui doit donner à penser non-seulement au Cabinet, non-seulement au Gouvernement, mais au *Système* (terme nouveau qui va loin en langage constitutionnel); car cette conciliation, qui pourrait bien réussir, exclurait naturellement le *Système* de l'embrassement général et l'inquiéterait beaucoup sur les terres d'alluvion où il s'est établi. En un mot, M. de Lamartine fait dans ce discours ce que ni feu M. Garnier-Pagès, ni M. Odilon Barrot, ni M. Thiers, ni M. Guizot, ni M. Molé, ni le *Système* n'ont pu faire depuis qu'ils y travaillent; il réunit dans un programme assez habilement coordonné pour paraître logique à peu près tous les instincts bons ou mauvais, légitimes ou seulement plausibles, ou même tout à fait faux, qui tourmentent aujourd'hui les diverses classes de la société. Il a des phrases adroites pour lier les idées les plus disparates; il en a de vraies pour justifier les plus douteuses; il en a de nobles pour faire admettre les plus saines; il en a d'éloquentes pour relever les plus folles. Après l'avoir lu, tout bon citoyen, tout honnête

homme, dont la pensée ne va pas plus loin au fond des choses que celle de l'orateur (et combien en est-il en ce temps
qui ne vont pas jusque-là!), peut en conscience être l'adversaire du Gouvernement. Pour n'être pas tenté par son programme, lorsqu'on a suffisamment d'intelligence, de patriotisme et de chaleur d'âme, il faut tenir au budget par les
dents, — ou à la vérité par le cœur.

M. de Lamartine a résumé son discours dans le toast suivant : *A l'accomplissement régulier et pacifique des destinées
de la démocratie !* Ce n'est pas ce que nous blâmons. Nous
aimons tout développement régulier et pacifique, parce que
tout ce qui se développe de la sorte est chrétien. S'il plaît à
Dieu que la démocratie forme la base des institutions futures,
nous n'aurons rien à objecter contre un fait qui a cessé d'être
nouveau depuis dix-huit cents ans. Le jour où le Rédemp-
teur lava les pieds de douze hommes choisis parmi les plus
pauvres et les plus ignorants d'une race opprimée, ce jour-là,
l'égalité descendit sur la terre, et le Pouvoir reçut l'éternelle
mission dont il ne pourra se départir sans être bientôt brisé.
Mais avant ce grand enseignement avait été donnée la seule
loi qui pût le rendre praticable dans le monde. Depuis lors,
tout gouvernement chrétien, régulier et paisible a été une
démocratie appropriée aux besoins du temps. Les révolutions ne sont que des efforts tentés pour arriver là, sortir de
là, revenir là. Toujours il y faudra revenir. Dieu a eu des
égards et des respects pour la dignité humaine, qui ne permettent pas qu'il en soit autrement. Sa colère même s'épui-
sera sur les nations coupables : après avoir permis qu'elles
s'égarent, il leur pardonnera. Elles s'affranchiront des mains
de l'homme et retrouveront leurs droits. La démocratie sera
faussée, sera ruinée ; mais la loi éternelle d'où elle découle
la redressera et la relèvera toujours. Cette loi, c'est l'invincible nature des peuples régénérés de Dieu. Dieu ne permettra pas que dans cette partie de l'espèce humaine où il lui a

I.   5

plu d'être connu et adoré, l'âme humaine, pour laquelle il a
voulu mourir, devienne à jamais la vile proie d'un vil tyran.
Que le tyran soit légitime ou qu'il ait usurpé, qu'il cor-
rompe ou qu'il abrutisse, qu'il tue ou qu'il déshonore, l'âme
humaine lui échappera. *A l'accomplissement régulier et
paisible des destinées de la démocratie !* Nous ne dispute-
rons pas là-dessus, et tout au contraire voici notre verre,
voici notre main, voici notre cœur ! Nous vous faisons raison, si vous demandez l'accomplissement des volontés de
Dieu qui nous veut libres et frères sous son sceptre paternel ;
si vous demandez que l'Église de Dieu puisse nous enseigner en liberté cette foi et cet amour, qui sont les deux
sources où se raffermit toute sagesse et se ranime toute vertu ;
si vous demandez qu'un jour, et le plus tôt possible, la voix
du genre humain déclare exécrable quiconque, regardant
les hommes comme un misérable troupeau, use à son profit
de l'autorité qui lui est déléguée pour les conduire, et par
quelque moyen que ce soit, garrottant ceux qui ont reçu mission de prêcher la liberté du Seigneur, s'efforce de mettre
dans leur bouche un bâillon parricide, ou veut seulement l'y
laisser !

Mais est-ce là ce que M. de Lamartine demande ! Nous
ne pouvons pas même répondre que nous en doutons : nous
sommes malheureusement sûrs qu'il veut le contraire. Son
opinion trop connue sur la liberté d'enseignement nous dit
assez que sa démocratie n'est pas la nôtre. Toute la largeur
de ses vues, tout l'effort de son génie se bornent à rassembler
des nuages et à former des tempêtes, là où le Gouvernement
s'exténue à maintenir le calme plat. Mais une boussole, un
astre au ciel, un port dans l'avenir, il n'en connaît point. *La
France*, a-t-il dit un jour, *est une nation qui s'ennuie ;* et il a
dit vrai, plus vrai qu'aucun de ceux qui n'ont pas dit toute
la vérité. Cependant l'homme qui n'a vu que cela dans nos
besoins et dans nos misères n'est bon qu'à nous désennuyer.

Nous ne prétendons point qu'il soit dépourvu d'une ambition plus haute et meilleure, qu'il ne garde des désirs plus
dignes de la France et de lui. Il y a des illuminations dans
son discours; l'on y reconnaît parfois la pensée d'un homme
d'Etat, et plus souvent encore on y sent l'âme d'un homme
de bien. Jamais les orateurs de l'Opposition, jamais ceux du
Gouvernement, les uns attachés aux chimères de leur étroit
libéralisme, les autres engourdis dans le culte de la matière
et de la peur, n'ont eu d'inspirations pareilles, n'ont fait
paraître avec un semblable prestige, devant les instincts
éblouis de la foule, ce beau fantôme de l'ordre libre et de
la liberté ordonnée, dépouillant en apparence tout esprit
d'exclusion, immolant tout préjugé haineux, acceptant avec
honneur tout noble souvenir, aspirant à la paix, à la gloire,
à la concorde; enfin, un rêve !... mais un rêve qui semble
praticable à tous, excepté au Pouvoir actuel, à qui il demanderait trop de sacrifices; excepté à nous, qui voyons que
l'Evangile n'y est pas.

M. de Lamartine n'en sait rien; c'est son malheur. C'est
ce qui fait, entre autres choses, qu'au lieu de ressembler à
O'Connell le catholique, prophète et libérateur de son peuple, il n'est qu'un chef de parti populaire, quelque chose,
talent et caractère à part, comme O'Connor le chartiste. La
démocratie, qu'il nous peint si belle, ne sera jamais, s'il la
fait triompher, qu'une révolution où il aura pour un jour
le premier rang, et qui, puissante comme un orage, passera
vite et laissera tout à refaire après qu'elle aura passé. Pourquoi ? Parce que l'Evangile n'y sera pas, et que là où n'est
pas l'Evangile il n'y a rien de bon, sauf quelques vains
désirs incessamment combattus par mille faiblesses chez les
plus honnêtes, par l'incommensurable multitude de passions
égoïstes dans tout le reste de cette tourbe qu'émeut le souffle
des révolutions. M. de Lamartine peut s'abuser sur l'influence de son talent et de sa probité : personne ne peut

croire que le *caput mortuum* des vieux partis révolutionnaires, ce reliquat dont le *National*, le *Constitutionnel*,
le *Siècle* et tant d'autres feuilles nous peignent les inguérissables préjugés, vient se ranger de bonne foi sous le drapeau de la concorde universelle. Quelle que soit la pensée
de M. de Lamartine, ces hommes le prennent pour ce qu'il
est, pour une arme de guerre que la fortune leur envoie et
qu'ils sauront bien employer à leurs desseins. L'illustre
orateur, tout grand partisan qu'il se montre des libertés publiques, oserait-il en demander une qui lui assurerait notre
concours, mais qui lui enlèverait le leur, plus nombreux
et plus bruyant, moins honorable et moins convaincu ?
Donc, ou il est d'accord avec eux dans le résultat qu'il veut
atteindre, et ce résultat est misérable ; ou dès à présent il
porte leur joug, et misérable est sa destinée ! S'il ne se laisse
pas corrompre à l'intérêt de sa gloire personnelle, tout au
moins il suit de trompeuses lueurs. Il travaille pour lui,
pour un parti, il travaille pour un jour ; il ne saurait être
l'homme d'un peuple, le révélateur d'un avenir. Et pourquoi
Dieu appellerait-il à tant d'honneur celui dont le cœur trop
faible, trébuchant sous le poids du génie, s'est laissé,
comme une femme, gagner à la louange et aux passions ?
On s'explique le héros de l'Irlande, puisant dans la prière
et dans l'humilité chrétienne la force merveilleuse dont il
brise un à un, depuis quarante ans, les fers de sa patrie ;
mais que l'homme qui, après avoir reçu la harpe sainte,
en a tiré tour à tour, au gré de ses flatteurs, des chansons
pour Elvire, des outrages pour le Dieu du Sinaï, des blasphèmes contre le Dieu du Calvaire, s'élève tout à coup à la
hauteur sociale de l'Évangile et trouve des idées capables de
former un peuple avec les restes de cinquante révolutions,
c'est ce que le monde n'a point vu encore. Dieu qui a donné
au génie tant de beaux privilèges a réservé celui-là pour
la foi.

Je le dis avec un profond regret, et j'espère bien qu'il n'y a dans mes paroles aucun outrage : M. de Lamartine servira les desseins de Dieu, parce que tout homme et toute action humaine vont là ; mais il me semble avoir pris la voie de ceux à qui leurs œuvres ne sont pas imputées à justice, et qui, s'avançant dans la lumière un bandeau sur les yeux, n'arriveront au terme que pour répondre du bien qu'ils auront mal fait.

Qu'est-ce qu'un programme de liberté où le nom de l'Église ne paraît même pas, où l'on sent qu'elle restera captive si elle est comptée, où l'on blâme le Pouvoir d'avoir *retiré peu à peu toutes ses promesses*, lorsque l'on a soi-même, du cœur et de la voix, consenti au parjure envers la seule de ces promesses dont l'Église et la conscience des catholiques aient réclamé l'accomplissement ? Quoi ! vous nous parlez de démocratie, et parce que nous croyons en Dieu, nous serons, dans cette démocratie, des ilotes incapables de léguer notre croyance à nos enfants ! Vous nous parlez d'égalité, de fraternité, et parce que nous croyons en Jésus-Christ, nous ne sommes ni vos égaux ni vos frères : vous nous tenez en tutelle et en servage ! Tandis que vous prêchez en pleine rue ce que bon vous semble, vous nous gardez prisonniers dans nos églises, où vos inquisiteurs peuvent venir encore arracher à nos prêtres l'habit qu'il leur plaît d'y porter (1) ; prisonniers dans nos maisons, où nous ne pouvons que par tolérance nous réunir sous une loi de prière, et d'où vous viendrez demain chasser les enfants de nos voisins pauvres, si nous voulons leur faire connaître et leur âme immortelle et les commandements de Dieu ! Est-ce assez dire ? Non ! car vous prétendez que la foi soit prisonnière au fond de nos consciences

(1) La police de Paris avait récemment exigé que le R. P. Lacordaire ne parût pas dans la chaire de la métropole avec sa robe de dominicain, mais avec les insignes de chanoine.

mêmes, et vous cherchiez le moyen d'empêcher que nous y
prononcions le vœu éternel de rester chastes, pauvres,
obéissants ! Voilà votre démocratie, voilà vos libertés : que
voulez-vous que nous en attendions ? Faites-en des programmes, ornez-les de toutes les fleurs du langage, cela
est bon pour des gens qui viennent de dîner. Quant à nous,
nous vous laisserons dire et nous vous regarderons passer.
Quelque chose un jour sortira de là, nous le savons bien.
Dieu en tirera la vie : vous n'y avez mis que la mort.

Vous aimerez la liberté, l'égalité, la fraternité quand vous
trouverez bon qu'un moine, rassemblant le peuple qui sortira de vos comices et de vos banquets, puisse, sous la garantie de ses supérieurs et sous celle des lois, mais avec
toute l'indépendance de la religion, faire connaître à ce
peuple ses devoirs envers vous, vos devoirs envers lui. D'ici
là, je vous dis que vous aurez peur de la liberté, de l'égalité
et de la fraternité. Vous ne serez pas une opinion, vous ne
serez pas un pouvoir ; vous serez une coterie contre une
coterie, vous escamoterez le sceptre pour un jour, et quelque autre vous le volera le lendemain. Nous vous regarderons passer ; vous passerez en bloc, l'histoire ne vous dis-
tinguera pas ; vous passerez jusqu'à ce que vous ayez accompli le nombre de mouvements nécessaires pour que
l'aiguille marque une heure sur le cadran de l'histoire.

Combien vous seriez faibles, si le Pouvoir n'ignorait plus
encore que vous ce que vous ignorez tant ; si vous n'aviez
contre lui l'avantage de ces fautes que vous commettrez aussi
fréquemment que lui, quand ce sera votre tour d'être aveu-
glés par le maniement de l'autorité, de trembler devant les
idées dont vous épouvantez vos rivaux, de gémir comme
eux sous le faix importun de vos serments ! Néanmoins, satisfaites à leur destinée et à la vôtre. Nous sommes neutres ;
tant que vous serez à l'horizon les uns et les autres, nos
jours ne nous paraîtront pas venus. Vivez et combattez aussi

longtemps que Dieu le voudra bien. Ce nous est assez de savoir qu'il est seul éternel. Nous ne faisons de vœux pour personne. Qu'avons-nous à recueillir dans vos débats ? Aucun avantage, notre part seulement de l'expiation commune. Nous gardons fidèlement, à l'écart de vos mêlées, le plus cher intérêt de la patrie ; rien ne nous séparera de ce dépôt sacré, nous le défendrons pour vous, contre vous-mêmes. Car enfin vous vous fatiguerez, vous vous épuiserez, vous rougirez ! Un jour, dans une lassitude et dans un désespoir immenses, les plus sages d'entre vous s'écrieront : Où donc est la liberté, où donc est la concorde, où donc est la loi, où donc le repos, la gloire, l'honneur ? Alors il sera possible de vous faire écouter l'Évangile, et vous pourrez devenir des citoyens.

DU ZÈLE ET DE LA MODÉRATION.

25 mai 1843.

La polémique contre les universitaires déplaisait à un certain nombre de catholiques dont elle effrayait l'esprit ou gênait la situation. Plusieurs de ces derniers, oubliant la part que de vénérables évêques prenaient à la lutte, accusaient la presse de troubler la paix. L'article suivant fut la réponse de la presse à un discours prononcé devant un nombreux auditoire. L'orateur, M. Ozanam, recommandable par son talent et par ses vertus, s'était donné le tort d'attaquer les écrivains laïques qui combattaient l'Université jusqu'à les menacer du destin de Lamennais.

Nous faisons peu de cas, on le sait, de l'habileté humaine. Sans nous préoccuper des commentaires de la mauvaise foi, nous disons nettement ce que nous pensons, ce que nous voyons, ce que nous voulons ; nous essayons d'exécuter ce qui nous est démontré juste et de devoir. Notre prudence regarde notre âme exclusivement : nous faisons en sorte de ne point mentir, de ne point haïr, de ne servir aucun ressentiment, de ne vouloir, à l'issue du combat, ni butin ni gloire, de résister dans le péril à cette langueur qui, sous le nom de mansuétude, conseille la fuite et le repos. Le reste, à la grâce de Dieu ! Un chrétien n'attribuera jamais à la sagesse de ses calculs l'accomplissement des desseins qu'il a formés. Après le succès, il bénira Dieu qui a vu la pureté de son intention et qui l'a fait réussir par

des coups de providence inattendus. Toute l'action de
l'homme, une fois accomplie, est une force mystérieuse
jetée dans le monde, dont les effets ne lui appartiennent
plus; Dieu en usera souverainement. Il en usera pour sa
gloire, terme dernier de toutes choses ; mais en même temps
il en usera pour notre punition ou pour notre récompense,
selon l'intention à laquelle nous aurons obéi.

Au milieu des ténèbres d'ici-bas, supputant les conséquences infinies dont le germe est dans nos moindres œuvres,
qu'oserions-nous faire, si nous ne prenions confiance en
Dieu ? Insensé celui qui se flatte d'accomplir le bien sans un
secours miraculeux et continuel ! Mais celui-là serait un
autre insensé, qui, désespérant d'obtenir secours, dépen-
serait sa vie dans une lâche inaction, et, pour ne pas faire
mal, voudrait s'abstenir toujours. Il commettrait le crime
du serviteur qui enfouit son talent. Nous avons reçu un bien
propre, dont nous pouvons payer tous les dons du Saint-
Esprit : c'est notre liberté, c'est notre intention ; voilà notre
domaine, notre royaume, ce qui est bien à nous. Vouons à
Dieu cette liberté ; efforçons-nous, par toutes les voies que
l'Église nous enseigne, par toutes les puissances qu'elle
nous acquiert, par toutes les lumières dont elle nous entoure, de rendre cette intention pure, droite, de la mettre
entièrement sous la main de Dieu. Et lorsqu'une fois nous
en sommes là, ne délibérons pas tant sur ce qu'il convient
de faire. La vérité est attaquée, il convient de la défendre ;
l'Égyptien frappe notre frère, il convient de sauver notre
frère ; la terre de la servitude est mauvaise, la foi s'y perd,
l'âme y est opprimée : n'importe quels flots et quelle aridité
nous séparent de la terre promise à nos aïeux, il convient
de fuir la servitude. Un chemin s'ouvrira sous les ondes, la
manne pleuvra dans le désert !

Oui : il y a toujours quelque chose d'humain dans les
œuvres de l'homme. Mais l'on est injuste envers nous, si

l'on ne rapporte pas surtout à des sentiments de foi cette
ardeur à marcher en avant contre tant d'ennemis qui nous
menacent, malgré tant d'amis qui s'empressent pour nous
retenir, criant que nous les compromettons. Il s'agit bien
ici d'amis ou d'ennemis, de la multitude des uns, des petits
intérêts et des petites commodités des autres ! Tant pis pour
ceux qui nous écraseraient de leur nombre, tant pis pour
ceux qui peuvent être compromis ! Nous faisons une guerre
où il faut toujours brûler ses vaisseaux. « Je jure, disait
le chevalier du Temple, que je défendrai par mes paroles,
par mes armes, par toutes les voies qui me seront possibles,
et par la perte même de ma vie, les mystères de la foi, les
sept sacrements, le symbole des apôtres et celui de saint
Athanase, l'Ancien et le Nouveau Testament, avec les explications des saints Pères reçues par l'Eglise, l'unité de la
nature divine et la trinité des personnes en Dieu, la virginité de la vierge Marie, avant et après avoir mis son Fils au
monde. J'irai combattre outre-mer, s'il le faut ; je ne fuirai
jamais devant trois infidèles, quand même je serais seul...
J'assisterai par mes armes, par mes paroles et mes actions,
les personnes religieuses. » Et saint Bernard s'écriait :
« Allez ! chassez d'un cœur intrépide les ennemis de la croix
de Jésus-Christ, bien sûrs que ni la mort ni la vie ne
pourront vous séparer de l'amour de Dieu qui est en Jésus-Christ. En tous périls et en toutes conjonctures, répétez ces paroles de l'Apôtre : Vivants ou morts, nous
sommes à Dieu ! Vainqueurs ou martyrs, réjouissez-vous,
vous êtes au Seigneur ! »

Méprisons-nous cependant la modération ? A Dieu ne
plaise, quoique certains amis nous la recommandent par trop
immodérément ! De quelque façon que l'on nous conseille
une vertu, le conseil est bon ; quelque usage douloureux
que l'on fasse contre nous du mot, l'on ne parviendra jamais à nous rendre la chose moins respectable et moins chère.

Nous honorons beaucoup la modération, nous l'admirons beaucoup, nous avons même la prétention de la pratiquer, particulièrement à l'égard de ces modérés qui nous condamnent devant le monde et que nous n'avons point condamnés. Maintes fois, secrètement étonnés de les voir si loin de la mêlée et si paisibles sous la tente, nous leur avons cherché des excuses, nous disant qu'il faut aussi des prudents et des sages, et que Dieu ne leur avait pas donné la même vocation qu'à nous. Où avons-nous accusé leur réserve et leurs précautions? quand et comment les avons-nous provoqués à sortir de ces tentes heureuses dont nos mains ont peut-être conquis l'emplacement, sur lesquelles nous ne voyons pas que notre souffle ait attiré beaucoup d'orages, auxquelles nous ferons un rempart, dès qu'il le faudra?

Nous nous sommes interdit de blâmer, nous ne les blâmons point. Aujourd'hui même, lorsque nous les voyons, laïques comme nous, et sans autre titre que leurs craintes ou leur mauvaise humeur, nous abandonner et nous réprimander, non pas dans l'intimité, ce qui serait permis et salutaire, mais en public; tout au plus nous permettons-nous de penser qu'ils choisissent mal le moment. Néanmoins, ils usent d'un droit que nous ne contestons pas. Nous avons reçu le coup, ce n'est pas le premier, et nous sommes habitués à ne point conserver de rancune. Ils nous ont frappés: qu'ils aillent en paix; mais qu'ils acceptent à leur tour des avis que nous craignons d'avoir trop différés.

Ils nous recommandent la modération, nous leur conseillons le zèle.

Sans doute, Dieu réprouve un zèle amer; et si le nôtre a ce défaut, plaise à sa clémence de nous en faire porter ici-bas toute la peine et de ne la faire porter qu'à nous, non pas à ceux que nous voudrions éclairer, non pas même à ceux dont l'absence et l'abandon pourraient en certains moments nous aigrir! Mais tout zèle est-il amer, et faut-il

honorer du nom de modération toute peur et toute timidité ?
Les œuvres imprudentes pourront peser dans la balance du
jugement ; nous avons peine à croire que rien y pèse autant
que l'inertie de la foi. Que voyons-nous dans le monde présentement ? Où est le grand danger de l'Église ? quel est
l'ennemi de Dieu ? Ce n'est pas le Turc, comme au temps
des chevaliers du Temple : les Croisades, — ces œuvres
imprudentes ! — l'ont détruit. Ce n'est pas le Protestant :
la Ligue, — cet acte de violence ! — la révocation de l'Édit
de Nantes, — cette célèbre iniquité ! — l'ont anéanti en
France ; si grand que soit un cadavre, il ne compte plus. Ce
ne sont pas les quatre articles gallicans : quel catholique
voudra rester dans cette forteresse vermoulue, quand le Pape
lui ordonnera d'en sortir ! Ce n'est pas le schisme constitutionnel : la Vendée, — cette autre folie à jamais sainte ! — l'a
noyé dans son sang généreux. Ce n'est pas l'inimitié populaire : de toutes parts la vieille sève catholique jaillit du
peuple en vigoureux rejetons. Quel est donc l'ennemi ?

Je dis que ce sont ces prétendus savants, ces docteurs de
mensonge, qui sans cesse désolent les âmes en répandant sur
la jeunesse les flots de leur impiété. Quelle hérésie, quel
schisme, quels outrages, quelle haine contre la religion
et les personnes religieuses se sont jamais produits sur la
terre, que l'on ne retrouve dans leur enseignement, avec tout
ce que peut y ajouter une rage de démons vaincus ? Nous
prions qu'on nous désigne un péril qu'ils ne fassent pas
courir à la foi, une injure qu'ils lui aient épargnée, un
piège lâche qu'ils rougissent de lui tendre. Vous dites qu'ils
sont dans l'ignorance ? Nous le souhaitons pour eux ; mais
malheureusement nous trouvons qu'ils ont confessé la divinité de la religion par tous les moyens dont ils se sont
servis pour la ruiner. Ils se sont efforcés de tourner contre
elle le raisonnement et le savoir ; ils ont attaqué chacun de
ses dogmes dans son essence et par son nom ; ils ont voulu

employer à son détriment les vertus mêmes qu'elle nous commande, cherchant à faire de la morale divine une armure à leur immoralité. Eux aussi nous recommandent la charité, la modération. Le *Journal des Débats* diffame l'enseignement des séminaires; le *Constitutionnel* se sert de saint Paul pour argumenter contre l'Evêque de Chartres; M. Quinet explique dans ses cours les exercices de saint Ignace; M. Michelet nous reproche des hérésies; M. Cousin parle de se faire approuver à Rome. Leur ignorance est douteuse!

Si elle est réelle, de quel droit outragent-ils ce qu'ils ne connaissent pas, ce que nous adorons?

Prudence, modération, charité tant qu'il vous plaira! Devant de pareils hommes, celui qui nous recommande de ne pas faire de bruit, de ne pas troubler les leçons de ces pauvres impies, *assez malheureux de ne pas croire*, de ne point les irriter surtout, parce qu'ils pourraient devenir plus méchants et rompre toute relation avec des fidèles moins indiscrets : celui-là, quelles que soient l'ardeur de sa prière et l'abondance de ses aumônes, nous n'avons qu'une réponse à ses avis : N'ayez point peur : l'Eglise n'en mourra pas!

Nous tâcherons de l'imiter dans la pureté de sa vie, dans son amour pour les pauvres; nous prierons Dieu de nous inspirer la même patience dans les adversités, la même modération dans les désirs; mais nous ne nous croirons pas obligés de renoncer au combat, parce qu'il n'aime pas le combat.

Nous voulons bien dénouer le bandeau qui couvre tant de regards : mais nous ne croirons pas faire un crime quand nous l'enlèverons de vive force à quiconque le retient de ses deux mains sur les yeux d'autrui pour enseigner mieux à blasphémer le jour!

Nous voulons bien que les blasphémateurs sauvent leur âme, mais nous ne voulons pas qu'en attendant ils en perdent d'autres; et si nous ne pouvons leur arracher nos

frères sans leur inspirer une haine éternelle contre le nom
de chrétien, nous en sommes fâchés. Il importe sans doute
qu'ils se sauvent, mais il importe aussi qu'ils cessent de nous
perdre : leur âme n'en vaut pas deux, et encore moins en
vaut-elle cent ou mille. Nous voudrions d'ailleurs savoir,
au point de vue de l'éternité, quel tort nous leur faisons, en
les empêchant d'augmenter la somme du mal qu'ils auraient commis ?

Mais ils auraient pu se convertir, donner un grand exemple ; déjà nous les attendrissions et ils promettaient les
meilleurs sentiments. Oui, c'est ainsi que vous les voyez.
Nous les voyons, nous, dans les écoles, au milieu d'une
jeunesse qu'ils abreuvent sans scrupule de tous les venins
de l'erreur ; ils ont l'audace sur le front, la raillerie à la
bouche ; ils nous permettent de croire qu'ils ont l'athéisme
au cœur. Nous comptons par centaines leurs victimes, et
dans nos âmes mêmes s'agite un reste de leurs poisons.
Puisse Dieu les convertir demain ! Notre affaire est de leur
échapper aujourd'hui.

Mais il ne faut pas manquer à la charité ! — Ne pourriez-
vous pas d'abord être vous-mêmes plus charitables envers
nous ! Quelle est donc cette étrange modération qui vous
pousse à nous reprocher en quelque sorte de n'être pas
chrétiens ? Lisez-vous dans nos cœurs, ou faut-il absolument
que nous paraissions manquer de charité, pour que vous
puissiez ne pas vous accuser de manquer vous-mêmes de
zèle ? Si vous nous trouvez imprudents, venez nous le dire ;
si vous ne vous trouvez point charitables, taisez-vous.
Songez à ces vénérables évêques qui nous ont devancés et
nous soutiennent dans la lutte ; songez que l'outrage de
vos jugements et de vos désaveux s'élèverait jusqu'à ces
têtes sacrées.

Il est un dernier point, un dernier motif de modération
qu'il nous faut toucher une fois. Cette guerre ne mettra-

t-elle pas les catholiques dans une position gênante ? Ne leur fermera-t-elle pas les emplois, l'administration, les magistratures, l'enseignement universitaire lui-même, et quelques autres petites ouvertures par où, sous les habits de l'Etat, l'on instillerait discrètement et prudemment la religion dans les veines de l'Etat ?... Ah! ne soulevons pas davantage ce triste voile ! La religion ne peut demander que la liberté et la doit demander hautement. Qu'importe le reste ? Là où l'intérêt de Dieu est en question, il n'y a plus pour nous que l'intérêt du salut.

OUTRAGES A DES ECCLÉSIASTIQUES.

28 mai 1848.

Les prédications et les articles universitaires commencent à porter leurs fruits. Nous savons de plusieurs côtés que les ecclésiastiques sont plus fréquemment insultés dans les rues de Paris, où ces traits de brutalité sauvage étaient devenus assez rares. Un prêtre vénérable, voué depuis un demi-siècle aux œuvres d'une charité sans bornes, connu et respecté de ce qu'il y a de plus digne en France, nous a dit lui-même que trois individus, l'ayant rencontré sur un boulevard solitaire, ont eu l'infâme courage de le poursuivre longtemps de leurs injures et de leurs imprécations. Après les avoir patiemment écoutés, il se retourna vers eux, sans leur parler, en souriant, pour voir quels étaient ces hommes qui lui en voulaient et qui pouvaient, en plein jour, *dans la capitale du monde civilisé*, pour nous servir de l'expression des orateurs du Collége de France, traiter de la sorte un ministre des autels, un vieillard plus que septuagénaire, qui, d'un pas pénible, allait, les yeux baissés, ne songeant qu'aux prières qu'il lisait en ce moment, humble et doux comme son divin Maître. Il vit que les insulteurs n'appartenaient pas à la dernière populace, mais à cette classe qui peut lire et comprendre certains journaux. L'un d'eux portait l'habit bourgeois ; les autres, moins grossiers et moins furieux, étaient des ouvriers. Son sourire les irrita, et pourtant nous n'aurions

qu'à le nommer pour faire comprendre à des milliers de
chrétiens quel dut être ce sourire qui a fléchi tant de colères,
séché tant de larmes et rassuré tant de pécheurs aux portes
de la mort. Ils ne le frappèrent point; un seul coup aurait
pu le tuer; mais ils redoublèrent d'outrages, de blasphèmes, de menaces féroces, jusqu'à ce qu'ils l'eussent enfin
quitté (1).

Un autre ecclésiastique, moins âgé, reçut l'autre jour,
en pleine rue, d'un passant, un crachat sur le visage. Cet
homme a, dit-on, été arrêté par les témoins. Il ne connaissait
pas l'ecclésiastique et n'en était point connu. Son action n'a-
vait aucun mobile, sinon l'honneur des lumières et de la
liberté. Un simple argument de philosophe à jésuite!

On le voit; quand les procureurs généraux et les sub-
stituts du monopole auront achevé leurs réquisitoires, ils
pourront trouver, à Paris du moins, bon nombre de ces juges qui, pour abréger les procédures et prononcer sans appel,
tuent d'abord l'accusé. La race en a été conservée avec soin
et n'est pas perdue. Qui sait même si, à force d'études, on
ne l'a point amenée en France à l'état de perfection où elle
s'est révélée à Madrid. Là, depuis 1830, il y a eu aussi de
généreux efforts contre les Jésuites : plusieurs ont été massa-
crés et l'un d'eux a été mangé. *La capitale du monde civilisé* ne voudrait pas rester en arrière.

Le *National* proclame que les *Jésuites* n'ont droit qu'à
l'expulsion; le *Constitutionnel* le lui concède; le *Journal
des Débats* acquiesce de grand cœur. Dès lors, le mode
d'expulsion importe peu : le meilleur ne sera que le plus sûr.
L'outrage est bon, l'exil est excellent, le massacre est parfait,
la manducation procurerait quelque divertissement au menu
peuple et serait le comble de l'art. Après *avoir mis sur ces*

(1) Ce vénérable prêtre, que je puis nommer maintenant, était le R. P.
Joseph Varin, de la Compagnie de Jésus.

gens-là la main de Voltaire (1), pourquoi n'y pas mettre
aussi sa dent?

Les orateurs, les philosophes, les écrivains qui aiguisent
ainsi contre nos prêtres l'appétit de la populace, doivent
croire que, pour sauver la vie d'un seul de ces hommes du
Seigneur, nous donnerions notre vie. Nous la donnerions en
effet ; mais nous ne sacrifierions pas l'intérêt de la vérité.
Devant les coups dont on les frapperait pour nous contraindre
à cesser nos justes réclamations, et à garder le silence sur
les œuvres que le monopole produit, nous réclamerions plus
fort, et nous réclamerons tant que nous aurons une voix.
Qu'ils jugent par là si l'équitable liberté que nous demandons
nous est nécessaire, et si nous pouvons transiger avec le despotisme injurieux qui nous la dénie. Il faudra donc nous
rendre justice ou nous persécuter ; nous donner la liberté
d'enseignement sans laquelle notre culte n'est pas libre, ou
nous ravir comme on pourra la liberté de la parole et de la
presse. Vous tiendrez vos serments, vous accomplirez la
Charte, ou vous achèverez de flétrir votre monopole en le
protégeant contre des citoyens soumis et paisibles par l'ignominie des voies révolutionnaires et des lois d'exception ;
voilà sur quoi vous pouvez compter.

(1) Parole de M. Thiers.

L'ULTIMATUM DE L'UNIVERSITÉ.

23 juillet 1843.

Jusqu'à la fin de 1843, trois évêques seulement avaient réclamé publiquement contre le monopole universitaire et son enseignement. C'étaient NN. SS. CLAUSEL DE MONTALS de *Chartres*, DE PRILLY de *Châlons*, DEVIE de *Belley*. Un mandement de ce dernier, très-mesuré mais très-ferme, avait excité la colère des défenseurs du monopole, et cette colère, à son tour, motiva certaines explications du vénérable Évêque, qui ne consentit d'ailleurs à rien retirer de ce qu'il croyait avec raison avoir très-légitimement dit. L'Université, après s'être trop fâchée, voulut se montrer victorieuse et clémente. Ce fut l'occasion d'une petite comédie qui se joua à la Chambre des députés entre M. MARTIN (du Nord), Ministre des cultes et M. SAINT-MARC GIRARDIN, membre du Conseil royal de l'instruction publique, rédacteur des *Débats*. Cette scène, augmentée des commentaires du *Journal des Débats*, fit parfaitement connaître aux catholiques les sentiments de l'Université et du Gouvernement.

Hier, à la Chambre des députés, le *Journal des Débats*, par l'organe de M. Saint-Marc Girardin, double universitaire, se déclarait satisfait *des excuses de Mgr l'Évêque de Belley*, et, se rangeant au sentiment gracieux de M. le Ministre des cultes, qui *n'a pas voulu contrister la vieillesse du vénérable Prélat par des poursuites rigoureuses*, il amnistiait généreusement le Clergé, coupable de tant de réclamations contre le monopole. Cette scène a eu quelque chose de magnanime. En présence des mandataires de la nation, le Ministre des cultes *réprouve* (c'est son terme) un mandement épiscopal ; il déclare que, *quand il s'agit d'une institution* AUSSI RESPECTABLE *que l'Université*, TOUT LE MONDE *doit s'associer au blâme* qu'il formule avec tant d'énergie. Aussitôt M. Saint-Marc Girardin, corédacteur du journal qui a publié contre l'enseignement des évêques la plus injurieuse et la plus perfide calomnie que la presse se soit permise depuis trente ans (1), monte à la tribune, fait grâce au Ministre des explications qu'il allait lui demander sur son silence envers le scandaleux mandement. Il trouve l'Évêque de Belley assez puni : que dis-je? il le trouve assez pénitent : car *il croit que le Ministre n'a pu parler, comme il vient de le faire, qu'après s'être cru autorisé par l'Évêque lui-même à exprimer le profond regret qu'il ressentait ;* c'est-à-dire que l'Évêque lui-même *réprouve* son mandement et s'associe *au blâme général* justement encouru par tout ce qui blesse *une institution aussi respectable que l'Université*. Cela bien établi, M. Saint-Marc Girardin daigne ajouter *que toutes explications ultérieures deviendraient désormais inutiles,* et il espère *que ces paroles contribueront à ramener entre le Clergé et l'Université un esprit de concorde et d'harmonie que personne ne désire autant que les membres de l'Université.*

Nous l'avouons, en répétant ces choses, la rougeur nous monte au visage ! Nous savions quelle sorte de paix on prétend nous faire, mais jamais encore l'Université n'en avait aussi crûment posé les honteuses conditions. On ne nous avait pas dit que les cheveux blancs d'un évêque le rendaient plus sacré que l'onction divine ; que ses cheveux blancs mêmes, que cinquante années de sacerdoce et de vertus, que les devoirs de sa charge auguste, que les cris de sa conscience, que ses droits de citoyen, que la Charte, que rien

(1) On accusait l'enseignement théologique d'obscénité et de lubricité, à propos de certains cas de conscience.

au monde ne le préserverait des foudres du conseil d'Etat, si, s'étant permis contre l'Université une parole qu'elle trouve irrévérencieuse, on ne pouvait conjecturer et dire qu'il en a solennellement demandé pardon. Juste ciel! Mgr l'Évêque de Belley n'a même pas prononcé le mot condamné par ces hommes, dont l'enseignement a dépassé contre Dieu et sa loi les anciennes limites de la calomnie et de la violence : il n'a fait que citer l'Ecriture sainte ; voilà de quoi l'on veut qu'il ait demandé pardon (1).

Il ne s'agit plus aujourd'hui d'obtenir la liberté : il faut que l'Épiscopat, s'inclinant devant les docteurs du monopole, leur demande pardon de ses cris d'alarme, et, plus réservé désormais, accorde la protection de son silence aux blasphèmes nouveaux qu'il leur plaira de proférer. Voilà l'*ultimatum* officiel d'un membre du conseil royal ! A ces conditions, les membres de l'Université désirent la concorde et la bonne harmonie avec le Clergé ; sinon, non !

Pour notre compte, nous disons non, et cent fois non ! Non ! ce pacte de honte ne sera pas conclu ! Non ! nous n'accepterons point un accommodement qui tendrait à faire de l'Eglise de Jésus-Christ nous ne savons quelle créature couverte de joyaux et de broderies, mais reléguée dans les harems, où l'encenseraient, captifs comme elle, un vil troupeau de serviteurs mutilés. Qu'elle soit combattue, persécutée, calomniée, Dieu l'a aimée dans tous ces abaissements ! Mais, disait saint Anselme, il ne veut pas d'une servante pour épouse. C'est qu'en effet, servante aujourd'hui, demain elle serait adultère et répudiée.

Libre ou dans les fers, elle sera fidèle. Une esclave se plaît dans sa prison quand le maître veut bien l'y entourer de luxe

---

(1) Mgr l'Évêque de Belley recommandait aux fidèles de s'éloigner des *chaires de pestilence*. Les universitaires avaient particulièrement ce mot-là sur le cœur. Du reste, la scène parlementaire dont il est ici question n'obtint de lui qu'un démenti catégorique et solennel.

et de quelques vains honneurs ; à une reine, il faut son trône ou les chaînes et la profondeur du cachot. Sans cesse elle réclame ; si on ne lui donne que la liberté, on ne lui donne rien. Elle peut, dans la grandeur de son âme, prier pour ses vainqueurs ; mais elle ne paraît pas dans leurs fêtes et dans leurs débauches, elle ne consacre point leur triomphe injuste ; elle meurt, elle n'abdique pas.

M. Saint-Marc Girardin et l'Université en seront pour leurs avances. L'Eglise n'abdiquera point, ne cessera point de condamner leurs doctrines monstrueuses, de réclamer son peuple et de dire que seule elle a les paroles de vie.

Et, du reste, le député universitaire a excédé ses pouvoirs ; il a été trop politique ou trop généreux. Le *Journal des Débats* fait ce matin de si nombreuses exceptions à l'amnistie de M. Saint-Marc, qu'il devient impossible de savoir jusqu'à quelles bassesses il prétend que l'Eglise descende ramasser son pardon. Il transforme le crime de lèse-université en crime de lèse-nation. Pour le contenter, ce ne serait plus au conseil d'Etat, mais par-devant la Cour des Pairs, qu'il faudrait traduire les *néocatholiques*, évêques ou écrivains. Il ne se contente pas de *réprouver* les mandements, il les qualifie nettement de *plats libelles*. Voici en quels termes il réclame contre les *exagérations* de M. Isambert : « M. Isambert a rendu l'Eglise tout entière responsable de quelques *plats libelles* publiés contre l'Université, ou, POUR MIEUX DIRE, CONTRE L'ETAT ; il a supposé que tous les évêques approuvaient la polémique de Mgr de Belley ou de Mgr de Chartres. » — *L'immense majorité du Clergé français* est à la vérité louée par le *Journal des Débats ;* mais elle est louée d'avoir un *bon esprit,* du *patriotisme,* une piété *sincère et intelligente,* c'est-à-dire de ne rien penser ou du moins de ne rien écrire contre l'Université, et de ne point ressembler aux évêques de Chartres et de Belley. Accepte le compliment qui s'en jugera digne ! Nous doutons qu'au fond de l'âme la feuille universitaire reconnaisse beaucoup de justes dans le Clergé. Poursuivant avec le même goût et la même urbanité, le *Journal des Débats* juge à propos de définir la question religieuse, et voici ce qu'il entend que l'on y voie. Nous supplions nos lecteurs de méditer ses paroles, dont nous espérons que les plus injurieuses ne s'adressent qu'à nous, et, en particulier, nous demandons à ceux qui craignent que nous n'oubliions la charité dans notre polémique de chaque jour, d'examiner s'il est possible que nous conservions le moindre sentiment de rancune contre des adversaires emportés par la haine et la fureur jusqu'à nous traiter comme le fait le *Journal des Débats :*

La question religieuse, cela veut dire qu'un beau jour, au milieu du calme le plus complet, *quand la religion est honorée partout*, une petite coterie qui trouve le christianisme trop vieux, qui a la prétention de le rajeunir et de l'accommoder au goût du jour (sait-il seulement ce qu'il dit!), s'avise de crier à la persécution et de comparer M. Villemain à Julien l'Apostat! Ces nouveaux chrétiens demandent la liberté d'enseignement *en style de crocheteur ivre* ; ils parlent de religion en grinçant des dents ; ils posent le poing sur la hanche, comme les matamores de l'ancienne comédie. Ces absurdités ne seraient justiciables que du sifflet, si elles n'avaient pas la religion pour prétexte.

Nous ne voulons rien dissimuler à cet égard, et les violences de M. Isambert *ne nous feront pas excuser d'autres violences*. Deux évêques *ont eu le malheur* d'encourager les passions furieuses de la coterie néo-catholique, et ont accusé l'Université de propager les plus épouvantables doctrines. Oui, cela est vrai, *voilà le mal*. Nous ne le nierons pas, mais il ne faut pas le grossir outre mesure. Oui, on *a l'audace de publier au nom de la religion d'imbéciles et abominables pamphlets* ; mais les auteurs de ces libelles et de ces journaux sont désavoués par le Clergé, qui en a pitié. Oui, deux évêques ont donné un triste et dangereux exemple ; mais cet exemple n'a point porté ses fruits, et les paroles mêmes prononcées aujourd'hui à la tribune par le Ministre de la justice nous prouvent que Mgr de Belley *a rétracté les expressions injurieuses dont il s'était servi*.

Nous n'avons qu'un mot à ajouter : nous bénissons Dieu d'avoir bien voulu que ces pauvres gens oubliassent ainsi

toute prudence et dévoilassent toute leur pensée. Dans le
doute qui environne toujours les actions humaines, nous
aurions pu regretter de les avoir poussés trop fort; et certes,
s'il nous eût été démontré que leurs intentions fussent le
moins du monde chrétiennes et acceptables, nous aurions
de bon cœur déposé la plume, et, au besoin, publiquement
regretté, non pas des mensonges, car nous n'avons point
menti, mais des vivacités de style, d'improvisation et de
douleur que tout autre, à notre place, comprimerait encore
plus difficilement. Ils emportent nos scrupules; mieux que
de longues méditations n'auraient pu faire, ils nous tracent
notre voie. Nous ferions bon marché de nos paroles, mais
celles de nos évêques nous sont plus respectables. Si nos
évêques en ont trop dit pour l'orgueil de l'Université, notre
voix, quelque humble et timide que nous nous efforcions de
la rendre, paraîtra toujours insolente, blessera toujours ces
maîtres chatouilleux. Qu'on ne cherche donc plus à nous
fermer la bouche. Chrétiens, nous prenons conseil de notre
conscience; citoyens, nous nous appuyons sur nos droits;
pères de famille, nous remplissons nos devoirs. Sur notre
conscience, sur nos droits, sur nos devoirs, l'Université
veut le silence : elle ne l'obtiendra pas.

LETTRE A M. VILLEMAIN

MINISTRE DE L'INSTRUCTION PUBLIQUE

SUR LA LIBERTÉ D'ENSEIGNEMENT.

Août 1843.

MONSIEUR LE MINISTRE,

I. Les catholiques ne veulent plus interrompre la guerre qu'ils livrent à *l'enseignement de l'Etat*. Cet enseignement, dont vous êtes le chef, fait courir à leur religion de tels dangers, lui impose des chaînes si intolérables, lui prépare des poisons si subtils, qu'ils s'imputeraient à crime de se taire un instant. Vous ne les réduirez au silence que par la justice ou par la force ; vous leur permettrez d'ouvrir des écoles, ou vous leur ouvrirez la prison. Comment admettraient-ils un système qui, d'une part, insulte sans cesse à leur foi ; de l'autre, leur interdit d'affermir cette foi au moins dans l'âme de leurs enfants ? Ils ne le pourraient sans forfaire à l'honneur humain et à la conscience chrétienne. Qu'ils aient en cela raison ou tort, ils attendent un jugement terrible, où chacun, sur le seuil des punitions éternelles, répondra du mal qu'il aura fait, du mal qu'il aura laissé faire, du bien même qu'il aura négligé d'accomplir ou qu'il n'aura que négligemment accompli : croyance antiuniversitaire peut-être, mais jusqu'à présent légale, daignez le remarquer, beaucoup plus légale que l'*Université*, sa principale ennemie. Or, toute action qui tend à détruire cette croyance est un mal qu'elle nous oblige de combattre, comme toute action qui peut la propager dignement est un bien qu'elle nous enjoint d'opérer. Ainsi ont agi depuis dix-huit siècles nos pères, avec les armes et selon les nécessités du temps où ils ont vécu : martyrs sous les païens, soldats contre les infidèles, docteurs en présence des hérétiques, jamais ils n'ont été dispensés de souffrir, de lutter, de parler, d'écrire pour l'honneur, la liberté, la diffusion de la foi. La loi de l'Etat nous autorise à remplir le même devoir ; elle nous l'interdirait qu'il nous faudrait le remplir encore. Nous avons toujours et partout transgressé les lois qui nous ont défendu de prier et de transmettre la prière. Nous ne devons point nous révolter, mais aussi nous ne devons point pécher. C'est pécher que d'être lâche dans les périls de l'Eglise de Dieu. Le chrétien qui n'aura pas travaillé de tout son zèle à rétablir la vérité méconnue, à délivrer la vérité captive, celui-là, j'en ai la conviction, sera jugé avec l'infidèle et avec l'adultère. *Væ mihi, quia tacui*, s'écriait le Prophète ; malheur à moi, parce que je n'ai pas parlé ! Vous voyez, Monsieur le Ministre, qu'il ne s'agit pas de si peu de chose, et que le débat sort des termes où quelques-uns de vos journaux veulent bien dire que nous le renfermons.

Il y a de ces esprits supérieurs qui prononcent que c'est affaire de spéculation, que le Clergé veut seulement prendre à l'Université une part des gros bénéfices qu'elle fait. Sans doute, Monsieur le Ministre, vous en jugez d'un peu plus haut ; dans tous les cas, l'outrage d'une basse interprétation ne peut nous arrêter. Que l'Université gagne de l'argent ou qu'elle en perde, notre enjeu est d'âmes immortelles ; voilà ce qui nous intéresse à la partie, prêtres et fidèles, pasteurs et pères, frères, tuteurs, citoyens, chargés des obligations terribles de la religion, de la famille, de la société. On ne nous empêchera pas d'aller au devoir, en criant que nous allons au gain. Toutefois, nous serions sensibles à l'avantage de payer moins cher une instruction plus morale et plus solide, où serait le mal ? Mais cette question sera traitée ailleurs.

II. Aujourd'hui je ne veux que résumer, pour le public et pour vous, Monsieur le Ministre, la longue polémique qui vient de s'agiter entre l'*Université* et le principal organe des catholiques dans la presse parisienne. Beaucoup de pères de famille ayant désiré ce travail, mes collaborateurs m'ont chargé de le faire ; j'ai résolu de vous l'adresser comme à l'un des hommes qu'il intéresse le plus. Je crains de ne vous être pas agréable, mais j'espère vous être utile. Votre Excellence nous a paru maintes fois se méprendre étrangement et sur la question même, et sur les faits. Elle en a donné à la tribune parlementaire des appréciations plus inexactes qu'il ne convenait à la dignité d'un Ministre et à l'impartialité d'un homme de bien. Ce court écrit, si vous daignez le parcourir, vous fera connaître au vrai nos droits, nos vœux et quelques-unes de vos fautes.

Nous n'en sommes plus aux compliments ; souvent même nous avons échangé des paroles assez dures. Avant d'aller plus loin, j'ai besoin de m'expliquer là-dessus, car je ne veux point vous outrager, mais seulement vous parler en toute liberté.

Au milieu d'un débat parlementaire, un Ministre, prenant part aux plus vives passions d'une polémique emportée, monte à la tribune, et, s'attaquant à un journal que chacun nomme, il dit, sans le prouver, que ce journal calomnie le Gouvernement et l'Université. Ce journal, c'est l'*Univers*, dont les rédacteurs, à défaut d'autre mérite, ont celui de pratiquer une religion qui déclare abominables le mensonge et la calomnie ; ce Ministre, c'est vous-même, Mon-

sieur, et nous aurions souhaité que vous n'allassiez pas si
loin. Quand un journal calomnie, on le livre aux juges,
on le fait punir. Si ce journal a réclamé des choses justes, on
avise aux moyens de les accorder un jour ; on ne se débar-
rasse pas de sa requête importune en le diffamant. Pour moi,
je ne suis qu'un pauvre écrivain, je cède aisément à mon
indignation, et comme je la sens loyale, je n'ai pas de scrupule à la laisser parler : j'écris, l'on imprime, le public lit :
en quelques heures tout est fait, en quelques heures tout est
oublié. Dépouillée de sa forme éphémère et maladroite,
l'idée seule reste, lorsqu'elle est vraie. Nous sommes cent
dans Paris qui faisons cela tous les jours. Fussions-nous dix
à la faire avec la même sincérité ! la France y gagnerait
beaucoup. Cependant, si j'avais l'honneur d'être homme
public, je veillerais à ces promptitudes, j'aurais encore une
autre dignité que celle de ma conscience, et surtout je ne
me plaindrais pas des écrivains. Je mépriserais ceux que je
saurais dignes de mépris, j'écouterais avec beaucoup d'attention les autres. Je les prendrais pour ce qu'ils sont, pour
des voix parfois désagréables, populaires, grossières si vous
voulez, mais franches et conséquemment utiles. Je ne
m'arrêterais pas à éplucher les mots avec la subtilité d'un
académicien ; mais en homme d'Etat, plus amoureux de la
vérité que de l'euphonie, je m'efforcerais de pénétrer au fond
des choses, et je saurais gré pour moi-même et pour ma
patrie au journaliste qui me donnerait un avis nécessaire,
m'eût-il un peu écorché l'oreille en se hâtant. Je me dirais
qu'il était ému, que le temps de la composition lui a manqué, que sais-je ? enfin je l'excuserais du tort d'avoir voulu
me blesser. Et quand il l'aurait eu ce tort, que m'importe-
rait, si au fond la justice était pour lui ?

Vous est-il cependant tout à fait impossible de passer sur
certains mots acerbes ? Ils m'ont échappé, je ne les ai sentis
moi-même que le lendemain, je les ai regrettés, je vous prie

de me les pardonner. Il m'en échappera encore, quelque attention que j'y fasse, mais je les regretterai encore, et d'avance je les désavoue. Le Ministre de l'instruction publique, grand maître de l'Université, qui pourrait nous donner la liberté de l'enseignement et qui nous la refuse, m'est, je le confesse, aussi antipathique que possible, et je désire ardemment qu'on le renvoie de sa place, car je n'attends rien de lui. Pour M. Villemain, je ne lui désire aucun mal, et je n'ai contre lui nulle haine ; je ne connais point ses défauts, j'endure très-volontiers qu'on me parle de ses vertus, je voudrais bien avoir son aimable style, à condition d'en faire un autre usage ; bref, je ne lui souhaite rien de pire que d'arriver au ciel, et d'y arriver après moi, s'il se plaît dans la vie. Maintenant, il m'est permis, je pense, de soulager mon cœur.

III. Les catholiques disent et prouvent, Monsieur le Ministre, que l'Université, sous plusieurs rapports, mais particulièrement sous le rapport des croyances et de tout ce qui s'y rattache, fait de mauvais écoliers.

Ils réclament la destruction du monopole qui les contraint de soumettre leurs enfants à cette éducation universitaire, mauvaise et funeste selon eux, parce que, blessant la foi, elle corrompt les mœurs, anéantit la dignité de l'homme, gâte son avenir en ce monde, compromet son éternité.

Ils établissent que ce monopole, source de tant de maux, n'est pas seulement oppressif, qu'il est encore illégal :

1° Il n'existe qu'en vertu d'une ordonnance et qu'à titre provisoire.

2° La Charte, la plus solennelle de nos lois civiles et politiques, le condamne et le supprime de droit par un article qui lie irrévocablement l'État.

3° Il est en contradiction effective avec les dispositions les plus essentielles de cette même Charte, œuvre de transaction,

où la France, espérant le triomphe de la vérité, a stipulé
deux choses sans lesquelles il n'y a point, en nos jours, de
paix possible : la liberté des cultes et la liberté des opinions.

Les catholiques disent qu'on les prive de ces deux libertés
fondamentales, en leur refusant la liberté d'enseignement,
qui en est tout à la fois la conséquence naturelle et l'appui
nécesssaire. En effet, l'opinion est-elle libre dans un pays
où l'Etat peut ravir l'enfant à la famille pour le couler dans
son moule et le frapper à son effigie? La religion, et surtout
la religion catholique, est-elle libre lorsque ceux qui la professent, et dont c'est le premier devoir de la léguer à leurs
enfants, sont tenus de livrer ces enfants à des instituteurs
qui seraient presque obligés, comme mandataires de l'Etat,
de ne reconnaître aucune religion, de n'en pratiquer aucune,
et qui généralement s'en tiennent là ?

Les catholiques ajoutent que cette sainte religion, *hors
de laquelle il n'y a point de salut*, embrassant l'homme
tout entier, devant dominer toutes ses passions, diriger
toutes ses lumières, régler toutes ses actions, ne peut être
convenablement enseignée en quelques heures ni en quelques jours; — qu'au lieu de former un accessoire de l'éducation, il faut qu'elle en devienne la large base, sur quoi
littérature, philosophie, sciences, tout repose, étant elle-
même le plus haut et le principal savoir; — qu'enfin une
éducation rigoureusement établie sur ce système serait encore
insuffisante si l'exemple des maîtres n'y était joint, leçon des
yeux et du cœur que l'enfant pourra sans cesse recevoir,
même durant ses jeux ; salutaire souvenir qui doit demeurer
en lui, impérissable au milieu des désastres dont les vents
du monde menacent les principes les mieux enracinés.

S'appuyant de toutes ces raisons, forts du droit de la
famille, forts des engagements de la Charte, forts aussi de
ce noble et chrétien sentiment de la liberté, germe heureux
que la miséricorde divine a semé parmi nos ruines et qui

pourrait, cultivé par la religion, consoler la France d'un siècle de malheurs, les catholiques exigent en principe, et sauf les conditions d'ordre qu'il conviendra, de régler en discussion législative :

Premièrement : liberté pour tout citoyen d'ouvrir école ;

Secondement : liberté pour tout citoyen de fréquenter telle école que bon lui semblera, et d'y envoyer ses enfants ;

Troisièmement : formation d'un jury d'examen pour le baccalauréat, réunissant aux garanties nécessaires de science et de sévérité, les garanties non moins indispensables de moralité et d'impartialité, afin que devant ce jury tout citoyen, sous le seul patronage de sa capacité et de son honneur, puisse demander le diplôme, quelle que soit l'école qu'il ait fréquentée, et quand même il n'en aurait fréquenté aucune.

Il est clair pour votre bonne foi, Monsieur le Ministre, comme pour la mienne, que cette formule exprime la pensée générale et non les dispositions absolues de la loi que nous réclamons. Les catholiques sont avant tout des hommes d'ordre. Une liberté sans limites ne les effraie pas : ils comptent sur la science, sur la vertu, sur le dévouement de leurs prêtres ; mais cette liberté deviendrait dangereuse à d'autres ; ils les avent, et nul ne peut douter qu'ils n'acceptent avec empressement les mesures nécessaires pour que la faculté d'enseigner se maintienne dans toutes les mains aussi paisible, aussi morale, s'il se peut, que dans les leurs. Ils veulent que la liberté par laquelle on remplacerait la tyrannie actuelle soit une législation, non pas une anarchie.

Ils admettent l'existence de l'Université pour ceux qui n'ont point de préventions contre elle ; la surveillance de l'État, comme une garantie bonne pour tout le monde ; l'examen du baccalauréat comme un complément de cette garantie générale et comme une barrière utile à l'espèce de folie qui précipite toute la jeunesse dans certaines carrières,

au grand dommage de la bonne économie politique et des
mœurs.

Mais ils répètent que la liberté de faire élever leurs enfants
comme ils l'entendent leur est indispensable, et ne l'est pas
moins à la religion ; qu'ils n'ont point d'intérêt plus pressant
sur la terre ; que leur salut même y est engagé. Depuis
treize ans, que dis-je ? depuis cinquante ans, c'est le cri de
leur âme ; leurs députés l'ont porté à la tribune ; leurs
évêques, les plus imposants mandataires qu'ils puissent
avoir, l'ont fait retentir cent fois. On formerait une vaste
bibliothèque des écrits qu'ils ont publiés sur cette matière.
Au nom de la famille, au nom de l'Eglise, au nom de la
patrie, par les raisons les plus fortes, par les sentiments les
plus purs, par les droits les plus légitimes et les mieux
reconnus, ils invoquent cette liberté souvent promise, qui
doit terminer leurs angoisses, et mettre en repos leurs consciences alarmées.

Qu'obtiennent-ils de Votre Excellence ?

IV. D'abord, Votre Excellence ne donne pas la liberté.
Ensuite elle dit aux catholiques qu'ils ne la demandent pas,
et elle leur objecte le petit nombre de signatures que l'on
voit sur leurs requêtes.

Votre Excellence remarquera qu'elle n'est déjà plus dans
la question.

Le droit est évident, la promesse claire, des citoyens réclament, ils suffit : ne fussent-ils que cent, un gouvernement de bonne foi leur doit justice. C'est une société sauvage et déshonorée, celle où le bon droit d'un seul et le respect des serments ne prévalent pas contre l'indifférence,
contre les préjugés ou contre l'inique intérêt du nombre.
Vous m'avez promis cela, et vous ne me gouvernez qu'en
vertu du pacte où vous me l'avez promis. Vous me devez
cela, ou je ne vous dois rien. Le pacte est violé. Je suis le plus

faible, et j'obéis ; mais j'obéis à la force, non à mon devoir : l'impôt que je vous paie, le premier venu, avec deux pistolets, peut me le faire payer aussi légitimement que vous, la nuit, au milieu des bois.

Si, en effet, les réclamants sont peu nombreux, que vous importe ? donnez-leur toujours ce qu'ils ont le droit de vous réclamer, et ne contraignez pas la foi d'un seul père de famille à l'exil où il condamne son fils pour sauver cette jeune âme du danger de vos leçons. Qu'avez-vous à craindre, d'ailleurs ? Peu nombreux, dites-vous, sont les réclamants ; peu nombreux seront donc les colléges libres : votre chère Université, dont le profit vous inspire ces réponses iniques, libre également, riche et favorisée, ne s'apercevra pas même de la concurrence.

Mais si, au contraire, vous vous êtes mépris, de dessein formé, sur la maigre apparence des pétitions ; si chaque père de famille qui les a signées en représente mille qui n'ont point songé à le faire, parce que ce n'est point encore la coutume en France d'user de ce moyen ; si véritablement cette liberté d'enseignement, qui est un besoin national, nous le prouverons, est en même temps le vœu connu, positif, dès à présent formulé d'un très-grand nombre de citoyens ; s'il y a lieu de penser que les familles profiteraient avec empressement d'une éducation où la foi et les mœurs des enfants leur paraîtraient moins exposées ; encore un coup, Monsieur le Ministre, que répondez-vous à leurs sollicitations ? Comment justifiez-vous l'intérêt occulte en faveur duquel l'État, méprisant le serment royal et le pacte que nous gardons, sacrifie des intérêts si chers et si imposants ?

V. Votre Excellence alors, changeant de thèse, jure son honneur, M. Cousin l'assistant, que les catholiques ont tort de réclamer, par la raison que l'Université est une institu-

I.   7

tion admirable et parfaite, ne laissant rien à désirer sous
aucun rapport, savante au delà de ce qu'on peut dire, pieuse
comme saint Jean, orthodoxe comme saint Pierre, des mains
de laquelle il ne sort que de vrais petits docteurs angéliques,
qui, leurs études terminées, vous écriraient une Somme
théologique, comme au temps de M. Vinnet ils eussent rimé
une tragédie.

Votre collègue et vous, Monsieur le Ministre, n'êtes
jamais embarrassés de faire un beau discours. Mais nous
sommes plus durs à l'éloquence que vous ne le pensez.

Sans toucher ici la question du savoir, sur laquelle certains doutes sont bien jetés par l'orthographe des lettres
qu'ils reçoivent du collége et par la rapidité avec laquelle
ils voient s'enfuir le latin, plus stable encore que le grec,
et s'évaporer l'histoire, plus tenace encore que les mathé-
matiques ; sans parler de quelques idées qui les effraient, et
de quelques habitudes qui les navrent, et de quelques sentiments qui les désespèrent, les catholiques répondent un seul
mot : leurs enfants ne font plus leurs pâques dans vos colléges, et les font moins encore lorsqu'ils en sont sortis.

Mettons qu'ils sont savants, moraux, philosophes comme
Votre Excellence elle-même : ils ne sont point catholiques ;
et c'était justement à quoi le père de famille catholique
tenait le plus. Votre Excellence insiste : elle affirme que les
enfants sont catholiques. Alors, les catholiques, s'assurant
que Votre Excellence ne peut mentir, s'aperçoivent que malheureusement elle n'entend pas le catholicisme comme eux.
Cependant, c'est comme eux qu'il faut l'entendre pour l'entendre bien. Le curé, l'Évêque, le Pape, le catéchisme sont
fort clairs là-dessus.

Du reste, ce n'est pas précisément de quoi il s'agit en ce
moment ; vous sortez encore de la question : souffrez que je
vous y ramène encore.

La Charte à la main, je vous fais observer que le point

n'est plus de savoir si l'Université élève chrétiennement les enfants, ou si seulement elle le peut faire, mais bien de savoir si les catholiques ont le droit de faire élever leurs enfants par d'autres maîtres que ceux de l'Université.

Ce droit est-il imprescriptible dans la famille ? *Oui !* — Résulte-t-il implicitement de la liberté des cultes ? *Oui !* — La Charte l'a-t-elle reconnu ? *Oui !* — L'avez-vous reconnu vous-même ? Oui, cent fois oui !

Pouvons-nous l'exercer ? NON !

VI. Vous contestez, il est vrai, que nous ne puissions pas l'exercer, et c'est la plus curieuse de vos assertions. Après nous avoir affirmé que nous ne demandons pas la liberté de l'enseignement, après nous avoir juré qu'elle ne nous est pas nécessaire, vous nous apprenez enfin que nous la possédons !

Vous nous montrez quelques colléges ecclésiastiques de plein exercice, disséminés de loin en loin par une main avare, soumis à vos inspections, à votre fiscalité, à vos caprices, n'ayant qu'une existence précaire, ne pouvant nullement assurer l'avenir de leurs employés ; prospérant néanmoins, mais par la force du besoin public, par le prodige du dévouement sacerdotal, et inquiets de cette prospérité qui peut exciter, qui excite en effet vos jalousies. Car quels obstacles ne mettez-vous pas à la création coûteuse d'une de ces maisons que vous pouvez toutes fermer ou ruiner demain ?

Vous nous montrez les petits séminaires, dans lesquels un certain nombre d'élèves, que leurs parents ne destinent peut-être pas à l'état ecclésiastique, mais que peut-être y appelle le bon Dieu, sont exempts de la rétribution universitaire, comme si l'on était sûr de leur vocation. Cette grande faveur, dont quarante ou cinquante enfants profitent dans chaque diocèse, vous paraît tellement exorbitante, qu'il

faudrait que les évêques fussent continuellement à vos pieds
pour vous en rendre grâces, et que vous menacez parfois de
la supprimer, comme s'il ne tenait qu'à vous. Et les pauvres écoliers sortis de là sont obligés d'employer la fraude
pour se présenter devant vos jurys d'examen. Les examinateurs refuseraient de les interroger, si un maire de campagne ne consentait à certifier qu'ils ont fait leur philosophie chez leur père, bûcheron, vigneron ou fermier, attendu que des professeurs de petit séminaire peuvent bien
enseigner à connaître Dieu, mais non pas la philosophie, et
qu'il vaut beaucoup mieux contraindre les aspirants bacheliers à se procurer des certificats faux, que d'admettre
qu'ils aient pu devenir philosophes sous la direction d'un
Évêque et par les soins d'un ministre de Jésus-Christ.

Enfin, Monsieur le Ministre, vous nous montrez la maison paternelle, où le monopole ne s'est pas encore implanté.
En pleine assemblée législative, avec un sérieux admirable,
vous nous demandez si le père ne peut pas élever ses enfants chez soi, et si ce n'est pas là de la liberté ? Non, Monsieur le Ministre, ce n'est pas de la liberté ? ce n'est pas
même de la bonne comédie : une plaisanterie n'est bonne
qu'autant qu'elle est opportune; et, en vérité, ni le sujet,
ni l'auditoire, ni nos angoisses ne vous permettaient cette
bouffonnerie cruelle. Un père est libre d'élever ses enfants
chez soi, comme il est libre d'avoir quarante mille francs
de rente, comme il est libre d'introduire un étranger dans
sa maison, comme il est libre de renoncer aux affaires civiles et politiques qui pourraient l'obliger à s'éloigner de ses
enfants et de leur précepteur.

Votre Excellence me permettra de lui dire que je rougis
d'avoir à combattre sur un pareil terrain un homme dont
la fonction est si élevée dans ma patrie. Quoi ! l'on nous reproche, à nous pauvres journalistes inconnus, des paroles
trop irritantes ; et l'on ose, du haut de la tribune, le por-

tefenille ministériel à la main, nous jeter, en les accompagnant encore d'injures, ces inqualifiables raisons ! Est-ce de la discussion ? est-ce de la dignité, est-ce de la convenance, est-ce seulement de l'habileté ? Que ne faites-vous valoir encore, Monsieur le Ministre, pour nous prouver que l'enseignement est libre, la générosité de votre police à nous octroyer des passe-ports sur Bruxelles et Fribourg, quand nous décidons d'y exiler nos enfants ?

La vérité est que notre droit est reconnu, et que nous ne pouvons l'exercer. Pourquoi, encore une fois, ce déni de justice ? Quelle raison donc, quelle raison valable en donnez-vous ?

Aucune, Monsieur le Ministre : pas plus de raison que de loi. On nous refuse la liberté d'enseignement, parce qu'on ne veut pas nous la donner ; voilà tout.

VII. Il est vrai que ce refus n'est pas déclaré bravement, à la façon des gouvernements forts ; ni brutalement, à la façon de ceux qui, sans être forts, sont assez hardis pour user de violence. Quant à la force, on peut douter que vous sachiez même ce que c'est ; quant à la violence, elle est au fond de votre tempérament, et vous nous le faites voir ; mais elle y demeure percluse et rugissante, conseillant des excès qui avortent. La hardiesse, cette simagrée de force qui trompe parfois les hommes et la fortune, est encore quelque chose de trop relevé pour vous. Vous êtes un gouvernement d'avocats et de gens de lettres, poussés par des passions mesquines, et puis retenus par des superstitions libérales ; emportés par de puériles chaleurs de colère, et puis tout à coup bridés par la peur, qui fait office de prudence et de réflexion. Très-souvent vous ne savez pas ce que vous voulez ; quand vous le savez, vous n'osez pas le vouloir ; quand vous savez, quand vous voulez, quand vous oseriez, vous ne pouvez pas. Que Votre Excellence me

pardonne ces vérités. Je fais moins son portrait que celui
d'un ministre constitutionnel. Seulement, les défauts inhé-
rents au ministre constitutionnel, tel qu'il existe parmi nous,
sont notablement accrus dans la personne de Votre Excellence, par les préventions, les haines et les intérêts du
grand maître de l'Université.

Le refus que subissent les catholiques est enveloppé de
ruses, d'allégations diverses, d'atermoiements, de louvoie-
ments. Ressources des gens faibles qui commettent une
mauvaise action, et qui ont vergogne de leur faiblesse et de
leur mauvaise action !

Néanmoins, tout cela ne suffisant pas, bien convaincu
désormais qu'au fond cette querelle de liberté est une querelle de religion, nous entendant toujours contester l'orthodoxie de l'Université, ne pouvant plus douter qu'il s'agit
principalement pour les catholiques de confier leurs enfants
à leurs prêtres, comme il s'agit pour vous de les retenir
dans vos mains, vous avez, sinon imaginé, du moins autorisé la célèbre tactique qui vient d'étonner la France et de
vous aliéner peut-être pour jamais tout ce qu'elle renferme
de plus honnêtes gens. Vous avez fait une chose non-seulement immorale, mais insensée : vous avez entrepris de
déshonorer tout ensemble et la religion et le clergé ! L'histoire en est assez triste et assez importante pour être reprise d'un peu haut.

VIII. L'homme n'est sociable que parce qu'il est religieux. S'il n'avait pas reçu de son Créateur certaines vérités
d'où découlent les lois qui règlent ses rapports et ses devoirs envers ses semblables, il serait obligé de les combattre et de les fuir. Il vivrait craintif dans les solitudes, et
son intelligence, abandonnée à elle-même, sommeillerait,
inférieure peut-être à l'instinct des autres animaux, dont
pas un ne naît aussi misérable que lui.

Mais Dieu l'a enseigné, et il en fait un roi sur la terre, et plus qu'un roi, car ce royaume terrestre ne lui suffit pas : il s'élève jusqu'à le dédaigner et jusqu'à vouloir légitimement son royaume dans le ciel.

Que lui a donc appris Dieu ? Trois choses : la foi, l'espérance et la charité.

Selon que l'homme a plus ou moins connu ces trois choses, il a formé des sociétés plus ou moins parfaites : la barbare, la païenne, ou la chrétienne dont l'éclatante supériorité laissa tout d'abord loin derrière elle, comme des rudiments informes, les plus beaux et les plus irréalisables rêves de la sagesse antique, formulés par les Socrate et par les Platon.

Selon que la société, dans les lumières de l'initiation chrétienne, a plus ou moins pratiqué ces trois choses ; selon qu'elle a plus ou moins cru en Dieu, espéré en Dieu, et que les hommes s'y sont plus ou moins aimés pour l'amour de Dieu, elle s'est plus ou moins éloignée, plus ou moins rapprochée du type sublime qu'elle peut concevoir et réaliser. Supposez la foi, l'espérance et la charité dans leur plénitude, c'est la société des anges : il n'y a plus de haine, il n'y a plus de désespoir, il n'y a plus de misère. Affaiblissez-y la foi, l'espérance et la charité, faites que tout vestige s'en efface : c'est la société des démons, et bientôt ce n'est plus une société.

Établissez au sein de la plus dégradée des peuplades sauvages quelques prêtres catholiques qui ne connaissent que leur Dieu : en cinquante années ils auront fait un peuple dont la police et la philosophie émerveilleraient tous les sages de la Grèce.

Transportez dans l'Eden une population pourvue de tous les arts, de toutes les lois, de toutes les sciences de l'Europe, mais qui ne sache rien de Dieu : cinquante ans après vous ne retrouverez que des sauvages, si vous retrouvez quelqu'un.

Ce ne sont point des hypothèses : les Jésuites avaient fait du Paraguay un paradis sur la terre ; les Prêtres des missions, les Maristes, renouvellent ce miracle dans l'Océanie ; les îles Sandwich offrent à notre vénération des confesseurs et des martyrs comparables à ceux des premiers siècles de l'Eglise, et Rome placera peut-être un jour sur nos autels, à côté des Ignace et des Laurent, quelques-uns de ces héros que l'Evangile est allé chercher au sein de l'anthropophagie. Il est vrai qu'en même temps Otahiti, malgré son climat fortuné, se dépeuple ; mais la main qui l'étouffe n'est pas catholique, elle est protestante ; elle ne donne pas l'Evangile, elle cherche de l'argent.

Attaquer la religion, c'est donc attaquer la société dans sa base.

Il est donc monstrueux qu'un corps enseignant privilégié puisse être hostile ou seulement indifférent envers la religion du pays, où il exerce son privilége à l'exclusion de tout autre corps et même de tout individu.

L'Université professe en masse ou cette hostilité ou cette indifférence. Quelques exceptions que l'on pourrait citer ne détruisent pas la règle et ne changent rien au principe de sa constitution, qui est, doit être et doit rester la liberté individuelle et l'indifférence pratique en matière de religion, puisqu'elle représente l'Etat, et que l'Etat n'a point de religion.

De quel droit serait-elle catholique, puisqu'elle est exclusivement chargée d'enseigner les enfants protestants et juifs ?

De quel droit serait-elle protestante ou juive, puisqu'elle est exclusivement chargée d'élever les enfants catholiques ?

Pourquoi voudrait-on que les professeurs développassent dans leur enseignement n'importe quel symbole religieux, puisqu'il leur est permis de n'en reconnaître aucun, la liberté des cultes étant, suivant l'interprétation commune, la liberté de n'en avoir pas ? Seront-ils tenus d'enseigner ce qu'ils ne sont pas tenus de savoir ? Exigera-t-on, avant de les laisser monter en chaire, qu'ils subissent un examen sur un catéchisme quelconque, et ne serait-ce pas même le comble de la folie que de l'exiger ? Du moment enfin qu'on ne leur trace rien à croire, peut-on empêcher chacun d'eux de croire ce qu'il lui plaît ?

L'un d'eux se vantait à moi de l'austérité de sa conscience : « Je ne suis pas chrétien, me disait-il ; mais on me confie des enfants chrétiens, et je les laisse chrétiens. » Je lui prouvai qu'il n'avait pas de conscience, puisqu'il voulait bien laisser ses écoliers dans ce qu'il croyait être une erreur ; ensuite j'obtins de lui l'aveu que les enfants qu'il avait instruits finissaient par être en réalité de très-minces chrétiens.

Vouloir qu'un enfant sorte chrétien des mains d'un incrédule, c'est vouloir que le grain d'ivraie produise un épi de froment.

Ce que l'Université peut faire de mieux, c'est d'enseigner tacitement la négation de toute religion.

Qu'elle existe dans ces termes, on le conçoit à la rigueur, puisqu'il existe des hommes et des pères de famille qui ne veulent ni de l'Evangile ni de l'Alcoran. Il faut attendre que la Providence leur ouvre les yeux ou que la société, revenue de ses erreurs, les leur fasse ouvrir. Mais que cette même Université, qui n'est que l'indifférence réduite en système, possède le monopole de l'enseignement ; c'est-à-dire que, au nom de la liberté la plus illimitée de tous les cultes symbolisée en elle, tous les cultes lui soient asservis et soient forcés de venir s'anéantir dans ses étreintes ; qu'on lui livre protestants, juifs, catholiques, pour qu'elle en forme des indifférents, des panthéistes, des athées, ce fait, lorsqu'on y réfléchit, surpasse l'imagination ; l'on a peine à comprendre l'excès de déraison qu'il révèle.

Élever l'enfant, c'est former l'homme et le citoyen ; élever tous les enfants d'un pays comme la France, c'est former plus qu'une société, plus qu'une nation ; les élever sans religion, c'est faire une chose immorale et impolitique, c'est préparer à l'avenir du monde des malheurs comparables aux plus grandes calamités que le passé ait connues. Ne portons point jusque-là nos regards, demeurons dans les limites les plus étroites du sens commun.

IX. La première et la plus importante connaissance que la société chrétienne doive donner à l'homme est la connaissance de Dieu ; elle doit la lui donner pour lui et pour elle-même.

Pour lui d'abord, afin qu'il ne s'engage pas sans boussole sur cette vaste mer de la vie ; afin qu'il ne demeure pas sans consolation, sans secours durant ces naufrages auxquels sont communément réservées les plus chères espérances du cœur. Lorsqu'il aura perdu le riant bagage de ses jeunes chimères et la richesse plus solide des sentiments de l'âge mûr ; lorsqu'il sera frappé dans ses biens, dans son cœur, dans son âme, dans son corps, partout où nous voyons qu'est frappé cet être créé pour attendre, pour aimer et pour souffrir, il faut qu'un indestructible appui reste à son âme immortelle et la sauve du désespoir. Cet appui, c'est Dieu ; il n'en est point d'autre. Où l'homme le prendra-t-il, s'il ne le connaît pas ? Où trouvera-t-il l'unique refuge de son âme, s'il n'a, dès la jeunesse et dès l'enfance, contracté l'habitude salutaire d'y porter avec amour l'offrande de sa joie et de ses pleurs ? La vie et les événements de la vie n'ont qu'un but, auquel notre volonté doit concourir : ils sont faits pour nous rapprocher de Dieu ; de là vient que, contentements et peines, aux regards sereins du fidèle, tout est béni, tout est bon. Mais ces mêmes événements nous éloignent au lieu de nous rapprocher, quand notre volonté refuse de les tourner au dessein de miséricorde qui les a disposés. L'homme qui n'a point connu Dieu, qui ne l'a connu que superficiellement, qui finit par l'oublier, s'éloigne donc de lui sans cesse; il souffre en vain ; tout est funeste dans sa vie ; ce peu de bonheur amer qu'il arrache parfois à la morne âpreté de son destin, ces fruits rares et chétifs qui pendent aux buissons de la mauvaise voie, sont mauvais comme elle, trompent la soif du malheureux qui les cueille et chargent son âme d'un aliment empoisonné. Souffrance dans le temps, réprobation imminente dans l'éternité, c'est à quoi votre cruauté le condamne. Vous ne croyez pas cela, Monsieur ; vous avez peut-être trouvé quelque part quelque bonne raison d'en douter ?.... Vous concevrez que vos doutes nous consolent fort peu, nous qui croyons, qui devons croire et qui ne voulons point douter, même sur la parole de nos passions et de nos intérêts.

X. Qu'il soit de l'intérêt de la société que l'homme apprenne à connaître Dieu et à le servir, c'est ce que l'on s'étonne d'avoir à prouver encore.

Avez-vous quelquefois réfléchi, Monsieur, sur l'importance de votre charge ? Vos collègues n'ont à régler que des affaires, et vous avez à former des intelligences ; ils ne veillent que sur des intérêts passagers, vous veillez sur des enfants qui vont devenir hommes entre vos mains et qui resteront, la plupart, ce que vous les aurez faits. Quand vos collègues se trompent, le dommage n'est pas grand ; quand vous vous trompez, il est presque irréparable. Leurs actes passent, les vôtres sont de chair et d'os, ils se perpétuent durant une vie d'homme et au delà ; ils engendrent ; ils peuvent troubler de fond en comble la société, susciter des catastrophes, qui crient vengeance aux pieds de Dieu jusque dans la voix des races futures.

Vous administrez ce formidable département, comme le

Ministre de la guerre administre ses casernes !… Que dis-je? dans les casernes, il y a du moins le drapeau et l'honneur du drapeau ; dans vos collèges, il n'y a que l'exercice. Il faudrait former des hommes, on y façonne à la grosse, vaille que vaille, les bacheliers que nous connaissons. Voyons-les face à face avec les devoirs de la vie : ils sont obligés de dompter leurs passions, appelés à secourir leurs frères, à diriger bientôt eux-mêmes une famille ; ils doivent le bon exemple à leurs inférieurs, la soumission aux lois, le respect aux supériorités ; il faut que l'humanité règle leurs entreprises, que la chasteté gouverne leurs sens, qu'une austère probité les contienne dans les affaires, qu'ils rendent à la religion un hommage public. Voilà l'homme que la société vous a chargé de former, et que, mandataire intelligent et fidèle, vous lui devriez encore, lors même qu'elle ne vous le demanderait pas. Est-ce l'homme que vous lui donnez ? Je laisse à votre conscience de répondre ; je laisse à la conscience publique de proclamer ce que sont, dès à présent et ce que promettent d'être vos bacheliers.

Mais vous-mêmes, Monsieur le Ministre, êtes-vous bien satisfait de ces nourrissons ? Ils ne sont pas en petit nombre dans les affaires publiques, et vous les voyez à l'œuvre. Vous paraissent-ils, plus qu'à nous, promettre un peuple duquel on puisse espérer de grandes choses ? Vous flattez-vous d'établir un ordre quelconque sur ces mouvants esprits ? Je n'attends certes pas que vous en fassiez votre confession ; mais, entre nous, vous savez ce qu'ils valent. Où en sont, parmi eux, les maximes d'autrefois, et ce fier sentiment de l'honneur national, et cette vive conviction des vérités qui font le salut des Etats, et cette altière probité de l'homme qui stipule pour autrui, et ce jaloux amour des intérêts qu'on est chargé de défendre, et ce scrupuleux respect des droits du faible, et cette ardente commisération pour les misères du pauvre peuple? Et quand l'apparence de quelque

chose de tout cela se trouve quelque part, combien vaut le
silence? Et quand par hasard, quelque chose de tout cela se
fait entendre, combien vaut la réfutation ou le désaveu?....
Oh! que la conscience est fatiguée des spectacles qu'on lui
donne aujourd'hui! Non, vous ne faites pas des hommes,
vous n'en préparez pas pour la société. Dans vos assemblées
politiques, dans vos journaux, je n'entends que la voix
égoïste des partis, et que demande-t-elle?... Les grandes
vérités, les grands besoins, les grandes douleurs n'y ont pas
un avocat; rien de généreux et de fraternel ne s'y produit.
Cinquante années de votre régime universitaire ont formé
une France inconnue au monde, qui n'est plus à la tête de
rien, qui n'invente rien, qui ne comprend rien, qui n'aime
rien, qui n'ose rien. Un scandale l'amuse, un discours
l'irrite; on peut entreprendre de la mettre en colère contre
l'habit d'un moine, et de l'apaiser après les insolences de
l'étranger. France tellement déchue, que le monde ne pouvait
y croire et qu'il eut peur d'un retour de vertu, lorsqu'elle
fit, en 1830, ce violent effort pour conquérir un reste de lie
et d'opium au fond de la coupe que Voltaire lui avait présentée, et que l'Université a remplie de nouveau. A qui
n'a-t-elle pas menti depuis lors? quels autels n'a-t-elle pas
apostasiés? Elle a dansé pour les peuples qui lui demandaient
des armes, elle a craint les factions, elle a craint le gouvernement; il a fallu lui arracher les résolutions justes et
sages, on lui en a fait accepter de honteuses; elle n'a
soutenu aucune aspiration de véritable gloire et de loyale
liberté, l'accent du bon droit et de la détresse ne l'a jamais
émue; elle a laissé égorger la Pologne, elle laisserait égorger
l'Irlande; ce qu'il lui faut à présent, c'est l'alliance des forts;
elle se fait persuader que son gouvernement la trahit, et
elle n'en a cure; elle ne refuse pas l'obéissance à son chef,
mais elle ne lui rend nul honneur; en dix années, elle a vu
commettre plus de régicides qu'il ne s'en était commis en dix

siècles ; elle a connu dans sa capitale une secte d'assassins,
et n'a rien tenté pour l'étouffer et la vomir ; et quand on
assassine le roi, ce n'est qu'un accident auquel elle est accoutumée. Masse inerte, qui ne se lasse pas de voir jouer son
avenir aux dés pipés des scrutins, que nul parti ne peut
révolter, que nul pouvoir ne peut gouverner, qu'il faut
laisser croupir.

Et j'en dis moins encore que vous n'en avez dit, Monsieur
le Ministre, d'un seul mot, avec toute la supériorité de votre
talent. C'est vous-même qui, parlant de la politique de vos
prédécesseurs, l'avez appelée le système *de l'abaissement
continu*. Or, comme l'on ne s'aperçoit pas que vous en
suiviez une autre, il faut bien penser que *l'abaissement
continu* est beaucoup moins le système de tel ou tel ministre,
que le système unique, obligé, fatal de la nation. Il est
cruel d'écrire en français de pareilles vérités sur la France,
mais qu'on boive la honte du supplice qu'on nous fait !

Et maintenant, d'où vient ce phénomène ? pourquoi cette
torpeur, ces apostasies criantes qui n'étonnent plus, cette
vie bassement matérielle où languit la nation la plus intel-
lectuelle du monde ?... C'est que quelque chose d'immense
l'a quittée.

De ce cœur qui battait à toutes les pensées hautes, la foi,
l'espérance et la charité se sont enfuies, chassées par de
malheureux rhéteurs ; et le cœur de la France ne bat plus,
car ce qu'il y reste de fibres pures est paralysé par l'hébéte-
ment commun. Bien que l'on puisse trouver encore quelques
consciences formées sur les règles antiques, elles ne savent pas
ou n'osent pas faire entendre une voix condamnée d'avance
à l'injure et aux mépris. Il y a des catholiques partout ; ils
font la majorité des gens qui croient en Dieu, ils font la majorité des honnêtes gens, ils forment seuls ces associations de
bienfaisance qui nourrissent plus de pauvres que n'en nourrit
l'État ; mais, grâce à l'éducation de la classe régnante, ils

ne font la majorité d'aucun collége électoral ; ils sont vingt, dit-on, dans la Chambre des Députés, et c'est à peine si l'on en connaît deux ou trois. Oui, la foi catholique, c'est-à-dire l'idéal du dévouement, de la probité, du courage, la foi catholique est cette grande chose que la France a perdue et dont la perte la retient dans un abaissement sans terme et sans limite, *l'abaissement continu.*

Cette foi cependant n'est pas morte. Tout ce qu'elle a fait d'admirable, elle peut le faire encore, elle s'offre à le faire. Elle vous demande en pleurant ces enfants qu'elle peut remplir de l'abondance des vertus privées et sociales, cette société malade qu'elle peut guérir et relever en une génération. Elle garde les traditions austères de la probité, les sources ardentes du dévouement, le levier de cette foi qui remue les montagnes, le trésor de cette charité qui fait de tout homme riche ou seulement valide un économe et un père pour les malheureux. Elle vous offre tout cela : vous la repoussez ! Non-seulement vous l'empêchez de gagner la confiance des familles incrédules, mais vous lui arrachez les enfants que les familles pieuses voudraient lui confier. Vous ne la souffrez dans vos colléges que réduite aux seules forces d'un pauvre prêtre, ou plutôt d'un professeur de catéchisme. Là, n'ayant pour parler de Dieu qu'une heure ou deux par semaine, indifférente aux autres professeurs qui prennent le reste du temps, et souvent l'objet de leurs sarcasmes, quel est en définitive son principal rôle auprès du plus grand nombre des enfants chrétiens ?

Elle préside aux sacriléges qui signalent leur entrée dans la vie.

Hélas ! à qui viendrez-vous le nier ? Est-ce que celui qui vous parle ne sort pas aussi de vos écoles ? Est-ce que son âme n'a pas traîné douze ans, le temps précieux de l'adolescence et de la jeunesse, dans la fange de l'incrédulité ? Est-ce qu'il n'a pas fallu des miracles pour fermer cette

source de souillures ouverte par les éclats de l'enseignement
universitaire qui retombent jusque sur le pauvre peuple, et
des larmes de sang pour en affaiblir la trace, qui ne s'effa-
cera jamais ? Et que sont devenus ses compagnons ! Comment dire dans quels abîmes d'ignorance, de brutalité, de
misère sont plongés quelques-uns de ces cœurs qu'il a
connus intelligents et purs ! Vous répondrez des malédictions qui les écrasent, étranges hommes d'Etat à qui l'on
confie des âmes saines et qui les rendez flétries, et qui vous
croyez quittes de tout, dès qu'une majorité vous remet ou
vous laisse prendre la clef du budget !

XI. La folie et l'abomination de cet anticatholicisme qui
résulte de l'enseignement public a toujours été le fait principal dont nous nous sommes appuyés pour réclamer la
suppression du monopole. Nous avons toujours dit : *l'Université n'est pas catholique*, parce qu'à nos yeux ce grief
renferme tous les autres. Et vous avez prouvé, Monsieur le
Ministre, qu'en effet ce grief est terrible, car vous n'avez
eu rien tant à cœur que d'en laver l'Université. Plus nous
le lui avons reproché, plus vous avez nié qu'elle en fût
coupable. Il a bien fallu vous convaincre que nous disions
vrai, et en même temps convaincre tous les pères de famille,
tous les gens de bon sens. De vénérables évêques ont dénoncé vos philosophes avec la force de leur zèle sans doute,
mais aussi avec toute la modération, toute la sincérité de
leur caractère sacré. Nous avons, sans y mettre, il est vrai,
la même mansuétude (il faut de longues vertus pour arriver là), mais avec une sincérité pareille, cité de longs extraits de vos historiens, de vos littérateurs , de vos livres
approuvés et distribués en prix ; enfin un prêtre a publié le
lumineux recueil qui lui a valu tant de haine (1).

(1) *Le Monopole universitaire destructeur de la religion et des lois*, par
M. l'abbé Des Garets, chanoine de Lyon.

Devant ces accablants témoignages, quel devrait être le rôle du Gouvernement ? Sauver l'honneur de l'Université en réfutant les évêques, en prouvant que l'abbé Des Garets et les journaux catholiques avaient menti, — ou sauver l'honneur du Pouvoir et se hâter de rassurer les consciences par la présentation d'une bonne loi sur la liberté d'enseignement. Vous n'aviez de choix honorable qu'entre ces deux partis. Vous en avez pris un troisième, qui ne lave pas l'Université du crime de ses enseignements, qui ne vous lave pas, vous Gouvernement, du crime de les autoriser, et qui, loin de rassurer nos consciences, les épouvante de plus en plus.

Vous n'avez pas discuté contre nos évêques, vous les avez fait insulter. Dans vos journaux, dans vos chaires, à la tribune, on leur a, de votre aveu, prodigué l'outrage. Un ministre même, qui n'y était pas forcé, M. Martin du Nord, s'est oublié jusqu'à dire en pleine Chambre des députés qu'il *réprouvait* un mandement, comme s'il s'était agi de quelque réquisitoire de substitut.

Vous n'avez pas démenti le livre de M. l'abbé Des Garets, et vous ne pouviez le démentir ; vous n'avez pas démenti nos citations, vous n'avez pas discuté contre nous. En véritable grand seigneur de juillet, ne pouvant nous mettre à la Bastille, vous nous avez traités de calomniateurs. Sachez que, comme hommes et comme chrétiens, nous vous pardonnons cette injure ; mais que, pour l'honneur de notre foi qui nous défend de calomnier, nous vous la renvoyons. Pair de France, ministre du Roi, grand maître de l'Université, grand officier de la Légion d'honneur, sous les insignes de toutes vos dignités, recevez ce démenti légitime, et ne croyez plus que tant de titres vous donnent le droit d'outrager des citoyens que le mensonge rendrait indignes de leur cause et de leur Dieu.

Enfin, et c'est ici la plus sérieuse de vos fautes, ce que

I. 8

vous avez fait incomparablement de plus répréhensible et
de plus dangereux dans cette affaire : pour délivrer définitivement votre Université d'une concurrence redoutable,
vous avez conçu, je dis *vous*, et j'ai raison de le dire, le magnifique plan de déshonorer notre religion.

Le monopole ne pouvait plus être sauvé que par ce
moyen-là.

Il vous a paru politique de ranimer contre l'Eglise toutes
les fureurs du siècle de Voltaire et du temps de Barras,
d'édifier par la calomnie et par l'outrage une digue entre
elle et les âmes que lui ramène un mouvement impétueux.
Vous vous êtes dit que, grâce à cette manœuvre, s'il vous
fallait absolument proposer une loi sur la liberté d'enseignement, les Chambres, sous l'influence de tant de mensonges et la commune ignorance aidant, feraient cette loi de
telle sorte, vous permettraient d'y annuler si bien l'action
de l'Eglise, qu'après tout nous y pourrions perdre au lieu de
gagner.

Monsieur le Ministre, je ne crois pas que votre dessein
réussisse ; mais, dans tous les cas, c'est une folie et une
honte de l'avoir formé, c'est un crime de l'avoir mis à
exécution.

Quoi ! parce que des citoyens ont réclamé l'exercice d'un
droit essentiel, reconnu par vous-même et garanti par les serments du chef de l'Etat ; parce qu'ils ont prouvé qu'on donnait à leurs enfants des principes hostiles à la croyance qu'ils
doivent leur transmettre intacte et pure, cette croyance,
sans laquelle ils professent que la vie est un malheur
affreux, peut être légalement injuriée ! Des professeurs
nommés par l'Etat peuvent, sous la protection de l'Etat,
faire des cours publics et gratuits contre une religion
qui était hier encore la religion de l'Etat, et qui est
toujours, du moins suivant la Charte, la religion de
la majorité des Français ! Ils peuvent, celui-ci comme un

orateur de club, et celui-là comme un histrion, déverser
sur nos dogmes, sur nos saints, sur nos prêtres, tous les
mensonges, tous les mépris que la rancune et souvent l'i-
gnorance leur viennent dicter! Ils excitent parmi leurs
jeunes auditeurs les passions les plus brutales et les plus
dangereuses : on le trouve bon! Leurs journaux annoncent
que tel jour, à telle heure, tel professeur, chargé d'enseigner pour l'État, crachera publiquement au visage de Jésus-
Christ, et les ministres de la monarchie très-chrétienne n'y
voient point de mal, et même, en faveur de cet outrage, ils
se relâchent jusqu'à pardonner aux insulteurs ce qu'ils
voudront dire de contraire aux doctrines du Gouvernement!
Cela, certes, est hideux, et nous paraîtrait incroyable, si
nous ne l'avions vu ; mais ce n'est pas tout encore.

Sous le nom d'un ordre religieux dont aucun membre
n'a paru dans la querelle, ordre d'autant plus vénéré des
chrétiens, qu'il a plus souffert et que l'ennemi commun l'a
plus haï, ces énergumènes ont dévoué à l'exécration publique
tout le Clergé national, c'est-à-dire plus de cinquante mille
citoyens, non-seulement dignes de nos respects et des vôtres
comme ministres des saints autels, mais dignes encore
d'admiration et de reconnaissance par leurs vertus, par
leur savoir, par leurs travaux, par les pauvres qu'ils nourrissent, par les malheureux qu'ils consolent, par l'honneur
qu'ils font dans le monde entier, Monsieur le Ministre, au
pays que vous gouvernez. Ce Clergé si pur, si paisible, si
fécond en œuvres de science et de charité, qui arrose toute
la France de ses sueurs, tous les pays infidèles de son sang,
qui ne demande d'autre faveur et d'autre richesse que la
liberté légale de faire plus de bien, on le représente comme
un ramas de fous dangereux, presque de misérables. Tandis
que certains professeurs, sans même se mettre en peine de
préciser un fait, déclament contre lui dans les chaires où
l'État les fait monter, d'autres professeurs, dans les jour-

maux, déclarent qu'il reçoit des évêques et propage dans son sein un enseignement tellement abominable, que les termes manquent pour en caractériser l'infamie. On l'accuse de se complaire aux plus révoltants détails de la lubricité, d'excuser le vol, le mépris des lois, l'adultère, l'avortement, le parjure, les voluptés immondes... ; que dis-je ; on l'en accuse? on le prouve! On a pour cela toute l'effronterie d'une publicité fermée à ses réclamations, toutes les ressources d'une rhétorique sans pudeur. C'est la haute Université qui invente cette perfidie dans le *Journal des Débats* et la *Revue des Deux Mondes*; c'est la basse Université qui la propage dans le *Constitutionnel*, dans le *National*, dans les dernières honteuses petites feuilles de province... Et vous, Monsieur, vous Ministre, vous chrétien, vous homme d'études, vous voyez, vous entendez, vous savez, et VOUS APPLAUDISSEZ !

Vous applaudissez, ne le niez pas ; vous auriez une fois de plus le malheur de ne convaincre personne ! Au commencement, nous vous avons fait l'honneur de croire que de pareils excès encouraient votre blâme et que, par politique au moins, vous seriez le premier à vous plaindre de l'indiscrétion de vos agents. Quel moyen d'imaginer qu'un ministre désireux de maintenir la paix et la moralité publiques, qu'un grand maître jaloux d'établir l'orthodoxie des doctrines de l'Université, qu'un homme d'Etat occupé de nous prouver que la liberté d'enseignement ne nous est pas nécessaire, contemplait avec plaisir, autorisait même ce débordement d'impiétés, de provocations, de sottises? Nous accusions l'Université d'avoir la peste, on nous appelait calomniateurs ; pouvions-nous penser qu'on excitait en même temps le malade à déchirer ses derniers voiles et à se dresser devant toutes les familles, couvert d'ulcères et de tumeurs? Vous le faisiez cependant, Monsieur! La persistance des attaques, leur extension surprenante, leur audace a révélé votre connivence; car vous avez sur tous ces universitaires, dont vous êtes le suzerain, une autorité qui ne peut être longtemps méprisée; ils sont indépendants, mais ils ne dédaignent point vos bonnes grâces. Bientôt l'apparition dans la mêlée de vos familiers les plus chers, l'ordre suivi par eux, l'habileté sournoise de quelques agressions, ont transformé les soupçons en certitude. Aucun doute n'a plus été possible, lorsque ayant à vous expliquer devant les Chambres, vous avez enfin pris parti vous-même. Ce n'est point sur de vaines apparences, mais sur vos paroles que nous vous jugeons. Dans vos allusions contre nos évêques, dans vos sorties violentes contre nos journaux, montrez-nous un mot qui blâme les leçons brutales du Collége de France, les systèmes hérétiques de vos philosophes, les mensonges flagrants de vos historiens, les turpitudes cent fois odieuses de vos journalistes ? Votre collègue, M. Martin du Nord, qui se croit bonnement une juridiction sur les évêques, *réprouve* un mandement qui accuse l'Université. Vous, Monsieur, qui, comme grand maître et ministre de l'instruction publique, gouvernez bien réellement tout le corps enseignant, vous ne voulez pas prononcer une parole contre cinquante leçons, discours, articles de journaux, où d'un bout de la France à l'autre, vos agents mettent le Clergé au ban de la morale et de la civilisation !...

Nous avons tourmenté l'Université, ce sont là ses représailles, et vous trouvez bon qu'elle en use ainsi. N'y eut-il pas, durant les dernières guerres d'Espagne, un général au service du Gouvernement qui, plusieurs fois malheureux sur le champ de bataille, prit enfin une glorieuse revanche, en faisant fusiller la mère et les sœurs de l'insurgé qui l'avait battu?...

XII. Voilà où nous en sommes, Monsieur le Ministre. Après cette diversion fameuse, dont l'honneur de la religion est, dans votre pensée, destiné à faire les frais, la querelle s'est un peu ralentie; vos bons combattants du Collège de France ayant gagné les 6,000 francs qui leur sont attribués chaque année, et les autres pareillement reçu leurs deniers de la synagogue universitaire, ils vont prendre du repos. L'Eglise catholique peut respirer jusqu'à l'hiver prochain; seulement, pour qu'elle ne se croie pas délivrée et qu'un salutaire effroi lui reste de tout ceci, MM. Michelet et Quinet publient à frais communs, dans le même volume, l'un ses dithyrambes fanatiques et l'autre ses grotesques extases, le tout orné de préfaces, où ces Messieurs avouent ce que leur corporation entend par *jésuitisme*, comme si cela était encore nécessaire et que les aveugles mêmes pussent s'y tromper.

Il demeure que nous avons toujours droit à la liberté d'enseignement, et que vous ne le niez pas; que vous êtes aussi peu disposé que jamais à nous la donner; que, plus que jamais, nous devons nous efforcer de l'obtenir.

Probablement, vous ne prendrez plus la peine de prouver désormais que le gouvernement universitaire est catholique. Après avoir laissé si clairement établir par le *Journal des Débats* et par M. Libri que le Clergé est immoral, par M. Michelet que le catholicisme est *l'esprit de mort*, par M. Quinet que le catholicisme doit désormais être exclu de la société française comme le seul schisme qui s'y soit maintenu et la seule hérésie que l'on y connaisse, ce serait faire à votre Université une étrange injure, que de la supposer fidèle aux préceptes d'un culte qu'elle condamne et réprouve avec autant d'éclat. Si vous avez naguère affirmé son orthodoxie, vous avez voulu sans doute parler de cette orthodoxie nouvelle, découverte de M. Quinet, laquelle, exilant enfin le catholicisme de la communion où toutes les sectes vivent animées d'une tendresse et d'une estime réciproques, le déclare insubordonné, insociable, dangereux; et, par toutes ces raisons, contraint l'Etat de veiller à ce qu'il ne puisse se reproduire et se perpétuer par l'enseignement.

Probablement aussi, Monsieur le Ministre, les catholiques ne goûteront pas ces hautes raisons; ils continueront de croire à la moralité de ces prêtres et de cette loi qu'ils pratiquent tous les jours; ils continueront de croire à la divinité de ce Christ, qui ne leur a pas prédit qu'après dix-huit siècles de durée, ses dogmes et son Eglise auraient besoin des perfectionnements de M. Quinet. Ils continueront d'admettre à l'égalité civile les autres religions, mais en les regardant toujours de l'œil dont ils regardent toute erreur, mais en les jugeant toujours du haut de la vérité de leur Seigneur Jésus-Christ. Enfin, ils continueront de professer qu'eux et leurs enfants et les enfants de leurs enfants, jusqu'à la fin des siècles, doivent vivre et mourir dans le sein de cette seule Eglise véritable et divine, la très-sainte Eglise catholique, apostolique, romaine, hors de laquelle il n'y a point de salut ni pour l'homme ni pour la société; et par conséquent, ils continueront de vouloir invinciblement pour elle, non pas seulement la vie, mais la royale condition de la vie: la liberté, c'est-à-dire l'honneur et la primauté : car étant libre, elle est reine, et vous le savez bien.

Nous voulons qu'elle règne; vous et vos philosophes, vous voulez qu'elle meure : c'est la question entre nous.

En demandant la liberté d'enseignement, nous demandons que l'on fasse tomber le mur d'airain, l'obstacle inique et barbare qui s'élève depuis cinquante ans entre les lumières et les bienfaits de la religion, et l'ignorance et la misère du peuple. Pourquoi? parce qu'il ne se passera pas vingt-cinq ans que l'Eglise n'ait consolé le peuple, et ne s'en soit fait aimer, qu'elle ne lui ait refait le cœur des âges catholiques, qu'il ne lui ait rendu à son tour la splendeur et la force dont elle a besoin pour attaquer et vaincre, c'est-à-dire ramener à l'unité de la civilisation évangélique le monde tout

entier, la France étant grande, glorieuse et catholique, pour
le salut du genre humain.

En refusant à l'Eglise cette liberté vitale, vous voulez la
réduire à la condition de ces communautés religieuses que
l'on supprime dans la Suisse. On ne démolit pas les cou-
vents, on n'égorge pas les religieux, on ne les chasse pas,
on ne leur défend même pas de dire la messe et de prêcher ;
mais on leur impose la stérilité, en leur interdisant de
recevoir des novices. Par là, sans attenter réellement à la
liberté ni à la vie de personne, en tuant seulement les enfants
dans le sein de la mère, on arrive à jour fixe au but d'exter-
mination que l'on s'est proposé.

Je ne vous fait ni l'honneur ni l'affront de supposer que
vous comprenez l'étendue du crime social auquel vous prêtez
les mains. Les libéraux de la Suisse, avant tout, sont des
spoliateurs : ils hériteront des communautés éteintes ; c'est
leur grand mobile. Vos universitaires n'ont rien à prendre,
mais ils ont beaucoup à vendre, et, comme les Anglais, ils
guerroient principalement pour s'ouvrir le marché. Toute
entreprise contre Dieu, de quelques principes qu'on la colore,
n'est au fond que le prétexte d'une passion et d'un méfait
vulgaires. On ne veut pas supprimer Dieu, on veut seulement remplacer le Pape, percevoir la dîme, vendre à bon
prix la lumière, être libre contre la conscience humaine. On
emploie, afin d'y parvenir, des moyens dont on ne mesure
pas l'entière portée.

Ceux qui défendent la vérité la connaissent; ils savent
tout ce que l'on peut détruire en l'attaquant : de là cette
ardeur indomptable qui les pousse sur la brèche au
moindre danger.

Ceux qui attaquent la vérité ne la connaissent pas, soit
qu'ils ne l'aient jamais possédée, soit que, l'ayant possédée,
ils aient mérité de la perdre. S'ils la connaissaient, ils la
respecteraient et l'aimeraient ; car de la connaître pleinement,

de savoir qu'elle est vraiment la consolation des malheureux, le pain des affamés, la vertu et le bonheur de tous, et de vouloir pourtant qu'elle ne soit plus, je ne me figure pas que l'homme puisse aller jusque-là. Il y tend, mais il l'ignore ; il fait le mal, il le sait, mais il ne sait pas tout le mal qu'il fait. Détruire la foi uniquement pour qu'elle soit détruite, pour que Dieu ne reçoive plus de ses créatures un tribut de gloire et d'amour, pour que le pauvre, l'ignorant et l'affligé ne goûtent plus désormais le rafraîchissement de la prière et le baume divin de l'espoir, c'est le péché du démon : celui de l'homme est moins grandiose ! Dieu ne lui permet pas de s'élever ainsi à des hauteurs où la prière des opprimés ne puisse faire monter son pardon. Parce que l'on travaille dans la boue aux fondements du trône de l'Antechrist, il ne faut pas croire que l'on s'assoiera dessus.

Néanmoins, que vous vouliez détruire la religion par pur sentiment d'orgueil, ou seulement pour vendre sans concurrence de la soupe et des idées, c'est une affaire à régler ailleurs qu'en ce monde, entre vous et CELUI qui nous jugera tous. Ici-bas, le résultat est le même ; il faut, quelle que soit notre faiblesse, quel que soit votre pouvoir, que vous nous trouviez sur votre chemin.

Nous y sommes, et nous y resterons. Je vous parle ici pour plusieurs.

Qu'en résultera-t-il ? Vous l'ignorez, et nous ne pouvons former que des conjectures. Tout ce que nous savons de plus que vous, c'est que Dieu sera glorifié, c'est que les anges et les hommes chanteront une fois de plus, dans un concert de la terre et du ciel : Victoire à la croix ! Mais quand sera déclarée cette victoire, comment sera-t-elle obtenue, combien de temps durera ce combat ou plutôt cet épisode du combat commencé sur le Calvaire pour ne finir qu'avec les jours ? Ni vous ni moi, Monsieur le Ministre, ni aucun homme sur la terre ne le peut dire. Seulement Dieu sera glorifié, et les anges et les hommes chanteront : Victoire à la croix! et ce cri retentira depuis les splendeurs infinies du ciel jusqu'aux abîmes de l'enfer.

XIII. Mon langage vous fait pitié. L'affaiblissement où les cœurs sont tombés proteste, à ce qu'il semble, contre tout accent d'enthousiasme et de foi. Quiconque aujourd'hui, dans la discussion des affaires, prononce le nom de Dieu, n'est qu'un littérateur ou qu'un fou ; l'on tient qu'il faut passer outre, et que celui-là, puisqu'il parle d'obligations de conscience, puisqu'il met son espoir en Dieu, puisqu'il veut souffrir, puisque la crainte de l'enfer est une des raisons qui le poussent, n'est pas sincère ou ne parle que pour lui, et ne vaut pas qu'on l'écoute un moment.

Je n'ai que la parole et la raison de ma foi ; mais vous vous trompez si vous croyez que nulle oreille n'écoute, que nul cœur ne répond, qu'il n'y a rien ici à quoi vous deviez prendre garde.

Vous vous trompez si vous croyez que la voie où vous êtes ne vous mène pas tout droit aux persécutions religieuses, et n'est pas dès à présent une persécution. Vous vous trompez si vous pensez n'être pas un jour, et bientôt, contraint de vous démasquer plus encore que vous ne l'avez fait depuis deux mois. Vous vous trompez si vous espérez que les catholiques se laisseront endormir par des promesses ou séduire par des emplois. Quant aux sévices, lorsqu'il vous plaira de les employer, et vous en arriverez là, je ne pense pas que vous en attendiez vous-mêmes de grands avantages, ou il faudrait que les catholiques d'aujourd'hui fussent bien différents des catholiques d'autrefois.

Que ferons-nous ? je ne sais ; mais nous ferons quelque chose.

La patience, la prudence et la modération nous sont re-

commandées : elles l'étaient aussi à nos pères ; ils n'y ont
point failli, mais ils n'ont jamais laissé aux ennemis, ni aux
timides, le soin de décider jusqu'où ils devaient pousser la
pratique de ces vertus. Parce que nous savons que l'Eglise
a vu d'autres orages, cela ne nous empêche point de sentir
l'aiguillon du combat. Quand les Hébreux durent quitter
l'Egypte, si quelque ami de Pharaon, redoutant pour
eux la longueur de la marche et l'incertitude des chemins,
leur avait conseillé de rester, ils n'auraient point écouté cet
avis prudent. Comment arriveraient-ils ? ils ne le savaient
guère ; mais il s'agissait d'abord de partir. Ils partirent donc,
emmenant les enfants, emportant les malades, entraînant
ceux qui n'auraient point voulu marcher. Et plus tard,
quand Moïse sur la montagne élevait à Dieu ses mains dés-
armées, Israël, dans la plaine, combattait. Nous sommes pa-
tients, mais nous ne le sommes et il ne nous est permis de
l'être que d'une certaine façon et jusqu'à certain point.

Déjà, sans craindre aucunement pour l'Eglise, plus d'un
parmi nous, qui dormait naguère, commence à s'inquiéter de
son sommeil et craint pour lui-même. On se demande si des
baladins et des docteurs de mensonge, qui font perdre la foi,
ne sont pas aussi redoutables que des tyrans qui ne font
perdre que la vie. On se demande si l'on sera plus dispensé
de témoigner son aversion pour les idoles de l'Université, au
risque d'un peu de trouble et de clameurs, que l'on n'aurait été dispensé de refuser l'honneur et l'encens aux idoles
de Dioclétien, au risque du cirque et du bûcher. Dans les
premiers temps, lorsqu'un païen, fût-ce l'empereur, outra-
geait le Sauveur des hommes, tout chrétien était tenu de lui
crier : Tu blasphèmes et tu mens ! Ce qu'il ne fallait pas
alors souffrir du prince, à qui pourtant l'obéissance était
due, on se demande s'il faut le souffrir aujourd'hui du premier mécréant qui prétend parler au nom de l'Etat. Certes,
du haut de leur gloire, les témoins du Christ auraient peine

à reconnaître l'immuable Eglise de Dieu, si l'on y courbait,
sous nous ne savons quels conseils de craintive prudence,
ces fronts baptisés qui, de leur temps, ne s'abaissaient que
pour laisser l'âme et le sang jaillir ensemble vers le ciel.
O Dieu du Calvaire, Dieu de l'Eucharistie, vous nous avez
fait une loi d'abaissement, mais pour votre gloire et non
pour celle de l'enfer ; on peut nous mépriser, mais il faut
que l'on vous honore ; nous nous estimons les derniers de
la terre, mais vous êtes et vous serez dans nos cœurs et
dans nos voix le seul maître de la terre et des cieux ! Vous
nous voulez soumis, à cause de vous, non pas contre vous ;
désarmés quand on nous frappe, non pas muets et lâches
quand on vous injurie ; résignés quand il s'agit de souffrir
pour notre compte ou pour le vôtre, non pas serviles quand
il s'agit de vous trahir. Que furent donc vos martyrs, s'ils
ne furent pas des révoltés, les premiers et les seuls révoltés
que rencontra jamais le culte de l'homme ? Nous payons le
tribut de la sueur et du sang à toutes les charges de cette
société qui cependant, parce que nous sommes chrétiens,
nous exclut de ses honneurs : vous l'ordonnez, *amen !*
Mais que nous lui donnions aussi l'âme, Seigneur ; que
nous étouffions le retentissement fécond de la prière ; que,
cachant la croix dans le secret de nos maisons, notre lâcheté
seule paraisse au jour ; que notre attitude entraîne la chute
des faibles, que notre silence encourage le blasphème et
le laisse enfin régner sur nos enfants, en quel endroit ces
choses étranges sont-elles exigées, en quel endroit nous
sont-elles conseillées, en quel endroit permises ?

Voilà, Monsieur le Ministre, les questions que votre politique encore plus que nos accents soulève, et que l'on
s'adresse aujourd'hui dans le trouble des consciences.
Faites ce que vous voudrez, vous ne les empêcherez pas
de remplir l'air que respirent les chrétiens. Elles veillent
dans la cellule du séminariste aussi bien que dans le palais

de l'Évêque, dans le presbytère du curé comme au foyer du laïque ; elles parlent dans les accents de la cloche, elles sont écrites sur les marches de l'autel, elles coulent des cinq plaies du Crucifix.

Maintenant, calculez, si bon vous semble, que ces chrétiens, que ces fanatiques qui prennent au sérieux vos outrages sont en petit nombre ; faites le dénombrement des lois de police dont vous pouvez les garrotter ; énumérez ce que vous fournissent de combattants et l'Université et la presse, et les factions libérales, qui vous offrent, selon la chaleur de leur libéralisme, ou des soldats, ou des bourreaux ; complaisez-vous à regarder ensuite ces millions d'indifférents, cette masse informe et quasi-abrutie dans la vase des lois et des mœurs, qui n'est encore pour personne, mais qui n'est digne que d'être pour vous : calculez, supputez, dites que c'est assez pour nous écraser.

Il est vrai, pour nous écraser, c'est assez, et même plus qu'il ne faut, surtout si Dieu le veut. Pour nous décourager, c'est trop peu.

Plus vous êtes nombreux, et plus nous sommes faibles, plus il nous est urgent de vous combattre ; quand vous nous montrez combien nous sommes réduits, vous nous enseignez nos devoirs.

Autrefois, après chaque persécution, le nombre des chrétiens se trouvait augmenté. Y a-t-il aujourd'hui moins de chrétiens en France qu'il n'y en avait avant 1793 ? C'est la preuve convaincante que le monopole de l'Université, dont nous subissons l'action depuis cette époque, est le plus dangereux des persécuteurs, et que c'est une apostasie de le laisser subsister.

Quelques-uns pensent que si l'on voit des catholiques dans les églises, on ne rencontre plus hors de là que des gens de négoce, des calculateurs, des machines à prière (c'est le terme de M. Michelet), de *bonnes gens* qui volontiers se livrent sans bruit à quelque bonne œuvre paisible, toujours assez libres dès qu'on leur permet d'aller à la messe ; mais pourtant disposés à ne pas contrarier en cela M. le préfet de police, ni aucun autre de MM. les fonctionnaires, et résolus, s'il le faut, d'attendre bouche close, pour honorer Dieu, des jours meilleurs ; étant par-dessus tout jaloux d'obéir, d'orner de diplômes leur chère famille et de la placer honnêtement dans quelque bon poste, où la raison d'Etat permette à peu près de se sauver en amassant un peu de bien.

Ceux qui parlent de la sorte ont-ils raison? Au lieu d'avoir à protéger encore un champ, ne nous reste-t-il plus qu'un dernier germe ?... Ah! s'il en est ainsi, combien doivent bénir Dieu ceux qui se sentent fidèles ! Leur tâche, plus rude, en est plus glorieuse et plus pressée. Quand ils mesureront à leur faiblesse cet abâtardissement général, quelle joie de sentir le double obstacle moins grand que leur courage et que leur foi ! Quand ils se verront reniés, abandonnés, impuissants, quelle joie de voir arriver les miracles et se lever un de ces hommes qui ressuscitent les morts, et s'accomplir un de ces mouvements qui changent la face des choses humaines !

Dieu ne permit pas aux flots du déluge de submerger l'arche, et depuis dix-huit siècles cette figure de la barque de Pierre n'a point trompé la foi des chrétiens. Ils n'étaient que douze qui entreprirent de soumettre le monde au Crucifié ; le monde se soumit, le Crucifié régna pour l'éternité. Souvent il a permis à son éternel vaincu de lui disputer l'empire ; l'enfer a maintes fois vomi ses déluges, comme la colère du ciel avait laissé tomber le sien ; l'enfer n'a pu prévaloir : il a renversé les murailles et déraciné les chênes, roulé et broyé pêle-mêle la houlette du pasteur et le sceptre du roi ; mais, dominateur immense de l'immensité, toujours il a vu ses flots, esclaves de la promesse éternelle, porter l'humble esquif où triomphaient la parole de Dieu et la vie.

Voilà nos souvenirs de dix-huit siècles, notre histoire d'hier, notre histoire de demain. Quand vous menaceriez de rompre toutes les écluses, nous savons que l'Océan n'a point assez d'eau pour submerger la nacelle du Pêcheur, et que c'est son destin d'être ballottée. Elle reviendra au port après la tempête. Bienheureux sur la terre ceux qui l'y verront revenir, glorieuse des trésors qu'elle aura répandus partout ; bienheureux dans le ciel ceux qui, d'une main hardie, auront, aux approches de la tourmente, coupé les câbles qui la retenaient aux périls du rivage, sacrifiés obscurs que la vague emporte et que le monde oublie, mais que Dieu n'oubliera point.

Quel combat voulez-vous qui nous effraie ? Vous prenez toujours, et vous avez tort, tous les chrétiens pour des hommes comme les autres, qui calculent, qui ont besoin de réussir, qui n'entreprennent rien si le succès n'est probable et s'ils n'en peuvent toucher et manger les fruits. Sachez que nous n'avons besoin ni de calculer, ni de réussir, mais seulement de connaître notre devoir et de le remplir avec simplicité de cœur. Nous sommes ici l'Église militante : vous attaquez la religion et vous l'attaquerez davantage si vous pouvez ; notre devoir est de combattre et de former des combattants pour l'avenir. Où se forment les soldats ? sous les coups de l'ennemi. Le bon régiment n'est pas celui qui sort au grand complet, frais et dispos, des exercices de la caserne, c'est celui qu'ont décimé le fer et le feu. Aidez-nous. Faites-nous perdre un peu de cette graisse de la paix qui nous rend pesants et lâches : vous retrouverez les hommes à qui Tertullien pouvait dire : *Il n'est pas nécessaire que vous viviez : il est nécessaire que vous serviez Dieu*, et qui faisaient comme il leur était dit.

Mais enfin, que ferons-nous ? car il ne s'agit pas de mourir.

Nous ne mentirons pas, nous ne conspirerons pas, nous ne résisterons pas par la force.

Ou je me trompe fort, ou vous pouvez compter sur le reste.

XIV. Jusqu'à présent, et sauf la levée de boucliers de ces derniers mois, la politique du Gouvernement envers l'Eglise a été un chef-d'œuvre.

L'Eglise, en France, est dans vos liens. Vous n'avez plus besoin de rien entreprendre contre elle ; il suffit de laisser aller les choses. Avec toute la commodité possible, vous êtes en voie de l'étouffer sans violence et sans manquer de respect. L'administration, les lois, les mœurs, l'instruction publique, y concourent d'un zèle égal et d'un égal succès : l'Université lui prend les enfants, l'administration lui prend les malades et les pauvres, la police lui interdit les manifestations extérieures du culte, la politique lui défend les assemblées, le conseil d'Etat lui supprime la parole ; et la langueur qui résulte de tant d'entraves semble avoir fait de ses enfants laïques je ne sais quel troupeau que l'on épouvante et que l'on disperse avec un peu de bruit. Vous êtes assurément, en fait de timidité, quelque chose de merveilleux vous-mêmes, puisque ce reste énervé vous a fait peur ; nous aurions eu peine à concevoir, sans l'imprudence de vos alarmes, que l'on nous crût encore redoutables après tout ce que nous permettons. Vous avez votre part d'autorité sur le culte et sur les sacrements ; vous mariez aussi bien que l'Eglise, et mieux qu'elle ; vous donnez à sa place, aux morts, un équivalent de l'extrême-onction qu'ils n'ont pas voulu recevoir de ses mains ; la chaire est libre, mais avant que l'illustre et pieux Lacordaire y puisse monter, on lui fait déposer le manteau de saint Dominique. Il doit sauver ainsi l'honneur d'une loi que vous craindriez d'abroger et qui rend passible de prison *et de mort* quiconque, portant publiquement un habit monastique, témoigne par là s'être dévoué à la pauvreté, à la chasteté, au travail, pour mieux secourir les hommes et mieux servir Dieu. Il faut que le citoyen catholique prie et serve Dieu, non comme sa conscience le demande, mais comme votre volonté le permet ou le tolère. Votre surveillance, votre autorité sont partout, gâtant et empêchant tout. Que de dévouements votre pied brutal n'a-t-il pas écrasés dans leur germe! que de germes précieux vos mains n'ont-elles pas arrachés!

Si l'Eglise sent qu'elle manque d'air et se plaint, vous lui faites entendre qu'elle est trop heureuse de vivre; vous lui montrez les factions libérales qui ne vous arrêtent point lorsqu'il s'agit d'obtenir les lois de septembre, le droit de visite, les dotations, les fonds secrets, le budget de quinze cents millions, etc. Vous détachez même quelques janissaires qui vont, pour votre compte, montrer les dents sur les terres indépendantes du *National*, et qui reviennent ensuite recevoir un grade au divan ministériel. Et l'Eglise se tait, et les *bonnes gens* effarées, croyant qu'il y va de leur existence, s'écrient que l'Eglise est très-bien, qu'on a tort de se plaindre, de réclamer, que les chrétiens, sauf quelques fous menacés d'un destin terrible, veulent demeurer à tout prix des hommes de paix. Alors vous faites les magnanimes, vous répandez les cadeaux; c'est une pluie d'ornements, de tableaux, de billets de loterie; on ne ménage pas les croix d'honneur, et l'on prodigue surtout les assurances cafardes. A l'ouverture de chaque session, la *Providence* a son petit mot dans le discours de la Couronne, comme la reine d'Angleterre a le sien. Dans le cours de chaque session, la liberté d'enseignement est promise une fois. M. le Ministre des cultes protége les communautés de femmes contre les atta-

ques de M. Isambert, et l'on fait entendre que le Clergé est
sage, d'un ton tout propre à lui faire songer de ne s'écarter
pas de cette sagesse-là. Et en effet, on *réprouve* au même
instant les mandements qui ne sont pas suffisamment *sages;*
M. Dessauret[1], au nom de M. le ministre Martin, libelle
des oukases aux évêques, où ils sont menacés du Conseil
d'Etat, comme un enfant serait menacé des verges; on suppose à l'Episcopat des sentiments qui désespéreraient et
scandaliseraient les fidèles; on fait bassement injurier ces
vénérables pontifes dans les journaux que l'on inspire et
que l'on soudoie.

Cela réussit tellement, qu'il ne faut plus qu'un peu de
patience pour arriver au but. Déjà l'esprit chrétien est
complétement exclu des affaires publiques. A l'époque des
élections générales, il se publie environ quinze cents professions de foi : il n'en est pas dix, peut-être pas une où la foi
catholique soit nettement professée. Nous ne savons pas s'il
existe dix conseils municipaux où les catholiques puissent
former même une minorité. Quand, par hasard, une voix
catholique s'élève dans les Chambres, n'est-ce pas pitié de
voir quels détours il faut prendre, quels ménagements il
faut garder, si l'on veut faire entendre à ces représentants
de la France chrétienne qu'un de leurs collègues croit en
Dieu? Pour qu'un homme de talent et de cœur se fasse
pardonner ce travers et la cause qu'il défend, il est obligé
d'invoquer en sa faveur je ne sais quelles raisons misérables
de politique ou de méchante philosophie. On obtient que la
France protége les catholiques d'Orient, non parce qu'ils
sont catholiques, mais parce que c'est un moyen de faire
pièce aux Anglais, sans pourtant rompre avec eux. On parvient à faire tolérer les communautés de femmes par égard
pour le principe qui fait tolérer les maisons de prostitution.

---

[1] Principal commis des cultes.

S'il s'agit des Trappistes, on fait remarquer que leurs monastères sont des fermes modèles; et un député crie, en
pleine séance : *Vienne une révolution, nous mettrons la
main dessus!* S'il s'agit des Dominicains, des Bénédictins,
des Chartreux, ce sont des propriétaires : qu'ils soient libres
de porter dans leurs maisons un capuchon sur la tête, comme
il leur serait permis d'y porter un chapeau de paille; d'y
prier Dieu la nuit, comme il est permis à leurs voisins de
donner à danser. Encore sont-ce là des hardiesses qu'on ne
débite pas sans quelque serrement de cœur; le jour où l'on
en voudra dire davantage, où l'on voudra poser en principe
que c'est un droit de la conscience, un sacrifice exigé de
Dieu, un besoin de l'âme et de la société, une conséquence
légale et morale de la loi civile, il faudra descendre de la
tribune au milieu des huées.

Tel est, et bien en abrégé, l'état de l'Église : cependant
vous alliez presque lui persuader qu'elle était florissante;
vous lui montriez, comme autant de concessions de votre
part, tout le bien que vous lui permettez encore de vous
faire, ou que vous n'avez pu empêcher : ce qu'elle tient
d'écoles dans le peuple, ce qu'elle soigne de malades dans
les hôpitaux, ce qu'elle vous procure d'honneur chez les
nations étrangères, ce qu'elle assiste d'indigents dans vos
centres de population, ce qu'elle répand de paix et de moralité partout. Vous lui disiez d'attendre pour le surplus, de
s'en fier à vos bons désirs, surtout d'avoir soin de prier bien
haut pour le Roi. Et, confiante parce qu'elle est charitable,
elle priait, elle attendait, elle se taisait; et le troupeau, ne
sachant rien de l'angoisse silencieuse des pasteurs, s'endormait tranquillement de ce sommeil dont on ne sort plus.

Heureusement vous avez eu peur : on a fait mine de résister, vous avez parlé en maîtres irrités et effrayés; vous
avez laissé voir le fond de vos cœurs et le secret de vos desseins. Votre Université lance des décrets pour nous ap-

prendre ce qu'il faut croire; vos journaux nous montrent
des lacets pour nous apprendre ce qu'il faut redouter. Vous
ne voulez rien concéder : soit ! Voyez maintenant à nous
arracher ce qui reste encore, et disposez bien vos mesures :
car, avec ce reste, nous pouvons à notre tour, Dieu aidant,
vous reprendre tout.

N'espérez plus ce silence de mort dont vous avez si cruellement profité : nul chrétien, sachant qui vous êtes, ne fer-
mera la bouche sur vos entreprises; et l'on verra si le son
des trompettes d'Israël n'a plus cette vertu qui fit tomber
tant de fois les remparts de l'ennemi.

XV. Ceci ne serait qu'une vaine espérance et qu'un vain
discours; tout manquerait à nos vœux; la parole de vie
tomberait inutile sur des cœurs desséchés; il ne vous faudrait, pour abattre nos tièdes courages, que les moyens dont
vous vous êtes servi pour tout abattre depuis treize ans :
quelques petites places après un peu de prison, et vous auriez triomphé, c'en était fait du catholicisme en France; il
n'y serait, comme vous le désirez, qu'une opinion religieuse
au milieu de toutes les autres; en d'autres termes, il ne serait plus : qu'y gagneriez-vous ?

Une mort plus prompte... Vous ne vivez que par lui !

XVI. Quand nous disons que la France a besoin de religion, nous disons absolument la même chose que vous
et tous ceux qui disent qu'elle a besoin de concorde, d'u-
nion, de patriotisme, de confiance, de moralité, etc. Car
chacun sent que quelque chose lui manque, et que ce quelque chose est la grandeur, la force et la vie. Le mal qui
ronge la France n'est pas inconnu; tout le monde s'accorde
à lui donner le même nom : l'*individualisme*.

Il n'est pas difficile de comprendre qu'un pays où règne
l'*individualisme* n'est plus dans les conditions normales de

la société, puisque la société est l'union des esprits et des intérêts, et que l'individualisme est la division poussée à l'infini !

Tous pour chacun, chacun pour tous, voilà la société ;
chacun pour soi, et par conséquent chacun contre tous,
voilà l'individualisme.

Cette hideuse maxime est pratiquée avec un tel excès,
qu'il en est résulté une sorte de bénéfice passager et trompeur, sur lequel le Gouvernement s'est étrangement mépris :
les cœurs épuisés n'ont pu donner même le peu de vigueur
et de sève qu'il faut pour former ou soutenir des factions.
Depuis dix ans, plusieurs sectaires ont apparu, de ceux
qui jadis, en un clin d'œil, formaient autour d'eux des armées et dont la voix troublait longtemps les peuples : ils ont
prêché, ils ont conspiré, ils ont été riches, éloquents, hardis ; ils ont eu des soldats, ils ont combattu... ; quelques
réquisitoires balbutiés par un procureur du roi, quelques
coups de fusil tirés par un gouvernement effrayé, quelques
amendes les ont détruits. Personne des leurs n'a voulu s'exposer davantage ; il n'en est resté que des fonctionnaires,
des journalistes, des amnistiés. Le Gouvernement s'est cru
fort pour avoir vaincu de pareils ennemis, et, quels que
soient les dangers de l'individualisme, comme c'est un mal
qui le laisse vivre, il ne voit rien de mieux à faire que de
l'accepter et de le développer.

Sans doute, il voudrait bien que la France eût un symbole ; mais ne pouvant le fournir, l'art de sa politique se
borne à prévenir l'union des volontés qui lui serait funeste,
par l'antagonisme des appétits.

Ainsi l'on étouffe en germe les partis ; mais l'on étouffe
du même coup la nation, et d'un peuple on fait un cadavre... Ce cadavre en décomposition finira par éclater dans le
cercueil d'ignominie, jetant de lui-même aux vautours ses
débris épars.

J'en adjure toutes les consciences : qui ne s'attend à quel-

que chose d'affreux, qui ne prévoit de grandes infortunes
et peut-être de grandes hontes, si l'on ne trouve une idée,
un sentiment qui recompose cette société divisée, subdivisée,
réduite en miettes, en poussière?

On dit concorde, union, patriotisme, moralité, dévouement : ce ne sont que des conséquences; il faut un
dogme.

Les dogmes humains ne manquent pas, et ils sont con-
tradictoires. Lequel a le droit de s'imposer aux autres?
lequel peut rattacher toutes les volontés? En est-il un qui
n'ait traîné dans le sang et dans la boue? En est-il un qui
n'ait besoin, pour s'établir, de la force et de la violence, et
à qui ne manque, avant toutes choses, le dévouement de ses
propres sectateurs?

La religion était là. Elle s'offrait véritablement à vous
venir en aide. Laissant de côté toute idée de parti, elle vous
prenait comme forme existante, et vous proposait le seul
moyen possible pour que vous deveniez forme durable. Elle
vous disait : Je suis neutre entre les opinions, mais laissez-
moi faire ce que chacune d'elles propose de meilleur et
de vraiment sage. Laissez-moi évangéliser le peuple, j'éloi-
gnerai de lui la misère, l'esprit de révolte succombera;
laissez-moi élever les enfants, j'étoufferai dans le cœur l'ambition et l'envie, je leur enseignerai le dévouement, l'amour
du bien public, le zèle des grandes choses, tout ce que Dieu
m'a appris pour le salut de l'homme et la force des sociétés.
Que seulement je sois libre : j'ai la semence de tout ce qui
est cher et glorieux à l'intelligence et à l'âme; et quand ces
fruits du ciel pourront croître et fleurir autour de vous, vous
serez sauvés.

Dans l'état où vous l'avez réduite, l'Eglise vous montrait
assez de merveilles encore pour qu'il vous fût aisé d'ajouter
foi à ses paroles. Vous l'avez refusée. Par l'injure insensée
dont vous avez accompagné vos refus, par les secours bru-

taux que vous avez invoqués contre elle, vous la forcez à
s'éloigner de vous, à se défendre de vous.

Triomphez de cet adversaire comme vous avez triomphé
des autres ; séchez la main qui nourrit vos pauvres, étouffez
ou déshonorez la dernière voix qui recommande avec quelque autorité aux hommes de respecter l'ordre, d'obéir aux
lois, de s'aimer entre eux : vous verrez ce que durera l'édifice
que vous entreprenez de bâtir !

Quoi que vous en pensiez, l'autel et le trône sont dans le
même plateau de la balance, et c'est l'autel qui fait tout le
poids. Renversez l'autel, je vous jure que le trône sera
léger.

Pour nous, jusqu'au dernier jour et jusqu'à la dernière
heure, nous défendrons ce que nous devons défendre, sans
nous arrêter à considérer que vos œuvres chétives seront
aussi protégées de nos efforts. Vainqueurs, votre hostilité
ne nous embarrassera guère : cet enfant mal venu, qui n'a
qu'un jour et qui s'en prend aux choses éternelles, si Dieu
veut qu'il garde vie, nous le redresserons, nous lui remet-
trons son péché d'origine, et nous saurons lui former un
tempérament meilleur. L'Eglise est habituée à faire de ces
éducations. Vaincus, nous ne sommes que trop sûrs d'être
promptement vengés. Songez-y : car cette occurrence, après
tout, vous regarde plus que nous-mêmes. Notre mission
n'est pas de nous construire une demeure sur le lieu du
combat ; notre espérance n'est pas tout entière ici, la plus
grande part en réside au delà de toute atteinte. Mais vous,
qui comptez rester, retenez bien cette dernière parole : Ce
que nous poursuivons dans les affaires humaines vous est
nécessaire ; nous voulons planter un arbre dont l'ombre et
les fruits sont indispensables au pouvoir et à la société ;
nous défendons des principes de vie ; nous tenons des vérités
sans lesquelles il n'y a point d'hommes gouvernables sur la
terre. Au nombre des pierres choisies en 1830 pour *garantir*

la sécurité de l'avenir, il en est une qui ne peut être posée que par nos mains ; cette pierre est la clef de voûte...

Si vous savez l'heure de notre défaite ou de notre avilissement, mettez en sûreté vos trésors. Tout croule quand nous ne sommes plus là. Vingt empires dorment dans les tombeaux qu'ils nous ont creusés.

DE L'ACTION DES LAIQUES

DANS LA QUESTION RELIGIEUSE.

17 novembre 1843.

Bonne volonté et ignorance de M. de Girardin. — La revendication de la liberté d'enseignement est une *querelle de religion*. — Elle a créé le *parti catholique*. — Ce que c'est et ce qu'il veut. — Le clergé fait de la *religion*, les laïques doivent faire et font de la *politique*. — Si les évêques peuvent écrire dans les journaux.

I. Jugeant avec un louable désir d'impartialité, mais avec des lumières insuffisantes, le débat qui s'agite entre les catholiques et le monopole universitaire, la *Presse* donne tort à tout le monde. A nous d'abord : Nous sommes *violents et exagérés*, nous *compromettons le clergé plus qu'il ne le croit*, nous *employons la mauvaise foi et l'injure*, nous sommes peut-être des *spéculateurs*. Au Gouvernement ensuite, et aux journaux universitaires : Le projet de loi sur l'instruction secondaire, proposé par le Gouvernement, *n'a pas été loyal; il renfermait moins de garanties que de réticences; il imposait aux ecclésiastiques des conditions que le respect de la religion, que le respect d'eux-mêmes ne leur permettait pas d'accepter.* Quant aux journaux de l'Université, ils n'ont d'autre but que de *former une opinion factice, afin d'éluder une promesse de la Charte et de sauver le monopole, en armant au sein des Chambres, contre la liberté d'enseignement, toutes les défiances injustes ou légitimes, en suscitant contre elle l'esprit de réaction.* Enfin, la *Presse* reproche à l'Episcopat la part qu'il a cru devoir prendre aux luttes du journalisme : *Le journalisme est une arme nouvelle en ses mains, dont il ne connaît ni la portée ni les périls; il peut se blesser en l'employant ;* il risque, par cette lutte, de *refroidir le sentiment religieux qui, de toutes parts, à la ville comme à la campagne, dans le cœur de l'homme du peuple comme dans celui de l'homme du monde, commence à se ranimer.*

La conclusion de la *Presse*, c'est qu'il faut que les évêques n'écrivent plus et laissent aller les choses, s'en rapportant pour le progrès de la religion au *sentiment général* qui lui ramène les cœurs, et pour l'enseignement, aux *défenseurs que la liberté de l'enseignement trouvera dans la presse et dans la tribune, comme toutes les autres libertés.*

Nous voyons d'ici sourire nos lecteurs, qui savent ce que l'on peut attendre et du journalisme monopolisé par l'Université, comme l'enseignement lui-même, et de l'opinion dominante, pervertie de longue main par des mensonges hideux, et du Gouvernement, représenté par les vives passions de M. Villemain. Cependant nous n'inculpons point la bonne foi de la *Presse.* Le rédacteur en chef de cette feuille a su préserver sa polémique des lieux communs d'impiété colportés depuis un an dans tous les journaux, et il exprime sur la nécessité sociale de la religion des pensées dont nous devons lui tenir compte : « Ce n'est point ici, dit-il en terminant son exhortation aux évêques, la remontrance d'un journaliste présomptueux, mais l'avis d'un écrivain respectueux et désintéressé, uniquement inspiré par le désir de voir fleurir la foi de nouveau et porter des fruits, venir en aide au travail, ennoblir la misère, consoler la douleur, soutenir la faiblesse et panser les plaies que la science politique n'a pas encore trouvé le moyen de guérir. »

Il y a loin de ce langage à la faconde de mal-appris dont les dignitaires de l'Université nous ont fourni tant d'exemples.

Maintenant la *Presse* nous permettra de lui dire notre avis. Elle croit avoir épuisé la question, elle ne l'a qu'à peine effleurée. Elle croit la discussion finie si les évêques veulent garder le silence ; la discussion est à son début, nous croyons que ceux qui l'ont entamée ne la verront pas finir.

Les commencements, il est vrai, ont pu paraître peu de chose. Aujourd'hui encore, des yeux habitués à l'inconsistance des affaires du temps risqueraient de s'y tromper. De quoi s'agit-il ? Une liberté est promise dans la Charte, certains citoyens la réclament ; le Gouvernement, ému par l'intérêt d'un corps dont il attend de grands services, la refuse, ou ne l'accorde pas loyalement. A ceux qui demandent comme à ceux qui refusent, il faut le concours de l'opinion. L'opinion est indifférente ; on agit sur elle en sens opposés. Bientôt l'opinion se manifestera, une loi sera rendue, et tout sera dit. Il n'y a donc qu'à gagner l'opinion. Voilà le coup d'œil du sage vulgaire. Ce coup d'œil serait juste, s'il n'était question que d'une liberté politique.

Les chrétiens savent mieux voir. Cette liberté promise intéresse la foi : par cette seule raison, dès qu'ils ont pensé à la réclamer, ils ont dû s'attendre à toutes les résistances. S'ils avaient pu croire que le Pouvoir, accaparé par la philosophie régnante, tiendrait ses serments, qu'on les admettrait à l'exercice du droit commun, que la vérité serait accueillie à titre d'égale parmi toutes les idées à qui l'on donne le champ et la lumière, la première réponse faite à leurs réclamations les aurait détrompés. Ils auraient su dès lors qu'ils devaient se taire, ou soulever contre eux une hostilité presque générale ; accepter le joug, ou se résigner à la réprimande et à l'abandon des sages, aux calomnies des méchants, aux injures d'une populace de phi-

losophes, de lettrés, de politiques inférieurs ; foule misérable,
vieille ennemie, que l'Eglise a toujours vue ameutée contre
elle et qui, recourant toujours au même piége pour tromper
les mêmes instincts, écrit grossièrement, aujourd'hui comme
autrefois, le mot de liberté sur le drapeau de la plus vile
tyrannie !

La lutte néanmoins a été engagée. Croire qu'elle va finir
et qu'elle peut finir, c'est ne rien entendre à ce qui se passe.
Ceux qui, au nom de leurs croyances catholiques, ont re-
vendiqué la liberté d'enseignement, ont introduit dans la
France une QUERELLE DE RELIGION!... Ils ont su ce qu'ils faisaient ; on l'a très-bien compris ailleurs. Ils ont prévu ce
qui arrive, et ils n'ont pas hésité ; leurs prévisions vont plus
loin encore, et ils ne reculeront pas. Ce n'est pas à eux de
reculer : ils obéissent à leur conscience. Ils n'ignorent nullement qu'ils ne sont pas les plus forts, et c'est pour eux un
motif de peu d'inquiétudes, car ils ignorent encore moins
qu'en ces entreprises difficiles, l'essentiel n'est pas d'avoir
les hommes, mais d'avoir Dieu pour soi. La *Presse*, méditant sur ces données, appréciera la juste portée de ses vues
et de ses conseils. La plus simple réflexion sur l'histoire de
l'Eglise lui fera connaître en même temps jusqu'où peut
être poussé le différend qu'elle offre d'arranger.

Il ne faut pas trop dire que les temps sont changés, que
ce qui s'est fait ne se reverra plus. Les siècles, en s'écou-
lant, modifient les usages et les mœurs ; ils laissent immuable le fond de l'âme, façonné des mains de Dieu pour la
religion qui seule y portera la lumière et la paix. Notre
foi catholique n'est point susceptible d'une certaine *civilisation* ; nous luttons précisément contre cette civilisation que
l'Université voudrait nous imposer. Ceux donc qui sont
vraiment catholiques aujourd'hui, le sont comme l'ont été
leurs pères, fils militants de l'Eglise, à toutes les époques et
dans toutes les conditions. Tels ils resteront, quoi qu'il ar-

rive ; tels on trouvera ceux qui s'élèveront à leur suite contre des adversaires qui, quant au fond, ne se transforment pas plus qu'eux-mêmes. Judas et l'hérésie sont contemporains de l'Evangile et de la croix.

Aujourd'hui comme toujours on refuse à l'Eglise ce qu'elle demande, parce que, aujourd'hui comme toujours, ce que l'Eglise demande n'est qu'un moyen indiqué par l'état des choses et des esprits pour faire triompher des principes de salut dont on ne veut pas.

Il fallait attendre, dit-on. Question oiseuse ! Il est toujours opportun de revendiquer des droits qui sont les droits de l'âme et de Dieu. Puisqu'un jour ou l'autre il fallait recommencer, pourquoi ne pas commencer tout de suite ? Qui nous aurait marqué le moment précis où nous aurions pu, sans exciter mille colères, dire à l'Université : Nos enfants perdent la foi dans vos écoles, rendez-les-nous ? Vous faites des générations monstrueuses, sans croyance, sans dévouement, sans vertu ; vos mains sont avares et vos doctrines sont empoisonnées ; vous n'avez pas notre confiance ; nous voulons sauver les âmes de nos enfants ? — Attendre ! il fallait attendre ! — Mais enfin, sait-on que nous sommes chrétiens, et sait-on ce que c'est qu'un chrétien ? Nous avons attendu, et tandis que nous laissions passer les jours et les années, nos enfants se perdaient ; nous pouvions contempler sur ces corps débiles et dans ces âmes prématurément flétries les traces d'un mal déjà irréparable. Patience ! Mais la mère qui se disait : L'on m'a gâté un fils, me gâtera-t-on encore les autres ? Mais le père qui se sentait coupable devant Dieu, de mettre en balance l'avenir temporel et l'avenir éternel de son enfant, et dont la tendresse lâche ne pouvait choisir ; mais le citoyen à qui les lois existantes font une part de responsabilité dans les fautes et les crimes d'Etat et qui pensait que la justice divine lui demanderait compte du silence gardé sur cette iniquité formidable : leur était-il, à tous ceux-là, si facile et si permis d'attendre ? Sait-on que pères, mères, frères, tuteurs, citoyens, partout dans nos livres saints, dans nos méditations, dans nos prières, dans le souvenir sacré de nos confesseurs et de nos martyrs, partout des voix terribles s'élevaient contre la patience trop humaine avec laquelle nous laissions ce grand forfait s'accomplir ? *Et ait Dominus ad Cain : Ubi est Abel frater tuus ?*

Il fallait employer plus d'habileté, parler un autre langage. — Oh ! sans doute. Si, au lieu de réclamer la liberté d'enseignement au nom de la religion catholique et pour le salut de la foi, nous avions eu l'esprit de la faire exiger par les mauvaises passions politiques et philosophiques ; s'il s'était agi d'une liberté d'anarchistes, au lieu d'une liberté d'honnêtes gens, l'affaire serait terminée, ou du moins en bonne voie. Seulement, cette liberté ainsi obtenue pourrait bien contenir une exclusion toute spéciale contre nous. Mais pourquoi les mauvaises passions réclameraient-elles ? Qu'ont-elles à désirer ? l'Université les accommode parfaitement : elle leur donne des hommes sans croyance pour aujourd'hui, un instrument de despotisme pour demain. Entre le monopole et ces mille sectes de l'erreur sociale ou religieuse, l'accord est complet contre la liberté des chrétiens, leur commune ennemie. Aveugle encore, et plus qu'aveugle celui qui ne le voit pas !

Dans cette position, que faire ? La *Presse* saurait-elle nous le dire ? Nous devions abandonner le champ de bataille, ou bien agir comme nous avons agi. Mais ici l'on nous reproche l'injure, la mauvaise foi, des appétits de spéculateurs. Nous ne dédaignons point, par égard pour notre adversaire, de répondre à ces lieux communs qu'il emprunte aux journaux de l'Université, afin de nous montrer bien à propos ce que nous pouvons attendre de l'opinion la plus modérée et la plus sage. Quant à l'injure, nous sommes francs, parce que nous ne tenons point à nous exprimer de

telle sorte que ni nos amis ni nos ennemis n'en gardent le
souvenir. Un jour O'Connell parla contre le roi Louis-Philippe; la *Presse* s'écria que ce jour-là le libérateur de l'Irlande avait trop bu. Tous les jours on outrage, on calomnie
indignement notre foi, notre culte, qui nous sont aussi
chers que le roi des Français peut l'être à la *Presse*, et si
nous disons qu'il faut être ivre de haine pour employer
un pareil langage, du moins ne disons-nous pas qu'on est
ivre de vin. Quant à la mauvaise foi, comme nous tenons
que le mensonge est un péché mortel, nous faisons en sorte
de ne point mentir; nous n'en avons ni le goût ni le besoin.
Quant à la spéculation, la *Presse* nous connaît, elle peut
produire l'état de nos profits. Nous spéculons, il est vrai,
mais sur des espérances qui ne sont point cotées à la Bourse
et vers lesquelles la commandite ne se tournera pas de longtemps! On nous accuse d'exagération. S'il s'agit de nos
principes, nous ne les avons point formés nous-mêmes :
nous les avons reçus tels que la religion nous les a donnés,
tels qu'il faudra que le monde les accepte. Sur ce point,
nulle modification possible. Ce que Dieu donne à croire est
bon à publier.

Laissons un débat puéril. Voyons ce que nous avons voulu
et prétendons faire. La *Presse* a peu de sympathie pour nous;
après nous avoir entendu, elle en aura probablement moins
encore. Nous lui ferons par là connaître la valeur positive
de ce *sentiment religieux*, qui renaît, dit-elle, et sur lequel
elle compte ingénument pour remédier aux maux de la
société. Quant à nous, comme nous croyons qu'il n'y a point
de neutres dans les questions de cette gravité, il nous importe
peu qu'un spectateur douteux nous combatte aujourd'hui
ou nous combatte demain. Au milieu de ces tièdes esprits
qui ne savent ni ce qu'ils osent penser, ni à quoi ils se pourront résoudre, nous aurons du moins le plaisir de parler
français et chrétien.

II. Ce serait s'abuser étrangement de penser que nous écrivons pour amener à nos idées des gens qui n'admettent ni le pouvoir de l'Église, ni peut-être même l'existence de Dieu, ces deux bases de toutes nos convictions, sans lesquelles ni nos raisons ni nos demandes n'auraient le moindre sens. Quiconque n'est pas catholique peut nous juger fous ou de mauvaise foi, nous prendre pour des fanatiques ou pour des spéculateurs : nous n'avons que des paroles qu'il ne pourra comprendre ou qu'il ne voudra pas écouter. Quiconque ajoute au malheur de n'être point catholique, celui d'avoir dans la vie des intérêts actuels directement contraires à ceux de la religion, ne nous offre qu'une oreille encore plus hostile et qu'un cœur plus fermé. La *Presse* est dans la première catégorie ; les gens du *Journal des Débats*, ceux de l'Université sont dans la seconde. Nous ne parlons point des intelligences qu'ameutent le *Constitutionnel*, le *Siècle*, etc., c'est la dernière plèbe, le bas-fond où il semble que nulle idée vraie ne puisse jamais descendre. Là sont les aveugles-nés. Ils ne verront que par la grâce de Dieu.

Nous n'attribuons point à notre plume, dont nous connaissons la faiblesse, une mission que nulle plume laïque ni ecclésiastique ne saurait remplir. Ce n'est jamais par l'écriture, c'est par la prière, par la prédication, par toute la vie de la parole humaine, par tout ce feu qui sort des yeux et du cœur d'un apôtre, par cette grâce divine que les œuvres de foi font surabonder dans l'âme des saints missionnaires et qu'ils répandent sur leurs auditeurs ; c'est par là que les indifférents sont émus, les incrédules convertis. La voix d'un bon prêtre produira en quelques jours des miracles que tous les livres pieux et tous les journaux du monde n'opéreront jamais. Ceux-là seuls peuvent vraiment convertir, qui peuvent absoudre, ayant reçu tout ensemble, comme prix de leur existence vouée à Dieu, le devoir d'instruire et le pouvoir de pardonner.

Mais, en dehors des trois sortes d'hommes à l'esprit desquels nous ne pouvons que bien difficilement et bien rarement atteindre, il en est d'autres pour qui les vérités de notre point de départ sont choses connues, certaines et démontrées. Ils sont nos frères, c'est pour eux que nous écrivons : nous sommes un lien et un message entre ceux qui croient et qui aiment comme nous. Ils ne se connaissaient pas les uns les autres ; notre but a été de les réunir, de former de toutes leurs pensées une seule pensée, de tous leurs désirs un même désir, de toutes leurs œuvres une œuvre commune.

Du nord au midi, et de l'est à l'ouest, nous portons une parole d'union, un mot d'ordre fraternel pour le grand combat qu'il faudra livrer tôt ou tard. Ici nous stimulons l'indolence, et là nous affermissons des résolutions déjà méditées ; partout nous signalons les ruses et les entreprises de l'ennemi, recevant et portant des lumières qui, autrement, auraient peine à dépasser un certain horizon. Cet humble rôle convient à nos humbles forces. Nous ne regrettons point de ne pouvoir davantage. Révéler les funestes plans du mal, c'est lui créer, dans cette loyale France, assez d'adversaires pour qu'il soit noblement combattu.

Grâce à Dieu, déjà nous ne pouvons plus nous plaindre d'avoir inutilement travaillé. Nos fatigues, nos sacrifices, nous pourrions dire nos souffrances, ont reçu leur prix. La sournoise tyrannie philosophique et le monopole universitaire, instrument principal de cette tyrannie, sont exécrés de tout ce qui porte à bon titre le nom de chrétien. Hier, il y avait des catholiques isolés ; aujourd'hui, une opinion catholique s'assied sur les débris de vieilles et pénibles dissidences. Ce qui sortira de là, Dieu le sait ; mais nous y voyons entrer la vie, nous y voyons régner le patriotisme, l'honneur et la foi. Nous croyons écrire les premiers mots d'une page qui sera glorieuse dans notre histoire. Au milieu de ce grand et déplorable naufrage des vertus antiques, parmi les cupides empressements d'une société qui se met elle-même au pillage, on verra ce que des cœurs chrétiens savent immoler à Dieu et à la partrie. En somme, voici le point à noter, si l'on veut aller au delà d'un vain choc de paroles : en dehors de tous les partis, il se forme, il existe un PARTI CATHOLIQUE, c'est-à-dire un parti d'honnêtes gens et de gens dévonés, qui parle dans cette feuille et qui ne fuira pas l'occasion d'agir. Que si l'on est curieux d'apprendre ce qu'il saura faire, il ne faut qu'attendre un peu. On ne le verra jamais sans doute dans la rue, mais on pourra le rencontrer ailleurs. Il est neutre encore ; mais si le Gouvernement veut l'avoir contre lui, le Gouvernement n'a pas grand'chose à faire pour cela.

On peut nous dire que l'*Univers* compromet le Clergé plus qu'il ne le sert. Si l'on veut nous convaincre que nous avons eu tort de contribuer à mettre autour de l'Eglise *toute seule* ce rempart de nobles cœurs, on échouera. Nous ne tenons point à servir le Clergé de la façon qu'on nous indique. On lui souhaite des hommages, des faveurs et l'oisiveté. Nous lui souhaitons le labeur, les croix, et de faire avancer le règne de Dieu.

Nous consentons qu'ici le *Constitutionnel*, le *Journal des Débats*, les autres se mettent à crier au parti prêtre, que voilà le parti prêtre qui se montre et s'avoue ! *Laissons-leur cet os ;* nous ne pouvons pas les empêcher d'être absurdes. Parti prêtre tant que l'on voudra ! Le prêtre garde le dépôt des seules vérités immuables qui soient sur la terre : il a le soin de toutes les douleurs, la mission de pardonner toutes les injures, la force de faire du bien à tous ses ennemis. Le parti prêtre aurait tort de se déguiser. Il n'a point à rougir de son symbole, il n'en rougira pas. Ces folles clameurs ne détacheront pas de lui une seule âme, il n'en sera pas moins ferme dans le dessein d'user loyalement, au profit de la religion, des libertés dont on use déloyalement contre elle, opposant partout aux illégalités, aux outrages, aux vexations dont on poursuit la robe du prêtre et le froc du moine, le cœur, le vote, le bras du citoyen. On le verra partout, n'exigeant point la domination, mais l'égalité ; n'usant ni de fraude ni de violence, mais usant de la presse, de la parole, de la raison, de la loi. Et comme il reste quelque force dans cette Eglise de France, comme on a besoin d'elle par mille raisons qu'il serait trop long d'énumérer, il faudra bien prendre le parti prêtre pour ce qu'il est, et compter avec lui.

Nous prions la *Presse* de considérer que l'*Univers* n'est point du tout l'organe officiel des évêques, ainsi qu'il plaît au *Constitutionnel* de le publier ; qu'il n'est point du tout rédigé par des ecclésiastiques (au *National*, on dit des *échappés de sacristie*), ni pour des ecclésiastiques exclusivement. Ce sont des laïques, des *néo-catholiques*, suivant l'heureuse expression du *Journal des Débats*, qui le soutiennent, le rédigent et en majorité le lisent. On peut donc (si on en trouve le moyen) réduire les évêques et le clergé au silence ; on ne se débarrassera pas pour cela du parti prêtre, ni de cette importune voix qui crie justice dans l'*Univers*. L'*Univers* et le parti prêtre en seront au contraire plus redoutables, parce qu'il y a là des idées que l'iniquité ne saurait frapper sans leur faire prendre racine, et des hommes qui se fortifient dans l'adversité.

Nos prêtres, nos évêques font de la *religion*. C'est leur œuvre sublime et bien remplie. Ils prêchent, ils consolent, ils donnent. Donner, pardonner, faire connaître et faire aimer Dieu, voilà tout le rôle de nos prêtres ; ils n'en cherchent, ils n'en acceptent point d'autre. Notre rôle, à nous, laïques, est différent : nous sommes dans la vie, nous faisons de la politique, et nous voudrions savoir qui nous en empêchera ?

Si nous avions des opinions, au lieu d'avoir des croyances ;

si nous n'étions attachés à l'Église romaine que par l'esprit, au lieu d'adhérer à sa foi du fond de l'âme ; si nous ne la trouvions que bonne, utile et belle, au lieu de la reconnaître sainte ; si ses dogmes, sa morale, son culte, son organisation matérielle nous paraissaient seulement constituer la plus parfaite des institutions humaines et la plus favorable aux besoins de la société, il nous serait permis de le proclamer sans cesse ; nous ferions acte de bons citoyens en procurant le développement et la force d'une institution nécessaire, selon nous, au salut de notre patrie. Si nous disions, comme citoyens libres et comme philosophes, que, hors des idées catholiques, il n'y a ni ordre, ni liberté, ni bonheur, ni gloire, nous n'en dirions pas plus que les républicains ne disent de la république, les phalanstériens du phalanstère, le *Journal des Débats* de tout ministère qui le soudoie, et le premier songe-creux venu des chimères qu'enfante à l'instant même son cerveau fatigué. On nous laisserait dire ; il faudrait nous laisser dire ; ce serait violer toutes les garanties publiques de vouloir imposer silence à nos opinions, ou nous persécuter à cause d'elles. Si nous formions, comme citoyens, une ligue pour défendre les choses et les personnes ecclésiastiques menacées, de même qu'on se ligue dans les Chambres pour défendre tantôt M. Thiers et tantôt M. Guizot ; si nous établissions un fonds pour rendre à tel évêque, dont le traitement serait supprimé, le moyen d'assister ses pauvres, pour donner à la presse catholique le développement qu'on a donné jadis à la presse de d'opposition, pour soutenir entre deux candidats celui qui pourrait le mieux servir nos vues, pour refuser nos enfants à l'Université de la même façon qu'on refuse l'impôt…, qu'aurait-on à dire légalement ? que ferions-nous que tout le monde n'ait fait et n'ait le droit de faire ? Or, maintenant, pourquoi le chrétien s'interdirait-il des actions que la loi autorise, que la raison juge utiles et que la conscience impose ? Nous sommes à genoux devant Dieu, mais nous nous tenons debout parmi les hommes ; Celui qui fait un devoir d'obéir donne aussi la force de résister. On nous renvoie à la prière : nous en sortons, et c'est parce que nous aurons prié que nous saurons parler et agir.

Nous faisons de la politique, nous en voulons faire, nous ne sommes point mécontents d'en avoir fait. En d'autres temps, il fallait à l'Eglise un bras séculier ; il lui faut aujourd'hui une voix séculière : nous serons cette voix. Nous ne l'emploierons pas à demander des emplois, ni des honneurs, ni d'abusifs priviléges ; mais elle criera sans cesse justice et liberté. Le Gouvernement a ses raisons, qui nous sont connues, pour aimer l'ombre et le silence ; nous avons les nôtres, qu'il connaît, pour aimer le grand jour et le retentissement du combat. Sa politique d'assoupissement offrait des dangers graves, écartés désormais ; la nôtre, nous n'en disconvenons pas, a ses labeurs ; mais, depuis dix-huit siècles passés, la barque de Pierre gouverne dans la tempête, et nous préférons pour elle les écueils connus, les continuelles alertes de l'orage, au calme trompeur, à la nuit, aux abîmes cachés.

Et que la *Presse* se rassure sur l'avenir du sentiment religieux *à la ville comme à la campagne.* Ni à la ville ni à la campagne, le sentiment religieux ne se refroidira par suite d'une lutte qui enflamme de zèle tous les cœurs déjà chrétiens. Si notre voix ne peut pas faire d'un incrédule un croyant, du croyant elle peut faire un apôtre, comme les récits et les beaux exemples de la guerre, comme le son de la trompette font du soldat un guerrier. Nous savons ce qui se passe en nous lorsqu'une nouvelle infamie vient frapper les objets de notre vénération et de notre amour. L'équipage d'un navire en péril jette à chaque coup de vent quelque chose de sa charge à la mer, et nous pareillement, voyant ce dont nous pouvons nous passer, nous nous allégeons de toute vue, de tout sentiment, de tout désir qui ne seraient pas uniquement pour notre sainte cause. Nous lui vouons des jours et des forces réservés longtemps à d'autres destinées ; nous sentons avec bonheur que plus le monde s'éloigne de Dieu, plus Dieu nous veut à lui, et remplis d'espoir contre l'espérance même, nous augurons bien de cette tourmente qui nous laisse, nous et nos frères, libres des attaches terrestres, armés de toute notre foi et de tout notre cœur.

Nous en avons assez dit pour permettre à la *Presse* de juger si les choses en sont encore au point où elle les considère. Quelle que soit la ligne de conduite adoptée par l'Episcopat, la querelle est laïque et ne peut finir autrement que par la ruine du monopole. Cette ruine, l'Université, confessant ainsi sa faiblesse, la regarderait comme le signal de sa perte, et le Gouvernement, placé pour une si large part dans les mains universitaires, fera tout pour l'éviter. Mais si notre succès dépend un peu de nos adversaires, il dépend davantage encore de nous, et surtout il dépend de Dieu, dont nous servons ici les intérêts. L'œuvre pour laquelle nous combattons est le salut des âmes. C'est pour cette œuvre que Jésus-Christ a voulu mourir.

Naturellement plus respectueux encore que la *Presse* envers nos évêques, nous ne nous permettrons pas de leur donner un conseil. Dieu, qui fait peser sur eux un si lourd fardeau, nous les a choisis pieux et sages, vraiment désintéressés entre les opinions, vraiment animés du zèle et de la bonté des pasteurs. Nous avons confiance en eux ; nous recueillerons respectueusement et nous ferons retentir leurs paroles, dussent-elles nous blâmer ; nous aurons soin que la responsabilité des nôtres ne les atteigne jamais. S'ils se taisent, nous ne jugerons point leur silence. Nous croirons que nul devoir ne les oblige encore à parler. Mais en même temps nous serons devant eux les rapporteurs in-

fatigables de la cause; nous leur dirons ce qu'on entreprend
contre l'Eglise, quelles doctrines on prêche dans les collèges, ce qu'y deviennent nos enfants. Rassurés tant que nos
pasteurs se montreront sans alarmes, leurs craintes ne trouveront jamais nos courages en défaut. Notre mission finira
lorsqu'ils auront la liberté de se réunir et de se concerter
pour aviser aux besoins temporels de la religion.

Cependant, nous devons en avertir la *Presse*, elle ne peut
guère espérer qu'en attendant ce moment, bien éloigné
sans doute, les évêques se tairont. Le *sentiment religieux*
dont elle s'accommode et qui va de pair dans ses colonnes
avec les feuilletons qu'on lui a tant et si justement reprochés,
n'est pas tout à fait celui que l'Episcopat doit s'efforcer de
faire refleurir. Comment des évêques pourraient-ils s'y fier,
l'Université s'en contenterait! Pour que la religion règne
chez un peuple et produise les biens qu'elle promet, il ne
suffit pas que çà et là un homme d'esprit dégoûté des entreprises et des misères humaines, ouvre l'Evangile et se
dise : « Je vais donner à mon âme des lois meilleures, je vais
tracer à l'opinion une voie plus sage ; il nous faut de la religion. » Premièrement, l'Evangile fait peu de chrétiens sans
l'Eglise catholique, et l'Eglise catholique ne fait point de
catholiques sans les sacrements. Secondement, pour un
homme d'esprit à qui la folie et l'abjection du monde font
prendre l'Evangile, qui le lit, qui l'admire, et rarement en
devient plus sage, des milliers et des milliers d'autres demeurent dans la grossière irréligion théorique et pratique
dont la société subit aujourd'hui les hideux résultats. Il
n'y a qu'un remède à ce mal, qu'un moyen de procurer à
la société ces fruits de l'Evangile dont la *Presse* nous a fait
une énumération si vraie et si bien sentie : c'est une grande,
une loyale liberté d'action donnée à l'Eglise en tout ce
qui est de son ressort, et particulièrement en ce qui
concerne l'éducation de la jeunesse, principal et presque

unique moyen de former en grand nombre des chrétiens véritables.—Or, c'est là, de l'aveu même de la *Presse*, ce que
le Gouvernement refuse d'accorder, se faisant aider dans ce
refus inique par autant d'impures passions qu'il en peut
soulever, y mettant toute la colère et l'impudeur qu'on a pu
déployer contre l'Eglise dans les plus tristes jours, faisant
condamner les évêques, comme fonctionnaires, par le Conseil d'Etat, et en même temps autorisant l'attaque et l'outrage
avoués des fonctionnaires de l'Université contre l'enseignement des évêques.

Mais cette liberté si solennellement promise, si indignement déniée, si redoutée et si nécessaire, contre laquelle la
philosophie antireligieuse aura tant de peine à lutter, et
sans laquelle la religion ne pourra ni ressaisir les enfants
égarés, ni retenir ceux qui lui sont encore fidèles; c'est là
aussi ce que l'Eglise entière doit sans cesse et par-dessus
tout réclamer. Eh bien! en dépit de toute l'habileté du Gouvernement, en dépit de leur modération même et de leur
amour pour la paix, les évêques élèveront la voix. Ce ne sera
pas nous qui les contraindrons, ce sera l'Université. Les
conseils et les menaces n'y feront rien. Le loup ne se contentera pas de rugir autour du troupeau; il pénétrera dans
le bercail, il rencontrera le pasteur, et il sera frappé.

Et le pasteur, quoi qu'en dise la *Presse*, ne manquera pas
à sa dignité lorsqu'il frappera, soit qu'il se serve d'un livre,
d'un mandement ou d'un journal. C'est une étrange idée de
la *Presse*, de croire qu'il n'est pas digne d'un évêque de
descendre de sa chaire *pour entrer en correspondance publique avec un rédacteur de gazette*. Un rédacteur de gazette
peut être un très-bon chrétien, ou un impie fort dangereux.
Dans le premier cas, l'évêque ne se déshonore pas plus
qu'un autre en l'avouant pour ami; dans le second cas, il
ne fait pas plus de tort à la puissance et à la majesté ponti-
ficale que ne lui en ont fait les plus illustres de ses devan-

ciers et de ses modèles, qui ont publiquement écrit aux Arius, aux Pélage, aux Donat, à tant d'autres, dont le temps a rehaussé les noms et qui ne seraient que des *rédacteurs de gazettes* aujourd'hui. Un évêque est assez digne lorsqu'il secourt les malheureux, combat l'erreur, protége la vérité.

Pour conclure, cette guerre est juste et chrétienne, les combattants ne manqueront point. Les besoins de l'Eglise sont pressants, les enfants de l'Eglise ne seront ni muets ni timides. Il ne s'agit point de savoir quand nous obtiendrons ce qu'il nous faut. Il faut l'obtenir très-vite, et dans ce but le demander très-haut et sans relâche. Réussirons-nous? Dieu le sait, Dieu seul ! Nous réussirons si Dieu veut pardonner ; nous échouerons s'il veut punir. Quoi qu'il arrive, notre âme est en paix. Il ne nous est pas ordonné de triompher, il nous est ordonné de combattre jusqu'à la mort.

DE LA PROFANATION DU DIMANCHE.

5 et 6 novembre 1843.

I. L'Évêque de Châlons a adressé, le 18 octobre dernier, au clergé de son diocèse, une circulaire sur la sanctification du dimanche. Le saint jour est malheureusement profané dans son diocèse comme ailleurs, malgré les prières et les larmes des pasteurs, malgré les remontrances des catholiques, malgré les observations mêmes des hérétiques étrangers qui visitent notre patrie et qui s'étonnent de cette fureur sauvage avec laquelle, de toutes parts, la société française refuse aux pauvres le repos dont ils ont besoin, à Dieu l'honneur et le respect qui lui sont dus.

Nous reproduisons un passage de cette lettre admirable, où parle et gémit l'âme d'un saint. Nous ne le faisons pas pour venger le pieux prélat des railleries qu'une presse sans cœur prodigue à son courage et à ses cheveux blancs : il est trop au-dessus de ces basses clameurs ; nous le faisons uniquement afin de porter dans les âmes chrétiennes de nobles et salutaires pensées, afin que partout où cette feuille arrivera, les fidèles s'associant à la douleur du vénérable Évêque, s'unissent également à ses prières. Puisse Dieu, prolongeant les jours utiles de son serviteur, le laisser assez longtemps sur le bord du tombeau qu'il s'est creusé lui-même, pour qu'il puisse voir, avant d'y descendre, l'aurore des jours meilleurs que ses efforts auront tant avancés !

Un mot encore, avant de laisser parler cette voix éloquente. Monseigneur l'Evêque de Châlons est définitivement
traduit devant le Conseil d'Etat : on va décider qu'il a *abusé*
de ses droits d'évêque et de citoyen, en déclarant que la religion n'est pas suffisamment respectée dans un collège soumis à sa surveillance. Ne faut-il pas aussi, maintenant, déférer au Conseil d'Etat la lettre pastorale que nous allons
citer ? Le même *abus* s'y trouve plus caractérisé encore. Si
l'on blâme la lettre sur les collèges, on doit à plus forte raison blâmer celle-ci. Et où s'arrêtera cette manie de blâmer
les actes du pouvoir épiscopal, surtout lorsqu'il faudra enfin
reconnaître qu'elle ne sert et ne peut servir à rien ? Triste et
éternelle folie du pouvoir temporel, qui s'imagine annuler,
en les traduisant devant les tribunaux humains, les avis légitimes qui le traduiront lui-même, s'il ne s'amende, au tribunal de Dieu !

La pastorale qu'on va lire est pour le Gouvernement une
cédule à comparaître devant le Juge souverain qui prononcera
sur les hommes et sur les nations. La profanation du dimanche est un péché mortel, un crime véritable, et il ne faut
pas réfléchir beaucoup pour en trouver la raison profonde.
Considérez en effet cette profanation : vous y trouverez
d'abord le mépris des ordonnances divines, et l'homme ne
peut rien faire de plus odieux, à moins qu'il n'ait la folie de
dire que Dieu n'existe pas, ou que sa loi n'est point connue, ce qui est une autre façon de nier l'existence de la Divinité. Vous y voyez ensuite, comme racines, l'inhumanité
envers le pauvre, l'âpre soif du gain, l'avarice ; et, comme
conséquence, la foule innombrable des désordres que le vice
produit. Sur tout cela plane et frappe à bon droit la justice
de Dieu. Ainsi les peuples vont aux abîmes dans la splendeur de leur folle activité, de leur indigne opulence, de leur
orgueil et de leurs plaisirs. Pompeux cortége qui renferme
la mort ; bruits de fête et de joie où l'oreille de Dieu distin-

gue les soupirs des porte-fardeaux qu'exténuent ces triomphateurs cupides. L'insensé n'y voit que le développement
de l'industrie et la production des richesses, et répète en son
cœur : *Il n'y a point de Dieu.* Dieu veille cependant; et de
tous ces jours qu'il s'était réservés et qu'on lui refuse,
il fait le jour de colère, où, comme un rocher lentement
miné par la base, s'écroulera l'insolente prospérité des nations.

Mais ce crime contre lequel s'élève inutilement la voix de
l'Eglise, qui en a plus donné le scandaleux exemple, qui l'a
plus souvent commis et l'a fait commettre avec une plus injustifiable obstination que notre Gouvernement? Se passe-
t-il un dimanche que tout Paris ne voie profaner par des travaux manifestement inutiles? et ces médiocres esprits, à qui
on livre la direction des provinces, ces préfets, ces sous-pré-
fets, ces administrateurs de tout ordre, ne nous ont-ils pas
cent fois forcé de signaler et de stigmatiser l'idiot empressement avec lequel ils copient à cet égard les brutales façons
de leurs supérieurs? Mgr l'Evêque de Châlons ne s'en prend
qu'à son peuple ; mais que ses plaintes soient entendues
plus haut et plus loin, car elles accusent toute la hiérarchie
administrative de qui le peuple reçoit un exemple funeste et
trop imité.

Ces plaintes seront inutiles, nous le savons ; nous parlons
à des sourds. A la fin, éclatera une voix qui saura courber
toutes les têtes. On se souviendra alors d'avoir méprisé les
avis de miséricorde, et l'on confessera du moins la justice
sous le poids du châtiment.

II. Deux journaux libéraux et philosophes veulent bien
approuver la circulaire de Mgr l'Evêque de Châlons sur la
sanctification du dimanche, bien que le morceau soit gâté

aux yeux des personnes raisonnables par les commentaires
qu'y ajoute le *Journal des Jésuites*. C'est nous que l'on désigne et que l'on fait rentrer ainsi dans les conditions d'expulsion définies par le *National*.

Il n'y a dans cette circulaire ni *empiétements* ni *abus*,
dit le *Constitutionnel* en personne. « C'est aux chefs de
« l'Eglise qu'il appartient de rappeler à l'exécution des
« commandements de l'Eglise. Ils n'ont que la voie de
« la persuasion, car le pouvoir temporel n'est plus à leurs
« ordres, mais nul ne trouvera mauvais qu'ils en usent »
(de la persuasion).

Nous voudrions que le *Constitutionnel*, d'après ces derniers principes, nous expliquât pourquoi la lettre de Mgr l'E-
vêque de Châlons sur l'enseignement religieux du collége de
Vitry est déférée au Conseil d'Etat? Est-ce qu'il n'y rappelle
pas aux commandements de l'Eglise? Est-ce qu'il y emploie
une autre voie que celle de la persuasion et s'y sert du pouvoir temporel? Pourquoi donc trouve-t-on mauvais qu'il en
use (de la persuasion) ?

Nous conseillons au *Constitutionnel* de suivre uniment
sa nature et de ne pas feindre l'impartialité. Le jeu est trop
fort pour lui.

DÉCLARATION D'ABUS

CONTRE MONSEIGNEUR L'ÉVÊQUE DE CHALONS.

6 novembre 1843.

Le 24 octobre 1843, Mgr l'Évêque de Châlons adressa au rédacteur de l'*Univers* la lettre suivante, qui fut déférée au Conseil d'État sous l'accusation d'abus ; les passages soulignés l'ont été par la *Gazette des Tribunaux ;* ce sont sans doute ceux que l'on a incriminés :

MONSIEUR,

Un cas est proposé : c'est celui d'un principal de collége qui ne croit pas en Dieu, qui est rationaliste, panthéiste, etc., tout ce qu'il vous plaira, mais qui veut avoir des élèves, le plus qu'il se peut : car c'est toujours là l'important. Comme, dans le pays qu'il habite, il n'a affaire qu'à des familles qui tiennent à faire élever leurs enfants dans les principes de la religion catholique, pour les contenter et pour que personne n'ait le moindre petit mot à dire, il se pourvoit d'un aumônier, et c'est, selon lui, un prêtre tolérant, pour qu'on n'en soit pas effrayé et que l'on sache que tout, chez lui, se fait rondement. Puis, sous le manteau de celui-ci, il débite ses belles doctrines dans un cours de philosophie qu'il fait lui-même très-savamment.

Qui pourrait se plaindre ? Les élèves vont à la messe deux fois la semaine ; ils assistent au catéchisme de l'aumônier ; ils se confessent comme bien d'autres ; ils font leur première communion ; jusque-là que le principal, qui a assisté à la cérémonie, en a été enchanté et en a éprouvé, à ce qu'il dit, les plus délicieuses émotions.

Que fera cependant l'autorité ? Se fiera-t-elle à toutes ces démonstrations ? elle s'en gardera bien, sachant que tout ceci n'est qu'un jeu, joué même assez maladroitement ; que ce n'est qu'une suite de la comédie de quinze ans, laquelle en aura bientôt trente, et qui n'est plus si jeune maintenant. On fera ce que dit Mgr le Cardinal Archevêque de Lyon, on supprimera l'aumônier qui n'est qu'un prête-nom ; on lui ôtera ses pouvoirs ou ils seront tellement réduits, que personne n'en pourra abuser pour faire aucun mal. La direction spirituelle et religieuse des élèves sera remise entièrement au curé de la paroisse, à qui il appartient d'en répondre et d'en avoir soin, en qualité de propre pasteur. Par ce moyen, tout sera dans la légalité : le principal continuera, puisqu'il le veut et que personne ne peut l'en empêcher (ce qui est un grand malheur) à professer son panthéisme ; le curé, de son côté, fera son devoir, et les parents seront informés, car il le faut bien, qu'instruits et élevés de cette façon, il n'y a guère d'apparence que leurs enfants soient admis à la paroisse à faire leur première communion.

Pour celles du Collége dont on a eu un échantillon l'an passé, il n'en sera plus question.

Ce n'est point chimérique, Monsieur le Rédacteur, c'est ce qu'on a vu en certains pays que je connais et que je ne nomme point : rien de plus sage par conséquent que l'avis de Mgr l'Archevêque de Lyon, dont nous partageons, on s'en doute bien, les affections et les sentiments. Nous disons comme lui à l'Université, car il l'a dit pour le fond : il ne vous plaît pas d'être catholique, et à nous il ne nous plaît pas de mettre le pied dans vos établissements. Pourquoi deux enseignements dans une maison ? Si c'est le vôtre qui doit prévaloir, que ne le dites-vous ? A quoi bon nous faire jouer dans vos colléges un rôle qui ne nous convient nullement ? C'est nous rendre ridicules. C'est dire assez clairement : *Nous ne sommes pas des hypocrites, des hommes à qui il faut de l'argent.* Les beaux titres que vous avez là !!! *Je sais qu'il y a des exceptions.*

Recevez, etc.,

M. J., Evêque de Châlons.

La poursuite est motivée sur un seul grief, celui « d'injures envers les membres de l'Université et du corps enseignant. »

Le *Journal des Débats*, qui n'est pas moins dans la confidence du Conseil d'Etat que dans celle du Gouvernement et de l'Université, étant partie prenante aux budgets spéciaux de chacun des trois, fait l'historique de la procédure :

Le rapport de M. le Ministre de la justice et des cultes, qui soumettait la lettre de Mgr l'Evêque de Châlons à l'examen du Conseil d'Etat, était, dit-on, plein de fermeté, et blâmait en termes énergiques ce système d'injures diffamatoires pratiqué depuis quelque temps contre l'Université. Il représentait qu'il était temps de donner à tant d'honorables fonctionnaires du Corps enseignant la protection que les lois leur assurent, et le Conseil d'Etat s'est associé unanimement à cette réparation légitime.

Nous mentionnons avec plaisir ce qui nous a été cité du rapport de M. le Garde des sceaux, et nous espérons que cet acte de désapprobation solennelle, infligée par le Roi en Conseil d'Etat aux irritantes publications de quelques membres de l'Episcopat, convaincra tout le monde que, loin de favoriser les excès du pouvoir spirituel, le Gouvernement est décidé à les réprimer et à les contenir.

Les considérants qui précèdent la décision du Conseil d'Etat témoignent surtout de cette salutaire intention... Les principes en ont été expliqués avec beaucoup de précision et de fermeté par M. Dumon, président du Comité de législation. Evidemment, ses paroles ont fait une vive impression sur le Conseil. M. Charles Dupin a exprimé aussi son avis avec une grande énergie, et il a cru même devoir faire sur la tolérance de l'ordre des Dominicains en France quelques observations qui ont amené d'excellentes explications de la part de M. le Garde des sceaux.

Voici maintenant l'ordonnance avec les *considérants*, telle qu'elle a été publiée ce matin par le *Moniteur*.

Nous soulignons quelques passages, bien étranges pour qui connaît également les devoirs de la religion catholique et les doctrines de l'Université, deux choses que les juges de Mgr l'Evêque de Châlons n'ont pas eu le temps d'étudier à fond, dans le court intervalle du 30 octobre au 8 novembre :

Considérant que l'Évêque de Châlons, agissant en cette qualité, *se livre à des allégations injurieuses pour l'Université de France et les membres du Corps enseignant ;*

Que *ledit* Évêque *menace de refus éventuel des sacrements* les enfants élevés dans les établissements universitaires ;

Que ces faits constituent envers l'Université et les membres du Corps enseignant *une injure et une atteinte à leur honneur ;*

Qu'ils sont de nature à *troubler arbitrairement* la conscience des enfants élevés dans les établissements universitaires et celle de leurs familles ;

Et que, sous ce double rapport, ils rentrent dans les cas d'abus déterminés par l'article 6 de la loi du 18 germinal an X ;

Notre Conseil d'Etat entendu,

Nous avons ordonné et ordonnons ce qui suit :

Article 1er. Il y a abus dans la déclaration ci-dessus visée par M. de Prilly, évêque de Châlons.

Art. 2. Notre Garde des sceaux, ministre secrétaire d'Etat au département de la justice et des cultes, est chargé de l'exécution de la présente ordonnance.

Au palais de Saint-Cloud, le 8 novembre 1843.

LOUIS-PHILIPPE.

Et puis ?...

Le *Journal des Débats* déclare, il est vrai, que la patrie universitaire est sauvée.

Au moyen du premier considérant, l'Université recouvre l'honneur. Ce premier considérant établit envers et contre tous, malgré M. Cousin et malgré tous ses élèves, malgré M. Matter, malgré M. Ferrari, malgré tous les juifs, tous les protestants, tous les incrédules qui prêchent, déclament, déraisonnent dans le sein et au nom de l'Université, que l'Université est catholique. Le croira qui voudra ; mais nous avons arrêt et plus qu'arrêt ; nous avons ordonnance ! De par le roi, croyez que ces gens-là professent la même foi que le Pape. Le catéchisme dit le contraire, mais le catéchisme se trompe ; les évêques disent le contraire, mais les évêques ne s'y connaissent pas. Ils injurient, ils *abusent.*—

Pourtant... — Point d'objections ! Le roi, son Conseil d'Etat entendu, ordonne que vous soyez persuadés.

Au moyen du second considérant, l'Université triomphe bien plus complétement encore. Les évêques pensaient à refuser les sacrements à des enfants qu'ils ne peuvent pas considérer comme étant élevés dans la religion chrétienne. Quelle chimère ! Ils n'ont pas même le droit d'avertir et de menacer, comment pourraient-ils agir ? Que les consciences donc, *arbitrairement troublées*, se rassurent. L'Université peut encore leur ordonner une sécurité complète, de par le roi.

Et si l'Université continue à se dire catholique, c'est qu'elle le veut bien et que le titre, apparemment, lui plaît. Elle n'en avait besoin que pour pouvoir faire administrer les sacrements à ses élèves ; aujourd'hui, les sacrements ne peuvent plus leur être publiquement refusés dans aucun cas. Il y aurait abus, trouble arbitrairement jeté dans les consciences, convocation du Conseil d'Etat, nouveaux considérants, nouvelle ordonnance. Le moyen qu'un évêque affronte pareil danger ?

Et, s'il s'en présentait un assez hardi pour le braver, ne pourrait-on pas faire une ordonnance, une loi, quelque chose qui autorisât l'Université à donner les sacrements elle-même ?

Le *Siècle* proposait l'autre jour des professeurs de morale chrétienne, pour remplacer les aumôniers ; serait-il si difficile de trouver des administrateurs de sacrements ? Ne pourrait-on pas confier cette charge à l'économe, à l'infirmier du collége, aux maîtres d'études ?

On pourrait encore requérir des pasteurs protestants, faire venir des popes grecs, aller chercher où ils sont les restes de l'abbé Châtel. De quoi sera-t-on embarrassé avec l'appui du Conseil d'Etat ?

Nous nous expliquons parfaitement la joie et les fanfares

du *Journal des Débats*. Mais nous devons lui dire pourtant qu'il n'y a pas encore cause gagnée. Cette merveilleuse ordonnance du Conseil d'Etat laisse bien des choses dans le vague et dans le doute. Mgr l'Evêque de Châlons a *abusé*, cela est clair. Cependant, s'il retire un aumônier de quelque collège placé sous sa juridiction spirituelle (et il le fera selon toute apparence, dès qu'il y verra comme évêque, sinon comme justiciable du Conseil d'Etat, son devoir engagé), que fera-t-on ? Admettons qu'il n'en dise rien. Empêchera-t-on les journaux de publier la nouvelle ? Les consciences seront troublées par cette nouvelle : le seront-elles *arbitrairement* ? Nous autres chrétiens, qui respectons le Conseil d'Etat, mais qui croyons que les sacrements sont les plus puissants et presque les uniques moyens de salut, nous souviendrons-nous alors de ces beaux considérants, et serons-nous tranquilles sur la foi de M. Dumon (du Lot) ?

Autre difficulté. Mgr de Bonald a parlé exactement comme Mgr de Prilly, qui n'a été que l'imposant écho de cette voix imposante. Mgr de Bonald n'a pas *abusé* cependant ; du moins, rien n'est déclaré à cet égard. Comment Mgr de Bonald est-il innocent, si Mgr de Prilly est coupable ? Le Conseil ne s'est-il assemblé que pour prononcer sur une question de forme épistolaire ? Alors que signifient tous vos triomphes ? où est votre succès ?

Que déciderez-vous si, sans vous rien dire, on retire simplement les aumôniers, comme fera dans quelques jours Mgr l'évêque de Nancy, à moins que le ministère ne lui donne satisfaction ? Pensez-vous que les chrétiens ne sauront pas ce que cet acte signifie ?

Vous chercherez des voies plus rigoureuses ; vous saisirez le temporel ; on vous y pousse, vous en menacez l'Eglise..... Êtes-vous bien sûr que vous le ferez ?

Mais surtout, mais après tout, que ferez-vous contre les écrivains, contre les citoyens, contre les pères de famille qui, la Charte et les serments royaux dans une main, les livres et les doctrines de l'Université dans l'autre, usant d'un droit que vous ne pouvez leur ravir, élevant une voix que vous ne pouvez étouffer, vous rappelleront sans cesse les maux qu'ils souffrent, dénonceront sans cesse à la raison publique les excès de votre enseignement, sans cesse troubleront de leurs plaintes la conscience et l'âme de leurs évêques, sans cesse invoqueront ces gardiens envoyés de Dieu pour maintenir, au péril de leur repos, de leurs biens, de leur vie, l'intégrité d'une foi qu'on sent mourir dans vos étreintes ?

18 novembre.

II. Le *Journal des Débats* et le *Constitutionnel* sont tout surpris, et le laissent voir, que Mgr l'Évêque de Châlons ose encore parler, après la censure de MM. les membres du Conseil d'État et le grand parti qu'ils en ont su tirer (1). Ils se demanderaient presque si, par quelque connivence avec les Jésuites, M. le Ministre des cultes n'aurait pas laissé dormir cette fameuse ordonnance qui devait mettre un terme aux prétentions épiscopales : Art. 1er. Il y a *abus*. Art. 2. *Notre Garde des sceaux exécutera*, etc. Il faut, en effet, que M. le Garde des sceaux n'ait pas exécuté, ou que Mgr de Châlons n'ait pas aperçu qu'on exécutait. Dans l'un comme dans l'autre cas, le *Journal des Débats* est inconsolable. Il reproduit la lettre qu'on a vue dans notre numéro

---

¹ Mgr l'Évêque de Châlons avait adressé une nouvelle lettre à l'*Univers*, dans laquelle il avait cité fort à propos l'exemple de Gallion, proconsul d'Achaïe, refusant de juger saint Paul sur les accusations des Juifs. Le vénérable prélat répétait ensuite cette parole adressée au prophète : *Clama, ne cesses.*

d'hier. Cette lettre, dit-il, l'afflige. Nous le croyons! Il ajoute
à cela beaucoup de choses, mais rien d'aussi sensé. A son
gré, nos évêques se comparent trop à saint Paul, et il part
de là pour se livrer à ces fines et décentes railleries dont il
a successivement terrassé tous les évêques qui se sont permis d'élever la voix dans la grande question de conscience
et de liberté qui émeut tous les catholiques de France.
L'exemple cité par Mgr de Châlons lui parait mal choisi,
parce que le proconsul Gallion ignorait l'Eglise et ne la pro-
tégeait pas. *En sommes-nous là?* se demande le journal universitaire, *l'Etat ignore-t-il l'Eglise?* la *laisse-t-il en dehors
des lois?* Que Mgr l'Evêque de Châlons voie lui-même à se
tirer de cet argument, qui est au-dessus de nos forces. Il est
sùr que le vénérable Prélat aura de la peine à établir que
l'Etat l'*ignore* et le *laisse en dehors des lois*.

Cependant, si Mgr l'Evêque de Châlons avait voulu parler
de la doctrine de l'Eglise et des devoirs que cette doctrine impose aux pontifes, que dirait à son tour le *Journal des Débats?* Cette doctrine est-elle beaucoup plus
connue et beaucoup plus chère à M. Villemain qu'elle ne
l'était au proconsul Gallion?

Le *Journal des Débats* établit encore que les évêques
n'ont pas le droit, comme pasteurs chrétiens, de retirer les
aumôniers, et que, par cette mesure, ils manquent gravement à leurs devoirs envers les âmes. Pour lui, *Journal des
Débats*, il ne voudrait jamais charger sa conscience d'un pareil méfait. Il n'y comprend rien, il ne reconnaît plus la religion catholique. Si le collége est mauvais, il ne faut pas
retirer l'aumônier, dit-il; il y faut envoyer un prêtre plus
habile, afin de prêcher la parole sacrée et de ramener les
âmes à Dieu. Voilà ce qu'il ferait, lui. Qu'on le laisse faire!
il aura un tendre soin des âmes; les aumôniers recevront
une haute paie, il excitera le P. Lacordaire et le P. de Ra-
vignan a donner des missions dans toutes les maisons uni-

versitaires. Que ne fera-t-il pas, pourvu seulement que les catholiques n'aient point la liberté d'enseignement!

Le *Constitutionnel* y met plus de simplicité : « Il serait superflu, dit-il, de réfuter les étranges raisonnements de M. de Prilly. » Bravo! digne homme; voilà enfin une parole de sens!

M. GÉNIN.

14 novembre 1843.

I. M. Génin, l'universitaire détaché au *National*[1] pour la défense du monopole, nous adresse une lettre qui montre sous un jour nouveau ce caractère déjà si original. Nous l'avions cru bon homme; assez indifférent, dans le fond, aux querelles où il est mêlé; soucieux seulement de mériter un congé qui lui permît d'amuser Paris au lieu d'ennuyer Strasbourg. Il n'entend pas qu'on le juge ainsi. Il veut qu'on le prenne au sérieux et qu'un suffrage unanime l'environne. Peu satisfait d'être bien avec le ministère, quoique rédacteur du *National*; bien avec le *National*, quoique fonctionnaire du Gouvernement; bien avec l'opéra-comique, quoique professeur de littérature; bien avec les tribunaux, qui lui ont attribué des droits d'auteur, quoique auteur non représenté; peu satisfait d'être cher au *Constitutionnel*, comme un des universitaires qui *rabotent le mieux les côtes* du christianisme (c'est M. Génin lui-même qui parle avec cette grâce), il faut encore que le christianisme l'accepte à titre d'ennemi très-dangereux, mais très-convaincu, très-sincère et très-respectable; et si le christianisme s'y refuse, il faut

[1] M. Génin, philologue assez habile, mais ennemi passionné de l'Église catholique, était professeur à la faculté de Strasbourg. Le ministre lui avait donné un congé, et il écrivait dans le *National*, où il attaquait grossièrement le Clergé en faisant étalage de science voltairienne.

que le caissier de l'*Univers* lui paie des dommages-intérêts. M. Génin nous menace des huissiers si nous n'insérons sa lettre au plus tôt. Les huissiers de M. Génin coûtent cher. Voici son style :

MONSIEUR,

L'*Univers* du 9 novembre entretient ses lecteurs d'un article que j'ai publié dans le *National* du 7 de ce mois sur les *Institutiones philosophicæ* de Mgr l'Évêque du Mans

L'*Univers* dit : Mgr l'Évêque du Mans est un pieux et savant prélat... comment a-t-il mérité les injures qu'on lui adresse, les travestissements qu'on fait subir à sa pensée ?

Je n'ai pas injurié Mgr l'Évêque du Mans, j'ai cité ses propres paroles. Quand vous dites que son crime à mes yeux est d'être évêque, vous me calomniez.

Vous parlez de travestissements de pensée ; vous devriez pourtant vous y connaître mieux ; j'ai dit autrefois et je maintiens que, en vertu des lois existantes, l'État ne doit AUX JÉSUITES que l'expulsion. L'*Univers* a imprimé dix fois, la *Quotidienne* et les autres journaux religieux, sans compter les brochures, répètent chaque jour que je demande « l'expulsion de *tous les catholiques* de France. »

Vous dites que je calomnie l'Église en plein jour, que je la frappe à visage découvert ! Vous vous écriez : « Quelle bonne fortune pour M. Génin !... Il outrage la personne et les intentions d'un évêque ! » Selon votre 1er paragraphe, j'attribue gratuitement à l'enseignement ecclésiastique les *doctrines les plus coupables et des principes hideux*. Je vous adjure sur l'honneur, Monsieur, de dire en quoi j'ai calomnié l'Église, comment je l'ai frappée et j'ai outragé la personne de Mgr Bouvier. Il ne suffit pas de se dire chrétien pour avoir le droit de diffamer et d'en être cru sur parole. J'ai fait des citations textuelles, osez les répéter ; prouvez qu'elles sont inexactes ou que j'ai mal compris les paroles de Mgr Bouvier ; rétablissez son intention que vous prétendez que j'ai faussée. Si je me suis trompé, je suis prêt à le reconnaître hautement.

Ce serait bien, dites-vous, peine inutile de défendre ici la philosophie chrétienne de Mgr l'Évêque du Mans. Non, Monsieur, si vous croyez cette défense possible, elle ne serait point inutile ; ne servit-elle

qu'à éclairer une seule âme, à la préserver de l'erreur criminelle que je
sème, si l'on vous croit. L'alternative est celle-ci : Ou je calomnie
Mgr Bouvier, ou je suis calomnié par vous. La question ne peut rester
indécise devant le public.—« Nos adversaires se garderaient d'une discussion qu'ils sont dans l'usage de fuir lâchement. » Cet usage, Monsieur, n'est pas le mien. Rappelez-vous, au contraire, que lors de mon
article sur la pastorale de Mgr de Chartres, vous m'avez longtemps
menacé d'une réfutation terrible : depuis 1841 j'attends, et n'ai encore
reçu que vos injures.

Si vous reproduisez mes extraits et les discutez, je prends ici l'engagement de vous répondre.

M. Villemain, je crois, apprendra de vous avec étonnement que je
vais chercher des inspirations et un mot d'ordre au ministère de l'Instruction publique. Vous m'apprenez à moi que je sais traire la chèvre
républicaine et brouter le chou gouvernemental. Le public appréciera
le bon goût de cette métaphore ; il ne m'importe que de repousser la
calomnie qu'elle exprime. Quant aux autres injures dont vous me gra-
tifiez, le style dans lequel elles sont énoncées me dispense de les relever.

J'ai l'honneur de vous saluer,

F. GÉNIN.

Paris, 10 novembre 1843.

A MONSIEUR GÉNIN.

L'*Univers* n'a jamais prétendu, Monsieur, que vous ne
fussiez un habile homme ; vous aimez trop les procès pour
qu'on vous fasse un pareil outrage, et il est aisé de voir, à
la façon dont vous vous avancez, que vous n'avez pas écrit
sans précaution et sans art l'article que nous avons blâmé.
Sans vérifier sur le livre de Mgr Bouvier les citations que
vous en avez faites, nous les croyons volontiers fidèles, quant
aux termes. Nous pourrions débattre avec vous les intentions que vous prêtez au vénérable Prélat ; mais nous ne
doutons nullement que vous ne sachiez défendre vos conclusions de façon à ranger de votre avis tous les niais, tous les

sots et tous les ignorants du monde, quoique ni la niaiserie,
ni la sottise, ni l'ignorance ne soient vos véritables points
de contact avec cette misérable foule. On vous croira, et vous
pourrez encore, la main sur la conscience, vous défendre
d'avoir attribué gratuitement à l'enseignement ecclésiastique
les doctrines les plus coupables et des principes hideux. En
effet, vous avez fait innocemment des citations textuelles,
vous avez paisiblement raisonné : vous serez inattaquable,
à moins qu'on n'y consacre un volume qui ne sera ni lu ni
compris des lecteurs que vous cherchez. Cependant, des
débris de votre article, cinquante ou cent malheureux qui
n'ont ni science ni conscience, incapables même de corriger
une faute d'impression, nourriront des mois entiers leur
immonde polémique dans cinquante ou cent journaux ; et
il restera, grâce à vous, prouvé, comme nous l'avons écrit ,
« que l'enseignement ecclésiastique est plein de niaiseries ,
d'extravagances, de saletés, sans compter les doctrines les
plus coupables, les principes hideux qui s'y trouvent répandus à foison. » Osez dire que ce n'est pas là ce que vous
avez voulu ! Eh ! Monsieur, voyez courir vos phrases *textuelles* dans la presse de Paris et dans celle des départements ;
voyez le parti qu'on en tire dans le *Siècle*, dont les grossiers
commentaires ont inspiré nos réflexions ; voyez comme le
Constitutionnel dépasse tout ce qu'avait osé d'abject le *Journal des Débats* lui-même, lequel a lâchement reculé devant
la discussion si nette et si convaincante que lui offrait chez
nous un professeur du séminaire de Strasbourg. Vous vous
faites fort, vous, de soutenir la discussion, parce que vous
avez de l'esprit. Permettez-nous de vous le dire : Cela n'est
pas vrai ; vous ne le pouvez pas. Eussiez-vous assez de
bonne foi, vous n'auriez pas assez de lumières. Pour discuter
sur ces matières, une première condition est indispensable :
il faut être chrétien, chrétien ferme et soumis, comme ceux
que vous appelez des Jésuites. Alors, fort et assuré dans

l'intérieur de la conscience, on peut, sous la conduite d'un guide expérimenté, aborder les problèmes du bien et du mal, les discuter, les résoudre aux clartés de la loi de Dieu. Mais ce n'est pas dans les journaux, avec des lecteurs du *Constitutionnel* ou du *National* pour juges, que de pareilles discussions se poursuivent. C'est au sein de l'étude, loin des passions, entre gens qui s'entendent sur les points essentiels. Les livres qui doivent y servir ne sont pas plus faits pour le public, que les traités de médecine et les amphithéâtres de dissection ne sont faits pour les malades. Avons-nous besoin de vous apprendre cela, et voulez-vous nous condamner à vous le persuader?

On attaque l'enseignement de l'Université, qui se donne à des enfants et que ces enfants sont forcés de recevoir ; par représailles, vous, universitaires, vous attaquez l'enseignement ecclésiastique, qui ne se donne qu'à des hommes déjà voués aux fonctions redoutables du sacerdoce. Vous y mettez une bonne foi et une sincérité parfaites ; mais quand vous avez parlé, les gens du *Constitutionnel* et du *Siècle*, et bien d'autres, croient ou feignent résolûment de croire que l'enseignement ecclésiastique est plein de crimes et de folies. Vous nous demandez de prouver comment vous avez calomnié l'Église ? C'est le secret de votre talent.

Il vous semble souverainement ridicule qu'un évêque, dans un cours de philosophie, s'occupe des anges bons et mauvais ; non moins ridicule qu'il donne des règles pour reconnaître les vrais et les faux miracles ; et vous nous conviez à défendre les idées de Mgr Bouvier sur ces matières, ne dussions-nous préserver qu'une seule âme de l'erreur criminelle que vous semez. Mais d'abord, Monsieur, croyez-vous à l'existence des anges ? croyez-vous aux miracles ? Si vous n'y croyez point, comment pouvons-nous discuter? Si vous y croyez, à quoi bon discuter ?

Ce n'est pas un crime, à vos yeux, d'être évêque. Dieu

le veuille ! Mais nous pourrions vous dire, avec l'habileté de procureur que vous y mettez vous-même : Prou-
vez-le-nous !

Vous avez libéralement demandé dans le *National* l'exil
pour les *Jésuites*, et non pour *tous les catholiques de France*.
Cela est convenu, et nous avions devancé vos réclamations,
en disant l'autre jour que la république devait se réserver
les catholiques, au moins comme objets de consommation.
Quoique l'Université travaille grandement à en diminuer le
nombre, les catholiques sont d'ailleurs encore trop nombreux
pour qu'il soit facile de les expulser tous. Maintenant, êtes-
vous sûr de ne point étendre la qualification de Jésuites à
plus d'individus qu'il ne faut ? Les évêques, l'abbé Des Garets,
l'*Univers* et les gens qui siffleront votre prochain opéra, ne
sont-ils pas Jésuites selon vous, de ces Jésuites qu'il faut
expulser ?

Il n'est pas vrai que vous sachiez tout à la fois traire la
chèvre républicaine et brouter le chou gouvernemental ; il
vous importe de repousser la calomnie que cette métaphore
de mauvais goût exprime, vous n'allez pas chercher des
inspirations et un mot d'ordre au ministère de l'Instruction
publique ? Pardon ! Monsieur, tout ceci n'est qu'imparfai-
tement établi. Vous écrivez dans le *National*, et à moins
que votre plume ne soit plus désintéressée que votre archet,
le *National* paie votre utile collaboration : donc vous savez
traire la chèvre républicaine. Vous êtes professeur en congé,
et vos nombreux travaux dans la presse, vos essais à l'opéra-
comique, vos correspondances font assez voir que vous n'êtes
ni malade, ni empêché : par conséquent, le Gouvernement
vous favorise. Vous ne recevez point le mot d'ordre au ministère de l'instruction publique, mais vous y recevez la
moitié de votre traitement : j'en conclus que vous broutez
le chou gouvernemental.

Voilà, Monsieur, tout ce que nous voulons répondre, et

toute la discussion que nous paraissent mériter, jusqu'à présent, vos articles et vos lettres. Avec vous, avec vos compagnons de guerre, avec le public que vous nous avez fait, la discussion n'est plus nécessaire ni possible. Quand l'Université partagera nos croyances, quand elle respectera ce que nous respectons, nous pourrons changer d'allures. Maintenant il nous suffit d'enregistrer ses blasphèmes, de montrer quels sont ses défenseurs et ses amis, de faire enfin connaître aux évêques, au clergé, aux fidèles, à quelles mains l'éducation de la jeunesse catholique est livrée. Il nous reste à vous remercier, Monsieur, de nous aider si bien à atteindre notre but.

II. Nous voulons faire quelque chose pour M. Génin, qui nous paraît malade. Cet excellent artiste prétend que nous le falsifions toujours, que cela ne peut durer, et qu'il est incapable d'accepter plus longtemps les calomnies des Jésuites sur son compte. Ce mot nous va droit au cœur : M. Génin nous prie évidemment d'avoir égard à sa santé :

> Non, non, ne plaise aux dieux que jamais ma main coupe
> La gorge à qui chante si bien !

M. Génin affirme qu'il ne s'est point vanté de savoir « raboter les côtes du christianisme. » C'est une phrase absurde, selon lui, qu'il n'a jamais écrite, « bien que l'*Univers* et ses amis, les Des Garets, les Carle, les Védrine, etc., la lui aient cent fois attribuée. » Pour absurde, la phrase l'est assurément. Mais, pour dire où M. Génin l'a écrite, c'est ce que nous ne saurions faire ; la pièce originale nous manque. Mettons que cette phrase ne lui appartient pas et qu'elle nous a trompés par un air de famille.

M. Génin jure ensuite que son *archet n'est pas peut-être*

aussi intéressé que notre goupillon (c'est M. Génin lui-même qui parle avec cette grâce). Il nous apprend que les dommages-intérêts qu'il a tirés d'un éditeur de musique ont été sanctifiés par l'usage qu'il en a fait. Ce trait est beau; M. Génin le dit, et nous sommes d'accord. Il nous prie de vérifier sa grandeur d'âme près du maire de Nouville, département des Vosges. Fi donc! M. Génin pense-t-il que nous ne pouvons pas, en certaines occasions, le croire sur parole? M. Génin ne *ramasse pas de l'argent dans la boue!* Si *jamais il fait condamner* l'UNIVERS *et ses abbés comme calomniateurs*, on peut *compter d'avance que leur argent ne salira point ses mains.* Nous sommes toujours d'accord : notre argent, quand par hasard nous en avons, n'est point sale; il n'est n'est point entaché des sueurs du peuple, comme le dirait le *National* de celui que l'on puise au budget.

M. Génin nous appelle *Jésuites.* Nous l'avertissons de prendre garde à cette fleur de rhétorique qu'il emploie trop souvent. Jésuite veut ici dire catholique, et M. Génin ne se montre pas généreux adversaire, lorsqu'il nous fait entrer ainsi de vive force dans un cas d'expulsion.

Voilà tout ce que M. Génin a cru possible de démentir. Il demeure donc établi que M. Génin sait parfaitement traire la chèvre républicaine et brouter le chou gouvernemental... — quel que soit le goût de la métaphore.

14 février 1844.

III. M. F. Génin, professeur à la faculté des lettres de Strasbourg, rédacteur du *National*, rapiéceur de vieux opéras, bel esprit chez les universitaires, publie aujourd'hui en l'honneur de l'Université un gros in-8° contre les Jésuites. Le spirituel auteur n'a pas voulu qu'on pût reprocher à cet ouvrage la légèreté si remarquable de ses feuilletons : le livre compte cinq cents pages ; c'est un moyen de se donner du poids. Néanmoins, nous avons à peine ouvert ce chef-d'œuvre et nous dirions déjà ce qu'on y trouve, si nous ne redoutions que M. Génin, l'homme du monde qui sait le mieux se servir des huissiers, ne nous fît quelque procédure pour le juger avant de l'avoir lu. De même qu'il fait des opéras nouveaux avec des partitions défuntes, cet ouvrier en vieux de la littérature et des beaux-arts a composé son livre neuf d'un bon nombre d'articles très-fripés. Homme d'ordre par-dessus tout, et de ménage ! Il a pensé que ces débris, *restes affreux*, dirait Racine, dont le *Constitutionnel* et ses égaux de la province se disputent les lambeaux, pourraient plaire encore aux lecteurs de Paris, moyennant un peu de sauce nouvelle. Outre l'amour que les gens d'esprit sont exposés à sentir pour les produits de leur cerveau, il ne faut pas oublier que M. Génin est ici en demi-solde, et que la querelle entre l'Université et l'Eglise est assez animée pour qu'il ait raisonnablement conçu l'espoir de tirer double profit de ses petits talents.

C'est assez d'annoncer le livre de M. Génin. Sa voltige voltairienne vient un peu tard pour nous apprendre quels sont les sentiments de l'Université et des universitaires sur la Religion, sur l'Eglise, sur le Clergé. De ce côté, les documents sont complets ; les hiérophantes du parti ne laissent rien à faire aux farceurs.

Le livre de M. Génin se trouve à la même boutique où se vendent les *Constitutions des Jésuites*, le *Livre des Jésuites*, dû aux deux Siamois du Collége de France, et une malpropreté intitulée *Monachologia*, dont nous parlerions si nous n'avions que la dose de pudeur qu'il a fallu pour l'éditer.

LE JOURNAL DES DÉBATS

ET M. DE MONTALEMBERT.

5 décembre 1843.

I. Le *Journal des Débats* se félicite sur la brochure de
M. le comte de Montalembert [1]. C'est prendre bravement
son parti. Il trouve que M. le comte de Montalembert, *en sa
qualité de laïque, apparemment* et *d'ancien élève de l'Université, n'écrit pas trop mal, et qu'on peut le lire sans dégoût.* Nous pouvons certifier que le public se montre pleinement de cet avis. C'est à notre bureau qu'on vient prendre et reprendre la brochure de M. de Montalembert ; nous
voyons par chiffres qu'on la lit tout à fait sans *dégoût.* On
se plaît même à la faire lire après l'avoir lue. Selon toute
apparence, nous en publierons prochainement une seconde
édition : le *Journal des Débats*, à qui nous aurons soin de
l'annoncer, sera content et nous aussi.

La bonne grâce et la politesse du journal de l'Université
et de la Cour sont ici d'autant plus louables, qu'il déclare
l'écrit du noble Pair aussi *injurieux pour le fond que les
écrits des Védrine et des Des Garets,* et *animé d'un fanatisme
plus ardent peut-être,* jusqu'à ce point, *qu'on y trouve des
réminiscences de la St-Barthélemy.* Mais enfin, on *peut le*

---

[1] *Du devoir des Catholiques dans la question de la liberté d'enseignement.*
M. de Montalembert venait de publier cet éloquent écrit.

lire sans dégoût. Ce n'est plus un de ces pamphlets épiscopaux qui soulèvent le cœur délicat des collaborateurs de
M. Janin et de M. Sûe ; encore moins un de ces articles de
crocheteur ivre, qu'on voit tous les jours dans l'*Univers*. Le
Journal des Débats, rédigé comme on sait, par qui l'on sait,
pardonne tout à l'eutrapélie. Faiblesse bien naturelle à une
feuille qu'inspire le ministre de la jeunesse et de la littérature, qu'alimente la fine fleur des aides de camp, des précepteurs, des bibliothécaires.

Cependant, ce n'est pas tout de lire M. de Montalembert :
il faut le réfuter. Le *Journal des Débats* ne décline pas
cette tâche ; il l'accepte avec déplaisir, mais avec patience.
Voyons comme il s'en acquitte.

D'abord, il trouve que M. de Montalembert aime beaucoup les Jésuites. Un homme est réfuté là-dessus, sans
autre discussion. Aimer les Jésuites, les vanter, penser
seulement quelque bien d'eux : cas pendable ! Qu'est-ce
qu'un Jésuite ? C'est un confrère du Père Garasse : *Tolle !
Crucifige !* M. de Montalembert est pris en flagrant délit
d'aimer les Jésuites, les confrères du Père Garasse, les
assassins des rois, les bourreaux des peuples : le voilà jugé ;
il ne reste plus qu'à l'expulser.

Tout en se frottant les mains, le *Journal des Débats* ne
dissimule point que la hardiesse de M. de Montalembert
l'étonne. Aimer les Jésuites ! Oser dire qu'on les aime ! Il
croyait nous en avoir fait passer le goût ; il est confondu,
il demanderait volontiers si nous n'avons donc pas lu
M. Michelet, ni M. Libri, ni M. Quinet, ni entendu dernièrement M. Lacretelle jeune [1] !

Ayant suffisamment mis en poudre les Jésuites, et par
le moyen des Jésuites, la liberté d'enseignement, le *Journal des Débats* entame une autre question, celle des petits

[1] Ce vieil écrivain, professeur au Collège de France, avait trouvé bon
de dire aussi son mot contre les Jésuites.

séminaires. M. de Montalembert s'adressant aux évêques avec tout le respect, mais avec toute la liberté d'un fidèle, dit et prouve invinciblement que l'intérêt des petits séminaires ne doit ni ne peut faire abandonner leur droit épiscopal sur l'éducation de la jeunesse laïque. Et cela est tout simple, puisque pour un prêtre formé dans les petits séminaires, le monopole, au train dont il va, formerait dans ses Colléges dix mille incrédules, qui feraient à l'occasion dix mille bourreaux.

Voyez-vous ! s'écrie le Journal des Débats : *c'est-à-dire que l'Eglise a, sur l'instruction publique, le même droit que les papes ont prétendu avoir et ont exercé sur les rois et sur les peuples, pour le salut, comme on sait, et pour le bonheur de l'humanité ! C'est-à-dire que les vœux de M. de Montalembert remontent jusqu'à cette époque de bonheur, où les papes déposaient les rois, excommuniaient les peuples et donnaient la catholique Irlande en cadeau à un roi d'Angleterre. En vérité, M. de Montalembert est encore plus hardi que nous ne le croyions !*

Et voilà une seconde réfutation, qui vaut bien la première. Que les *néo-catholiques* essaient maintenant de répondre ; qu'ils réfutent à leur tour tant d'érudition , tant de bonne foi ; qu'ils poursuivent une discussion que l'on sait ainsi conduire ; qu'ils recourent à l'histoire, telle que les gens du *Journal des Débats* l'ont faite et l'enseignent aux enfants catholiques ! En ce moment, la moitié des lecteurs de la feuille universitaire sont convaincus que le roi d'Angleterre à qui un pape a donné l'Irlande était protestant, et qu'ainsi pourrait être donnée la France au roi de Prusse, si la liberté d'enseignement était obtenue. Ils le savent, ils en jureraient par leur croix d'honneur, comme les lecteurs du *Constitutionnel* et de la *Patrie* sont prêts à jurer que le dominicain Lacordaire est *affilié à l'inquisition de Rome*, où il va brûler des hérétiques dans ses moments de loisir. Voilà ce que nous gagnons à faire des brochures pour éclairer l'opinion.

Nous nous reconnaissons battus devant ce côté du public, et nous n'en appelons pas ; mais nous nous retournons vers nos évêques, vers nos frères, vers quiconque, étant chrétien et fils de l'Eglise, se sent plus chrétien et plus tendrement attaché à la commune mère, à mesure qu'elle est davantage injuriée. Nous leur disons que les hommes qui parlent de la sorte sont les maîtres de la jeunesse, les professeurs qu'on impose à nos enfants. Nous leur demandons, avec M. de Montalembert, s'ils jugent possible et permis de laisser dans ces mains impures l'espoir de la famille et de la religion ; sous ce souffle et dans cette pestilence, des âmes auxquelles nous devons, sur la vie même de nos âmes, donner la vie de Dieu.

Voilà la question ! Le *Journal des Débats* peut plaisanter, peut mentir, peut travestir nos intentions, nos paroles. A son aise ! Quand nous attendons peu de chose de la Chambre des députés, moins encore de la Chambre des pairs, et des félonies seulement du pouvoir, ce n'est pas au *Journal des Débats* sans doute que nous irons demander ni bienveillance, ni droiture, ni politesse, ni raison. Mais moins nous attendons des autres, plus nous attendons de nous-mêmes. Il ne s'agit plus de ce que penseront et diront les partisans du monopole, mais de ce que les catholiques feront. M. de Montalembert s'adresse aux catholiques, non à d'autres : il leur demande des œuvres de chrétiens et des œuvres d'hommes. En produiront-ils ? Sauveront-ils la religion en France, ou la laisseront-ils périr ? Voudront-ils que leurs enfants soient catholiques comme eux, et plus qu'eux ; ou voudront-ils seulement qu'ils grossissent ce lamentable troupeau de bétail humain, sans lumières, sans croyance et sans amour, que l'éducation antireligieuse prépare pour toutes les hontes et pour toutes les tyrannies ? En

un mot, useront-ils des libertés publiques, comme la conscience du chrétien et la dignité du citoyen le leur comman-
dent, ou les abandonneront-ils lâchement, comme l'Université les en sollicite ? Nous l'avons dit cent fois, c'est toute
la question. Si nous en jugeons d'après nous, le *Journal des
Débats* ne peut que l'élargir et la faire mûrir à notre profit. Il est content de nous, nous sommes contents de lui.
Mais ne nous applaudissons ni les uns ni les autres : la cause
n'est pas jugée.

19 décembre.

II. Tous les pouvoirs ont des ennemis redoutables ; ce
sont leurs valets. La livrée est insolente de sa nature.
Quand ses maîtres discuteraient, elle injurie ; quand ils se
borneraient à refuser justice, elle menace. Elle a une certaine façon de comprendre les choses et de les exposer qui,
arrachant au bon droit toute espérance d'être écouté un
jour, amasse dans les cœurs ces ferments de haine dont
l'explosion met la livrée en fuite et les maîtres aussi,
quelquefois. Ceci est particulièrement applicable au pouvoir actuel et à sa domesticité politico-littéraire du *Journal
des Débats*. Le Gouvernement possède là un état-major
de scribes bien établis, qui le louent beaucoup, mais qui
le servent fort mal, si nous en jugeons par les sentiments
amers qu'ils font peu à peu et malgré nous entrer dans notre
esprit. Nous ne professons aucune hostilité systématique
contre l'ordre nouveau. Nous voulons bien qu'il dure, et nous
lui donnons autant qu'il dépend de nous le moyen de durer,
en lui conseillant d'être toujours libéral et juste. Parmi nous,
plusieurs l'ont servi dans le péril sans lui demander autre

chose, et si notre attitude a été remarquable en face de lui, ç'a été plutôt par trop de complaisance que par trop d'inimitié. On nous a accusés d'être de son parti, parce que, priant pour lui, comme l'Eglise, nous ne lui demandons pas sa ruine, mais notre liberté. Nous espérons conserver cette impartialité, cette largeur chrétienne de principes et de conduite. Néanmoins, nous devons l'avouer, à mesure que le *Journal des Débats* se charge au nom du Pouvoir d'examiner nos légitimes prétentions, de répondre à nos raisons, de juger nos demandes, nous sentons défaillir notre bonne volonté. Il nous semble que l'on nous veut décidément pour ennemis et que peu à peu nous en prenons le rôle. L'on sait qui nous sommes ; nous donnons l'avis à qui de droit.

M. le comte de Montalembert a exposé aux catholiques de France les moyens constitutionnels à employer pour obtenir l'exécution des promesses de la Charte en ce qui concerne la liberté d'enseignement. Le *Journal des Débats* a cru le réfuter suffisamment par ses dédains. Cependant la pensée du noble Pair a fait son chemin. Ces pages généreuses, où les dangers de l'Eglise sont si nettement appréciés, où l'iniquité de nos adversaires est caractérisée avec tant de vigueur, n'ont pas médiocrement contribué à grouper plus fortement autour de l'Eglise tous les cœurs vraiment catholiques ; ceux qui, selon l'énergique expression de M. de Montalembert, sont catholiques *avant tout*, au lieu de l'être après tout. Le *Journal des Débats* a été sans doute avisé de ce résultat. Que fait-il pour le conjurer? entreprend-il de discuter les idées de M. de Montalembert? Non! Il l'injurie. Eh! mon Dieu! à quoi bon injurier? Pourquoi ? Rien ! par instinct d'heiduques ! M. de Montalembert et les catholiques réclament des droits qu'on leur a promis; le maître répugne à les accorder, le valet crie : Qu'on me chasse ces impertinents !

Il faut cependant une raison pour nous chasser. La raison

que trouve le *Journal des Débats* vaut son langage : l'écrit de M. de Montalembert, daté du mois d'octobre, à Madère, a été publié à Paris vers la fin de novembre. Or, l'époque de cette publication coïncide avec la présence en Angleterre de M. le duc de Bordeaux et les hommages que sont allés présenter à ce prince quelques membres influents de l'opinion légitimiste : donc, la conséquence est nette, la brochure de M. de Montalembert est une avance que le parti ecclésiastique fait au parti *carliste !*

La coïncidence du divorce que le parti ecclésiastique fait avec la révolution de juillet, et de la manifestation *carliste* de Londres, est un fait remarquable. Il est curieux qu'au moment où le parti *carliste* essaie de fonder à Londres un petit Coblentz, le parti ecclésiastique vienne déclarer par la bouche de son chef qu'il rompt toute alliance avec la révolution de juillet... Il n'y a pas de rupture, parce que, selon nous, il n'y a jamais eu d'alliance, mais il y a évidemment une transition. Le parti ecclésiastique n'avait jamais cessé d'être *carliste*, sauf quelques moments d'impartialité de la part de ses chefs prétendus : impartialité qui était peut-être de l'ambition. Aujourd'hui, ce parti retourne publiquement au parti *carliste.*

Ainsi, la question de la liberté de l'enseignement n'est plus *néo-catholique*, elle est *carliste*. Cela est public, cela est avoué, et voilà le Gouvernement sorti d'embarras par ce tour d'adresse ! Hier, quand nous signalions l'impiété des doctrines universitaires, on nous répondait : *Jésuites !* demain, quand nous réclamerons l'exécution des promesses de la Charte, on nous répondra : *Carlistes !* Après-demain que nous répondra-t-on ?

Le *Journal des Débats* a peut-être une troisième objection à nous opposer, dont il n'use pas encore, mais qu'il laisse entrevoir. Remarquez qu'il dit *carlistes*, et non pas *légitimistes*, comme il dit *jésuite*, et non pas *catholique*. C'est que, Carliste et Jésuite sont les noms que la canaille entend, et qui lui font égorger ceux à qui on les donne. Rien n'égale l'abjection de ces haines d'antichambre !

Nous n'avons aucun sentiment à exprimer à la maison littéraire du Gouvernement de juillet : nous ne la haïssons pas, nous ne la méprisons pas, nous ne lui répondons pas. Ces hommes n'ont pour nous que la valeur d'un fait fort triste et fort alarmant; nous les montrons. Quant à ceux qu'ils servent et qui veulent bien être servis de la sorte, nous ne pouvons nous empêcher de le dire, ils nous font pitié.

Quoi ! vous êtes ce que l'on sait ; vous vivez de ruse et d'attente, sans autres amis que vos fonctionnaires, dont vous n'êtes pas sûrs, et vos gens de plume, qui sont de peu de ressource au moment du danger; et vous avez tant de hâte à grossir le nombre de vos adversaires, que vous ne pouvez nous permettre plus longtemps l'indifférence et la neutralité ! Le parti ecclésiastique est carliste ! Qui vous l'a dit ? Ce n'est pas nous, assurément, qui parlons pourtant avec assez de franchise ; ce n'est pas non plus M. de Montalembert, qui n'a jamais rien caché ; ce n'est pas davantage le parti légitimiste, dont les organes nous suspectent ou nous accusent ouvertement. Personne ne vous l'a dit, vous ne l'avez vu nulle part, vous l'affirmez et vous n'en croyez rien; mais vous voudriez que cela fût. Prenez garde ! Vous pourriez réussir. L'Eglise n'en serait peut-être pas plus faible, le parti légitimiste, assurément, n'en serait pas moins fort, et si nous avons un conseil à vous donner, c'est de ne point jouer ce jeu-là. Nous avons toujours cru, nous, et nous croyons encore que l'Eglise, au lieu de se lier à un parti, ce qui serait repousser les autres, doit se placer au milieu d'eux et les attirer tous, les convier tous au pardon des vieilles injures, au zèle des pauvres, à l'amour de la patrie, au culte de la vraie liberté. Mais il peut se trouver une majorité catholique moins ferme que nous dans sa foi au principe de vie immortelle que l'Eglise a reçu pour tout conquérir à la loi de son divin fondateur. Cette majorité, voyant vos des-

scins et ayant compté vos mensonges, peut croire que l'Église
a besoin d'un parti, peut élire pour patron le parti légitimiste... Elle lui apporterait en dot quelques millions de
consciences plus solides que vous ne sauriez le comprendre,
et plus disposées à prendre cette voie que vous ne semblez le
croire. Eh bien, si l'événement se réalisait, si l'Église, au
lieu de combattre par elle-même, pour elle-même, se jetait
dans cette lutte désastreuse des partis, nous disons, sans
examiner ce qui en résulterait pour l'Église, que vous vous
en trouveriez mal, vous, très-mal; qu'il n'en faudrait pas
beaucoup plus pour vous mettre à l'extrémité.

C'est une chose étrange de la part d'un gouvernement qui
a besoin de tant de paix, et qui l'achète partout si cher,
poussant la défiance de ses forces jusqu'à se laisser ronger et
détruire tout vif par les moindres ennemis; c'est une chose
étrange que cette manie de nier tous les droits, lorsqu'il se
plie à toutes les exigences; de pousser à la colère tous les
honnêtes gens, lorsqu'il traite avec tous les aventuriers! Que
feriez-vous donc contre le parti ecclésiastique, s'il devenait
carliste? La liberté d'enseignement, à laquelle il est temps
de revenir, en serait-elle moins promise par la Charte, et la
Charte n'est-elle pas pour les carlistes comme pour vous?
Sont-ce les fortifications de Paris qui vous rendent si fiers?
Vous flattez-vous d'écraser en un jour l'Église, les légitimistes, la Charte, et d'établir sur leurs ruines la paix de votre
avenir? Non, sans doute; et cependant que voulez-vous? de
quoi nous menacez-vous? que faites-vous? Malheur aux
gouvernement qui déchaînent de pareils orages! La première
ruine qui épouvante les yeux, c'est la leur; et la guerre
civile se livre sur leurs débris.

DÉNONCIATION CONTRE LES JÉSUITES.

10 janvier 1844.

Le *Constitutionnel* donne au Gouvernement le bon avis que l'on va lire :

Une des questions qui ont le plus vivement préoccupé les esprits dans la commission de l'adresse, c'est celle de la présence des Jésuites en France et de l'influence déplorable qu'ils exercent sur une partie du clergé séculier. Le Ministère, interpellé avec instance par quelques-uns des commissaires, a été, dit-on, amené à avouer qu'il y avait actuellement deux cent cinq Jésuites reconnus comme tels, vivant en communauté dans plusieurs villes du royaume. Ils ne remplissent pas les fonctions ordinaires du ministère sacerdotal ; ils s'occupent surtout de la prédication et de la confession, en attendant que l'enseignement leur soit livré. Presque tous, en effet, se préparent au professorat. On en compte vingt dans la maison de la rue des Postes, qui vient d'être réorganisée d'après les instructions du général, le Père Roothan, résidant à Rome. Ils ont pour procureur le Père Bigot, et pour supérieur le Père Guidée. Ils sont représentés dans les affaires civiles par un laïque demeurant avec eux, M. Laffenaër. Le ministère connaît ces diverses associations, et il les tolère ; cependant il avoue que les lois existantes lui donnent le droit de les dissoudre ; mais il recule devant l'exécution de la loi, de peur, dit-il, de transformer les Jésuites en martyrs. Il ajoute que si on dispersait leur communauté, ils seraient individuellement recueillis dans des maisons particulières, et de là continueraient à correspondre, à conspirer d'une manière secrète.

Nous nous rappelons qu'au temps où il s'agissait de disperser les associations politiques, les mêmes objections ont été faites contre la loi proposée. Certes, ces objections étaient sérieuses et vraisemblables en matière de conspiration politique ; la loi d'ailleurs était à faire, et cependant le ministère d'alors a passé outre, et la Chambre l'a suivi. Aujourd'hui, à l'égard des Jésuites, la loi existe : ils la violent avec audace ; leur seule force est dans l'impunité, et le ministère se retranche derrière des raisons puériles, pour ne rien faire. C'est plus que de la faiblesse, c'est de la complicité !

De quel droit exigera-t-il, d'ailleurs, le respect des lois, s'il en est quelques-unes qu'il laisse volontairement outrager ?

Le Gouvernement obéira-t-il jusqu'au bout aux odieuses et tyranniques haines du vieux libéralisme ? On peut tout attendre de lui, et quoique nous l'estimions médiocrement audacieux, il sait et nous savons tout ce que l'infâme assoupissement des uns et les lâches terreurs des autres lui permettent d'entreprendre contre la religion et contre la liberté.

S'il veut contenter l'appétit de persécution qui le tourmente peut-être encore plus que le grand nombre de ces journalistes par lesquels il se fait mordre, pour avoir un prétexte d'entrer dans notre champ et d'y fouler aux pieds nos droits ; s'il veut user iniquement contre les plus paisibles des citoyens de ces lois portées, malgré le *Constitutionnel* et ses semblables, contre les révolutionnaires et les régicides ; s'il veut assimiler ces retraites où règnent la prière et le travail aux autres où se fabriquaient les cartouches et s'aiguisaient les poignards ; s'il veut, de la même main et au même titre qu'il a dispersé les sectaires furieux du communisme, disperser ces prêtres occupés surtout de la prédication et de la confession, c'est-à-dire occupés surtout de ramener les âmes à la pratique de l'Évangile... rien ne s'y oppose. Il le peut aujourd'hui, il le pourra demain : nul obstacle. Nous lui protestons que c'est la chose la plus aisée. Il ne lui faut qu'un peu de cœur, dans le moment.

Oui, le *Constitutionnel* est bien informé : il y a des Jésuites en France, des Jésuites reconnus comme tels, qui ont

fait vœu de pauvreté, de chasteté et d'obéissance, selon la
règle de saint Ignace de Loyola ; qui prêchent, ou confessent ou étudient, et dont la plupart même font ces trois
choses. Il y en a deux cent cinq, et peut-être plus. La
France est chargée de ce redoutable fardeau, réparti entre
plusieurs villes. Ils exercent de l'influence sur le clergé
séculier, et si le *Constitutionnel* avait dit qu'ils en exercent également sur les fidèles, il n'aurait rien dit de trop.
Nous ajoutons que c'est une influence considérable, tout à
fait analogue à celle que produit la lecture de la Vie des
saints. Quand ils parlent de charité, de pardon, de patience, leur exemple fortifie étrangement leur discours.

Tels sont les Jésuites, et tel est le danger que leur présence fait courir à la majesté des lois. Mais, puisque ce
danger est intolérable, encore une fois le Gouvernement
peut s'en débarrasser en moins de temps qu'il ne se délivre
d'un solliciteur raisonnablement appuyé. Les villes où les
Jésuites séjournent sont connues, et les maisons aussi. Qu'un
commissaire de police pénètre chez eux et les chasse : les
gendarmes n'y seront point nécessaires, personne ne se fera
tuer sur les seuils violés. La loi le veut, on obéira ; et la loi
ne le voudrait pas, que la force suffirait. Les feuilles libérales offriront de tous côtés des couronnes civiques au Ministère, M. Dupin remplacera par des félicitations les fou-
droyantes harangues qu'il prépare, les catholiques continueront de payer l'impôt, et il n'y aura plus de Jésuites...
Qui sait même si quelque dotation [1] ne surgira pas de cette
victoire ? A coup sûr, ce ne seront pas les chrétiens qui re-
fuseront de doter les princes ! Les chrétiens auront de
l'argent de reste : les Jésuites ne les ruineront plus en
aumônes.

Ainsi, que le Gouvernement ne craigne rien : le mécon-

[1] Le Gouvernement demandait, et la Chambre refusait une dotation
pour S. A. R. le Prince de Nemours.

tentement des catholiques ne donnerait pas même naissance
à une question de cabinet... quant à présent.

Cependant, souhaitons-nous que les Jésuites soient dispersés? Si nous étions les ennemis du Gouvernement, nous
pourrions le souhaiter ; mais nous faisons profession, on le
sait, d'une invincible indifférence à son égard. Nous ne le
haïssons point, nous ne désirons pas qu'il lui arrive malheur ; nous le prenons tel qu'il est, comme un compagnon
de route pour lequel nous avons peu de sympathie, mais
qui en vaut probablement un autre, et avec lequel nous désirons nous arranger ; car nous ignorons si nous ne devons
pas le conserver toujours.

Nous lui conseillons les mêmes pensées, la même complaisance à notre égard. Il y trouvera son compte. Sans
vouloir l'offenser, nous pouvons bien lui dire que ce n'est
pas nous qui mourrons les premiers. Nous portons un nom
qui nous assure une longue vie, malgré notre état chétif ,
nous nous appelons le *Catholicisme* ; et avec ce nom, jadis,
nous en avons porté un autre, que nous espérons bien reprendre : nous avons été le *Peuple*. Nous sommes faits pour
durer longtemps ; nous possédons des ressources de tempérament dont les dynasties et les institutions humaines
n'ont point encore dérobé le secret.

Comme bons voisins et bons compagnons de voyage,
nous conseillons au Gouvernement de laisser en paix ces
Jésuites que nous aimons tant et qu'on l'engage à chasser.

Nous le lui conseillons dans son intérêt et dans le nôtre :

C'est notre intérêt de continuer à profiter des biens spi-
rituels que nous dispensent ces religieux.

C'est l'intérêt du Gouvernement de ne point excéder notre
patience et de ne point désespérer notre soumission. Il aurait
tort de nous persuader qu'il ne comprend rien à cette religion qui fait les citoyens fidèles, rien à cette liberté qui fait
les grandes nations ; que les lois les plus sages peuvent dé-

venir iniques envers nous ; que notre conscience et notre
foi autorisent les sévices et les injures ; que l'obéissance aux
préceptes de l'Evangile et l'amour de tous nos devoirs publics et privés nous attireront incessamment des avanies
dont la raison d'Etat craint d'humilier les plus hideux perturbateurs.

C'est l'intérêt du Gouvernement de ne point chasser les
Jésuites, parce que si cet acte ne lui coûte rien, il est plus
sûr encore qu'il n'y gagnera rien. Nous ne savons si le Ministère s'est appuyé, pour les tolérer, de la raison que rapporte le *Constitutionnel*; en tous cas, cette raison est on ne
peut mieux fondée. Les Jésuites frappés, deviendront pour
nous des martyrs ; nous les recueillerons dans nos maisons,
et heureux les foyers où daigneront s'asseoir ces proscrits :
Bienheureux le père qui pourra leur confier l'avenir et l'âme
de ses enfants ! Bienheureux l'homme de labeur et la veuve
dont ils partageront l'humble morceau de pain ! Nous répondons que pas un Jésuite, quel que soit leur nombre, n'aura
besoin de demander au Pouvoir le moindre dédommage-
ment pour l'asile qu'on lui aura dérobé. Nous répondrions
aussi de leur pardon, s'il fallait rassurer la conscience des
oppresseurs ; nous répondrions même du nôtre, si nous pouvions tous les entendre, et si c'était toujours assez de l'exemple et des conseils d'un saint pour étouffer dans le cœur
de l'homme l'amer ressentiment qu'y laissent les triomphes
brutaux de l'injustice.

Que fera-t-on contre eux, contre nous, lorsque, dispersés,
ils attendront dans nos maisons ou la fin de leur vie, ou des
jours meilleurs ? Empêchera-t-on que chacune de ces maisons
ne devienne une sorte de communauté où régnera l'esprit de
la Compagnie de Jésus? Empêchera-t-on qu'ils n'y tiennent
à tout venant les mêmes discours que nous allons chercher
publiquement au pied de leurs chaires éloquentes, et que nos
enfants ne forment dans leurs cœurs le vœu de perpétuer

cet ordre saint que l'impiété veut anéantir ? Voyez donc ce
que vous faites ! voyez donc où vous allez ! Vous dispersez
aujourd'hui les Jésuites, parce qu'ils sont *censés* conspirer ;
il faudra que vous les laissiez conspirer demain, ou que vous
les condamniez à l'exil et à la prison. Ils seront alors *censés*
avoir tiré sur la garde nationale et sur le Roi !

Nous vous troublons aujourd'hui par une guerre importune et inquiétante. Croyez-vous que nos prêtres tracassés,
persécutés, emprisonnés peut-être, nous rendront enfin plus
contents, et que tout laïque en France sera glacé de peur, à
la pensée de souffrir pour la loi de Jésus-Christ ?

Vous vous trompez ; mais votre erreur ne durera pas assez pour déshonorer les catholiques de France aux yeux du
monde chrétien.

Mettez la main sur le prêtre aujourd'hui, demain vous la
mettrez sur la Charte... C'est une révolution, un coup de
dés qui peut vous donner le despotisme pour un temps, et
à nous des fers, en mettant les choses au pire.

Mais, comme nous l'avons dit, nous ne mourrons pas. On
nous blesse, on nous enchaîne, on nous tue... nous ne sommes pas morts. Le temps rouille et dissout nos chaînes,
sans porter atteinte à notre invincible vie ; notre sang, lorsqu'on vient à le répandre, noie les bourreaux.

DES POURSUITES EN MATIÈRE DE PRESSE.

(DÉFENSE DES JOURNAUX LÉGITIMISTES.)

14 janvier 1844.

Le parquet exerce depuis quelque temps envers les journaux légitimistes de si excessives rigueurs, que la presse, à peu d'exceptions près, s'en est émue et les blâme avec une juste vivacité, sans distinction de parti. Nous nous unissons très-sincèrement à ce mouvement loyal des opinions.

Le Gouvernement, dont les parquets ne sont en cette circonstance que les agents extrêmement dociles, entre dans une voie désastreuse. Creusant un peu les listes du jury, il a mis en divers lieux, à ce qu'il paraît, la main sur certaines veines de jurés que l'on nomme des *jurés probes et libres*, et qui le sont sans doute, mais qui ne refusent rien en matière de délit de presse. Les condamnations pleuvent, à Paris particulièrement, au gré de MM. les gens du Roi. Tout récemment, deux ans de prison et 6,000 fr. d'amende, un an de prison et 8,000 fr. ont frappé le même jour la *Gazette* et la *Quotidienne*, pour des articles qui paraissaient loin de mériter cette rigueur. Le Gouvernement, cependant, profite de la veine, fait saisies sur saisies, ne se lasse pas de demander des condamnations. Pour ne rien perdre des dispositions que les jurés lui montrent, il va, ce qui ne s'était point vu, jusqu'à leur déférer des articles publiés depuis un

ou deux mois ! La législation de septembre, arrachée avec
tant de peine aux Chambres, pour des circonstances extrê-
mes, est appliquée à ces délits que personne dans le pays
n'aperçoit, et que le parquet lui-même semble avoir eu tant
de peine à découvrir. Lorsque de toutes parts se sont apaisées les passions qui pouvaient rendre de pareilles armes nécessaires, on trouve ces passions plus implacables que jamais dans le Gouvernement, c'est-à-dire dans l'âme de
ceux-là mêmes qui ont pour principal devoir de les amortir !
N'est-ce pas une chose qui surpasse la raison et qui doit
inspirer partout les plus vives alarmes, de voir incriminer
des articles de journal deux mois après leur apparition ? Si
l'article d'aujourd'hui est coupable, et si l'on fait bien d'en
arrêter la circulation, y a-t-il rien au monde de plus innocent que l'article d'hier et d'avant-hier ? Qui s'en occupe ?
Qui le lit ? Où le trouvera-t-on ? Le précieux exemplaire du
parquet est peut-être unique ; il est le seul, certainement, sur
lequel s'arrête une pensée humaine.

Il y a plus, et l'on trouve à bon droit, dans une façon de
procéder si violente, quelque chose qui répugne à la loyauté,
essence de la justice. Les poursuites judiciaires en matière
de presse doivent être un avis en même temps qu'une punition. La justice doit supposer que l'écrivain, tout en exprimant librement son opinion, n'a pas voulu violer les
lois du pays. Si l'on pense qu'il les a violées, la loyauté
veut que la répression l'en avertisse, afin qu'il évite de
tomber dans la même faute à l'avenir. Attendre un mois,
deux mois, le laisser multiplier des délits qu'il ignore, encourager par là d'autres écrivains à l'imiter, pour tomber
enfin sur tous ces coupables et les faire juger à bref délai,
avant qu'ils aient pu même se douter que les limites de la
liberté d'écrire étaient franchies par eux, ce n'est plus de
la justice, c'est de la ruse, une ruse qui semble se jouer de
la loi même. Car de quoi s'agit-il ? De réprimer une provo-

cation à la désobéissance, à la révolte, au renversement du Gouvernement établi. Or, ces provocations étaient si redoutables qu'on a pu en attendre deux mois l'effet, et que rien n'a bougé! Il y a là, pour tout homme de bonne foi, présomption très-suffisante que l'écrivain est resté dans de justes limites, que l'opinion pouvait porter ce qu'il a dit, et qu'en tout cas le plus court est de lui pardonner, remettant à une autre fois de le reprendre, de l'avertir.

Le Gouvernement agit comme il lui convient, dit-on : il est dans la légalité.

Sans doute, il est dans la légalité ; mais est-il dans l'équité ? Suit-il aussi les règles d'une bonne politique, lorsqu'il se montre animé de cette espèce de fureur rétroactive au milieu des esprits calmés ?

Nous doutons que le Gouvernement tire grand profit des grosses amendes que les parquets lui font percevoir. Par douceur naturelle, par faiblesse ou par tactique, il a souvent usé d'une modération dont la majorité des esprits lui savaient gré, et qui a plus contrarié les efforts de ses ennemis qu'il ne semble le comprendre. En somme, il en était arrivé à un point qui aurait permis à de vrais hommes d'État d'entreprendre beaucoup de choses utiles. Il n'entreprend que de raviver des haines et des défiances qui, depuis longtemps apaisées, commençaient de mourir. Nous savons à quels ressentiments il obéit : mais ces ressentiments ne sont point sages. Qui ne sait pas attendre, ne sait pas gouverner. On peut payer cher le plaisir d'avancer d'un jour la fin d'un adversaire mourant.

Chacun comprend que ce qui menace une opinion les menace toutes. Aujourd'hui, c'est l'opinion légitimiste ; demain une autre déplaira, et la planche sera faite. Déjà l'on se prépare à tâter le jury au sujet des catholiques [1]. Nous

[1] On nous annonçait sans cesse que nous serions poursuivis ; et en effet, le Ministère n'attendait qu'une occasion.

savons ce qui nous attend, si une première condamnation
est portée. Mais s'arrêtera-t-on à nous ? Sommes-nous les
seuls, après les légitimistes, dont on soit incommodé ? Non,
sans doute, et personne ne s'y méprend. Là est le danger
du Pouvoir. Quel que soit l'adversaire qui succombe dans
la lutte, s'il succombe de mort violente, il est à regretter de
ceux même qui l'ont combattu, et qui s'en aperçoivent bientôt. Alors le Pouvoir n'a plus affaire à des gens qui discu-
tent et veulent bien avoir tort : il a en présence de lui des
hommes qui haïssent, qui conspirent et qui, ne se laissant
plus fatiguer, ni gagner, veulent mourir ou vaincre.

Il paraît à beaucoup de bons esprits que la France est
mûre pour le despotisme, et leur opinion n'a que trop de
points lamentables où s'appuyer. Mais quel sera le despote,
et qui ose affirmer que son règne pourra s'établir, à moins
de catastrophes sans nom, sur autre chose qu'un débris
universel !

Il serait pourtant si facile, aujourd'hui, de tout consolider
sous un sceptre paternel !

LE PARTI LÉGITIMISTE

A LA CHAMBRE DES DÉPUTÉS.

15 janvier 1844.

La discussion de l'adresse s'est ouverte aujourd'hui à la Chambre des députés sur le paragraphe qui a trait au voyage des légitimistes à Londres [1]. Le Ministère, représenté par M. Guizot, et plusieurs membres influents de la majorité parlementaire, ont soutenu la rédaction du projet qui blâme et flétrit cette manifestation. M. Berryer, M. de Larcy, M. le duc de Valmy, M. Henri de La Rochejaquelein l'ont attaquée. On a fait grand bruit de part et d'autre ; il y a eu des paroles maladroites, il y en a eu de généreuses, on en a surtout beaucoup prononcé d'inutiles. M. Berryer a été plus embarrassé que de coutume, M. Guizot s'est montré fort habile, M. Dupin injurieux, M. Henri de La Rochejaquelein éloquent. En somme, nous ne voyons point que le débat ait abouti ni pu aboutir à quelque chose. Par là, il ressemble aux démonstrations qui l'ont produit.

M. Berryer et ses honorables amis ont dit qu'ils n'avaient porté à Londres que des vérités utiles, des conseils patriotiques sur ce qu'il conviendrait de faire en France, si les

---

[1] Plusieurs membres du parti légitimiste, parmi lesquels figuraient un certain nombre de députés, avaient été visiter M. le duc de Bordeaux à Londres. C'est ce que l'on appela *le Pèlerinage de Belgrave-Square*.

événements y ramenaient non pas un ordre de choses à jamais détruit, mais des hommes ou plutôt un homme dont l'infortune est de ne pouvoir reparaître sur le sol natal à titre de simple particulier. Nous croyons qu'ils n'ont rien voulu de plus, parce qu'il est impossible et qu'il serait insensé de vouloir davantage. Ils l'ont dit avec un accent plein d'honneur. On ne les a pas crus, ou du moins on a feint de ne les pas croire. Ils devaient s'y attendre.

M. Guizot, s'appuyant sur des préjugés peu dignes de son talent et qu'il faudrait laisser exploiter par M. Dupin, a dit que le voyage de Londres avait été décidé par la vaine espérance de détruire l'œuvre de 1830. Ses paroles ont rencontré une adhésion presque unanime ; et cependant, nous l'osons dire, on n'a pas cru M. Guizot.

Ce débat n'a pas été sincère.

Il y avait, à ce qu'il nous a semblé, du côté des légitimistes, quelque regret d'une démarche irréfléchie, dont ils ne peuvent démontrer la parfaite innocence qu'en donnant des explications qui ressemblent trop à des excuses, et qu'en avouant combien les hommages isolés présentés au duc de Bordeaux ont peu le caractère d'une grande manifestation politique.

Il y avait, du côté du Gouvernement, le désir couvert, mais visible, d'exagérer la culpabilité du voyage, tout en en rabaissant l'effet ; d'irriter les passions de la bourgeoisie monarchique, si largement représentée dans la Chambre ; d'ameuter cette bourgeoisie contre l'*aristocratie*, selon le mot étrange employé par M. Dupin, pour obtenir d'elle, en faveur de la dynastie régnante, quelque preuve excessive de dévouement et d'amour.

Les légitimistes n'ont pas voulu avouer complétement une innocence qui prouve trop leur faiblesse numérique ; le Gouvernement a craint de manifester clairement une ambition qu'il n'a pas encore justifiée.

On a parlé de la sainteté du serment. Les légitimistes n'ont pas été clairs dans leurs réponses. Quoi! ne pouvaient-ils rappeler d'abord à leurs accusateurs tant de serments que ceux-ci n'ont point tenus! Ne pouvaient-ils dire que ce serment, prêté aux choses existantes, ne l'a point été contre les événements, qui sont le secret de Dieu ; et que, s'ils ont promis de ne point conspirer, ils n'ont nullement promis de ne point étudier les questions de l'avenir! Or, le prince à qui ils ont rendu visite, quels que soient ses desseins, quel que soit le titre qu'il se donne ou qu'on lui donne, qu'il prétende ou qu'il ne prétende pas à une autre destinée que l'exil, ce prince est au moins une *question*, une question que Dieu seul peut trancher. Il n'est pas plus interdit de le voir, de l'étudier, que d'étudier, par exemple, le principe de la souveraineté du peuple, dont M. Guizot a fait aujourd'hui la base de la royauté nouvelle, et qui peut devenir la base de tout autre chose que la royauté. Défendra-t-on à un député démocrate de s'enfermer dans son cabinet avec les livres publiés sur la question de la souveraineté du peuple? L'accusera-t-on de manquer à son serment, si ses réflexions et ses études le conduisent à croire que la souveraineté du peuple est un principe sacré, absolu, dont il faut accepter toutes les conséquences, dussent-elles entr'ouvrir un abîme sous l'édifice même que ce principe est censé porter aujourd'hui ?

En définitive, le voyage de Londres n'a pas été autre chose qu'une étude. Il y a un principe qu'on appelle le principe de la légitimité ; il y a un homme qui représente ce principe. Ceux qui, tout en acceptant l'exil du principe, ont voulu connaître l'homme dont ce même principe fait l'importance et fera peut-être le malheur, ont cédé à un sentiment aussi peu condamnable que la curiosité, mais beaucoup plus sérieux. Nul ne sait ce que garde l'avenir, qui vivra, qui mourra, qui restera debout après de si longues tourmentes. Ce qui restera certainement, c'est la France. Il est permis à tout Français, il est de son devoir d'interroger l'obscur secret de la destinée, et de chercher dans le présent une lumière pour aborder l'avenir. Lorsque M. Guizot fit ce fameux voyage de Gand qui lui est tant reproché encore, et qui n'en demeure pas moins un des actes les plus honorables de sa vie, il allait porter à Louis XVIII justement les mêmes conseils que M. Berryer et ses collègues disent avoir portés au duc de Bordeaux. Seulement, M. Guizot allait conseiller à Louis XVIII de s'appuyer sur un parti. Les légitimistes prétendent avoir dit (nous les en croyons) à M. le duc de Bordeaux que nul pouvoir n'est possible désormais parmi nous qu'avec le respect de tous les droits et le concours de tous les partis. Certes, cette parole et cette démarche, opportunes ou non, ont été généreuses. Dès qu'elles sont présentées de la sorte, si l'on peut douter encore, du moins ne peut-on condamner.

M. Guizot, partisan, lui aussi, de la légitimité, mais de la légitimité qui commence et non de celle qui finit, savait-il, en 1814, si la légitimité de Bonaparte finissait, et si celle de Louis XVIII commençait? Savait-il pourquoi celle-ci allait commencer, pourquoi l'autre allait finir? Il y a, dans les temps de révolution, des doutes intérieurs qu'il faut permettre, surtout aux citoyens d'un pays qu'on dit libre et qui veut l'être encore plus qu'on ne dit; surtout quand ces citoyens ne conspirent pas, agissent au grand jour, à visage découvert, et témoignent assez de confiance à l'opinion qui leur est contraire pour venir tranquillement reprendre leur place sous la protection et sous le joug des lois. Les laisser faire, c'est la liberté. Vous prétendez que cette liberté, c'est vous qui l'avez conquise et qui la leur avez donnée : soit! Si vous la leur avez donnée, c'est sans doute pour qu'ils en usent. Quelque déplaisir que vous cause l'usage qu'ils en font, ne vous plaignez pas! Car, au lieu de gouverner honorablement un pays libre, vous régneriez par la violence, et votre règne serait court.

Souffrez la liberté pour vivre longtemps! Veillez à ce que l'ordre ne soit point troublé, défendez-vous : c'est votre droit, c'est votre devoir. Mais si vous voulez étouffer tous les souvenirs, calmer tous les ressentiments, empêcher qu'on regrette rien du passé et qu'on cherche pour l'avenir, ailleurs qu'en vous, le port qu'appellent tant de fatigues, ce n'est point à des blâmes passionnés, à d'acerbes menaces qu'il faut avoir recours. Il ne suffit pas de proclamer que vous êtes ce qui est, et que rien ne sera parce que vous êtes ; il faut vous connaître vous-mêmes, et connaître les autres ; savoir ce que l'on vous reproche et ce que l'on attend d'eux ; écouter ce qu'ils promettent et faire mieux qu'ils n'ont promis. Votre part est assez belle, vos avantages sont assez grands : les autres ne peuvent rien encore, vous pouvez presque tout ; et, dans la situation où se trouve la France, vous feriez oublier tout ce qui vous manque avec un peu de bonne volonté.

LA QUESTION CATHOLIQUE

A LA CHAMBRE DES DÉPUTÉS.

La question de la liberté d'enseignement, si agitée dans la presse, était, en même temps que la question des chemins de fer, l'objet d'un paragraphe dans le discours de la Couronne, auquel le projet d'Adresse répondait en ces termes : « Nous examinerons avec soin les mesures relatives aux chemins de fer. Nous accueillerons avec joie l'assurance que le projet de loi qui nous sera présenté sur l'instruction secondaire, en satisfaisant au vœu de la Charte pour la liberté de l'enseignement, *maintiendra l'autorité et l'action de l'État sur l'instruction publique.* » Cette première discussion, sur une annonce si peu rassurante, a paru mériter un souvenir.

---

24 janvier 1844.

M. de Carné. — M. Villemain vante l'esprit libéral de Napoléon. — Un mot de M. Dupin.

M. de Carné a rapidement tracé l'histoire du monopole universitaire. Il l'a montré sortant de la pensée de Robespierre, essayant ses premiers pas sous l'égide de la Terreur, grandissant enfin dans les mains de Napoléon. Il a rappelé les constants efforts du principe de la liberté, que les réclamations des familles n'ont jamais laissé prescrire, et les promesses solennelles de la Charte qui l'ont sanctionné de nouveau. Appréciant ensuite avec une vigueur contenue les doctrines philosophiques de l'Université, il a montré combien la religion devait s'en alarmer ; il a fait comprendre, ou pour parler plus exactement, il a mis la Chambre en position de comprendre quelles invincibles inquiétudes ces doctrines jettent dans le cœur des familles catholiques. Nous le félicitons de l'accent généreux avec lequel il a proclamé que ce ne sont point là des choses sur lesquelles des pères de famille puissent légèrement passer, puisqu'il s'agit de l'avenir éternel de leurs enfants. Cette parole nous en a fait oublier d'autres, moins hardies, que nous ne voulons point nous donner le chagrin de réfuter et que nous ne mentionnerions pas si elles ne touchaient que nous [1].

Passant à des considérations véritablement politiques, M. de Carné a convié le Gouvernement, qui est faible, a-t-il dit, puisqu'il est nouveau, à ne pas éloigner de lui tant de citoyens qui ne lui demandent que justice ; à les rapprocher, au contraire, en leur facilitant l'exercice des droits les plus sacrés, et à conjurer ainsi des périls réels et qu'il a su faire pressentir.

Ce discours, mal écouté au commencement, a valu à l'honorable orateur non pas des marques de sympathie, la Chambre n'a pu s'élever jusque-là, mais des témoignages d'estime qu'arrachera toujours d'une assemblée, quelle qu'elle soit, tout homme qui saura lui parler le langage de la foi et du devoir.

Notons une interruption caractéristique de M. Dupin. Cette aigre voix, qui excelle surtout à interrompre l'expression de toute pensée généreuse, s'est élevée pour crier

[1] M. de Carné poussait, selon nous, un peu trop loin la prudence et protestait ordinairement contre quelques-unes des actions catholiques auxquelles le libéralisme avait coutume de s'attaquer. Il fallait d'ailleurs du courage pour aborder en catholique les intérêts religieux dans la Chambre des députés. M. de Carné était à peu près seul.

qu'il fallait une *bonne loi*. Tout le monde a compris que
l'avocat libéral entendait une bonne paire de menottes ou
un bon bâillon.

M. le Ministre de l'Instruction publique a gardé la parole près d'une heure. Les chrétiens qui ont subi cette
heure peuvent se croire quelque courage. Il a d'abord
fallu entendre un rare morceau de rhétorique sur le génie de Napoléon et sur le sentiment libéral qui lui fit créer
l'Université, le croirait-on ? pour élever la classe moyenne,
former des savants, des hommes libres, et préparer, peut-
être (en se tournant vers la gauche), des défenseurs intelligents et éloquents des libertés publiques ! Car M. Villemain n'est pas éloigné de croire que Napoléon, en fondant
l'Université, pensait à tout cela. Voilà ce que l'on peut
dire à la Chambre, et ce qu'elle honore de son approbation.

De la théorie de l'Université constituée dans une pensée
quasi libérale, M. Villemain a passé à la justification de
ses doctrines philosophiques, et c'est là surtout qu'il s'est
moqué du bon sens public ; mais ne le blâmons pas. En
soutenant que les doctrines de l'Université sont pures,
qu'elles sont religieuses, qu'elles sont catholiques, M. Villemain crée à tous les chrétiens, spécialement aux évêques, le devoir impérieux et qui ne sera pas décliné, de
redoubler d'efforts pour arracher la jeunesse catholique
au christianisme de cet enseignement. Eh ! mon Dieu,
vous dites que votre enseignement est catholique, vous le
dites à des gens qui l'ont reçu ! Ils sont cinq cents hommes,
cinquante chrétiens ; montrez-nous-en vingt-cinq qui soient
en état de réciter le *Credo* ? Si vous les trouvez, nous
trouvons que la moitié au moins ne sortent pas de vos
écoles.

Mais si l'Université est libérale au point d'avoir, comme
M. Villemain l'assure, refusé le monopole absolu que son

fondateur voulait lui donner (ce qui n'est pas vrai, car quelque énormes que soient les priviléges dont on l'a investie, elle en a pris, elle en veut de plus exorbitants encore) ; si son enseignement est d'une pureté inattaquable, pourquoi donc ces voix si nombreuses et si vénérables qui l'accusent? A cela, M. le Ministre tient une réponse prête. Savez-vous, chrétiens, ce qu'il répond ? Vous êtes des *contre-révolutionnaires !* Savez-vous, évêques, ce qu'il ose répondre ? *Vous êtes des spéculateurs!* Ce n'est pas l'intérêt des âmes qui vous préoccupe : vous voulez tenir des maisons d'éducation pour réaliser des bénéfices sur la soupe et sur les fournitures de classe ! Voilà jusqu'où peuvent s'élever la raison et le coup d'œil de cet homme d'Etat : voilà ce que les représentants de la France catholique peuvent entendre, et, disons-le pour faire connaître à fond l'état des choses, voilà ce qu'ils peuvent applaudir. Soyons justes, cependant, envers M. Villemain : peut-être a-t-il cru n'être qu'habile et ne lui est-il pas donné de savoir à quel point il est imprudent. Pourquoi comprendrait-il ce qu'est un évêque ? il ignore ce qu'est le christianisme et ce qu'est un chrétien !

M. le Ministre a employé un autre argument. Il a dit, à propos des réclamations des évêques, qu'elles étaient peu nombreuses: *Quelques voix à peine se sont élevées!* Nous avons retenu ces paroles. Il a ajouté que les autres évêques gardaient le silence, et, par ce silence, protestent contre le peu de modération, c'est-à-dire, sans doute, contre les vues commerciales de leurs collègues les spéculateurs. Nous savons qu'aucun de nos vénérables évêques n'a mérité cet outrage, que tous partagent les sentiments et les angoisses de ceux qui ont parlé publiquement, que le Gouvernement ne l'ignore pas, que les cartons du ministère sont encombrés de leurs réclamations pressantes ; mais, encore une fois, nous devons remercier M. Villemain de l'injurieuse distinction qu'il a voulu établir. De vénérables pontifes, cédant

aux instantes caresses du Ministère, ont consenti à tenir
leurs plaintes secrètes ; ils savent désormais quel usage on
fait de leur prudence et de leur charité.

Ayant préparé les esprits comme on vient de le voir,
M. Villemain a fini par annoncer qu'il présentera la loi
telle que la Charte l'a promise, telle que le discours de la
Couronne l'annonce, et que ce sera une loi de *sincérité* et de
modération. Il faut, comme on voit, pour exprimer les bons
desseins du monopole, créer un mot français *ad hoc*. Il y a
bien apparence que la loi de *sincérité et de modération* est,
jusqu'à présent, une *bonne loi* dans le sens de M. Dupin.
Attendons qu'elle paraisse et ne nous plaignons pas, puisqu'on veut absolument nous mettre dans l'alternative de
triompher ou d'être avilis. Avilir les catholiques de France,
si restreint que soit le nombre de ceux qui ont la gloire, en
de pareils temps, de porter un tel nom et de comprendre les
obligations qu'il impose, ce n'est pas une œuvre à la taille
de M. Villemain. Pour des mains moins débiles, elle serait
impossible encore.

25 janvier.

M. de Tracy. — M. Nisard. — M. Dupin. — M. Isambert. — M. Martin
(du Nord).

Rendons hommage à M. de Tracy. Nous ignorons quelles
sont les sympathies religieuses de l'honorable député ; mais
il aime la liberté sincèrement et grandement. Si le parti
auquel il appartient comptait beaucoup de membres aussi
véritablement attachés que lui aux principes qu'il a inscrits
sur sa bannière, l'avenir de la France, un avenir prochain,
appartiendrait à ce parti ; car, après la vraie religion, il

n'est rien qui puisse autant passionner les nobles âmes que la vraie liberté. Mais, sur ces bancs où siégent de prétendus zélateurs de toutes les idées larges et généreuses, M. Isambert compte plus de disciples que M. de Tracy. Quoi qu'il en soit, ce dernier a posé les bases les plus solides et les plus loyales que puisse avoir la loi à intervenir. En réponse aux interprétations universitaires sur la portée de l'article 69 de la Charte, il a proclamé que cet article est semblable aux autres. La Charte ne renfermant pas d'articles secondaires, la liberté d'enseignement a été promise au même titre que les autres libertés politiques ; avec la liberté de conscience et la liberté de la presse, elle fait partie intégrante et inaliénable de la liberté de la pensée.

M. Nisard, jeune pousse universitaire qui a vite atteint les hautes régions, sans qu'on puisse bien dire quelle espèce de séve l'y a élevé ; M. Nisard, auteur du *Convoi de la laitière* et de quelques *impressions de voyage* où l'on trouve des idées passablement égrillardes ; M. Nisard, jeune et chevalier de la Légion d'honneur depuis longtemps, a tenu un tout autre langage. Son système, à lui, c'est que l'Université est de tout point parfaite. M. Villemain semblait appeler des modifications dans son régime intérieur, M. Nisard n'en admet aucune. Si l'on fait une loi, il conjure la Chambre de ne rien innover en ce qui concerne l'éducation. Quant à l'instruction, que pourrait-on changer ? On n'a déjà, selon M. Nisard, changé que trop de choses, sous prétexte de progrès ; car le progrès à ses yeux, c'est la mode, et il faut que l'Etat enseigne par le moyen de l'Université pour s'opposer à l'invasion de la mode. On ne saurait dire tout ce que le jeune député a présenté d'idées particulières pendant ce discours. L'*Etat* seul, et par ce mot M. Nisard entend toujours l'Université, l'Etat seul peut former le cœur et le jugement des élèves. Personne mieux que l'Etat n'enseigne les devoirs religieux, ne donne le senti-

ment religieux : car il le donne, par la raison, tandis que
le Clergé ne le donne que par la foi, qui ne suffit pas toujours.

Voilà quelles sont les idées de l'Université. M. Villemain
et d'autres ont l'adresse de les déguiser ; mais M. Nisard
est sans artifice. Nous signalons sa pauvre harangue à l'attention des pères de famille. Une année de polémique ne
dévoilerait pas la plaie du monopole aussi bien que l'a fait
en moins d'une heure ce jeune présomptueux. M. Nisard a
d'ailleurs étrangement fatigué la Chambre par la pesanteur
de ses phrases mal bâties et par la lourdeur de son débit
monotone. M. Villemain l'écoutait au commencement avec
une complaisance paternelle ; il a fini par tourner la tête
et par causer, comme tout le monde, avec son voisin.

On savait depuis plus de quinze jours que M. Dupin gardait en la gibecière de sa mémoire, d'où sortent toutes ses
inspirations, un discours contre les Jésuites. Il est venu
le prononcer, sous prétexte qu'il fallait donner la liberté
d'enseignement, puisque la Charte l'a promise ; mais il a expliqué qu'il ne fallait pas que cette liberté fût une liberté,
parce que la *Société Fameuse* pourrait en profiter, s'introduire dans les fissures de la loi, se répandre partout, s'emparer de l'éducation et faire, ô malheur ! qu'un père qui
aurait destiné son enfant à devenir colonel, vît cet enfant
infortuné devenir Jésuite !!! La Chambre n'a pas frémi autant que M. Dupin l'espérait. Cet effet manqué irritant sa
verve nivernaise, le célèbre avocat s'est répandu en lieux
communs de haute volée contre les moines (il prononce
mouènnes) et tout ce qu'ils ont fait d'odieux avant et depuis
la création du monde. M. Dupin a mérité d'avoir pour second M. Isambert.

Il n'est pas vrai que la haine puisse être éloquente, car
M. Isambert n'est que ridicule. Pendant une heure et plus,
il s'est acharné sur le Clergé, sur les Congrégations, sur les

Jésuites particulièrement. C'était un déluge de faits ramassés de toutes parts, une prodigalité d'articles de lois tyranniques colligés dans toutes les tanières de la chicane, un flux de paroles haineuses devenues tellement abondantes qu'enfin l'orateur ne pouvait plus les articuler ni le public les entendre, et qu'elles se confondaient en nous ne savons quel glapissement accompagné de gestes forcenés. Joignez-y la figure connue de M. Isambert, qui est des plus malheureuses : vous aurez la juste image de ce qu'on appelle populairement « le diable dans un bénitier. »

La Chambre était lasse ; M. le Ministre des cultes s'est chargé de conclure. M. Isambert, dont la démence engloutit tout ce qui la flatte, avait pris dans le *Journal des Débats* les immondes calomnies que cette feuille universitaire s'est permises contre l'enseignement théologique des séminaires. M. Martin a profité de l'occasion pour chanter la palinodie auprès des évêques et du Clergé, jusqu'à ce moment si odieusement attaqués, si mal défendus. Il a protesté avec chaleur contre les indignités de M. Isambert. Les rédacteurs du *Journal des Débats* qui siégent dans l'assemblée ont reçu, aux applaudissements de leurs collègues (sauf M. Luneau, que M. Isambert et le *Journal des Débats* ont trouvé fidèle), ce tardif, mais juste et solennel soufflet. M. le Ministre, abordant ensuite la question, a annoncé, pour calmer les esprits, que la loi sur la liberté d'enseignement porterait une exclusion contre les Congrégations religieuses : mais que, du reste, ces Congrégations étant peu nombreuses et n'ayant donné contre elles, de l'aveu unanime des évêques et des préfets, aucun motif de plainte, il ne voulait ni les supprimer, ni disperser les citoyens qui s'y sont engagés. La Chambre a visiblement approuvé ce sentiment, et l'avis du Ministre est certainement l'avis de la majorité. On veut bien de la Religion, on veut bien du Clergé, on veut bien des Congrégations même, mais à condition que la Religion, le Clergé, les Congrégations se borneront à exister sans bruit, sans œuvres, sans influence, s'occupant de prier, puisqu'ils en ont la fantaisie, et de bénir, puisque cela ne fait pas de mal. Moyennant quoi, on les défendra contre M. Isambert; sinon, non.

Sur une motion de M. Odilon Barrot, les amendements divers proposés au paragraphe ont été retirés. Avant de renoncer à développer le sien, M. Agenor de Gasparin a protesté contre les doctrines peu libérales émises durant la discussion par des partisans de l'Université.

Telle est la triste physionomie de cette séance pleine d'enseignements.

PERSÉCUTION MUNICIPALE

CONTRE LES RELIGIEUSES DU BON-PASTEUR.

12 janvier 1844.

I. Il existe à Sens une communauté de filles du Bon-Pasteur. Ces religieuses s'occupent d'éducation, mais elles sont principalement instituées pour recueillir les femmes qui, après s'être adonnées au désordre, veulent revenir à la vertu. Elles leur offrent un asile, du travail, de pieuses leçons, de tendres conseils, d'angéliques exemples. Si l'inspiration du Dieu de charité fut jamais visible dans une pensée humaine, assurément c'est dans cette pensée ; si un spectacle est digne de l'admiration du monde, c'est un spectacle, assurément! Des femmes, des vierges chrétiennes, c'est-à-dire ce qu'il y a de plus noble sur la terre, renoncent à tout, abdiquent famille, liberté, richesses, pour se consacrer au service de ce qu'il y a de plus abject et de plus dégradé. Du sommet de leur pureté sans tache, elles tendent la main à la prostituée, elles l'embrassent, elles la nourrissent de leurs conseils et de leur travail, elles la relèvent et savent ne pas l'humilier par ce contraste immense entre ce qu'elle fut et ce qu'elles sont. Par la force de la charité, de la prière, de la douceur, elles parviennent à purifier ce passé hideux, à le détruire, à refaire l'âme perdue. Ceux qui les voient agir et dont l'intelligence ne peut pas comprendre que le ciel leur doit des saintes, confessent au moins que la société leur doit d'honnêtes femmes. Du rebut des corruptions publiques,

I.   14

elles forment des mères de famille dont la calme vertu semble n'avoir jamais chancelé.

Mais que de travaux avant d'atteindre ce résultat suprême ! Dieu le sait, à qui seul il est possible de les récompenser. Quoique toutes les repenties viennent volontairement au monastère, beaucoup d'entre elles, le plus grand nombre, sont loin, dans les premiers temps, de se prêter à la charité sublime qui leur a ouvert ce port de salut. Ce sont des retours effrénés vers le mal, des paroles grossières, des révoltes, des calomnies, parfois d'infâmes ingratitudes qui attirent sur les religieuses l'animadversion d'un monde toujours prêt à prendre parti pour le vice. Le public en a vu récemment de décourageantes preuves. En moins d'une année, deux ou trois maisons du Bon-Pasteur ont été de la sorte signalées à la haine universelle. Les fausses repenties, lorsqu'elles veulent retomber, trouvent des auxiliaires empressés dans les journaux, et plus haut encore. Il est visible que le but du Bon-Pasteur déplaît tout spécialement à un certain ordre de gens ; les chrétiens savent pourquoi. Rien cependant ne rebute ces admirables religieuses ; la raison en est simple : elles ont conscience du bien qu'elles font, elles persévèrent, elles s'obstinent. Nous pourrions citer telle de leurs fondations qui s'est véritablement édifiée sur des cadavres, tant, aux épreuves ordinaires de l'Institut, la misère ajouta de souffrances et de privations. Plusieurs moururent martyres de la charité qui leur avait ordonné de conquérir le poste, même au prix de la vie ; consolées de mourir par l'inébranlable foi qu'un jour le Bon Pasteur bénirait ce bercail et l'ouvrirait aux brebis égarées.

M. le Maire de Sens a sans doute jugé que tant de difficultés ne suffisaient pas, et il a trouvé bon de faire subir aux religieuses du Bon-Pasteur établies dans sa ville des épreuves d'un genre nouveau.

Le 27 décembre dernier, ces Dames, qui ne sont point encore autorisées comme religieuses, mais seulement comme institutrices, virent arriver à leur grille un personnage sans insignes et surtout sans politesse, qui leur signifia qu'il était le Maire et qu'elles le laissassent entrer. Peu familiarisées avec les lois, intimidées par le ton dont on leur parlait, elles ne songèrent point à demander à M. le Maire en vertu de quel titre il agissait, ni ce qu'il venait faire ; elles ouvrirent. M. le Maire se fit présenter une pauvre folle dont les cris troublaient la maison et le voisinage, et dont les religieuses avaient elles-mêmes demandé qu'on les délivrât. Il envoya cette folle à l'Hôtel-Dieu. A part la grossièreté de ses manières, les religieuses crurent d'abord qu'elles n'auraient qu'à le remercier, mais le magistrat ne s'était pas dérangé pour si peu. Il déclara que la mortalité régnait dans la maison et qu'il venait en rechercher les causes. Il est bon d'observer ici que M. le Maire est architecte de son métier, et non médecin. On le pria de remarquer que la maison renfermant quatre-vingt-dix personnes, dont un certain nombre, les pénitentes, avaient mené une mauvaise vie, il n'était point extraordinaire que les cas de mort y fussent plus nombreux qu'ailleurs [1].

Cette raison ne satisfit point M. le Maire. Quelques représentations qu'on lui pût faire, il voulut pénétrer dans la classe des pénitentes. Arrivé au milieu de ces femmes, fort étonnées d'une pareille visite, il leur demanda si elles étaient venues de gré ou de force ; et comme toutes les voix réclamaient contre l'injure que cette question faisait aux religieuses, il déclara très-haut à ces dernières que son intention était de voir les pénitentes en particulier. — « De cette façon, ajouta-t-il, *si vous voulez me mentir*, je

---

[1] M. le Maire a depuis fait visiter la maison par le médecin des épidémies, qui en a trouvé l'état sanitaire parfait et qui n'a eu que des éloges à donner sur la tenue de l'établissement.

saurai la vérité. » Nous n'inventons point ce propos, bien
que nous pensions rêver en l'écrivant. M. le Maire parcourut
la maison du haut en bas, ordonna de lui envoyer les noms,
âges, pays des pénitentes, et partit enfin comme il était venu,
c'est-à-dire en homme fort mal élevé.

De tels faits étonnent sans doute le lecteur. Ce n'est rien
encore ; M. le Maire de Sens n'a encore donné qu'une faible
idée de ses formes administratives et privées.

Le surlendemain de cette première visite, qu'on aurait
pu *légalement* abréger en le jetant par la fenêtre, s'il y
avait eu un homme dans la maison, M. le Maire se présenta de nouveau à la grille du Bon-Pasteur. Il ne montra
encore ni écharpe ni mandat, mais il n'était plus seul. Il
menait un commissaire de police, deux sergents de ville
en uniforme et plusieurs gendarmes. Ces forces imposantes
avaient scandaleusement traversé la ville en plein midi, livrant ainsi tout d'abord la renommée du monastère à la
malignité des commentaires publics. Ayant déployé sa
troupe, M. le Maire somma les religieuses d'ouvrir, menaçant vaillamment d'enfoncer la porte si on le faisait attendre. Les sœurs invoquèrent la protection de M. le Président du tribunal, celle du Juge d'instruction, celle de leurs
supérieurs ecclésiastiques. M. le Maire haussa les épaules,
s'impatienta, enfin s'exprima de telle sorte que les portes furent ouvertes en toute hâte par les religieuses tremblantes. Le
magistrat municipal, son commissaire, ses estaffiers, ses gendarmes, entrèrent triomphalement dans le cloître : la scène
n'est point en Turquie, mais en France. Voilà ce qui s'est
passé en France, il y a dix jours, à quelques heures de Paris,
et ce qui est encore impuni au moment où nous écrivons!

Le Maire avait étudié les lieux dans sa visite du 27.
Laissant de côté les bâtiments habités par les religieuses et
par les enfants pensionnaires, il se dirigea vers celui des
pénitentes, qu'il occupa militairement... Mais rien ici n'est

assez ridicule pour cesser d'être criminel et infâme. Il fit
chasser les religieuses qui se trouvaient employées dans ce
bâtiment. Un sergent de ville osa porter sur l'une d'elles sa
main immonde ; il la prit par le bras et la poussa dehors.
Un gendarme fut mis de planton dans la cour des pénitentes, un autre gendarme monta la garde à la porte d'entrée de leur logis, les deux sergents de ville occupèrent la
salle où ces femmes étaient rassemblées. Sûr alors de n'être
point troublé, M. le Maire, assisté du commissaire de police,
s'installa dans une pièce voisine, fit comparaître successivement devant lui toutes les pénitentes et les interrogea
comme il lui plut. Il faut dire à sa louange qu'il se montra,
dans le cours de ces interrogatoires, infiniment plus gracieux qu'il ne l'avait été jusque-là. Rude et grossier envers
les religieuses, il fut poli, il fut galant auprès des pénitentes. Entre autres propos paternels qu'il leur tint, nous
nous contenterons de citer celui-ci : « Vos fautes ne sont
« point un déshonneur... Rentrez dans le monde ; vous y
« serez bien accueillies, et surtout plus heureuses. » En
parlant des religieuses, son langage perdait cette fleur française. Il les nommait, devant les pénitentes, la *fille* une
telle ; lorsqu'il était question de la sœur supérieure, qui a
pris le nom de saint François Borgia, M. le Maire disait la
fille Borgia !...

Cette scène dura six heures consécutives. M. le Maire avait
forcé les portes du monastère à midi et demi ; ce ne fut
qu'à six heures et demie qu'il se retira, suivi de sa troupe.
Durant six heures les religieuses, chassées violemment d'une
partie de leur domicile, ne purent y pénétrer ni reprendre
leurs fonctions. Plusieurs personnes se présentèrent pour
entrer : on leur barra le passage, sans autre raison que le
bon plaisir de M. le Maire. Deux vicaires généraux ayant
demandé à lui parler, il ne les reçut pas ; mais il daigna sus-
pendre son interrogatoire pour venir lui-même leur déclarer

que tout se faisait d'accord avec M. le Procureur du Roi. On le pria d'exhiber son mandat : il n'en avait point !

Nous nous arrêterons là pour aujourd'hui. Nous voulons voir par quels subterfuges, par quels mensonges on entreprendra de justifier ces indignités ; par quel déni de justice on essaiera d'étouffer la loi ; par quelles lois on voudra établir qu'un magistrat municipal peut, sans mandat, sans concours de l'autorité judiciaire, violer à main armée une maison privée, en insulter les propriétaires, faire chez eux une perquisition à laquelle ils n'assistent pas, des interrogatoires d'où ils sont exclus. Nous attendons qu'on nous dise pourquoi toutes les autorités qu'il est possible d'invoquer, saisies depuis dix jours de cette affaire, n'ont point répondu. Nous sommes particulièrement pressés d'apprendre ce que M. le maire de Sens alléguera pour atténuer une conduite qui serait encore injustifiable, lors même qu'au lieu de parler à des femmes et à des religieuses pures du moindre soupçon de délit, il aurait eu à constater chez elles des contraventions et des crimes.

Nous sentons pourtant que le public suppose au moins un motif à l'étrange conduite que nous venons de révéler, et nous demande quel est ce motif. Il en existe un, en effet, un motif unique, et le seul peut-être qui ne sera pas avoué : c'est la bestiale haine qui trouble l'esprit de tant de gens, d'ailleurs raisonnables, dès qu'il s'agit de la religion et de tout ce qu'elle fait.

Quel autre sujet de tourmenter ces religieuses ? Quel autre sujet surtout de les outrager si bassement, dans un langage que tout honnête homme ignore, oubliant, pour descendre là, et le caractère sacré dont elles sont investies et la dignité dont on est soi-même revêtu, dernière chose qu'oublient ostensiblement les hommes ? Quoi ! nous voyons tous les jours des religieuses aventurées dans les savanes de l'Amérique, y devenir aussitôt l'objet de la vénération des sauvages ; et un Français, un magistrat, l'élu d'une ville connue par l'aménité de ses mœurs, pénétrant violemment chez des religieuses vouées aux œuvres de la plus héroïque vertu, ne sait pas même leur rendre chez elles cet hommage qu'un roi de France s'honorait de rendre à la dernière paysanne de son empire ! Bien plus, il les injurie, il parle d'elles sur un ton que n'emploierait pas le goujat ivre qu'il fait traîner en prison par sa police ! Si ce n'est point la haine insensée de la religion qui l'a poussé dans ce vil excès, qu'est-ce donc ? Que reproche-t-il à ces femmes, sinon de pouvoir lui dire, comme leur divin modèle aux Juifs qui le lapidaient : *Nous avons fait parmi vous plusieurs sortes de biens ; pour lequel nous persécutez-vous ?*

Comme Jésus pardonnait, les humbles et saintes filles pardonnent ; mais, puisque nous avons connu ces infamies, il nous appartient d'en obtenir justice, et nous l'obtiendrons.

----

23 février 1844.

II. Pendant que M. le Maire, tenant une partie du monastère en état de siége, interrogeait et verbalisait dans l'autre, les pénitentes qui ne comparaissaient point devant lui étaient rassemblées dans une salle voisine, loin de la surveillance des religieuses, pêle-mêle avec les gendarmes et les hommes de police. Ces pénitentes sont jeunes, la plupart mineures ; toutes ont mené une mauvaise vie : il est trop facile de deviner quels propos s'échangeaient entre elles et la garde de M. le Maire. M. le Maire était poli, mais ses gens étaient tendres. La fange du passé a été si bien remuée par cette valetaille de police, et les gracieusetés du magistrat ont tellement encouragé les regrets et les souve-

nirs, que l'ordre, depuis lors, n'a pu être rétabli complétement au Bon-Pasteur. Toutes les pénitentes, en effet, n'y
demeurent pas de plein gré. Plusieurs, notamment les plus
jeunes, sont en punition par la volonté de leur famille ;
d'autres achèvent de subir une peine judiciaire ; il y en a
qui sortent de Saint-Lazare. Elles avaient néanmoins accepté leur sort ; beaucoup voulaient se corriger ; la paix et
le travail régnaient dans la maison. Les interrogatoires du
magistrat et les madrigaux de sa police ont tout changé. Les
religieuses ne dominent plus ces volontés perverses. Les pénitentes disent elles-mêmes que M. le Maire les a *électrisées*.

Nous avons raconté ces faits ; nous les avons dénoncés
au Gouvernement, à la presse, aux Chambres, à la justice,
à tous les honnêtes gens. Nous n'avons voulu surprendre
personne, et, pour que nos allégations fussent vérifiées, dé-
menties si elles le méritent, nous avons adressé un exemplaire de notre numéro du 12 janvier à plusieurs personnes
notables et à divers établissements publics de la ville de
Sens.

Tout le monde s'est tu ; nous l'avions prévu. Il y a une
lâcheté publique, une lâcheté d'honnêtes gens surtout, qui
aide à laisser tomber de telles affaires et qui rassure les coupables. Les faits, sans doute, sont hideux ; mais, après tout,
M. le Maire de Sens n'a outragé que des femmes, et ces
femmes ne sont que des religieuses ; il a violé un domicile,
mais ce domicile n'est qu'un couvent : il n'y a point de justice contre lui, point de tribunaux, pas même d'opinion !...
Ah ! s'il s'agissait de quelque prostituée rudoyée par une religieuse du Bon-Pasteur, si M. le Maire prouvait qu'une pénitente à qui l'on a coupé les cheveux n'avait point la teigne,
et qu'une autre pénitente n'a point coupé ses cheveux elle-
même, comme elle le dit, alors il y aurait des journaux pour
s'indigner, des juges pour informer, des procureurs du Roi
pour requérir : le bruit en irait jusqu'à la tribune ; justice

serait faite, et amplement! Mais, encore une fois, ce ne
sont que des religieuses, des femmes vouées à Dieu : que
leur Dieu les défende, et que ce Maire, accusé pour si peu,
méprise en paix de vaines clameurs!

Ce ne serait rien encore. Voici qui vaut mieux.

Ces religieuses qui ne font de mal à personne et qui
font du bien à tant de malheureux, encore c'est trop peu
de les abandonner aux caprices d'un tyran municipal qui
se trouve n'aimer point l'habit qu'elles portent et l'œuvre
qu'elles font. La presse, l'opinion, les autorités, la justice
enfin, qui pourra le croire? se tournent contre elles. Elles
étaient sans reproche, peut-être, quand on a trouvé bon de
les insulter ; mais, depuis, elles se sont donné un tort
inexcusable : elles ont permis qu'on se plaignit pour elles.

Elles avaient déposé une plainte en violation de domicile, et, quand nous avons écrit, on ignorait encore ce que
cette plainte était devenue. Le lendemain du jour où parut
notre article, ordre fut donné d'informer... contre le Maire,
sans doute? Non ! contre les religieuses, sur les faits ridicules allégués dans le procès-verbal ! Si les faits sont
prouvés, on essaiera de punir les religieuses ; s'ils ne le
sont pas, ou s'il n'y a pas possibilité de les punir, tout sera
dit ; M. le Maire se sera trompé. Quant à la plainte en violation de domicile, trouvera-t-on beaucoup de difficulté
à persuader aux plaignantes qu'il faut la retirer, et qu'elles
sont trop heureuses d'en être quittes à ce prix ?

Pourtant, une certaine opinion s'était émue dans la ville :
car, enfin, les honnêtes gens et les pauvres du moins a-
vent que ces religieuses font du bien; qu'elles recueillent,
nourrissent, habillent, élèvent du fruit de leur travail
et de leurs privations quinze à vingt jeunes filles sans parents, qui, n'ayant pas encore atteint l'âge d'arracher au
passant un morceau de pain infâme, n'auraient qu'à mourir
de faim. Mais qu'est-ce que l'opinion timide des honnêtes

gens, qu'est-ce que l'opinion des pauvres, et qu'importe aux
autres la considération de ces jeunes filles préservées par
une charité héroïque ? Un fonctionnaire a bien pensé à
faire dissoudre cette bonne œuvre qui n'est point autorisée.
Il voulait qu'on jetât les enfants sur le pavé : elles auraient
pu mourir, ou peupler les mauvais lieux ; mais elles auraient débarrassé les ennemis des religieuses d'un argument importun ! Conçoit-on cette frénésie ? Les religieuses
ne sont pas *autorisées* à nourrir une vingtaine de jeunes
filles abandonnées ; donc il faut chasser ces jeunes filles !
Les pauvres enfants ne sont pas *autorisées* à conserver leur
vertu ; elles ne sont pas *autorisées* à vivre ! !

Les religieuses avaient donc quelques amis qui parlaient
pour elles. Qu'a-t-on fait ? Pendant qu'elles s'épuisent dans
leur couvent à calmer les pénitentes *électrisées* par M. le
Maire, la calomnie les travaille. Quelqu'un fait imprimer
dans un misérable journal d'affiches, qui paraît à Sens,
que le tribunal de Poitiers a condamné une religieuse du
Bon-Pasteur. Le tribunal n'a condamné qu'une *pénitente* !
Les rares amis des Dames du Bon-Pasteur veulent rectifier
le fait ; le journal refuse. Il faut le contraindre par huissier;
mais au nom de qui envoyer cet huissier ? Les Dames du
Bon-Pasteur ne sont pas *autorisées* : elles craignent de se
montrer, elles craignent d'agir, d'irriter des gens qui ont
tous un moyen de faire fermer leur maison, de disperser
leurs enfants, d'empêcher l'œuvre de Dieu. Le fait calom-
nieux subsiste donc contre elles ; mille propos stupides le
grossissent chaque jour. Toute la ville est convaincue que
les pénitentes sont maltraitées ; le peuple arrive à croire
qu'on les tue, et que si l'on cherchait bien, on trouverait
des cadavres. Eh mon Dieu ! lorsqu'on s'y met, qu'en coûte-
t-il d'aller au plus loin ! Pour que M. le Maire ait moins
monstrueusement excédé tous ses droits, il faut bien que les
religieuses soient des monstres.

Est-ce tout ? Non ! Ces religieuses ne sont pas encore
assez outragées, assez tourmentées, assez abandonnées !
Voici, au bout d'un mois, le Conseil municipal de Sens
qui vient au secours de ce pauvre Maire de Sens. Il proteste que nous avons *bassement calomnié* ledit Maire, en
lui reprochant des faits dont la justice est saisie et sur lesquels le Conseil municipal se permet de porter son jugement.
Qu'on lise la pièce ; nous la donnons en entier et avec
toute la pompe de sa rédaction élégiaque. Nous ferons observer que nous l'insérons volontairement : elle ne nous a
été adressée ni par le Maire, ni par l'Adjoint, ni par le
Conseil municipal ; aucune feuille de Paris ne l'a reçue :
nous avons été obligés de la déterrer au milieu des annonces, faits divers et charades du *Journal de Sens* (17 février). C'est une chose bien extraordinaire, de voir étouffer
de la sorte dans ses langes une manifestation destinée à
couvrir de honte les calomniateurs d'une si chère et si délicate renommée.

AU RÉDACTEUR DU *JOURNAL DE SENS*.

Sens, le 14 février 1844.

MONSIEUR LE RÉDACTEUR,

En vertu de l'autorisation de M. le préfet de l'Yonne, en date du 12
courant, accordée en exécution de l'article 29 de la loi du 18 juillet
1837, j'ai l'honneur de vous inviter à insérer dans le plus prochain
numéro du *Journal de Sens* l'extrait ci-joint de la délibération prise
par le Conseil municipal, dans sa séance du 5 février, présent mois.
Agréez, etc.

Le premier Adjoint ***

Le Conseil municipal a adopté à l'unanimité et sans discussion la
délibération suivante :

« Le Conseil municipal attendait avec empressement l'ouverture de sa session trimestrielle pour exprimer la profonde et vive indignation que lui fait éprouver un article inséré dans l'*Univers* du 12 janvier dernier, à l'occasion de la visite faite par M. le Maire dans l'établissement des Dames du Bon-Pasteur, à Sens.

Si M. le Maire, retranché dans sa conscience, a cru devoir jusqu'ici ne répondre que par le mépris à des injures dont la honte retombe tout entière sur ceux qui ont eu le triste courage de les écrire, c'est un motif de plus pour le Conseil municipal de témoigner à l'administration son entière sympathie dans cette circonstance.

Appelé par une plainte de plusieurs habitants troublés dans leur repos, à rechercher la cause d'un tapage nocturne partant *d'un établissement non autorisé* [1]. M. le Maire, en s'y transportant, a rempli le devoir que ses fonctions lui imposaient.

Le Conseil municipal n'a pas à apprécier les faits reprochés aux Dames du Bon-Pasteur : la justice en est saisie ; il s'arrête respectueusement devant l'examen qu'elle en fait, il s'en fie à l'administration supérieure du soin de prendre les mesures qui pourraient être nécessaires [2].

Mais profondément convaincu qu'en constatant ces faits, dans les journées des 27 et 29 décembre, M. le Maire a su allier la fermeté, qui est un devoir, avec toutes les convenances, qui sont aussi un signe de force, il s'empresse de lui apporter son loyal concours.

Il souhaite que l'expression libre et spontanée de son adhésion efface jusqu'à la dernière trace du dégoût que de basses calomnies auraient pu lui causer.

Il arrête qu'expédition de la présente délibération sera adressée à M. le Préfet.

Ainsi délibéré en séance, les jours, mois et an que dessus.

Signé au registre, etc,

                         (Vingt signatures.)

A part la rédaction de la pièce, rien ici ne prête à rire.

---

[1] Il s'agissait d'une pauvre idiote qui, étant devenue folle, troublait de ses cris la maison et tout le voisinage. — Les Dames du Bon-Pasteur avaient demandé elles-mêmes qu'on les en délivrât. On appréciera la finesse avec laquelle cette circonstance est voilée sous la désignation de « tapage nocturne partant d'un établissement non autorisé. » C'est ainsi qu'on qualifie, en style de police, le bruit qui se fait dans les mauvais lieux.

[2] C'est-à-dire du soin de chasser les religieuses.

Laissons de côté le français de ces honorables Messieurs : ne leur reprochons point d'ignorer la valeur des mots, lorsqu'ils ont visiblement le malheur de ne point connaître la valeur des choses : celle de leur blâme, par exemple, dont ils veulent nous frapper, et celle de leur estime, de leur *entière sympathie*, qu'ils garantissent au Maire, dans une circonstance où celui-ci est accusé devant la justice d'avoir violé à main armée le domicile des citoyens !

Le Conseil municipal de Sens est donc convaincu que M. le Maire a su allier la *fermeté, qui est un devoir*, avec toutes les convenances, qui sont *aussi* un signe de *force*; il s'arrête respectueusement devant la justice, et, tout en s'arrêtant, il s'empresse d'apporter à M. le Maire son *loyal concours*. Que signifie ce pathos ? Quel besoin a le Maire du loyal concours de son Conseil municipal ? Ce *loyal concours* est de la famille de l'*entière sympathie*; il ne sait guère d'où il vient ni où il va. Il prouve uniquement que M. le Maire n'est pas si bien *retranché dans sa conscience*, que la lumière où nous avons mis ses actes ne le gêne beaucoup. Il méprise sans doute nos attaques ; mais, à travers ce beau manteau de vertu dont il s'enveloppe, des yeux amis devinent qu'un certificat de bonne conduite et de respect des convenances ne lui déplairait pas. On lui donne le certificat. Eh bien ! malgré l'autorisation de M. le Préfet de l'Yonne, malgré l'estime que peuvent mériter individuellement les signataires de la pièce, le certificat a peu de valeur; on l'a rendu plus mince encore en en bornant le retentissement à la ville de Sens. Quoi ! la ville de Sens ne connaît-elle pas son Maire ? Avait-elle besoin de ce papier ? C'était à nous qu'il fallait l'adresser d'abord. Pourquoi ne l'a-t-on pas fait ? On a craint nos remarques ; le certificat n'a été rédigé ni pour la ville de Sens ni pour nous, mais pour cette justice devant laquelle on *s'arrête respectueusement*.

Si nos reproches, que le Conseil municipal, faute d'avoir

consulté le Dictionnaire, qualifie d'*injures*, n'établissent rien
contre le Maire, l'intervention emphatique du Conseil municipal ne le lave aussi de rien. Si les signataires de la protestation sont *convaincus* que M. le Maire n'a pas commis
un acte illégal, aggravé des plus grossières inconvenances,
nous sommes, nous, très-profondément *convaincus* du contraire ; et s'ils prétendent que nous n'en savons rien, ils n'en
savent pas davantage. Nous n'étions pas là ; ces Messieurs
y étaient-ils ? M. Vuitry le député, qui a signé comme les
autres, n'était pas même à Sens ; il était à Paris, à la Chambre, prêt à voter un autre droit de visite. Il est venu à Sens
donner l'appui qu'il aurait donné au ministère : car, partout où l'on vote pour le droit de visite, M. Vuitry est là !
Bref, il n'y avait point de témoins au Bon-Pasteur. Le Conseil municipal, qui donne à entendre que nous avons menti,
a-t-il donc fait une enquête ? A-t-il entendu les sœurs, les
pénitentes ? Lui est-il démontré que des propos obscènes
n'ont point été tenus par les gendarmes et les sergents de
ville ? qu'un de ces agents n'a point porté la main sur une
religieuse ? que M. le Maire n'a point appelé la supérieure
la fille Borgia? qu'il n'a point dit aux religieuses, en présence des pénitentes, qu'il saurait bien *si elles lui voulaient
mentir*? Si tous ces faits sont exacts, nous n'avons pas calomnié, et le Conseil municipal nous injurie. Admettons
que ces faits sont de pure invention : nous demandons au
Conseil municipal si nous avons encore inventé la violation
de domicile, et si les signataires de la protestation ont vu
la pièce quelconque, émanée d'une autorité compétente, en
vertu de laquelle M. le Maire s'est fait ouvrir deux fois les
grilles du Bon-Pasteur ? Et s'il ne l'a pas vue, cette pièce
que personne n'a pu voir, le Conseil approuve-t-il encore la
façon dont M. le Maire sait entrer chez les gens, l'honore-t-il
encore de son *entière sympathie*?

Nous prévenons le Conseil municipal de Sens que, voulant nous servir loyalement de la presse, nous sommes résolus d'en faire respecter les droits. Qu'il veuille donc, s'il s'occupe encore de nous, peser désormais les termes qu'il emploiera. Les priviléges des corps municipaux ne leur permettent pas de distribuer avec tant de libéralité le mépris et l'injure à d'honnêtes gens qui n'ont dit que la vérité, dût cette vérité protéger quelques pauvres femmes que l'on veut empêcher de servir Dieu, les pauvres et l'honneur !

Dans son patois, la protestation parle de *triste courage*. Que celui qui l'a rédigée apprenne que le triste courage n'est pas du côté du journaliste qui révèle, sous la responsabilité dont le menacent sa conscience et les lois, des faits aussi graves que ceux dont M. le Maire de Sens est accusé. Le triste courage est à l'homme qui abuse de son pouvoir au profit de ses haines et de ses passions, qui compte sur les connivences lâches de l'opinion pour injurier des femmes, et qui les laisse calomnier après les avoir persécutées. Le triste courage, quand de tels faits sont soumis aux investigations de la justice et qu'il en peut arriver mal à celui qui les a commis, c'est de s'interposer, n'importe par quelle voie, entre la justice et le délinquant, au profit du fort, au détriment de l'opprimé.

Nous reviendrons sur cette affaire. L'instruction va lentement contre les sœurs ; elle ne tourne pas entièrement au gré de M. le Maire. Toujours assisté du fidèle commissaire de police, il entend de son côté des témoins et fait des interrogatoires. Cette contre-enquête n'est pas conforme aux régles judiciaires ni aux convenances ; mais M. le Maire n'est point obligé d'y mettre tant de scrupules. N'a-t-il pas l'*entière sympathie*, le *loyal concours* du Conseil municipal ? Et puisque enfin ces religieuses l'importunent, n'est-il pas bien juste qu'il les écrase ?...

Pourquoi ne s'est-il pas empressé de faire au moins insérer dans l'*Univers* la délibération qui le venge? Si les propos ont été tenus, ils sont indignes, nous ne dirons pas d'un magistrat dans l'exercice de ses fonctions, mais du plus mal élevé des hommes; et nous n'avons pu les qualifier trop sévèrement. M. le premier Adjoint, lorsqu'il nous reproche à ce sujet la *mauvaise foi la plus insigne*, les *injures les plus grossières*, abuse du privilége de ne pas mieux connaître sa langue que M. le Maire ne connaît les rudiments de la civilité, et ne mérite pas même la réponse que nous lui faisons.

Ce que nous appelons inconvenance, impolitesse, grossièreté, M. l'Adjoint le qualifie du nom plus doux de *fermeté*. Dire à des religieuses, devant des femmes de mauvaise vie, qu'on saura bien si *elles mentent;* les faire séquestrer et molester dans leur domicile par la main des agents de police; parler d'elles en termes insultants, ce n'est, selon M. le premier Adjoint, que de la *fermeté*. On voit bien que M. le premier Adjoint ne sait pas le français!

Nous posons une seconde question à M. le premier Adjoint qui ne sait pas le français :

Est-il vrai, oui ou non, que le Maire de Sens, à deux reprises, et, la seconde fois, suivi de gendarmes, a pénétré chez les Dames du Bon-Pasteur, sans mandat, sans autorisation quelconque, en vertu simplement de son bon plaisir et des forces de police qu'il avait rassemblées?

M. le premier Adjoint sent où la question le blesse; il voudrait bien répondre par une dénégation positive; il voudrait bien nous montrer un bout de mandat. Il ne le peut, et ses finesses pour y suppléer sont divertissantes. — Les Dames du Bon-Pasteur détenaient chez elles une fille folle, écrit-il à son compère le *Journal des Débats*, et par là « elles contrevenaient à la loi sur les aliénés. » En conséquence, M. le Maire a pu entrer dans leur établissement. — Vous

vous trompez, Monsieur l'Adjoint. L'aliénée *recueillie*, et non *détenue* au Bon-Pasteur, avait été reçue idiote, et non point folle. Depuis qu'elle était devenue folle et qu'elle *vociférait des cris*, comme vous dites, les religieuses avaient essayé, sans succès, de la faire admettre à l'hôpital général. L'hôpital général refusant cette infortunée, pouvait-on la jeter à la porte? Vous auriez alors *vociféré des cris* contre l'humanité des religieuses. Elles préférèrent engager les voisins à se plaindre, et ainsi fut déterminée la première visite. M. le Maire apprit, selon vous, que l'aliénée était enfermée la nuit soit dans une misérable mansarde du grenier, soit dans une cave. Cette cave, où la folle a couché une fois, est une ancienne cuisine souterraine qui sert de bûcher. La folle y a passé une nuit, parce qu'elle l'avait voulu, et qu'il en est des fous comme de certains hommes : on ne leur fait point aisément entendre raison. Voilà les faits, que vous connaissez fort bien, mais que vous expliquez fort mal.

Ces faits et les autres, également *blâmables aux yeux de la loi*, suffisaient-ils pour que M. le Maire revînt le surlendemain avec force agents de police, force gendarmes, force menaces, se livrer à une visite domiciliaire? Non; car : 1° il n'y avait point contravention : une idiote recueillie dans une maison ne constituant pas un établissement d'aliénés. 2° Y eût-il eu contravention, la contravention ne constituait qu'un délit, et l'existence d'un délit, même flagrant, ne permet pas au Maire de forcer les portes d'une maison ; il faut qu'il y ait crime. Y avait-il crime? Il fallait encore, en ce dernier cas, que le Maire prévînt le Juge d'instruction avant de se mettre en mouvement. Or, le Juge d'instruction était au tribunal même, à cent pas du couvent. On a réclamé son autorité, ainsi que celle du Président; il y a eu refus. Les articles 32 et 49 du Code d'instruction criminelle (vous devriez les connaître, Monsieur l'Adjoint, qui savez si bien ce qui est *blâmable aux yeux de la loi*) sont

formels sur ce point ; ils imposent au Maire, considéré comme
officier de police judiciaire, les mêmes obligations qu'au Procureur du Roi, lequel doit toujours prévenir le Juge d'instruction de son transport sur les lieux. L'art. 26 permet de
faire des perquisitions dans le domicile des prévenus ; mais
l'art. 39 exige que les prévenus soient présents ou qu'ils
aient là un fondé de pouvoirs. Il n'y a rien eu de tout cela.
On n'a pas même indiqué de prévention, et on a consigné,
on a jeté à la porte les propriétaires de la maison violée...
Et c'est sur le procès-verbal rédigé pour couronner l'œuvre,
qu'une instruction est poursuivie aujourd'hui contre les religieuses prévenues ! Et c'est au milieu de cette instruction
qu'interviennent, au détriment des accusées, Monsieur l'Adjoint et le Conseil municipal ! Voilà pour le droit.

Mais, observe M. le premier Adjoint, fertile en raisons
ingénieuses, l'établissement n'est autorisé légalement ni
comme maison de correction, ni comme maison de refuge,
ni comme pensionnat, et il s'y passait des *actes blâmables
aux yeux de la loi!* On peut citer des articles de loi qui
fassent fermer les établissements non autorisés ; M. l'Adjoint en connaît-il qui autorisent le premier venu d'en
forcer les portes, d'en outrager les propriétaires, d'y faire
des instructions illégales? Connaît-il des *convenances* qui
autorisent les gens de bien, sans que la justice les appelle,
à venir au milieu d'un procès offrir leur *loyal concours*
contre les accusés ?

Mais les actes blamables ? Vous avez raison, Monsieur,
parlons-en. Quels sont-ils ? Vous restez sur ce propos dans
un vague dont il faut sortir.

M. le Maire a vu au Bon-Pasteur dix-huit jeunes filles
abandonnées, qu'on a recueillies, qu'on nourrit, qu'on ha-
bille, qu'on élève *sans autorisation.* — Premier acte blâmable.

Il a vu deux idiotes qu'on y soignait et qu'on ne voulait

pas renvoyer sans leur avoir assuré un autre asile. L'une de ces idiotes a passé la nuit dans un bûcher : on a préféré l'y laisser que de l'en arracher à force de coups.—Second et troisième acte blâmable.

Item, ledit M. le Maire a vu au Bon-Pasteur un certain nombre de femmes qui, ayant mené une vie orageuse, sont venues se réfugier dans cet établissement pour tâcher de réapprendre la vertu. L'établissement n'étant pas autorisé, l'apprentissage qu'on y fait ne l'est pas davantage. — Quatrième acte blâmable.

De plus, comme il n'est pas probable que ces femmes aient renoncé volontairement aux plaisirs de la société, il est probable qu'on les contraint : elles disent le contraire ; il est probable qu'on les séduit.—Sixième et septième acte blâmable.

Quelques-unes de ces femmes n'ont pas vingt ans : détournement de mineures ! — Huitième acte très-blâmable.

Continuant sa visite, M. le Maire a vu d'autres femmes, plus jeunes, qui ne sont point là de leur gré et qui l'avouent. L'autorité de leurs parents les y retient : donc, les religieuses sont complices des parents ! — Neuvième acte blâmable.

D'autres femmes encore se sont présentées aux regards attendris de M. le Maire et ont profondément ému son humanité. Elles sont jeunes, elles ont joui de la liberté, ce bien si précieux ; elles veulent en jouir encore et ne le déguisent nullement ; mais une condamnation judiciaire les a frappées, et, sous ce prétexte, on arrête leur essor. Il est vrai que si elles n'étaient point au Bon-Pasteur, elles seraient en prison. Mais rien n'autorise le Bon-Pasteur à priver les prisons de leur plus bel ornement ; et le Bon-Pasteur, en les détenant, empiète sur les droits des geôles légales !—Dixième acte blâmable.

Enfin, M. le Maire a vu les religieuses ; il a su qu'elles se dévouent à nourrir les enfants abandonnés, à relever de leur abaissement les pécheresses repentantes, à corriger, par de bons exemples, par de constants et de pénibles efforts, les détenues ; qu'elles travaillent, qu'elles prient, qu'elles sont chastes, pauvres, obéissantes, le tout *sans autorisation !!*—Onzième acte blâmable.

Que pourrions-nous opposer à un pareil réquisitoire ? Nous devons nous taire, car les religieuses du Bon-Pasteur ont fait quelque chose de plus blâmable que tout cela. Elles ont eu raison contre tout ce qu'on a voulu leur reprocher pour parvenir ensuite à les proscrire ; elles ont dit de quelle injustice elles étaient victimes, et n'ont pu empêcher notre voix de s'élever pour flétrir ces indignités. N'ajoutons point à leurs crimes. Aussi bien, les tribunaux sont saisis. Soit par l'instruction que l'on dirige contre ces Dames à la requête du Maire, soit par celle que nécessitera leur propre plainte, il faudra que les faits soient connus, que la vérité paraisse au grand jour. Laissons donc agir les persécuteurs. Faisons grâce à M. l'Adjoint du surplus de ses dires, et que ce champion de l'innocence de M. le Maire retombe dans son obscurité. Il en sortira plus tôt qu'il ne le désire. Grâce à Dieu ! les préjugés haineux de la municipalité ne peuvent s'élever jusqu'à troubler la conscience de la magistrature ; et, quoique les Dames du Bon-Pasteur paraissent bien abandonnées, puisqu'elles ont des juges, il leur reste mieux que des amis.

IV. *Avis aux catholiques, à propos de l'affaire du Bon-Pasteur de Sens.* Depuis nos derniers articles, nous n'avons plus entendu parler de M. le Maire de Sens, ni de M. le premier Adjoint, ni du Conseil municipal. On nous traite de calomniateurs, on n'épargne pas les paroles injurieuses ; nous maintenons les faits, nous en produisons de nouveaux, nous adressons le journal à tous ceux que l'affaire intéresse, plusieurs jours se passent : silence complet. On voit que le Conseil municipal n'est pas si bien informé que nous, et que M. le Maire a ses raisons pour se renfermer dans le silence du mépris.

Pareillement, la presse tout entière s'est tue. Le *Siècle*, qui avait parlé la première fois, s'est repenti sans doute et n'a plus soufflé mot. Ainsi une violation de domicile opérée dans les formes les plus inexcusables ; des religieuses outragées d'une façon inqualifiable par le magistrat qui devait, à plus de titres qu'aucun autre, les protéger ; l'intervention d'un Conseil municipal qui apporte publiquement au Maire accusé le tribut de son *entière sympathie* ; tout cela ne peut émouvoir la presse, cette vigilante gardienne de nos libertés ! Elle écoute froidement le récit d'un abus sauvage, et couvre le méfait de sa honteuse complicité.

Nous ne reviendrons pas davantage sur cette affaire. Nous nous contenterons d'en signaler plus tard l'issue, facile à prévoir. Mais nous voulons profiter de cet exemple éclatant pour donner aux catholiques quelques avis dont ils ont trop besoin. Car si nous avons traité, à peu près selon leurs mérites, l'auteur et les approbateurs de la mesure dont les religieuses de Sens ont été victimes, il faut pourtant que les catholiques sachent aussi que de pareils actes ne se commettent et ne se renouvellent que parce qu'ils le veulent bien. Tout ce que la haine de nos adversaires ose contre nous, c'est notre tiédeur, c'est notre timidité, c'est notre lâcheté qui le permet. Il en sera ainsi tant que nous ne saurons pas, tant que nous ne voudrons pas nous défendre.

Quelque idée sublime qu'on se fasse de la douceur chrétienne, nous prions les consciences catholiques de s'examiner sur ce point.

Ce n'est pas assez de sacrifier sa fortune et son temps aux bonnes œuvres, la charité veut encore que ces œuvres soient protégées ; il faut savoir étendre sur elles l'égide de ces lois par qui vivent et se développent toutes les entreprises particulières, quel que soit leur but, quelle que soit parfois leur infamie. Si les difficultés sont nombreuses, il faut en triompher ; il faut, pour en venir à bout, fatiguer le ciel et la terre. Ce n'est pas faire le bien, ce n'est pas y mettre la vigilance et le courage que Dieu exige, si on ne sait pas le maintenir énergiquement contre les haines odieuses qu'il ne manque jamais de soulever. Il ne suffit pas d'avoir donné sa dernière obole, de s'être épuisé de démarches et de veilles ; tout cela fait, reste-t-il encore à vaincre le mauvais vouloir humain qui se présente entre la charité et le malheur, il faut le vaincre. Ecartez cet homme de police qui tantôt s'oppose à ce que le pauvre reçoive du pain, tantôt s'indigne que la débauche soit combattue, et toujours prétend avoir une loi, posséder un titre qui frappe d'illégalité le dévouement, la vertu, la pitié. Il ment ; la loi n'est pas pour lui, ou c'est une loi que ses pareils ont faite quand la colère de Dieu leur a permis de régner ; elle est proscrite, elle est abrogée, elle est honnie. Il faut le traîner avec sa loi devant les tribunaux, devant l'opinion des honnêtes gens, pour qu'il y subisse une flétrissure. Rien ne dispense les chrétiens qui vivent dans un pays libre de remplir ce devoir.

Quand vous avez péniblement, dans l'ombre et presque sans secours, élevé une œuvre de charité, si le premier venu que la charité irrite veut d'un coup de pied brutal renverser votre œuvre, et que vous le laissiez faire, de toutes vos peines il ne reste qu'une lâcheté dont il vous sera demandé compte : car vous n'aurez pas osé vous souvenir que vous êtes citoyen comme vous êtes chrétien, et que c'est là une force dont il convient d'user. Sous prétexte de douceur, vous aurez reculé devant la crainte ; sous prétexte de charité, vous aurez failli à la véritable charité ; vous aurez découragé d'autres dévouements, enhardi d'autres excès, paralysé d'autres courages; vous aurez laissé languir les malheureux. S'il se fût agi de vos biens personnels et de vousmêmes, n'auriez-vous pas protesté, résisté, cherché secours de toutes parts, remué les hommes, invoqué les lois, obtenu justice !

Nous parlons dans le désert. Patience ! Ces idées sont vivaces, elles prendront racine. Nous enregistrons présentement nos injures et nos faiblesses ; mais le temps n'est pas loin où tant d'outrages nous rappelleront que les lois sont aussi pour nous. Dans ce confus arsenal d'où sortent toutes nos chaînes, nous chercherons des armes à l'usage de l'Evangile ; nous les trouverons et nous les ferons servir. Que quelques hommes de cœur seulement écoutent le sentiment intime qui les presse d'y consacrer leur vie ; qu'ils appliquent leur science et leur zèle à redresser, au moyen de la loi, les torts que la religion s'est accoutumée à subir, et bientôt la charité chrétienne reprendra droit de cité. Il faut seulement qu'elle s'appelle le droit ; dût-elle s'appeler la chicane, qu'à cela ne tienne ! Pour répandre ses bienfaits, elle pourrait accepter de plus pénibles déguisements.

ÉPILOGUE.

5 octobre 1845.

V. Nos lecteurs n'ont pu oublier ce fameux Maire de la ville de Sens dont la conduite envers les Dames du Bon-Pasteur fut si révoltante d'illégalité et surtout de grossièreté. Donnons de ses nouvelles. Malgré l'assistance de son Conseil municipal, M. le Maire vit l'impartialité de la magistrature anéantir les procès-verbaux qu'il avait rédigés, et enfin, après toutes ses menaces, il se trouva fort heureux que les religieuses voulussent bien se désister de la plainte en violation de domicile formée contre lui. Après que les religieuses eurent signé, par amour de la paix, ce désistement formulé d'une manière assez mortifiante, sous lequel s'inclina la fierté voltairienne et municipale de M. le Maire, nous annonçâmes que, pour notre compte, il ne nous semblait pas suffisamment puni, et qu'il y aurait une suite. C'était beaucoup trop s'engager; nous n'avions pas considéré que ce personnage, outre les mérites qui le rendaient cher désormais à la presse libérale, en possédait d'autres appréciés du Gouvernement, étant le principal agent électoral de M. V., député ministériel, très-influent de tous côtés. En effet, l'affaire assoupie dans la presse, dans les bureaux, partout, a fini par être étranglée à la tribune, des propres mains de M. le Ministre de la justice. L'unique satisfaction que nous avons obtenue, ç'a été de voir M. le Maire de Sens illustré, pour conclure, de l'étoile des braves. Mon Dieu, oui ! il devint chevalier de la Légion d'honneur, et la toile tomba sur cette décoration.

Mais voici, au bout d'un an, que le rideau se lève sur une autre scène où le personnage figure vraiment de manière à nous contenter. Le nouveau rôle qu'il joue, pour n'être pas tout à fait conforme aux insignes d'un magistrat et d'un chevalier, nous paraît compléter assez bien celui que nous lui avons déjà vu remplir. C'est le même caractère sous une autre face. Nous avions dessiné l'ennemi des religieuses et des œuvres catholiques; voici le revers de la médaille, tracé de la main même de ces conseillers municipaux qui, l'an dernier, en si beau style, vengeaient leur chef des « calomnies de l'*Univers*. »

Ces Messieurs, au nombre de six, ont donné leur démission de membres du Conseil municipal, parce que, las de lutter contre *les mesures fâcheuses du Maire de la ville de Sens, contre les actes arbitraires et les illégalités de son administration*, ils ont éprouvé le besoin d'en appeler à l'opinion publique et de mettre les électeurs municipaux en mesure de prononcer entre M. le Maire et eux. Nous avons sous les yeux l'exposé fort âcre de leurs griefs.

Premièrement, M. le Maire, importuné sans doute des doléances de ses adversaires, n'a presque jamais jugé convenable de se conformer aux prescriptions de la loi, qui établit pour les Conseils municipaux quatre sessions par an. Sur quatre sessions, il en supprimait communément deux, et il simplifiait ainsi les discussions.

Secondement, M. le Maire est architecte. Épris de son art, il aime à bâtir; reconnaissant probablement fort peu de goût, en fait d'architecture, à son Conseil municipal, il bâtit sans le consulter. Il bâtit jusqu'à dépasser les limites fixées au budget, jusqu'à n'avoir plus de quoi payer les ouvriers : il bâtit à tort et à travers, et quand il a ainsi multiplié les dépenses, épuisé la caisse, accumulé les dettes, il ose bien dire, faisant l'éloge de son administration, « qu'il ne dépasse jamais les crédits qui lui sont alloués ! » A la vue de tant d'assurance, les conseillers démissionnaires ne peuvent retenir un point d'exclamation. De quoi s'étonnent-ils? Dans l'affaire du Bon-Pasteur, n'ont-ils pas donné à M. le Maire l'exemple d'opposer une dénégation impudente aux faits les plus évidents ?

Mais M. le Maire ne se borne ipas à ces dépenses folles : toujours sans consulter le Conseil, il aliène les propriétés communales et les donne à loyer aux conditions qui lui plaisent. Quand ce loyer consiste en journées de travail, il en dispose à sa fantaisie, « comme il le ferait s'il administrait sa propriété privée ; » ce qui le conduit à user de certains édifices communaux un peu plus en propriétaire qu'en administrateur. Il s'est trouvé qu'un magasin du collége lui convenait pour le dépôt d'un certain ciment romain qu'il fabrique comme particulier, qu'il recommande comme maire, et qu'il emploie comme architecte. Depuis 1839, M. le Maire s'est emparé du magasin, n'a point fait de bail, n'a point payé de loyer. Seulement, comme l'article 10 de la loi du 18 juillet 1837 impose au maire la conservation du bien de la commune, M. le Maire, se souvenant cette fois de ses obligations et voyant les toitures du collége dans le plus mauvais état, fait réparer avec soin... celle du magasin qui contient ses ciments! Les conseillers démissionnaires, assez peu touchés de ce zèle, font observer que le magasin du collége se louerait bien 200 fr. par an; que, depuis sept années de jouissance gratuite, M. le Maire a donc privé la caisse municipale d'une somme de 1,400 fr.; que si le magasin n'était pas loué, on pourrait encore l'utiliser, ne fût-ce qu'en y abritant des statues dont la nudité antique est actuellement exposée dans le jardin de l'hôtel de ville, « qui sert en même temps de lieu de récréation aux jeunes filles de l'enseignement primaire... » Les conseillers municipaux n'avaient sans doute pas fait cette remarque lorsque, l'année passée, ils encourageaient M. le Maire dans ses brutales per-

sécutions contre les Dames du Bon-Pasteur, persécutions auxquelles ils donnaient pour motif la petite école
tenue par ces religieuses, qui n'ont point de statues antiques
à mettre sous les yeux de leurs élèves.

Cette passion de M. le Maire pour la truelle, il l'a aussi
pour la pioche. Il déblaie, il remblaie, il brouette et il
s'exerce avec une sorte de rage sur les promenades, qu'il
est parvenu à remplir de décombres. Malheureusement, ces
décombres coûtent cher, ce qui gâte un peu le plaisir que
leur vue procure aux bons habitants de Sens. M. le Maire
se plaît encore à fabriquer des chemins : il en a construit un
qui n'est pas praticable et que l'administration supérieure
refuse, mais qui a valu 805 fr. d'honoraires à l'architecte
choisi par M. le Maire, et qui a coûté 7,000 fr. environ de
plus que pour être bien fait.

Mais tout ceci n'est rien. C'est lorsqu'il s'agit des alignements de Sens que M. le Maire se montre le plus in-
traitable des despotes, le plus entreprenant des architec-
tes, le plus avisé des vendeurs de ciment romain. Le
droit de donner des alignemens, disent les conseillers démissionnaires, intéresse « au plus haut degré » la propriété « et, par conséquent, l'indépendance » des parti-
culiers. C'est pourquoi la loi du 18 juillet 1837 a voulu que
le droit de délibérer sur les projets d'alignements fût
attribué aux conseillers municipaux. M. le Maire n'objecte
rien. Cependant, soit comme maire, soit comme architecte
(le point n'est pas éclairci) il n'aime guère cette loi de 1837,
et les bons citoyens de Sens n'ont pas encore eu la joie
d'en voir l'application. « En alléguant, d'une part, qu'un
« plan définitif d'alignement n'avait pas encore été adopté
« par le Conseil municipal, tandis que, d'une autre part, il ne
« *réunissait jamais la commission* chargée de préparer un
« plan général d'alignement, M. le Maire de Sens est resté
« le *souverain maître des alignements*, malgré les récla-

« mations du Conseil municipal. » Ceci est ingénieux ; ce
qui suit l'est plus encore.

Que fait M. le Maire de ces alignements dont il dispose ?
M. P. maire tient conseil avec M. P. architecte. Le tribunal,
toujours unanime, délibère sur les requêtes présentées au
Conseil municipal en matière d'alignement. Selon que le re-
quérant est bien ou mal avec l'architecte, c'est-à-dire selon
qu'il l'emploie ou qu'il ne l'emploie pas, M. le Maire accorde
ou refuse ce que l'on demande au Conseil municipal. Telle
vieille maison n'est pas sur l'alignement, le propriétaire demande à la consolider, M. P. sera chargé des travaux : — *Ac-
cordé*, dit M. le Maire. — Mais le Conseil municipal a délibéré
sur la demande et l'a rejetée ? — *Les travaux commenceront
demain*, dit M. le Maire ; le Conseil municipal, c'est moi !

Cette condescendance de M. P., le maire, pour M. P.,
l'architecte, est si entière et si invariable, qu'elle a profité
jadis aux Dames du Bon-Pasteur. Oui, ces mêmes religieuses, objet plus tard d'un acharnement si brutal, elles ont vu
M. P., le maire, autoriser M. P., l'architecte, à bâtir, pour
leur compte, *sur un alignement de faveur !* Les conseillers
démissionnaires l'attestent. Le digne magistrat, tout en
s'utilisant comme architecte et tout en débitant du ciment
romain, voulait peut-être se ménager un bon prétexte de
réclamer plus tard contre les empiétements du Clergé.

Au milieu des faits très-curieux qu'ils racontent, les conseillers démissionnaires s'interrompent pour placer une petite réflexion qui pourrait n'être pas si naïve qu'elle en a
l'air : « La persistance de M. le Maire à prolonger cette
« usurpation, disent-ils, est d'autant plus inexplicable que
« c'est pour lui *une position bien délicate* que d'être exposé,
« comme architecte, à être choisi par les uns et à ne pas
« l'être par les autres, tandis que, comme maire, il doit ré-
« gler avec la même impartialité l'alignement des propriétés
« de tous. Combien de fois sa *délicatesse* n'a-t-elle pas eu à

« souffrir, s'il lui est venu à la pensée que le propriétaire
« obligé de bâtir, en demandant à l'architecte ses services,
« songeait à la bienveillance de l'administrateur ? Cette pen-
« sée n'aurait-elle pas dû lui dicter une conduite opposée
« à celle qu'il a tenue dans beaucoup de circonstances? »

Arrêtons-nous ici. Nous n'avons pas besoin d'analyser tout
le mémoire des conseillers démissionnaires pour faire comprendre à nos lecteurs l'impression qu'il nous a laissée et
que la ville entière de Sens en a bien certainement reçue.
Il est grave, paisible, positif; M. le Maire n'a point entrepris
d'y répondre. Or, ce mémoire et ce résultat nous dégagent
complétement de la promesse que nous avions inconsidéré-
ment faite d'obtenir justice des iniquités d'un autre genre
commises l'an dernier par le même héros.

Maintenant, que M. P. garde sa croix et même sa mairie;
que les conseillers qui l'accusent soient réélus ou ne le soient
pas ; que le ciment romain paie ou ne paie pas de loyer dans
les bâtiments du collége ; que le Conseil municipal recouvre ou non le droit de donner des alignements, c'est l'affaire
de la ville de Sens et non la nôtre ; nous n'y tenons guère.
Nous ne voulons rien de plus , pour notre satisfaction, que
le rang où les faits qu'on vient de lire vont placer, dans l'estime de ses concitoyens, ce magistrat qu'ils ont vu si ardent
à persécuter de pauvres femmes dont le véritable crime, à
ses yeux, ne fut pas le bien qu'elles opèrent, mais peut-être
tout simplement d'avoir changé d'architecte ou de n'avoir
plus rien à faire bâtir.

Et, pour dernière remarque, n'est-ce pas une chose curieuse de voir que les hommes qui élèvent contre M. P. ces
accusations si sévères sont précisément les mêmes qui, l'an
passé, l'encourageaient dans le plus répréhensible abus qu'il
ait fait de son pouvoir, le seul abus qu'ils ne lui reprochent
pas ? A l'exception d'un seul, tous les signataires du mémoire
que nous venons d'analyser ont signé, le 5 février 1844, cette

inqualifiable protestation du Conseil municipal de Sens contre l'article où l'*Univers*, pièces en main et avec la plus scrupuleuse exactitude, faisait connaître l'odieuse violation de domicile dont M. P. venait de se rendre coupable. A cette occasion cinq des six conseillers qui aujourd'hui racontent comment, depuis sept ans, M. P. entasse illégalités sur illégalités, prenaient fait et cause pour M. le Maire, qui, *retranché*, disaient-ils, *dans sa conscience*, croyait ne devoir répondre que par le *mépris* à nos accusations. Pourtant, nous ne disions mot ni des alignements, ni du ciment romain! Protestant de leur *entière sympathie* pour M. P., ils exprimaient leur *profonde et vive indignation* contre les mensonges affreux dont ce maire modèle était l'innocente victime; *profondément convaincus* qu'il ne pouvait pas avoir manqué aux *convenances*, ils lui offraient leur *loyal concours; ils souhaitaient que l'expression libre et spontanée de leur adhésion effaçât jusqu'à la dernière trace du dégoût que de basses calomnies auraient pu lui causer;* ils envoyaient cette délibération au préfet de l'Yonne, ils la faisaient insérer dans les journaux; il ne leur manquait enfin que l'audace de la communiquer à l'*Univers*.

Quoique plus d'une action mauvaise y trouve sa juste punition, ce rapprochement est triste. Implacables aujourd'hui pour le magistrat qui fait tort à leur ville d'un loyer de deux cents francs, ces hommes, qui en appellent si bien à la légalité, faisaient pis que rester muets lorsqu'il s'agissait du domicile indignement violé de quelques pauvres religieuses; ils signaient des deux mains une protestation en faveur du coupable. Ni la légalité, ni la vérité ne pouvaient les retenir de témoigner leur *entière sympathie* à ce magistrat qui avait déjà donné beaucoup d'alignements, vendu beaucoup de ciment romain, dépensé à sa guise beaucoup d'argent municipal; qui, déjà depuis cinq ans, jouissait pour rien d'un loyer de deux cents francs dans les bâtiments du collège...

Il persécutait des religieuses, cela compensait tout!

ACTION POLITIQUE DES CATHOLIQUES.

CANDIDATURE DE M. VICTOR CONSIDÉRANT.

6 avril 1844.

Le neuvième collége électoral de Paris est convoqué pour le 12 avril, afin d'élire un député. Cinq candidats sont sur les rangs : M. *Locquet*, conservateur, MM. *Victor Considérant*, de *Sivry*, *Goudchaux*, *Aronsohn*, qui représente les diverses nuances de l'opposition de gauche. Dans une réunion préparatoire, tenue à l'hôtel de ville jeudi dernier, les candidats, à l'exception de M. Locquet, ont successivement développé leurs opinions. Aucun d'eux ne partage nos convictions catholiques, aucun d'eux du moins ne les a exprimées. De quelques paroles prononcées par M. Goudchaux, nous pouvons conclure qu'il est protestant ou juif ; MM. de Sivry et Aronsohn n'ont pas dit un mot qui indique une croyance religieuse quelconque ; personne n'ignore quelles sont les doctrines de M. Considérant. L'école phalanstérienne, dont il est le chef, n'a été combattue par personne aussi vivement que par nous.

Nous formons néanmoins les vœux les plus sincères pour le succès de M. Considérant, et nous exhortons avec instance tous les électeurs catholiques du IXe arrondissement à voter pour lui.

Expliquons les motifs de notre adhésion.

1.   16

Bien que M. Considérant se soit tiré incontestablement
mieux que ses rivaux du programme obligé qu'il avait à
débiter aux électeurs ; bien que ses opinions sur les questions du moment, telles que la réforme électorale, le gouvernement parlementaire ou personnel, les fortifications de
Paris, l'abrogation des lois de septembre, se rapprochent
assez de nos propres sentiments, et que son opposition soit
dans cette ligne sincère et modérée où nous restons nous-
mêmes, combattant le Pouvoir lorsqu'il le mérite, lui rendant justice lorsqu'il y a droit, voulant corriger, non renverser, ce n'est point là ce qui détermine nos sympathies.
Sur presque toutes ces questions, nous sommes indifférents
ou sceptiques ; ce n'est pas un titre d'exclusion à nos yeux
de les entendre autrement que nous. Quelle que soit la solution qu'on leur donne, nous en espérons peu de résultats
favorables ; nous sommes toujours en mesure, avec de la
résolution et de la persévérance, d'en braver les résultats
contraires. Ainsi, nous désirons sans doute l'abrogation des
lois de septembre, sous le coup desquelles nous sommes en
ce moment placés[1] ; mais que nous importe, après tout, leur
maintien ? On saura bien encore nous faire des procès lorsqu'elles seront abolies ; ce qu'elles peuvent ajouter à la
prison et à l'amende n'est qu'un faible obstacle pour les
idées que nous portons. Qu'on donne à l'Église les libertés
dont elle a besoin, et que l'emprisonnement et la ruine
nous fassent expier le crime de les avoir réclamées ! Ceux
qui viendront après nous n'y songeront guère, et nous serions contents du marché.

Notre motif n'est pas non plus qu'ayant eu l'honneur de
connaître M. Considérant, nous avons pu apprécier en lui
des qualités d'esprit et de cœur dignes d'autant de respect

_____

[1] Le rédacteur en chef et le gérant de l'*Univers* étaient traduits en
Cour d'assises.

que ses erreurs en matière de religion méritent de blâme. Nous croyons, il est vrai, que ces erreurs ont été beaucoup modifiées par l'expérience, et qu'aujourd'hui le chef de l'école phalanstérienne n'est pas plus hostile à la religion catholique que les trois quarts de ceux qui ne s'en occupent jamais. Dans tous les cas, M. Considérant professerait avec la même énergie les doctrines pour lesquelles nous l'avons tant combattu, qu'il conserverait encore le mérite rare en ce temps-ci, et singulièrement honoré de nous, de s'y être dévoué, d'avoir fait pour les servir de grands sacrifices, de longues études. S'il est ennemi, nous aimons de tels ennemis, et nous nous souhaitons des amis qui leur ressemblent. Quand un homme persévère dans l'erreur aux dépens de ses avantages matériels, nous sommes portés à croire qu'il cherche la vérité ; nous espérons que, s'il la trouve, il saura lui sacrifier plus encore. Cependant, nous le répétons, ce n'est point à cause de ses qualités personnelles que nous soutenons M. Considérant.

Il nous serait inconnu, et ses opinions politiques, au lieu de se rapprocher des nôtres, leur seraient diamétralement opposée, que nous le recommanderions avec le même empressement aux suffrages de nos amis.

M. Victor Considérant s'est présenté comme partisan sincère de la liberté d'enseignement ; voilà notre point de contact.

C'est un homme droit, capable, courageux. S'il arrivait à la Chambre, il se souviendrait de son programme et le défendrait avec vigueur. Voilà pourquoi nous désirons ardemment son succès.

La liberté d'enseignement est pour nous quelque chose de si considérable, de si essentiel au maintien de la religion en France, qu'entre vingt candidats nous n'hésiterions jamais à choisir celui qui seulement nous donnerait l'espérance fondée d'étudier la question avec intelligence et sincérité. Conservateur, légitimiste, radical, juif, protestant, incrédule, nous le préférerions à tous les autres ; nous le préférerions à de bons catholiques, s'il pouvait s'en trouver qui ne fussent pas hostiles au monopole universitaire.

Que les électeurs catholiques du IX⁵ arrondissement fassent l'acte utile que nous leur conseillons au nom des défenseurs les plus zélés et les plus respectables des droits de l'Eglise. Qu'ils sachent de M. Considérant s'il persévère dans l'opinion qu'il a émise devant eux et s'il s'engage à la défendre ; et qu'alors, quels que soient leurs sentiments politiques, quel que soit leur petit nombre, ils votent ostensiblement pour lui. Ce sera un grand exemple à tous les chrétiens de France, un salutaire avis à beaucoup de ces députés qui nous traitent si mal et dont peut-être la réélection dépend de nous, une leçon mémorable au Gouvernement, que nous pouvons, dans un temps donné, mettre en présence d'une majorité sinon catholique, du moins antiuniversitaire, antiministérielle et peut-être quelque chose de plus.

Le Gouvernement doit y songer, en effet ; les chances de l'avenir sont pour l'opposition, et le collége du IX⁵ arrondissement n'est pas le seul où les candidats conservateurs aient si peu de probabilité de succès qu'ils ne se présentent que dans la proportion de un sur cinq. Si c'était M. de Sivry, homme de la gauche dynastique, et M. Goudchaux, radical, qui se fussent montrés favorables à la liberté d'enseignement, ce serait l'un d'eux, n'importe lequel, que nous recommanderions aux électeurs. Or, ce que nous conseillons de faire à Paris, se fera, aux prochaines élections, dans toute la France ; déjà on s'organise dans ce but. En définitive, les opinions sont assez morcelées pour que les catholiques, jusqu'à présent divisés, puissent en beaucoup de lieux former, en se réunissant, l'appoint qui décidera l'élection. Par ce moyen, ainsi que l'a justement observé M. de

Montalembert, les catholiques belges renversèrent un trône et une dynastie ; les catholiques de France n'ont à renverser qu'un ministre et qu'une coterie.

Le programme que nous avons à suivre et qui nous fera vaincre plus tôt qu'on ne croit, s'il est vigoureusement accompli, est bien simple : voter partout pour des hommes d'honneur, à qui nous ne demanderons pas d'aimer l'Eglise, mais seulement d'aimer la liberté. A l'Eglise, ensuite, d'user de cette liberté et de se rendre chère à force de zèle et de bienfaits.

10 avril 1844.

II. Nous avons fait à M. Victor Considérant une réputation de *Jésuite*, que les intelligents publicistes du *National*, du *Siècle*, du *Constitutionnel*, etc., s'efforcent de tourner contre sa candidature, et dont il est peut-être lui-même assez importuné, quoique homme d'esprit. Venons à son secours. M. Considérant n'est point *jésuite*, il s'en faut de beaucoup. A cet égard, ni M. Goudchaux le radical, ni M. de Sivry le dynastique, ni M. Locquet le ministériel, n'ont la moindre chose à lui reprocher : il est pur comme eux-mêmes. Sur les points de doctrine religieuse, nous ne ferions aucune différence entre eux et lui, sinon qu'il nous paraît un adversaire plus capable, par conséquent plus dangereux. En effet, les erreurs qu'il nous oppose ont au moins le mérite de quelque nouveauté : elles ont pu séduire des esprits fort mal éclairés, mais dévoués et vigoureux ; tandis que ses rivaux n'ont probablement à produire que des lieux communs d'ignorance et de haine faits pour croupir dans certaines âmes inguérissables, trop décriés pour se rattacher un homme de cœur.

Le *National* ne soupçonne pas sans doute M. Goudchaux d'être *jésuite*; le *Constitutionnel* et le *Siècle* ne pensent probablement pas que M. de Sivry soit disposé à se faire *capucin?* Eh bien! nous déclarons au *National*, au *Siècle* et au *Constitutionnel* que si M. Goudchaux ou M. de Sivry, au lieu de s'embourber dans la vase universitaire, s'étaient montrés disposés à respecter les promesses de la Charte et à en poursuivre l'accomplissement, et que M. Considérant eût gardé le silence, ce ne serait pas M. Considérant, ce serait M. Goudchaux ou M. de Sivry que nous aurions chaudement recommandé aux suffrages des catholiques. Nous disons plus : quelque répugnance que nous inspire la politique ministérielle, nous aurions soutenu M. Locquet le ministériel, si c'était lui qui se fût montré favorable à la liberté d'enseignement.

Grâce à la génération que l'Université nous a faite, les catholiques n'ont maintenant à choisir leurs représentants que parmi leurs ennemis. Parmi ces ennemis, il est tout simple qu'ils préfèrent ceux qui veulent alléger leurs chaînes à ceux qui veulent les river.

On avouera que les catholiques, qui n'étaient rien hier, sont aujourd'hui quelque chose. La ligne de conduite que nous indiquons sera la leur aux élections prochaines; nous pouvons assurer qu'en beaucoup de lieux déjà ils se préparent à la suivre avec une vigueur qui pourra faire regretter les iniquités dont on les accable. Que le Gouvernement et les autres adversaires des droits de la famille chrétienne se demandent si beaucoup des élus actuels sont de taille à mépriser ou nos suffrages ou notre hostilité. Pour nous, nous sommes très-fermement convaincus que si les catholiques formaient la majorité à Luçon, par exemple, l'honorable député de cet arrondissement [1] se sentirait quelque dé-

----

[1] M. Isambert.

mangeaison d'aller à confesse. Nous parlons fort sérieusement. Eh! ne savons-nous pas ce que peut l'ambition sur
la plupart de ces hommes! Il en est à qui elle a fait ab-
jurer la vérité; il s'en trouvera à qui elle fera apostasier
l'apostasie [1].

[1] Cette ligne de conduite fut, en effet, suivie parmi les catholiques, et
serait devenue générale, si la révolution de février n'avait pas éclaté. Il y
avait là certainement un péril signalé dans l'encyclique de Grégoire XVI,
et sur lequel nous nous abusions. En ce qui regarde M. Considérant, je
dois faire observer que son journal, sa secte et lui-même ne se mon-
traient pas du tout tels en 1844 qu'on les vit plus tard.

LA QUESTION CATHOLIQUE

A LA CHAMBRE DES PAIRS.

16 avril 1844.

Discours de M. de Montalembert. — Réponse de M. Villemain.

A propos de la loi sur les fonds secrets, la question catholique s'est présentée aujourd'hui à la tribune de la
Chambre des Pairs avec M. le comte de Montalembert. Jamais le courageux orateur n'a mieux répondu à nos espérances et n'a montré un talent plus digne de la noblesse de
son caractère et de la majesté de ses convictions [1]. Nous
reproduisons en entier son discours : notre reconnaissance
ne saurait mieux s'exprimer et notre admiration se montrer
plus impartiale. La parole de M. de Montalembert a ému la
Chambre ; nous voudrions espérer qu'elle l'a éclairée. Mais
nous sommes réduits à penser qu'il y a un ordre d'idées où
les meilleurs esprits n'arrivent plus et ne veulent plus arriver : c'est une douleur pour nous, c'est un malheur pour
eux. Nous avons fait notre devoir quand nous avons travaillé de toutes nos forces à les élever jusqu'à nous. Peut-
être M. de Montalembert n'a-t-il réussi qu'à irriter ses collègues. N'importe. Ce qu'il a dit aura de l'écho dans les
cœurs chrétiens, et l'on fera bien des lois contre nous avant

---

[1] C'est dans ce discours que se trouvait la phrase célèbre : *Nous sommes les fils des Croisés, nous ne reculerons pas devant les fils de Voltaire.*

d'épuiser la force que ce ferme langage versera dans nos cœurs.

M. le Ministre de l'Instruction publique a cru pouvoir répondre. Il l'a fait en homme d'esprit, mais en homme d'esprit piqué, ce qui gâte toujours beaucoup l'esprit. Nous sommes trop les amis de M. de Montalembert pour chercher querelle à M. Villemain. Nous reproduisons sa réponse, et ce sera notre vengeance, si l'on juge qu'il nous en faut une.

17 avril 1844.

M. Martin (du Nord) garde des sceaux. — Description du bon évêque gallican. — Railleries contre les catholiques.

La discussion entamée hier à la Chambre des Pairs s'est continuée aujourd'hui. Assurément, les dispositions de la noble Chambre n'inspiraient nulle inquiétude au Ministère. Si M. de Montalembert n'est pas seul de son avis dans cette assemblée, il s'en faut de peu. Là règne un esprit favorable à tous les assoupissements : les sentiments antireligieux ne s'y élèvent qu'au murmure, les plus grandes ardeurs catholiques ne s'y permettent point tant de bruit. Quand ce sera un crime d'Etat de faire acte public de croyance chrétienne, les coupables trouveront dans ce sénat des juges paisibles, qui les condamneront net et dru, sans dépenser beaucoup de paroles ni étaler beaucoup de colères. Le discours de M. de Montalembert aurait bouleversé la Chambre des Députés ; la Pairie oppose à la persévérance des idées qu'elle repousse quelque chose de plus décourageant que ces tempêtes, c'est sa sérénité, son incurable sérénité ! Néanmoins, M. Martin (du Nord) n'a pas trouvé que les épigrammes laborieuses de M. Villemain eussent suffisamment répondu à l'orateur catholique. Il est venu présenter un de ces lénitifs qu'il préparait si bien autrefois, mais qu'il n'administre plus avec le même bonheur.

On sait de quelle heureuse physionomie est doué M. le Garde des Sceaux : rien de plus doux que son air, que sa voix, que toute sa personne ; rien de plus conciliant que son langage, rien de plus honnête que ses intentions. Lorsqu'on l'écoute, on s'en veut de n'être pas de son avis, ou l'on croit qu'il se trompe involontairement. Il blâme les choses les plus avouables et les plus louables, on est plus tenté de le plaindre que de le contredire, car il semble qu'avec un peu plus de courage, il parlerait tout autrement. Ne croyez pas qu'il perde une occasion de vanter son respect pour la religion, sa vénération pour les vertus des Evèques, même pour leur titre sacré ! Dans les grandes circonstances, il va plus loin, il ose se proclamer bon catholique, et M. de Montalembert est à peine plus téméraire à braver le respect humain. Cependant, qu'y a-t-il au fond de ces homélies parlementaires ? Tout simplement le pape laïque, qui, depuis tantôt deux cents ans, sous divers noms et par différents moyens, veut s'imposer à l'Eglise au nom des libertés gallicanes. M. Martin n'est que la face souriante de cette médaille, dont M. Dupin est le revers moins aimable, quoique également pieux : vous savez que M. Dupin est bon chrétien aussi, et qu'il ne faut que l'en croire. Mais qui ne l'est pas aujourd'hui ? qui n'y prétend, excepté le *Constitutionnel* ? M. Cousin veut se faire juger à Rome, M. Hébert prononce des réquisitoires pieux, M. Villemain et le *Journal des Débats* sont dévots à leur manière : l'Université est pourvue d'une piété dont nous ne doutons que parce qu'elle est trop ingénieuse pour nous. Au milieu de cette effervescence du christianisme ministériel, parlementaire, philosophique, judiciaire, universitaire, les néo-catholiques de France et leurs Evèques courent aussi bien le

risque d'être excommuniés que celui de payer l'amende et
d'aller en prison.

Donc, M. le Garde des Sceaux s'est appliqué à faire la
peinture d'un bon évêque sous le régime des libertés gallicanes et des articles organiques, choses saintes et sacrées.
Ce bon évêque doit être fidèle au Gouvernement, lui obéir,
prêcher la soumission, se considérer comme un fonctionnaire très-utile, mais qui ne peut être utile que s'il est docile à toutes les lois faites et à faire, et à tous les articles
organiques dont le Gouvernement a cru, croit et croira bon
de les orner. Tout cela est de précepte. Que si l'évêque
gallican veut s'élever à la perfection, voici le conseil : qu'il
soit repentant quand le Conseil d'Etat l'aura frappé, mais
surtout qu'il s'abstienne d'écrire dans les journaux ! Ecrire
dans les journaux, c'est un droit qu'il a comme tous les citoyens et qu'on lui reconnaît ; cependant, s'il en use, c'est
l'abomination de la désolation : l'évêque alors devient journaliste, on l'attaque comme journaliste, et le ministre, son
pape temporel et légal, ne répond plus de pouvoir le protéger. Eh ! s'il a des observations à faire, ne peut-il les
adresser au ministre, sans mettre tout le monde dans sa
confidence ? Le ministre recevra ses observations, il les
prendra en considération : que veut-on encore ?

En traçant l'idéal du mérite, M. Martin n'a pas négligé
de montrer l'idéal des récompenses : le bon évêque gallican sera cher au Ministère, et le Ministère s'empressera
de fournir au bon évêque gallican ce qu'il pourra désirer en
tableaux, ornements, réparations d'églises, avancement dans
l'ordre de la Légion d'honneur, tendres paroles, actifs secours... *Force reliefs de toutes les façons.*

Enfin, l'évêque que rêve M. Martin (du Nord) peut tout
demander et tout recevoir, sauf la liberté.

Reste la petite question de savoir si les Evêques, soumis
aux lois du pays comme tous les autres citoyens, seront

libres comme eux sous la tutelle de ces lois ; si les droits de
leur charge seront de droit public ou seulement de bon
plaisir royal et ministériel. Cette question, M. Martin ne l'a
pas discutée. Quel besoin de la discuter, lorsqu'au moyen
des quatre articles de 1682 et des articles organiques de
l'an X, il croit pouvoir la trancher si facilement ? Mais,
d'un autre côté, M. le Ministre, qui connaît la difficulté
mieux qu'il ne l'expose, pourrait-il nous dire quel bien il
espère de cette solution improvisée ? Il nous parle de ce que
l'on peut faire contre nos Évêques : nous le savons, et l'on
peut encore plus qu'il n'a dit ; mais en quoi toutes les libertés gallicanes, tous les articles organiques, toutes les lois
de l'ancien régime, de la Révolution et de l'Empire accu-
mulées contre eux, les empêcheront-elles d'aviser selon
leur conscience ? En quoi nous empêcheront-elles, nous, de
faire tout ce qui sera humainement possible pour obéir
à ces avis de conscience dictés à nos Pontifes par l'état
des choses, par la situation de l'Eglise, par le danger des
âmes ? Nous aimons aussi la paix, moins que la liberté, il
est vrai, moins que l'honneur, moins que la religion surtout ; mais enfin nous l'aimons, nous l'aimons sincèrement, et pour tout dire en un mot, nous avons besoin d'elle.

Eh bien ! pour l'amour de la paix, que le Gouvernement
considère donc un instant la voie où il s'engage ! Il conseille aux Évêques de se taire ; ne comprend-il pas qu'ils
ne le peuvent plus ? Il leur offre ses faveurs ; n'a-t-il pas
encore reconnu que ce n'est point là ce qu'ils lui demandent ? Il fait valoir l'intérêt de la religion ; est-ce qu'il est
venu jusqu'à ce moment sans soupçonner que les Évêques
croient l'entendre et le servir mieux que lui ? Enfin il menace ; mais qu'espère-t-il de ses menaces ? On sait qu'il est
le plus fort ; recule-t-on cependant ? Il a des lois pour frapper les actions et les paroles, il n'en a pas pour frapper les consciences ; or, ce sont justement les consciences

qu'il s'agit de réduire. Tout ce qui ne nous atteindra pas là, sera impuissant. La Déclaration de 1682, les Articles organiques, toute la science, toutes les inventions de M. Dupin s'y épuiseront.

On a fait sourire la Chambre des Pairs en lui disant que les catholiques sont braves contre des dangers qui n'existent point. Il peut sembler à quelques-uns de nous que le danger n'est pas si loin ; mais il n'importe. S'il n'y a point de danger, c'est perdre son temps de nous menacer ; s'il y a du danger, qu'on en calcule les effets. On trouve déjà les Évêques bien puissants ; qu'on veuille songer à la puissance d'un évêque en prison, à l'autorité qu'auraient sur les catholiques ces paroles qui leur parviendraient à travers des barreaux, et la seule vue des barreaux, si on défendait au captif de parler ! Cet invincible sentiment du devoir chez les Évêques, cet invincible attachement des catholiques pour les Évêques, cette conviction de part et d'autre que la foi est en péril et qu'il la faut sauver, telle est la difficulté qui se présente aujourd'hui devant le Gouvernement. Telle est la difficulté que les caresses, que les menaces, que les lois répressives ne résoudront pas, et que pourrait résoudre demain, sans tant de discours, un peu de justice qui ne blesserait personne.

18 avril 1844.

Colère du *Journal des Débats* contre M. de Montalembert.

Il faut renoncer à peindre le *Journal des Débats*, depuis qu'il a entendu le discours de M. de Montalembert ; le *Constitutionnel* lui-même n'est plus un type que l'on puisse citer pour donner une idée de cette espèce de raisonnement

et de cette espèce de colère. Hier, la feuille universitaire,
malgré le discours de M. Villemain, qui devait l'avoir sou-
lagée, n'avait pas assez d'une colonne pour épancher les
premières ondes de son courroux ; aujourd'hui, il lui en
faut deux, malgré le discours de M. Martin, qui a pourtant
terrassé M. de Montalembert, dit-elle. Qu'un troisième orateur réfute le manifeste *néo-catholique*, et le *Journal des
Débats* sera obligé, pour écraser définitivement M. de Montalembert, de paraître avec un supplément. Ne trouve-t-il
pas que c'est faire beaucoup d'honneur à ce *jeune homme*?

Donnons une idée de cette polémique gouvernementale,
enfiellée de rancune universitaire.

Premièrement, le *Journal des Débats* reproche à M. de
Montalembert d'avoir compromis la cause du Clergé et du
Catholicisme. Ce grief est sans doute généreux de la part
du journal qui publia, en faveur de la religion et du
Clergé, tant de beaux articles sur la théologie morale enseignée dans les séminaires. Secondement, « le jeune patriarche des néo-catholiques est un ingrat ; » car il doit
tout aux lois et aux corps constitués qu'il méprise ; « il
n'est quelque chose que par l'honneur qu'il a de faire
partie de l'un de ces grands pouvoirs publics. » Ceci n'est
pas dépourvu d'originalité. Si c'est un tort de n'être quelque
chose que parce que l'on fait partie de l'un des grands pouvoirs publics, de quel œil dédaigneux le *Journal des Débats* regardera beaucoup de ses amis, lorsque la Chambre
des Pairs, la Chambre des Députés, les grands emplois viendront à leur manquer. Juste ciel ! que pensent de ceci
M. Vatout et M. Nisard ? M. de Montalembert, dépouillé de
la Pairie, serait encore « le jeune patriarche des néo-catholiques, » et même un homme de talent ; mais M. Vatout,
mais M. Nisard ! Troisièmement, M. de Montalembert n'est
pas un Grégoire VII de taille à effrayer le *Journal des Débats* ; et quatrièmement, lui qui parle avec mépris des fils de

Voltaire, « doit pourtant à ce même Voltaire la tribune où
il parle et la liberté dont il jouit. » Le *Journal des Débats*
justifie mal ces deux dernières propositions ; cependant
l'une d'elles nous paraît fondée : oui, la *liberté dont nous
jouissons*, nous la devons à Voltaire ; et c'est sans doute
pour cela qu'elle ne nous contente point. Il faut voir comme
le *Journal des Débats* s'en indigne : — *Nous demander la
liberté du ton le plus hautain*, A NOUS ! *jeter à notre siècle
un défi insolent !*... Et il porte la main sur la garde de son
épée.

Mais à ce geste il se ravise, et, après avoir menacé les
néo-catholiques de son prompt courroux, tenant à la main
cette brave épée des fils de Voltaire, il songe à l'Europe, et
il entreprend de faire peur non plus à nous, mais à ses
abonnés. Écoutez, s'écrie-t-il, écoutez ce que dit M. de
Montalembert de tous ces illustres souverains avec qui nous
conservons, non sans peine, une si glorieuse paix. Il est
dur pour l'empereur d'Autriche, irrévérentieux envers le
roi de Prusse, très-irrévérentieux pour S. M. l'Empereur de
Russie. Il prend insolemment la défense des opprimés qui
sont dans tous ces pays-là... Il nous brouillerait avec ces
grands princes !

Et comme si déjà M. de Montalembert était ministre, le
Journal des Débats provoque contre lui une coalition Européenne, tout simplement.

O pauvres gens, ô fils de Voltaire, que vous êtes ressem-
blants !

LE PROJET DE LOI VILLEMAIN

A LA CHAMBRE DES PAIRS

M. Villemain présenta la *loi de sincérité et de modération* qu'il avait annoncée à la Chambre des Députés. Cette loi parut extravagante; elle motiva les réclamations unanimes des Evêques et indigna les catholiques. Le parti universitaire modéré crut néanmoins qu'il pourrait la faire passer, moyennant quelques mitigations sans importance et beaucoup de belles paroles sans aucun fruit. M. le duc de Broglie se chargea de ce travail. Il ne réussit qu'auprès d'une fraction minime, qui commençait dès lors une espèce de *tiers parti catholique* dont l'influence devint plus tard, et bien malheureusement, fort considérable.

L'esprit qui avait animé M. le duc de Broglie est apprécié dans les articles suivants.

I

L'esprit doctrinaire. — M. le duc de Broglie.

18 avril 1844.

Par la simple comparaison du projet de loi sur l'instruction secondaire tel qu'il a été présenté par M. Villemain, et de ce même projet tel que le propose aujourd'hui la commission de la Chambre des Pairs, chacun a pu voir suffisamment dans quel esprit, dans quel but, sous l'empire de quelles passions et de quels préjugés M. le duc

de Broglie a fait son travail. On a écarté certaines dispositions où le parti pris de tyranniser l'Eglise se montrait jusqu'à l'insulte et jusqu'à l'extravagance. En laissant aux
fers qu'on veut nous donner toute leur solidité, on s'est efforcé de les rendre plus présentables et l'on a voulu fournir
à quelques esprits timides, qui penseraient que la discussion devient dangereuse, un prétexte de se déclarer contents.
M. de Broglie a entrepris de corroborer l'œuvre par un
exposé des motifs qui sentit moins cette colère de rhéteur
où M. le Ministre s'était trop laissé emporter. Tout promettait au noble Duc un succès auquel l'ancien professeur de
belles-lettres ne peut ni ne veut prétendre : il a l'usage et
les formes du monde, le renom d'un catholique sincère, la
réputation d'un homme d'Etat, les habitudes d'une parole
sentencieuse ; il a surtout ce talent doctrinaire, de mettre
en avant de beaux principes et de placer les attributs de la
liberté dans les mains de la tyrannie.

M. le duc de Broglie est un honnête homme et un
homme de talent, qui en doute ? Mais étudiez l'histoire :
toutes les époques vous montreront des talents et des pro-
bités de ce genre, attachés de bonne foi aux projets de ministres prévaricateurs. Dupes éternelles d'une vanité plus
grande que leur esprit, moins haute que leur cœur, ils font
réussir la plupart des iniquités que l'on essaie en ce monde.
Toujours désabusés trop tard, ils vont ensuite pleurer dans
la retraite un triomphe dont on ne saurait les consoler, la
pitié des honnêtes gens qui les ont combattus.

Ce succès funeste, M. de Broglie est en voie de l'obtenir. Nous redoutions à bon droit cet art de poser les
principes de la liberté pour conclure contre la liberté ;
cette glorification du monopole, qui ressort de la critique
de ses abus ; ce dédain de la religion, voilé sous le respect
le plus apparent ; ce mépris parfait pour les réclamations
de l'Eglise, que l'on sait cependant ne pas injurier, que l'on

I. 17

veut ne pas injurier : cette ingénuité, enfin, qui recherche
avec soin les améliorations possibles, mais qui semble plus
soigneuse encore de n'en trouver jamais que d'illusoires ou
de dérisoires. Nous pensions que tout cela pourrait faire des
dupes, et tout cela, sans doute, en fait. N'y en eût-il d'autres que le noble Pair lui-même, ce serait déjà trop.

Il y en a davantage. Des chrétiens, trop fatigués d'une
lutte qui n'est qu'à son début, se félicitent de ces améliorations vaines et toutes de forme. Prenant la promesse d'un
changement de prison pour une espérance de liberté, et
bientôt cette espérance pour la liberté elle-même, ils se ber-
cent de beaux rêves, parce que leur geôlier, en tirant sur
eux les verrous, veut bien avouer qu'ils sont prisonniers
de la violence et de l'injustice. Peu s'en faut que, par reconnaissance pour ces douces paroles, ils ne souscrivent
à leur condamnation. S'il en était ainsi, nous regretterions
cent fois le projet brutal de M. Villemain : au moins celui-
là ne dissimulait pas la volonté de nous écraser, et personne ne pouvait s'y méprendre. Pour l'amour de Dieu,
soyez victimes, ne soyez pas ridicules ! Si l'opinion de M. de
Broglie a tant de prix à vos yeux, attendez quelques années : laissez l'Université exécuter la loi qu'il propose et
que l'on va voter en esprit de haine contre vos pères, les
Évêques de France, contre vous, qui aimez Jésus-Christ, et
contre vos enfants, qui voudraient le servir. M. de Broglie
alors, voyant où en sont la morale, la religion et la liberté,
pensera et parlera tout bas comme nous.

Pour éviter le piége qu'on leur tend, les hommes de foi,
les hommes de cœur n'ont besoin que d'une considération
bien simple : qu'ils se reportent à l'origine du débat contre
l'Université et l'Église.

Pourquoi les Évêques ont-ils, à l'unanimité, élevé des réclamations si pressantes, si énergiques ? Qu'ont-ils dit avant
la présentation du projet de loi ? qu'ont-ils dit depuis ?

quelle est la plainte, le cri de détresse qu'on trouve dans les
premières lettres publiques de l'illustre Evêque de Chartres,
et qui retentissait hier encore dans le mémoire des Evêques
de la province de Bourges ? Un motif unique les a décidés
à parler, leur en a fait un devoir contre lequel aucune
raison de politique et de prudence, aucune menace, aucune
insulte des partis n'ont pu prévaloir : ce motif, c'est que
l'Université répand et propage des doctrines impies, et
qu'exerçant par son monopole une véritable souveraineté
sur les intelligences, elle marche sûrement et rapidement
à détruire en France toute religion positive, tout dogme
révélé, toute morale obligatoire. Voilà ce qu'ils disent et
déclarent sans exception, au milieu des outrages dont on
les abreuve, malgré l'isolement trop significatif où les laisse
en beaucoup de lieux leur troupeau, en dépit de bâillons
que veulent tour à tour leur imposer la terreur et la ruse.
Magnifique spectacle donné dans ces jours de tiédeur, et qui
ne devrait pas rencontrer tant de cœurs disposés à l'oublier !
Quatre-vingts Evêques, l'honneur du monde catholique par
leur charité, par leurs vertus, par leur doctrine, ont donc
proclamé que la foi s'est affaiblie et qu'elle semble prête à
périr; ils ont précisé les causes de ce malheur ; ils ont accusé notre système d'éducation publique ; ils l'ont fait en
présence d'un projet de loi combiné pour aggraver ce système
déplorable ; ils ont jugé cette future loi capable de produire
des résultats si funestes que, renonçant à l'améliorer, ils ont
unanimement conclu à ce qu'elle fût rejetée, la regardant
même au milieu de nos misères, comme le pire des maux
contre lesquels leur sollicitude pastorale puisse avoir à lutter :
préférant à ce désastre inattendu leurs inquiétudes et leurs
angoisses de la veille, qui, du moins, étaient mêlées d'espérance.

Après avoir jeté ce regard sur le solennel travail des
Evêques, reportez-vous au projet de M. Villemain, poli

par la commission de la Chambre des Pairs et paré des
sentences libérales de M. le duc de Broglie : dites si l'Université y apparaît plus chrétienne ; si, dans cette espèce
d'examen auquel on la soumettra et dans cette bienveillante
admonition qu'on lui adresse avant de consacrer son pouvoir absolu par une investiture nouvelle, un seul mot peut
calmer l'effroi des chefs de la société catholique ?

En signalant l'unique source du mal, nos Evêques ont
signalé l'unique remède. Pour combattre le despotisme de
l'impiété, ils ne connaissent que la liberté de la foi ; ils ne
demandent pas que l'Université, changeant son personnel,
ses lois, ses maximes, toutes choses à quoi l'état des esprits s'oppose, devienne une école de religion ; ils demandent que la religion puisse ouvrir librement des écoles.
Allez encore au projet de loi, réfléchissez à ce qu'est aujourd'hui la France, et marquez l'article amendé qui offre
à la religion et à la liberté un appui véritable. Hélas ! ces
amendements sont tels que M. Villemain les accepte, et que
toute la France s'étonne de voir M. Cousin s'inscrire pour
les combattre. Pas une de ces concessions dérisoires qui ne
soit un gant à travers lequel le Monopole fait sentir sa
main ; partout ses investigations blessantes, partout ses
colliers, partout ses questionnaires ! Il faut être instruit
par ses disciples, surveillé par eux, servi par eux et les
payer plus cher. Il faut étudier dans les maisons que le
Monopole approuve ou qu'il tolère, on sait à quel prix ! il
faut suivre la marche qu'il trace, répondre aux questions
qu'il fait, accepter les juges qu'il choisit. Que dirons-nous
encore ? Une des grandes faveurs qu'il nous accorde, est
d'aller où nous voudrons nous faire refuser par ses tribunaux ! L'enfant élevé dans le nord, pourvu qu'il ait un
certificat d'études universitaires, peut aller, si bon lui semble, échouer devant les examinateurs d'une Faculté du
midi ; voilà la liberté ! car du reste, au nord, au midi, l'U-

niversité est la même, et partout elle a des marques trop sûres à reconnaître les siens !

Du travail de M. de Broglie il résulte donc, premièrement, que l'Université reste une école de mauvaises doctrines, ainsi que les Evêques l'en ont convaincue ; secondement, que toute concurrence religieuse entreprise contre ces doctrines, sera vaine et illusoire sous le règne de la loi proposée. Nous espérons que, soit dans le pays, soit dans la presse, soit dans les Chambres, aucun catholique ne voudra pactiser avec l'esprit qui a dicté ses fureurs et inspiré ses ruses. Notre asservissement ne peut être de quelque durée que s'il est volontaire. Nous demandons la liberté, vous offrez la servitude ; faites, vous êtes les plus forts ! mais vous n'aurez pas notre consentement. Vous nous écraserez : vous en aurez le plaisir ; vous en aurez aussi la honte et la responsabilité. Cette cause sera tout entière dans les mains de Dieu quand nos mains enchaînées ne pourront plus la servir.

Et quant à ceux qui seraient tentés de tout accepter en vue d'obtenir, avec le joug, un peu de paix, qu'ils ne l'espèrent pas, cette misérable paix ! qu'ils ne l'espèrent pas, du moins tant que notre faible voix pourra retentir, et l'on sait qu'elle n'a pas besoin de retentir bien haut pour irriter au dernier point la colère de nos ennemis. Sans cesse nous dénoncerons le scandale de ces doctrines que nos Evêques ont unanimement réprouvées ; sans cesse nous contraindrons la conscience chrétienne à regarder de près, à sentir les entraves ignominieuses où l'on veut l'enchaîner, sans cesse nous montrerons ce troupeau lamentable des jeunes générations qui ne sortent du berceau que pour tomber dans l'abîme. Ainsi nous ferons tous les jours de notre vie ! il n'est permis d'en douter qu'à ceux qui ignorent la valeur d'un engagement pris devant Dieu. Or, qui aimera Jésus-Christ, et pourra rester sourd ? Qui le haïra, et pourra ne pas s'irriter ? Et, entre ces généreux remords de l'âme chrétienne et ces fureurs croissantes de l'impiété, que deviendra cette paix achetée si cher ?

II

21 avril 1844.

La religion doctrinaire. — M. le duc de Broghe.

Il n'y a rien de plus remarquable dans le *Rapport* de M. de Broglie que son dédain fastueux pour les réclamations de nos Evêques. Malgré l'impartialité qu'il étale, le noble Pair n'a pu prendre sur lui de déguiser cette passion qu'il éprouve au même degré que nos ministres en exercice, cette passion gouvernementale et doctrinaire qui ne veut pas que les Evêques s'occupent des affaires de l'Eglise et s'en occupent publiquement, d'une autre façon que le Pouvoir ne le désire. Les mémoires partis de mains épiscopales ne sont pas même mentionnés. On les sous-entend dans certaines phrases où il est question « des *inquiétudes exagérées* de *quelques* pères de famille ; des *dénonciations* et des *déclamations* dont retentissent *quelques* journaux. » On les réfute indirectement, hautainement, çà et là, par des assertions courtes et tranchantes : on dit, par exemple, que « s'il est dans l'étude de la philosophie « des questions qu'on ne puisse poser et débattre sans « quelque péril devant les élèves des colléges, il est en re- « vanche des parties de l'enseignement philosophique qui « sont singulièrement propres à exciter et à développer les « jeunes esprits. » Et c'est tout ! Ne demandez pas à M. le Duc de discuter cet enseignement philosophique, d'examiner les doctrines et les livres des professeurs, de descendre à l'appréciation des faits, de regarder ce qui se passe dans les classes, de consulter les dictées. A quoi bon! ce serait faire trop d'honneur aux *déclamations de quelques Evêques, aux dénonciations de quelques journaux*. Ne lui demandez pas davantage de répondre à tant d'autres arguments sur tant d'autres objets importants de la sollicitude pastorale. Encore une fois, il ne veut pas entrer dans ces discussions, il ne veut pas s'occuper de ces Evêques. A la suite du *Rapport*, on lit une analyse sommaire des pétitions parvenues à la Chambre des Pairs avant et pendant le travail de la commission. Les pétitions adressées par les Evêques, mais publiées dans les journaux, notamment celle de S. Em. le Cardinal de Bonald et de ses suffragants, n'y figurent pas. Parce qu'elles ont été publiées, elles sont considérées comme non avenues.

Il faut se garder néanmoins de croire que la religion est pour M. le duc de Broglie un objet de peu d'importance. Bien au contraire, s'il ne veut pas que les Evêques en parlent, il semble que ce soit surtout pour pouvoir en parler lui-même plus longuement et dogmatiser tout à son aise. Parfois on serait tenté de penser que le mépris affecté qu'il témoigne aux Pontifes est déterminé par une jalousie de théologien, plus encore que par une impatience d'homme d'Etat. Ecoutez-le résumer le principal caractère, le plus beau, selon lui, de la loi qu'il présente : « La loi veut que « la morale trouve *dans le dogme* son autorité, sa vie, sa « sanction; elle confie, sur ce point, la direction, la sur- « veillance à des hommes revêtus du caractère sacré. » Est- ce un prélat qui parle ? Non, c'est M. de Broglie, un hon- nête homme qui sait qu'il n'y a point d'éducation sans mo- rale; un homme intelligent qui voit qu'il n'y a point de morale sans dogme ; un catholique convaincu que la morale et le dogme n'ont pas de meilleur appui que la régularité des pratiques. Ailleurs : « L'éducation a pour but de former

« lentement l'homme même dans chaque homme ; de régler
« les penchants avant de leur donner carrière ; de féconder,
« de discipliner les esprits avant de les mettre à l'œuvre,
« d'inspirer des goûts délicats et des sentiments désinté-
« ressés. » Pour atteindre ce résultat, « l'instruction re-
« ligieuse *doit être vraiment religieuse*, c'est-à-dire *posi-*
« *tive, approfondie, dogmatique...* S'il fallait entendre par
« ces mots : instruction morale et religieuse, un ensei-
« gnement vague et général, fondé sur les principes du
« christianisme, mais étranger au dogme et à l'histoire de
« la religion..., *un tel enseignement aurait pour résultat*
« *d'ébranler dans l'esprit de la jeunesse les fondements*
« *de la foi, de donner aux enfants lieu de penser que la re-*
« *ligion tout entière se réduit à la morale ;* MIEUX VAUDRAIT
« UN SILENCE ABSOLU. »

On voit que le noble Duc est loin des idées du *Siècle* et
des autres universitaires, qui se contenteraient de la morale toute nue. Les professeurs de morale ne lui sourient
pas davantage ; il blâme M. Villemain de n'avoir point indiqué, comme indispensable en cette matière, l'intervention des ministres du culte, qui de concert avec les parents,
ont seuls mission pour annoncer aux enfants les vérités de
la foi. Il renchérit sur cette idée et ne craint pas de déclarer
que le nombre d'heures consacrées dans nos collèges à l'instruction religieuse ne semble pas suffisant. Il recommande
cet objet à la piété de M. le Ministre ; il conjure cette même
piété de veiller avec soin, avec scrupule, sur les *quelques*
inconvénients que peut présenter l'étude de la philosophie :
« Que M. le Ministre et le Conseil royal aient toujours sur
« ce sujet délicat l'œil et l'oreille ouverts ; qu'ils tracent
« d'une main forte et sévère, en matière de philosophie, la
« ligne de démarcation entre l'enseignement supérieur et
« l'enseignement secondaire ; qu'ils n'admettent dans l'en-
« seignement secondaire rien qui dépasse les études de lo-

« gique, de morale, de psychologie élémentaire ; qu'ils
« relèguent dans l'enseignement supérieur toutes les ques-
« tions qui peuvent ébranler, *ne fût-ce qu'un moment*,
« les données sur lesquelles repose la conviction unanime
« et spontanée du genre humain, altérer *de près ou de loin*
« la tranquillité, la sérénité d'esprit de la première jeu-
« nesse. »

Ces citations prouvent que M. le duc de Broglie n'est ni
incrédule, ni indifférent, ni sceptique, ni éclectique. Il ne
pardonne pas aux Evêques d'avoir parlé, mais il parle comme
eux ; il pose directement ou indirectement les principes
qu'ils ont posés ; il demande en dernier lieu plus qu'ils
n'ont demandé eux-mêmes : car cette vigilance ferme et
sévère, ces oreilles et ces yeux ouverts sur l'enseignement
de la philosophie, cela sent l'inquisition et le formulaire.
Les Evêques se contentent de solliciter pour les catholiques
la liberté d'enseigner la philosophie à leur guise, M. de
Broglie veut qu'on impose la méthode et la réserve catholiques aux maisons de l'Université et aux professeurs de
l'Etat. Qu'en pense le *Journal des Débats?*

Il est vrai que M. de Broglie s'en rapporte à la piété du
Ministre, et c'est ici le cas de faire remarquer combien le
noble Duc, si dur et si incrédule, malgré ses convictions
chrétiennes, à l'égard des catholiques et de leurs vénérables
mandataires les Evêques de France, est prompt à se payer
des belles paroles et des beaux semblants de ses amis du
Ministère et de ses amis de l'Université. Ministère, universitaire, doctrinaire, ce sont trois choses en France qui, depuis longtemps, à travers toutes les fortunes politiques, se
touchent de fort près. M. Villemain aura dit à M. de Broglie que l'instruction religieuse sera plus développée, que
l'instruction philosophique sera mieux surveillée, et voilà
calmés tous les scrupules chrétiens du noble Duc ! Il a la
parole de M. le Ministre ! soit. Croyons-en, pour cette fois,

les serments de M. le Ministre ! Mais demain, le Ministre
sera M. Cousin : le prierez-vous de ne pas laisser enseigner sa philosophie ? Après-demain, ce sera M. Damiron :
condamnera-t-il la sienne ? Obtiendrez-vous ce sacrifice de
tant d'autres qui pourront suivre ces deux-là ? Jouffroy, s'il
avait vécu, aurait été ministre : aurait-il mis ses livres à
l'index ?

Quelle pitié, dans un pareil temps, en face de pareils
hommes, lorsqu'on sait qu'il y a guerre invincible, guerre
acharnée entre l'enseignement de l'Eglise et toute l'école de
philosophie, et que c'est là le fond du débat ; quelle pitié de
paraître ignorer la gravité de cette guerre, ou de croire
qu'on y va mettre fin par la vaine expression de quelques
désirs honnêtes, relégués dans le préambule d'une loi qui
va les étouffer ! Législateur, ne connaissez-vous ni les
hommes ni les choses ? Chrétien, n'attachez-vous que cette
importance aux sentiments que vous professez ? La loi faite,
si les professeurs de philosophie continuent d'enseigner de
la même façon qu'à présent ; s'ils ébranlent toujours les
données sur lesquelles repose la conviction unanime du
genre humain ; s'ils *altèrent* de près ou de loin *la sérénité*
de la première jeunesse ; si le Ministre décline une surveillance impossible, si ses subordonnés bravent des menaces
dépourvues de sanction, que direz-vous contre un mal sans
remède ! Votre conscience, qui aura permis ce mal, sera-
t-elle satisfaite du triste honneur de l'avoir signalé et de
l'avoir redouté ?

Ainsi croulent tous les bons principes de M. de Broglie ;
ainsi avortent l'une après l'autre ses plus droites intentions.
Il veut le bien, il ne sait rien faire pour l'assurer ; il voit
le mal, il ne veut rien faire pour le prévenir ; et souvent
aussi une rare impuissance de jugement, qu'on est étonné
de découvrir sous des paroles si graves et sous des raisonnements si laborieusement poursuivis, lui montre le mal

où est le bien, plus fréquemment encore le bien où est le mal. On dirait que, fatigué de l'image de la liberté, qui se présente obstinément pour résoudre tant de problèmes, il ferme les yeux, préférant errer à l'aventure, conclure contre sa foi, contre sa conscience, contre sa raison, préférant tout au malheur d'accepter quoi que ce soit de cette liberté ennemie.

M. de Broglie voudrait que l'Université fût catholique : le bon sens, les faits, la législation crient qu'elle ne peut l'être ; il le reconnaît, il le proclame ; mais cette conclusion le conduit à la liberté. Que fait-il alors ? Il assure, premièrement, que la liberté va naître de son projet de loi ; secondement, il sent que cette liberté sera prise pour ce qu'elle est, c'est-à-dire pour un système plus hypocrite et mieux organisé de servitude ; et l'homme qui n'admet point de morale sans dogme et sans pratiques régulières, se félicite aussitôt de ce vaste assemblage de cultes et de croyances que présente le corps universitaire.

« Il est BON, puisque la liberté des cultes est bonne et « nécessaire, d'apprendre aux hommes, DÈS L'ENFANCE, à « vivre en charité mutuelle ; il EST BON d'apprendre aux « jeunes esprits à respecter les uns chez les autres ce qu'il « y a au monde de plus respectable, la sincérité des con- « victions dans les choses qui touchent au salut. » Voilà un grand avantage pour les enfants ! Mais écoutons cette règle donnée aux Maîtres : « L'instruction littéraire et « scientifique que les élèves reçoivent en commun doit être « donnée *avec réserve* et *discernement* sur tous les points « qui peuvent avoir trait à la diversité des croyances. » On ne se lasse pas d'admirer cette facilité à se payer de paroles en l'air et ces perpétuelles contradictions : rappelez- vous la proposition citée plus haut : « Un enseignement « vague et général, fondé sur les principes du christia- « nisme, mais étranger au dogme et à l'histoire de la reli-

« gion, aurait pour résultat d'ébranler les fondements de
« la foi... *Mieux vaudrait un silence absolu.* » Maintenant
il ne s'agit plus que de discernement et de réserve !

M. de Broglie distingue, il est vrai, entre l'instruction
morale et religieuse et l'instruction littéraire et scientifique. Mais si les beaux esprits font de ces distinctions sur le
papier, les hommes d'Etat ne les mettent pas dans les lois,
et surtout n'en font point la base des lois, car ils savent
combien elles sont vaines et impraticables lorsque l'on en
vient à l'action. Qui vous garantit le *discernement* et la
réserve des professeurs ? Et surtout comment voulez-vous
que nous nous en contentions, nous pour qui cette réserve
est déjà une injure faite à la vérité absolue et divine du
catholicisme ? Science et littérature, quoi que vous fassiez
tout tient à la religion, tout vient de là, tout aboutit là. Jamais un homme de croyance ne sera *réservé*, ni le juif, ni
le protestant, ni le vrai catholique, et ce dernier ne le pourrait sans forfaire. Il ne parlera ni de Jésus-Christ, ni de
Luther, ni de Spinosa, ni de Voltaire, sans blesser les
croyances de ceux qui ne croiront pas comme lui. Enseigner la littérature ou l'histoire sans toucher à la diversité
des croyances, ce n'est enseigner ni l'histoire ni la littérature. Vous demandez à vos professeurs d'être plats et ignares,
et je vous laisse à juger si vous les préserverez par là d'être
impies. Souffrez que l'on vous fasse encore remarquer la
misère de cette phrase, où vous prenez si volontiers votre
parti de voir réunis ensemble des enfants qui n'ont pas la
même religion. *Il est bon*, dites-vous, *que les jeunes esprits apprennent de bonne heure à respecter les uns chez les
autres la sincérité des convictions dans les choses qui touchent au salut.* Que trouvez-vous de si bon dans ce respect
philosophique de diverses religions mis en pratique par
les enfants ? Qu'est-ce, sinon, dès l'âge le plus tendre, le mépris usuel des croyances positives, la conviction, pour ainsi

dire innée, que toutes les religions sont également bonnes ? Respecter les croyances diverses, c'est l'affaire de l'homme qui peut raisonner ; voir l'erreur, la combattre à propos et la plaindre, ce n'est pas l'affaire de l'enfant. Ce rôle est au-dessus de ses forces ; il est dangereux, il est mortel pour des âmes où la conviction n'est pas encore formée. Vous nous faites, avec vos axiomes, de malheureux éclectiques qui ne sont pas plus chrétiens que leurs professeurs, et vous en convenez vous-mêmes : « Un tel régime, dites-vous, « ne saurait être imposé d'autorité à personne ; tous les « caractères ne sont pas assez fermes pour le supporter ; *il* « *est juste* que les parents, *s'ils en conçoivent quelque* « *alarme*, puissent y soustraire les objets de leur sollici- « tude ; il est juste qu'ils puissent trouver, en *dehors des* « *établissements de l'Etat, d'autres établissements où leur* « *foi règne sans partage, où leurs croyances soient exclu-* « *sivement admises, leur culte exclusivement pratiqué, où* « *l'instruction religieuse, telle que leur conscience la ré-* « *clame, domine et pénètre toutes les parties de l'enseigne-* « *ment.* » Assurément cela est juste ! assurément « *il faut,* « c'est encore vous qui parlez, *des établissements particu-* « *liers, et, dans un pays libre, il faut que ces établissements* « *soient libres.* » Il n'y a que la liberté qui puisse sauver la religion et délivrer les consciences du joug qui pèse sur elles ; mais comment entendez-vous cette liberté ? où, à quel prix les familles alarmées trouveront-elles ces établis-sements libres, qu'il est juste de leur ouvrir ? Elles ne les trouveront nulle part, elles ne les trouveront à aucun prix sous le règne de la loi que vous voulez nous donner. Nous n'aurons pas de peine à le prouver, la conscience publique en est déjà convaincue, et votre conscience elle-même ne l'ignore pas. Nous vous faisons l'honneur de croire qu'elle en a gémi.

III

---

23 avril 1844.

Discours de M. Cousin, menaces et simagrées.

L'Université, qui est composée de saints, si nous en croyons le *Constitutionnel*, vient d'avoir d'illustres martyrs. M. Cousin l'a défendue devant la Chambre des Pairs par un discours qui n'a pas duré moins de trois heures et demie. Depuis deux heures jusqu'à l'heure du dîner, le célèbre philosophe a occupé l'attention de l'assemblée. Si ses auditeurs ont fait preuve de patience, M. Cousin a fait preuve d'héroïsme, car il se déclarait souffrant; et M. le Chancelier, en réclamant l'indulgence de l'auditoire pour cet acteur important de la scène parlementaire, avait annoncé qu'il ne pourrait parler que *très-faiblement*. Les trois horloges qui marquent l'heure dans la salle ont prouvé d'une façon péremptoire que M. Cousin n'était pas si malade, ou que la religion universitaire pouvait faire des miracles. Beaucoup parurent s'en plaindre. M. le Chancelier lui-même, durant cette longue harangue, dut réparer par des intervalles de sommeil ses forces épuisées. Nous tâchions d'écouter, nous; mais en vérité, M. Cousin parlait *très-faiblement*. Pendant près de deux heures, sa voix, presque éteinte, nous réduisit à deviner plutôt qu'à entendre ce qu'il disait. Il avait annoncé que, l'Université étant aban-

donnée sans défense aux diffamations d'une polémique fu-
rieuse, il parlerait en enfant loyal et fidèle d'une si bonne
mère. Du moins, il ne lui a pas ménagé les coups d'encensoir. M. Cousin regarde l'Université comme le perfection-
nement sublime de tout ce qu'on a pu jamais entreprendre,
essayer ou rêver en fait d'éducation publique. Personne, à
notre connaissance, pas même M. Nisard, n'a si complète-
ment vanté, approuvé, glorifié l'institution. M. Cousin déclare que son admiration pour Napoléon a des bornes sur
certains points, mais qu'elle n'en a pas lorsqu'il considère
avec quelle largeur, avec quelle puissance, avec quelle énergie, avec quelle prévoyance, avec quels *et cætera*, ce fier
génie, ce Charlemagne des temps modernes, ce etc., etc., a
fondé l'Université. Inutile d'ajouter que M. Cousin ne voit
pour l'Université d'améliorations possibles et désirables que
dans le sens des décrets qui l'ont constituée.

Après cette longue histoire de l'Université ancienne et
de l'Université nouvelle, l'orateur a abordé l'enseignement
actuel de la philosophie. C'est au sujet de cet enseignement,
dit-il, qu'on attaque surtout l'Université, et c'est par cet
enseignement surtout qu'elle lui paraît admirable. Ici la
Chambre s'est recueillie, et l'orateur, jusque-là languissant,
a reconquis ses moyens. Il trouve la philosophie très-res-
pectueuse pour toutes les religions, particulièrement pour
la religion catholique ; autrement, il ne la défendrait pas.
Voilà donc encore un catholique qui se déclare ! En vérité,
à moins qu'ils ne soient sur les siéges épiscopaux de France,
où sont donc les impies ? Ceux qui réclament pour chaque
culte particulier des écoles particulières, entretiendraient le
fanatisme des croyances ; M. Cousin aime bien mieux qu'il
n'y ait pas de croyances du tout, ou plutôt, que par les
conseils et sous l'influence de la philosophie, les diverses
religions finissent par n'en former qu'une seule, qui sera
ce qu'elle pourra. Nous recommandons cette apologie à

nos Évêques. Si leurs plaintes et leurs craintes ont encore
besoin de justification, jamais elles n'en ont reçu de plus
éclatante.

M. Cousin a terminé par des menaces qui ne seraient politiques dans la bouche de personne, mais qui, dans la
sienne, sont ridicules. Jamais nos devoirs ne nous ont paru
plus évidents, plus inflexibles qu'en écoutant cet oracle de
la secte ennemie qui a fait tant de mal à la religion. Lorsque Dieu parle si haut pour ses commandements violés et
pour ses lois méconnues, ce ne sont pas les roulements
d'yeux, les phrases déclamatoires et la bravoure théâtrale
d'un traducteur de grec et d'allemand qui nous feront reculer. Si nous nous mettons à craindre quelque chose d'un
homme en ce monde, ce ne sera jamais l'humeur guerrière
de celui qui peut parler quatre heures.

M. Cousin n'a point failli, du reste, aux habitudes universitaires : il a mis, à la fin, toute son espérance dans l'appui du pouvoir royal et placé l'Université innocente et persécutée sous la protection des mânes du duc d'Orléans. Ce
dernier trait donne une idée de la harangue, où le rhéteur
s'est montré beaucoup plus que l'homme politique, l'universitaire plus que le rhéteur, le courtisan plus que l'universitaire, le comédien plus que tout. Il y a eu des moments
où, pour vanter l'Université, M. Cousin avait des larmes
dans la voix : il y en a eu d'autres, lorsqu'il parlait des
Jésuites, où il s'éloignait avec horreur du verre d'eau su-
crée, comme s'il avait craint que quelque main dévote
n'y eût versé du poison.

Malgré ces petits manéges, le succès de M. Cousin a été
des plus médiocres. Ses mots à effet ont passé dans un *incognito* désespérant, et, à moins qu'il n'ait projeté d'endormir tout le monde, il peut croire lui-même qu'il a échoué.
On l'a trouvé trop universitaire.

13 avril 1844

M. Mérilhou. —Ce que devient un avocat libéral.
— Discours de M. Guizot.

M. Mérilhou, si l'on ne s'en souvient pas, fut un célèbre
avocat libéral sous la Restauration. Il défendait en cour d'assises et en police correctionnelle les chansonniers et les journalistes du temps, qui disaient de la religion ce qu'ils
disent aujourd'hui des Jésuites. On lui tressa force couronnes, tellement qu'il en devint ministre au moment de la
révolution, puis conseiller à la Cour souveraine, puis Pair
de France. Il n'est point mort, mais il a beaucoup changé.
L'ancien défenseur du *Courrier français* fait des professions
de foi religieuses. Nous affirmons l'avoir entendu. A vingt
reprises il a parlé de la *foi de nos pères*. Ils y viendront
tous, et nous aurons peut-être à nous reprocher d'avoir fait
des hypocrites d'une partie de ces titans vieillis. M. Mérilhou
catholique! Que dis-je, *néo-catholique!* M. Béranger, le
poëte, doit s'écrier : *Où allons-nous?* Du reste, le néo-
catholicisme de M. Mérilhou étant ce qu'il y a de plus nouveau dans son discours, nous ne parlerons pas autrement
de cette pièce d'éloquence, mêlée de forts périgourdinismes,
dont la lecture a duré une heure et demie pour le moins, et
qui était destinée à soutenir le projet de loi. Le bon catholique M. Mérilhou ne voit pas l'ombre du monopole dans
ce projet de loi : il le trouve bon, sage, irréprochable, quoique faisant un peu trop courte la part de l'Université ; mais
il s'assure que l'on réparera cette injustice! La piété encore
récente de M. Mérilhou ne lui permet pas de supporter bien
patiemment les réclamations de ceux qui voudraient que
l'enseignement fût libre . il les appelle des *factieux*. C'est

I.   18

un peu dur pour nos Évêques, et voilà une dévotion qu'il ne faut pas creuser beaucoup pour rencontrer le tuf.

M. le baron de Brigode est doué d'un bon sens aiguisé, que sa parole fait jouer avec infiniment d'aisance et de grâce. Il a occupé longtemps la tribune, et l'on a trouvé qu'il en descendait trop tôt. Nous avons presque honte de louer la finesse et le charme d'un discours où il y avait tant de franchise et de raison. Se plaçant au point de vue de la Charte, l'habile orateur a prouvé jusqu'à l'évidence, et par des arguments nouveaux ou merveilleusement rajeunis la contradiction flagrante du monopole universitaire avec les plus importantes dispositions de ce pacte, qu'il faut observer sous peine d'incalculables malheurs. Il a repoussé les concessions que l'Université présente, ou plutôt qu'on offre en son nom et qu'elle ne subit que de mauvaise grâce. Ces concessions ne sont, dit-il, qu'un monopole adouci ; ce n'est point un doux monopole que l'on réclame, mais la liberté. Il a rappelé ce qu'on disait de la liberté de la presse sous le règne de la censure, combien cette liberté paraissait redoutable, impossible ; cependant on a su vivre avec elle, parce qu'il le fallait. De même, aujourd'hui, l'on dit que la liberté d'enseignement est impraticable : elle n'est pas impraticable, parce qu'elle est nécessaire ; et parce qu'elle est nécessaire, elle sera.

En écoutant M. Mérilhou, nous pensions que certains amis intelligents et supérieurs de l'Université, M. le duc de Broglie peut-être, M. Guizot certainement, devaient souffrir de voir leur cause ainsi défendue. En effet, ces éternelles apologies de l'Université, faites par des hommes si justement suspects d'antipathie et de haine contre l'Église, ne sont pas de nature à gagner les cœurs chrétiens si fermement décidés à combattre l'influence universitaire. Quelle consolation pour ces pères de famille, pour ces Évêques épouvantés des ravages de notre système actuel d'instruction,

d'entendre dire que ce système est parfait, qu'il ne peut
être changé ni modifié, qu'il ne le sera point ! Lorsqu'ils déclarent que la foi n'est pas libre, et que, n'étant
pas libre, elle est menacée, quel argument propre à leur
fermer la bouche, que M. Cousin ou M. de Saint-Priest,
ou M. Mérilhou, affirmant que les choses sont bien ainsi,
qu'ainsi le veut et l'exige l'intérêt de la religion, et que ceux
qui prétendent le contraire sont des calomniateurs ou des
factieux ! En vérité, cela est propre à calmer ce que la noble
et paisible Chambre appelle l'*irritation du débat exté-
rieur !*

Le Ministre l'a compris. La situation du pays, l'ardeur
croissante des catholiques, la solennelle unanimité de l'Episcopat, l'impression même qui résulte des tranquilles débats
de la Pairie, où l'Université apparaît plus compromise encore par ses athlètes que par ses adversaires, tout faisait au
Gouvernement une nécessité pressante d'essayer quelques-
uns de ces palliatifs qui sont le suprême effort de sa politique aux abois. Mais à qui confier cette difficile besogne?
M. Martin a bien mal réussi l'autre jour ; M. Villemain
n'est pas de taille, car il ne s'agit plus ici d'élaborer des épigrammes; M. Martin et M. Villemain sont restés sur le banc,
et M. Guizot est monté à la tribune.

Jamais nous n'avons entendu M. Guizot sans regretter
qu'un si grand mérite ne fût pas complétement dans la vérité ; jamais ce sentiment ne nous a été plus vif, nous dirions
presque plus douloureux qu'aujourd'hui. Avec une majesté
de langage dont on se ferait difficilement une idée, même
après l'avoir vu en d'autres occasions, M. le Ministre des
affaires étrangères a abordé la situation en homme qui la
connaît et qui la juge ; pourquoi faut-il que nous ajoutions,
en homme qui s'en épouvante et qui veut la dissimuler ? Tel
est, en effet le caractère du discours le plus remarquable et
peut-être le plus trompeur que M. Guizot ait encore pro-

noncé. Des vérités supérieures y brillent du plus noble
éclat, des faits jusqu'à présent niés par nos adversaires y
sont reconnus de la façon la plus loyale ; mais à ces vérités
sont mêlés des sophismes insoutenables, quoique exprimés
avec la même dignité ; mais à ces faits énoncés loyalement succèdent des erreurs évidentes, des falsifications pal-
pables, présentées avec la même apparence de conviction.

M. le Ministre, après avoir fait un éloge de la religion,
digne des plus éloquentes paroles que les hommes aient
prononcées sur ce grand sujet, tombe à l'éloge de la philosophie universitaire ; il proclame que le Clergé a seul mission
pour enseigner les vérités de la foi, et il proclame ensuite
que le Clergé a besoin de l'Université pour accomplir cette
œuvre à laquelle il ne suffirait pas. Il faut, selon lui, que
le corps universitaire prépare la jeunesse aux leçons de la
vérité divine, et l'y prépare comme nous voyons qu'il le
fait. En d'autres termes, il faut que cette religion si nécessaire ne soit pas enseignée, et que, jusqu'à seize ou dix-
huit ans, l'élève de l'Université, comme celui de Jean-
Jacques, vive dans l'ignorance de toute religion positive,
quitte à choisir celle qui lui conviendra. Ainsi s'égare et se
contredit cette parole habile, parce que le ministre qui
s'engage à soutenir le monopole injuste de l'Université,
ne peut parler comme parle et pense l'homme d'État qui
voit la situation des âmes et sent les besoins de la société.

M. le Ministre des affaires étrangères n'a pas moins erré,
lorsqu'il a voulu caractériser la lutte actuelle entre l'Épiscopat, comme champion de la liberté, et le Gouvernement,
comme champion de l'Université. Il a prétendu que cette
lutte n'est point générale, tandis que personne n'ignore que,
sur quatre-vingts Évêques, soixante-dix-neuf y ont publiquement pris part [1]. Il s'est perdu en distinctions inutiles

[1] Mgr Olivier, Évêque d'Évreux et S. Ém. le cardinal Bernet, Archevêque
d'Aix, n'avaient point fait de manifestations publiques. Ce furent les

sur les prétendues subdivisions qui se seraient établies dans
le Clergé, dont l'unanimité et la sincérité sont si éclatantes.
A quoi bon ces pompeuses erreurs ? Autant en emporte la
vérité. M. le Ministre ferait un meilleur usage de son temps
et de son talent si, publiant la vérité qu'il connaît, il mettait ses collègues en demeure de faire avec lui justice à des
réclamations qu'il traite comme vaines et dont il annonce
en même temps la persistance et la durée. S'il pense avoir
dit un mot qui puisse calmer les esprits parmi nous, il se
trompe. Son discours est un aveu de notre force ; on nous
calmera quand on y joindra l'aveu de nos droits ; et ce sera
peu de chose encore, si l'on n'y ajoute les fruits positifs
que ces droits sont appelés à produire.

28 avril.

Discours de M. de Montalembert.—Épigrammes de M. Villemain.

Après son éclatant discours du 16 avril, M. de Montalembert avait beaucoup à faire pour être égal à lui-même :
il s'est surpassé. Son langage aujourd'hui n'a pas été moins
ferme, moins éloquent, moins catholique ; mais cette vive
parole s'est présentée avec un cortége de faits si bien étudiés, si logiquement enchaînés et d'où la lumière jaillit si
pleine, qu'elle nous semble irrésistible pour tout esprit de
bonne foi. Une cause ainsi défendue ne saurait périr. Pendant quelque temps il sera facile peut-être de l'écraser avec
des boules, mais elle est éternelle comme le bon sens et la

seuls. Néanmoins le Cardinal Bernet fit savoir au Saint-Père qu'il avait
réclamé confidentiellement, et lui envoya copie de ses réclamations.

vérité. Encore quelques combats, et l'Université verra ce que peut le nombre de voix contre l'élite des esprits et des consciences.

M. de Montalembert a été écouté avec une attention des plus honorables, avec une faveur même que beaucoup de ses amis n'espéraient pas lui voir si promptement conquérir. A plusieurs reprises il a obtenu de la Chambre des marques d'adhésion non équivoques. L'assemblée tout entière s'est livrée à une hilarité très-expressive lorsque, citant une parole de M. Dubois (de la Loire-Inférieure), qui prophétisait, avant 1830, que les catholiques ne souffriraient jamais la liberté d'enseignement, il a rappelé que le prophète était aujourd'hui membre du Conseil royal. M. Dubois assistait à la séance ; tous les regards se sont tournés vers lui. Nous pensons qu'en ce moment son titre de conseiller lui a paru lourd ; mais, en vérité, qui pouvait s'en plaindre ? Par deux fois, cependant, M. de Montalembert a excité des murmures, et ils ont été assez vifs. La première lorsqu'il a dit que l'Etat est incrédule ; la seconde, lorsqu'il a signalé le scepticisme des enfants qui sortent des mains de l'Université, ajoutant qu'à peine un sur six est chrétien à la fin de ses classes. On lui a crié qu'il injuriait le peuple français. Si la Chambre le veut, cette susceptibilité lui fera grand honneur ; elle n'a qu'à lutter contre les faits qui la révoltent et qui sont en effet révoltants. Malheureusement, ce sont des faits, des faits positifs, que tout le monde a pu vérifier, que chacun vérifiera désormais de plus en plus. Si l'on veut les détruire, il y faut opposer autre chose que des dénégations.

M. de Montalembert porte malheur à M. Villemain. Le célèbre académicien s'impose ordinairement la tâche de lui répondre : il l'a fait dans la séance du 16 avril, on sait avec quel bonheur ; il l'a entrepris aujourd'hui, et son échec a été plus complet encore. En ces sortes d'occasions, M. Villemain

compte ordinairement sur ses épigrammes. Ce talent de
société l'a trahi complétement dans la séance d'aujourd'hui :
non-seulement il n'a pu trouver une pointe, mais même les
mots, chose étrange, lui ont manqué ! Il les cherchait au
fond du verre d'eau et les appelait en frappant du poing la
tribune : vains efforts ! Les subjonctifs étaient rares ; la
phalange des adjectifs, d'ordinaire si docile et si abondante,
n'arrivait pas. Cette pénurie extrême a étonné tout le
monde. Quelques personnes, peut-être, s'en sont affligées ;
nous ne sommes pas du nombre ; mais enfin, si jamais
M. Villemain nous avait paru redoutable, nous n'aurions
pas tant demandé. Que le *chef illustre de l'Université*, pour
parler comme les seuls journaux qui loueront demain le
talent de M. le Grand Maître, que le chef illustre de l'Université y prenne garde ! Il n'a plus à conserver une réputation d'homme politique ; mais il lui reste une réputation de
parleur disert et littéraire qui va se trouver bien compro
mise. Nous-mêmes, qui avons tant de fois vanté son style
et son esprit, nous commençons à nous décourager.

30 avril 1844.

Hipp. Passy, grand prêtre du tiers parti. — Ses arguments contre les
Jésuites.—M. le marquis de Barthélemy. — Abondance de M. Villemain.

M. Hipp. Passy a fait son début à la Chambre des Pairs
par un discours en faveur du projet de la Commission.
L'honorable ancien Ministre, en sa qualité de grand prêtre
du tiers parti, n'est pas de ces universitaires à tout rompre,
qui ne veulent point entendre parler de concurrence à la

corporation si glorieusement fondée par le si glorieux génie du si glorieux Empereur. Il laisse aux membres du Conseil royal et aux grands mandarins du monopole cette verdeur de fanatisme. Il pense, à la vérité, que jamais en France les études n'ont été meilleures et plus fortes ; mais il est trop libéral pour ne pas admettre un peu de liberté qui empêchera, selon lui, l'Université de s'endormir dans les délices du pouvoir absolu. Il se pique aussi de rendre justice au Clergé. Ses doctrines à cet égard sont curieuses : il pense, il proclame « avec courage » que le Clergé a rendu des services ! Il le loue, premièrement, *d'avoir arraché l'Europe aux ténèbres du moyen âge*. Cette vue historique a certainement son originalité. M. Passy n'a point dit si c'est de l'Université qu'il a ainsi appris l'histoire. Secondement, M. Passy ne voudrait pas que le Clergé fût trop libre, de peur qu'il ne s'emparât du monopole, et c'est un sentiment religieux qui lui inspire cette crainte. Il a vu, toujours en étudiant l'histoire, que les leçons du Clergé n'avaient pu empêcher le triomphe de la fausse philosophie du dix-huitième siècle ; il redouterait que pareil malheur n'arrivât de nos jours ! D'ailleurs, dit M. Passy, le Clergé n'est plus approprié aux nécessités du temps ; il redoute les sciences, et ce qui le prouve bien, c'est l'histoire de Galilée. Le Clergé est donc en arrière, il ne sait pas enseigner ces sciences dont on a besoin, il ne ferait évidemment rien qui vaille.

Nous ne suivons pas l'honorable orateur dans le développement où il est entré sur ces pensées neuves et fortes, et nous ne disons rien des faits qu'il a cités pour les appuyer : ces faits valent l'histoire de Galilée. Il trouve, par exemple, que les États où domine le catholicisme, l'État romain en particulier, sont moins civilisés que les autres. Évidemment Rome lui paraît au-dessous de Manchester, et, évidemment, il croit que l'homme n'est plus homme et n'a plus le même cœur, les mêmes penchants, les mêmes douleurs et les mêmes angoisses morales qu'autrefois : l'économie politique, où M. Passy est grand clerc, a changé tout cela. Voilà, maintenant, avec quelles idées l'on devient un personnage en France, [un sage entre les sages. Celui-ci croit fermement que l'humanité s'est transformée, parce que l'on a inventé la machine à vapeur. Fort de cette découverte, il déclare bien haut qu'il faut, pour instruire comme pour gouverner, une science profonde. Il dit cela, lui qui a gouverné

M. Passy a fait aussi l'éloge des Jésuites ; éloge plaisant et de tiers parti, comme le reste. A son gré, les Jésuites ont été savants, habiles, plus habiles et plus savants que tous les autres prêtres. Pourquoi donc les repousse-t-il ? C'est que « leur enseignement a manqué de sincérité et de vérité. »

M. Passy est un personnage qui parle en sentences, connaît la raison des choses, et ne dit rien qu'il ne soit à même de prouver. Il prouve donc que les Jésuites ont manqué de sincérité et de vérité, et voici comment : Le P. Loriquet, dans son Histoire de France, a appelé Napoléon le marquis de Bonaparte ; or, ceci n'est pas *sincère* ! Il a de plus écrit que le susdit marquis de Bonaparte avait été lieutenant général de S. M. Louis XVIII : or, ceci n'est pas *vrai*, dit M. Passy ; donc... L'argument n'est pas neuf, mais il le devient par la conclusion que M. Passy en tire. Suivez bien, s'il vous plaît ; vous allez voir comment les Jésuites seraient funestes à la religion. L'illustre exemple qu'on vient de citer établit assez que l'enseignement historique de la « Société célèbre » n'est ni vrai ni sincère; les enfants finissent par s'en apercevoir, ils doutent alors des leçons scientifiques de leurs maîtres, et ce doute les conduit également à douter de leurs leçons religieuses. Convaincus que Bonaparte n'était point le lieutenant de Louis XVIII, n'est-il pas naturel qu'ils viennent à penser que Jésus-Christ n'est point le fils de Dieu ? Tels sont les syllogismes que nous avons entendu débiter aujourd'hui, de l'air le plus pénétré, avec la plus honnête figure qu'il soit possible d'imaginer, devant la plus sage et la plus illustre de nos assemblées , qui écoutait paisiblement.

En somme, le projet de la Commission plaît à M. Passy, parce qu'il déplaît à tout le monde ; il trouve la concurrence, qu'il désire et qu'il appelle de tous ses vœux, assez forte et assez libre dans les limites qui plaisent à M. Villemain. C'est conclure en véritable oracle du tiers parti.

Mais que penserait M. Passy, dans le cas où le R. P. Loriquet n'aurait pas appelé Napoléon le marquis de Bonaparte, et ne l'aurait pas qualifié du titre de lieutenant général des armées du Roi ?

M. le marquis de Barthélemy a longtemps fixé l'attention de la Chambre en faisant une critique du projet de loi, nouvelle et toute inattendue; la physionomie de M. Villemain le faisait bien voir. Cette nouvelle face de la discussion, c'était un examen approfondi, impitoyable de la législation universitaire. M. de Barthélemy a véritablement étonné la Chambre et effrayé les représentants qu'y possède l'Université, en dévoilant l'incroyable organisation du Conseil royal, l'abus de ses jugements, son pouvoir exorbitant. Toute la Chambre a été de son avis lorsqu'il s'est écrié qu'un pareil tribunal et qu'une pareille justice ne pouvaient subsister devant la Charte. Quelques paroles de M. le baron Séguier, racontant avec quelle espèce de honte la Cour royale s'était vue obligée d'entériner un jugement de cet aréopage secret, ont produit une sensation profonde. Vainement M. Cousin a dit que cela se fait depuis quarante ans, vainement M. Villemain a essayé de justifier la légalité du Conseil, en montrant son nom dans un article de la loi sur l'instruction primaire : ces défaites n'ont pas été ad-

mises, et l'Université a quitté la séance emportant le trait
qui lui avait été si sûrement et si vigoureusement lancé.
Nous ne savons plus si les partisans de la liberté seront
battus ; mais, plus que jamais, nous sommes certains qu'ils
auront les honneurs de la guerre, et que, le lendemain de
leur défaite, ils seront en mesure de recommencer avec
succès.

M. Villemain, sous prétexte de dire un mot en réponse
à M. de Barthélemy, a fait tant de phrases, laissé couler
tant de paroles, tant multiplié les adjectifs (ces mêmes adjectifs si rétifs l'autre jour), que nous renonçons à donner
une idée de ce qu'il a dit, et lui-même serait bien embarrassé si on lui imposait cette besogne : c'est l'affaire des sté-
nographes de se tirer de là. Ils n'ont à prendre que des
mots, ils peuvent en venir à leur honneur. Pour nous,
qui cherchons les pensées, nous avons bien jeté le filet
dans cet étang, mais nous l'avons retiré vide.

---

30 avril 1844.

Réflexions sur le débat. — Situation des catholiques. — Exhortation
à combattre.

La question qui s'agite apparaît chaque jour plus étendue, et quoique chaque jour son intensité étonne davantage
bien peu d'esprits encore la mesurent entièrement. Dans les
deux camps, ceux qui voient clair disent que c'est une révolution qui se prépare. Nous pensons comme eux.

Cette révolution sera pacifique ou violente ; elle est inévitable.

Si l'Église conquiert la liberté qu'elle demande, sans

rien détruire, sans rien changer aux institutions politiques dont ce fait ne sera que le développement et la consécration, de grandes modifications s'opéreront dans les esprits, dans les mœurs, dans les partis eux-mêmes. La liberté de l'Église, c'est-à-dire la liberté du bien, déterminera l'accession franche et pleine à l'ordre nouveau de beaucoup d'honnêtes gens dont aucun gouvernement sage n'a jamais méprisé l'hostilité ou seulement la méfiance ; la religion rouvrira des voies à ce trop-plein de cœurs ardents qui demandent l'empire et dont beaucoup accepteraient le sacrifice ; une éducation meilleure formera des citoyens plus paisibles ; les lois, offrant tant de ressources aux hommes de cœur, deviendront fortes, parce qu'elles seront aimées. L'Église alors, cette maîtresse des âmes, adoptant avec amour des institutions qui lui permettent de remplir le but éternel qu'elle poursuit à travers toutes les formes sociales, tire de ses vieilles vérités des fruits et des bienfaits nouveaux ; elle applique au mécanisme politique ce ressort de la vertu, dont peut, moins que tout autre, se passer un peuple qui veut être libre ; et, comme elle a discipliné le pouvoir anarchique et barbare, elle règle, elle ordonne l'immense mouvement de la démocratie. C'est la révolution pacifique, le passage heureux de l'état de fièvre et de torpeur à l'état de tranquille activité.

Au contraire, si l'Université l'emporte, maîtresse absolue des générations nouvelles, elle ne souffrira pas volontiers l'ombre d'un partage et d'une concurrence. Il y aura exclusion virtuelle prononcée contre l'Église. L'Église laisserait vivre l'Université qu'elle peut vaincre à force de patience, de raison et de bienfaits. L'Université, autant qu'il lui sera possible, opprimera, persécutera, ruinera l'Église, parce que tout pouvoir élevé contre la loi de Dieu est injuste, parce que tout pouvoir injuste est périssable et ne peut supporter d'adversaire vivant. L'Église devra donc su-

bir cette loi du plus fort, qu'on vit toujours si dure à son
égard, et qui, importunée de s'entendre condamner au nom
du ciel, veut, avec toute l'énergie de l'orgueil et du besoin
de vivre, réduire au silence l'esclave redoutable qui la fait
trembler. Mais l'entreprise fut toujours périlleuse ; elle
l'est aujourd'hui plus que jamais. Jésuitisme, fanatisme,
ultramontanisme, de quelque nom qu'on la nomme pour
susciter des passions qui la tuent, l'Église n'est pas simplement en France une réunion de fidèles, elle est aussi un
corps de citoyens. Ces citoyens sont libres d'exercer leur
culte ; ils sont libres d'employer, pour le défendre, pour
combattre et pour attaquer tout ce qui le menace, toutes
les armes, tous les moyens que leur fournit la Constitution.
Les armes sont nombreuses, les moyens sont puissants.
Tant que nous en userons, et nous en userons jusqu'à ce
qu'on nous les arrache, il y aura trouble dans le pays, irritation constante et croissante. Que fera-t-on ? Aura-t-on
recours à des lois d'exception, à des voies révolutionnaires ?
Que tout le monde y songe, lorsqu'il en est temps encore ! Ces
droits qui seront arrachés de nos mains seront en même
temps arrachés de la Charte. Ce qu'on aura pris aux
chrétiens, aucun citoyen ne l'aura plus, et le culte de la liberté ne tardera pas à se voir compromis plus encore que le
culte de Dieu.

On ne s'arrête pas sur la pente de l'arbitraire : on y entrera contre nous, on y marchera contre les autres. A raison
ou à tort, on aura compté sur notre patience : on oubliera
que les autres auront moins de faiblesse ou moins de vertu,
et l'on se trouvera bientôt engagé dans ces rencontres où
succombent soit la liberté, soit le pouvoir. En un temps
comme le nôtre, il est impossible qu'une classe quelconque
de citoyens soit opprimée sans qu'il en résulte dans le pays
entier un trouble profond, et bientôt des orages effroyables.
Sous quelque main que nous succombions, cette main sera

en possession d'une force extra-constitutionnelle, elle disposera de lois implacables ou d'implacables fureurs, et la révolution violente aura pour berceau cette tombe, ou cette prison, qui recevra encore une fois, pour un jour, l'éternelle Église de Dieu.

Telle est la gravité des circonstances. Nous ne savons laquelle des deux issues que nous indiquons sera donnée à la lutte ; mais il n'y en a pas une troisième.

Dans une pareille situation, il importe que la discussion occupe tous nos efforts, toutes nos pensées. Il faut que nous sachions bien si le droit, si la raison, si la vérité, si la logique sont avec nous. L'Université oppose tous les jours mille dénégations aux affirmations de nos Évêques ; elle nie tous les faits dont ils l'accablent : il faut que l'on sache si ces vénérables pontifes se donnent le tort de la calomnier. Elle nous conteste la sincérité de notre amour pour la liberté : il faut que nous lui prouvions que nous aimons la liberté. Elle prétend que notre adhésion aux institutions actuelles n'est pas nécessaire : il faut qu'elle n'en puisse plus douter.

Bien que l'on commence à s'apercevoir que les catholiques, ceux que l'on appelle avec colère le *parti catholique*, et qu'il faut en effet nommer ainsi, sont gens à qui l'on doit faire attention, il est de mode encore de ne parler de nous qu'avec mépris. Laissons dire. Nous apprendrons chaque jour un peu plus à ces dédaigneux leur misère et notre force. Nous leur ferons voir ce que c'est que la tribune, d'où ils nous ont tant insultés; ce que c'est que la presse, dont ils ont tant usé contre nous; ce que c'est que la valeur des idées, après qu'ils ont tant dit que les idées nous font horreur; ce que c'est que le libre examen enfin, ce glaive miraculeux de leurs trophées, dont nous allons les toucher à notre tour. Eh ! pouvons-nous les considérer sans qu'ils nous inspirent une

pitié profonde ? Voyez comme ils se défendent. Nous reproduisons tous leurs arguments, ils tronquent, ils travestissent
tous les nôtres ; le meilleur de leurs orateurs est celui qui
trouve plus d'échappatoires ; le plus habile de leurs publicistes est celui qui ment avec plus d'audace. Ce sont bien
eux qui ont horreur de la discussion, horreur de la liberté !
Ces glorieuses conquêtes de l'esprit humain, ces conséquences de la révolution, dont ils sont si fiers, ces droits de
l'homme, pour lesquels les rédacteurs du *Journal des
Débats* ne sont pas éloignés de jurer qu'ils ont maintes fois
donné leur vie, il leur semble que tout cela va périr si
quelques prêtres peuvent quelque part élever quelques
enfants ! Nous le disons avec une sincérité entière : quand
même la loi chrétienne ne nous ordonnerait pas de lutter
contre de tels hommes et de secouer leur joug, l'honneur y
suffirait. Nous ne voudrions pas être de cette caste menteuse, qui n'a ni foi ni entrailles, et qui ne fonde son œuvre
que sur l'abject abandon de la dignité humaine. Ils veulent
nous écraser avec des principes qu'ils renient et que nous
aimons plus qu'eux. Nous montrons, disent-ils, pour la
liberté une ardeur de néophytes, soit ! ils témoignent
contre elle une haine de renégats ! Séparons-nous d'eux ;
n'acceptons ni leur domination, ni leur amitié. Plutôt leur
vengeance que leur protection ! Leur vengeance ne peut
faire que des martyrs, leur amitié fait des apostats.

30 avril 1844.

M. Viennet. — M. le duc de Broglie. — M. de Ségur-Lamoignon
attaque l'enseignement philosophique. — M. Cousin.

La discussion générale a été close par un discours de
M. Viennet, auteur d'ouvrages qui ont scandalisé M. Jules

Janin, feuilletoniste du *Journal des Débats*. Cet orateur a
fort mal mené tous les adversaires de l'Université, et principalement les Evêques et les Jésuites. Il s'est efforcé d'être
terrible, il a été très-divertissant. M. Villemain seul ne
s'est pas amusé ; au lieu d'écouter avec sollicitude cette
harangue, il a préféré se livrer à la lecture de l'*Univers*.
Au moins, si M. le Grand Maître se trompe, ce ne sera pas
faute de bons avis.

Habituellement, tout rapporteur d'un projet de loi entreprend de résumer la discussion générale. M. le duc de Broglie s'est aujourd'hui dispensé de cette tâche. Il a parlé,
néanmoins, mais seulement pour répondre à certaines
parties du discours de M. le comte de Montalembert. Contrairement à ses habitudes et contrairement aussi aux usages
de la noble Chambre, M. de Broglie a apporté dans sa réplique beaucoup d'acrimonie. Cette dérogation à la morgue
pédante et contente qui caractérise l'école doctrinaire n'a
point servi l'éloquence de l'honorable rapporteur. La passion
ne convient pas à ceux qui se sont fait une habitude de
manier le sophisme. M. de Broglie, après s'être efforcé
d'écarter du projet de loi le reproche d'hypocrisie, s'est
appliqué à justifier le silence au moins étrange que la
Commission a gardé sur l'attitude de l'Episcopat. Cette partie de son argumentation a été d'une incroyable pauvreté.
Si M. de Broglie n'a point parlé des Evêques, s'il a regardé
leurs réclamations comme non avenues, c'est par respect
pour eux et non par dédain. Quel sophisme ! et voilà six
mois qu'il traîne dans les colonnes des *Débats* et du *Constitutionnel*.

M. de Montalembert a répondu avec précision et dignité.
Après avoir réfuté péremptoirement les assertions gratuites
de l'honorable rapporteur, il lui a fort justement renvoyé
le reproche d'inconvenance, que M. le duc de Broglie a dû
garder.

M. de Ségur-Lamoignon présente un amendement sur l'article premier et le soutient par un discours qui commence, à notre grande surprise, par des attaques au moins fort vives contre M. de Montalembert, auquel il reproche et ses discours et certains passages de ses écrits sur la question de l'enseignement. En sa qualité de catholique, M. de Ségur-Lamoignon déclare que le langage de M. de Montalembert n'engage pas tous les catholiques. Rien de mieux. Mais, il faut bien le reconnaître, par son talent comme orateur et comme écrivain, par son courage, par son dévouement, M. de Montalembert a conquis sur les catholiques de France une grande et juste influence. Etant de ceux qu'ils ont toujours vus les premiers sur la brèche, il est aussi de ceux dont les avis ont sur eux le plus d'autorité.

L'amendement de M. de Ségur-Lamoignon a pour but de réduire l'enseignement de la philosophie dans les collèges à l'étude de la logique, de la morale et de la psychologie élémentaire. Sans faire ressortir ici l'insuffisance radicale de cet amendement dans une loi qui ne paraît pas amendable, nous dirons que M. de Ségur-Lamoignon l'a soutenu avec force. Comme M. Cousin est aujourd'hui le grand prêtre de la philosophie universitaire, c'est sur lui que les attaques ont principalement porté. Il a suffi de citer quelques phrases tirées de ses ouvrages pour établir que l'enseignement philosophique des collèges est de nature à faire concevoir *toutes les alarmes des pères de famille chrétiens*. M. Cousin s'est écrié :—Mais vous ne me connaissez pas !—Nous vous connaissons, a répondu M. de Ségur, nous vous connaissons trop ; nous savons trop le mal que vous avez fait !

M. Cousin a voulu se défendre, il a chanté la palinodie et joué le bon catholique ; il a osé même dire qu'il avait rendu de grands services à la religion et dans ses livres et dans sa chaire de professeur. M. Villemain, compétent en pareille matière, est venu à son tour délivrer à M. Cousin et à la philosophie universitaire un brevet d'orthodoxie.

2 mai 1844.

Incident extra-parlementaire. — Le roi Louis-Philippe et l'Archevêque de Paris. Un entre-filets de M. de Montalembert.

On lit ce matin dans le *Journal des Débats* :

D'après les bruits qui se répandent aujourd'hui, le Roi aurait fait une réponse pleine d'énergie et de dignité à des paroles qu'il aurait jugées inconvenantes dans le discours que Mgr l'Archevêque de Paris lui a adressé hier à l'occasion de sa fête. Nous attendrons, pour nous expliquer sur ces bruits, la publication du discours de Mgr l'Archevêque et de la réponse du Roi, qui doivent, dit-on, paraître demain dans le *Moniteur*.

Le discours de Mgr l'Archevêque et la réponse du Roi ont paru. Voici le discours où se trouvent les paroles *inconvenantes ;* nous souhaitons que nos lecteurs, plus habiles que nous, puissent les découvrir :

Sire,

Nous venons offrir à Votre Majesté, avec nos hommages respectueux, les sentiments les plus conformes à notre présente situation.

Nous ne concevrons jamais que l'État doive souffrir de la paix, de la liberté de l'Église, et l'Église de la grandeur, de la prospérité de l'État. Cette conviction que proclamait, il y a six cents ans, un saint docteur français (S. Bernard), l'honneur de son siècle par son génie et l'honneur du sacerdoce par l'héroïsme de ses vertus, est aussi celle du

Clergé et de l'Archevêque de Paris. Ils aiment à vous l'exprimer, Sire, comme un signe non équivoque de la droiture de leurs intentions et le gage le plus assuré de leurs espérances. Ils aiment à vous dire que la France leur est trop chère pour céder à personne la gloire d'être plus soumis à ses lois, plus dévoués à son bonheur.

A Dieu ne plaise que les bienfaits trouvent insensibles des hommes qui sont accoutumés à voir, dans un acte de justice, un motif de reconnaissance, et, dans la liberté de leur ministère, un nouveau moyen de rendre le Pouvoir lui-même plus respecté !

Ce dévouement sera compris et préféré par la haute sagesse du Roi. Il le jugera digne de notre pacifique mission, de la loyauté de notre caractère, et aussi utile à la religion qu'à la patrie.

Permettez-nous, Sire, d'y joindre les vœux sincères que nous formons, afin que Dieu continue à répandre sur Votre Majesté et sur son auguste famille ses plus abondantes bénédictions.

Voici maintenant la réponse « pleine d'énergie et de dignité : »

Je vous remercie, Monsieur l'Archevêque, des vœux que vous m'offrez personnellement et au nom du Clergé de Paris. Je croyais avoir donné assez de gages de ma volonté de maintenir la liberté de la Religion, d'entourer le Clergé de tout le respect, de toute la vénération qui lui sont dus, pour *qu'il eût peut-être été inutile de me les rappeler de la manière dont je viens de l'entendre.* Ce que je puis vous dire, Monsieur l'Archevêque, et ce que vous savez déjà, c'est que le Clergé peut compter sur toute ma bienveillance, sur tout mon intérêt, et aussi sur la constance de mes efforts pour assurer à la France les bienfaits de la religion, afin qu'elle continue à être à la fois la meilleure garantie contre les vices qui enfantent les désordres dans la société, et la source de toutes les vertus qui assurent le bonheur des hommes.

Sauf la phrase soulignée, il serait permis de ne rien voir dans cette réponse que de fort ordinaire et de fort banal. Depuis qu'il est sur le trône, le Roi des Français a daigné dire à peu près tout cela, au moins deux fois par an. Mais la phrase soulignée est neuve, et ce qui a paru plus nouveau, c'est l'accent du haut interlocuteur. Après avoir com-

mencé la réponse avec beaucoup de bonhomie, et s'être même
excusé d'un gros rhume qui pourrait l'empêcher de se faire
entendre, l'auguste personnage s'est tout à coup extrêmement animé, et la fameuse phrase a été prononcée avec une
expression d'impatience nerveuse aussi vive qu'inattendue.

On jugera si le compliment de Mgr l'Archevêque néces-
sitait ce déploiement d'énergie. Du reste, la crise a été de
courte durée. Comme s'il regrettait d'avoir cédé trop vite
à une impatience qu'explique peut-être la fatigue d'entendre et de prononcer tant de discours, le Roi a presque
aussitôt changé de ton. L'accent est redevenu calme, gracieux, presque tendre, et tout s'est terminé par un entretien général, beaucoup moins dramatique que l'entretien officiel.

On se demande si Mgr l'Archevêque de Paris est dis-
gracié ? Cela dépend sans doute du vénérable prélat, et
nous ne savons ce qu'il en pense. Humainement parlant,
l'Eglise est forte par la Charte et non par le bon vouloir du
Roi. Si les paroles de Mgr l'Archevêque de Paris sont jugées aux Tuileries inconvenantes ou seulement importunes,
il sera facile de se les épargner. Quant à la disgrâce,
elle peut être un inconvénient, jamais un malheur, nous
disons pour les gens d'église ; ils sont même habitués à
la considérer comme un titre de gloire, lorsqu'elle a eu
pour cause l'accomplissement d'un devoir. Nous verrons ce
que dira demain le *Journal des Débats* de notre Archevêque.
Quant à nous, nous n'avons pas même besoin d'exprimer le
respect tendre et l'orgueil légitime avec lequel nous le bénissons [1].

[1] On lit dans le même numéro de l'*Univers* cette jolie plaisanterie, qui
nous avait été donnée par M. de Montalembert :

« Lorsque M. Dupin, au nom de la Chambre des Députés, est venu
« complimenter le Roi, au sujet de Madame la Duchesse d'Orléans, il a

2 mai 1844.

M. le duc d'Harcourt attaque la philosophie. — Défense de M. Cousin.
— Intervention de M. de Montalivet. — Intervention du protestantisme.

M. le duc d'Harcourt appuie l'amendement de M. de Ségur-Lamoignon. Il prononce un de ces discours d'homme
de bon lieu, dont le privilége est réservé à la Chambre des
Pairs, qui peut-être n'en use pas assez. On ne saurait être
raisonnable avec plus de goût. Point de phrases inutiles,
rien qui sente l'homme d'État de rencontre et le professeur; de la netteté, de l'esprit et de la brièveté. M. le duc
d'Harcourt aurait très-certainement fort bien tenu sa place

« dit : « Elle n'aura point la morgue des cours, etc. « On ne voit pas que
« Sa Majesté ait répondu : « Je croyais avoir donné assez de poignées
« de main pour qu'il eût été inutile de me rappeler la morgue des cours
« de la manière dont je viens de l'entendre. » Il paraît qu'à la nouvelle
« Cour, le soulier ferré a des priviléges qui n'appartiennent point à la
« mitre. »

Enfin, le même numéro du journal contenait la remarque suivante :
« Au 1er janvier de cette année, l'administrateur et les professeurs du
Collège de France se sont présentés, selon l'usage, aux Tuileries, pour
faire leur compliment au Roi. C'était la première fois que le Collège
paraissait devant la royauté, depuis ces inexprimables scandales de
MM. Quinet et Michelet qui avaient porté la consternation et l'indigna-
tion dans tous les cœurs catholiques. Le Roi reçut les compliments de ces
Messieurs et répondit en ces termes :

« Le Collège de France, institué par François Ier pour le perfection-
« nement des connaissances humaines, a *poursuivi honorablement ses
« utiles travaux*; *j'aime à vous répéter combien je les apprécie*, et je
« vous remercie de vos félicitations. » (*Moniteur* du 4 janvier 1844.)

« Nous engageons nos lecteurs à comparer cette réponse avec celle
qui a été adressée avant-hier à Mgr l'Archevêque de Paris. Ils y verront
laquelle est la plus chère au Ministère, de la liberté de l'Église ou de
la liberté du scandale.

à l'hôtel Carnavalet, entre La Rochefoucauld, qu'il a cité, et quelque autre ami de la dame de la maison, choisi parmi ceux qui auraient pu faire des livres et qui s'en gardaient bien. Il trouve que l'on crie un peu trop fort contre l'Université ; mais, dans le fond, les universitaires lui paraissent justifier pleinement tout ce qu'on leur reproche ; il ne comprend rien à ces flambeaux de colléges, sinon qu'ils obscurcissent l'idée de Dieu, et qu'ils ne peuvent pas même prouver le néant, si proche parent pourtant de leurs discours. C'est pour se débarrasser de toute cette pédagogie qu'il voudrait borner les études philosophiques de la jeunesse. Nous louons très-sincèrement la pensée et surtout le style de M. le duc d'Harcourt. Au milieu de tant d'excellentes choses, il a bien prononcé quelques paroles mal sonnantes; mais il faut faire la part des faiblesses de l'homme d'esprit, qui se fâche un peu contre tout ce bruit d'une question étrangère à ses travaux et à ses habitudes.

M. Cousin, déjà détruit par le discours que la Chambre venait d'entendre, a paru à la tribune avec une figure désolée. *Evidemment*, s'est-il écrié tout d'abord, la *philosophie est menacée!* Ce début a fait rire. Abraham insoumis, M. Cousin n'a pas moins entrepris de défendre l'Isaac dont la Chambre paraissait demander le sacrifice ; il a décerné à la philosophie une apologie fort longue et fort inutile : car il ne s'agit pas de la philosophie en général, mais simplement de la philosophie telle qu'on l'enseigne dans l'Université, particulièrement de la philosophie *cousinienne*. De celle-ci, M. Cousin n'a dit mot. C'était la question pourtant; l'orateur a trouvé moyen de parler une heure et demie sans l'aborder. Malgré cela, peut-être même à cause de cela, il n'a pas laissé d'intéresser la Chambre. Tout le monde a ri de fort bon cœur lorsque, rappelant un mot de M. Guizot, M. de Boissy a dit, après avoir entendu M. Cousin, qu'il ne savait pas si la philosophie était *malade*, mais qu'il tenaît pour certain que, dans sa forme actuelle, elle était *condamnée*.

M. de Montalivet, intendant général de la liste civile, s'est chargé de le prouver. Au milieu de l'étonnement général, le noble Pair a pris la parole en faveur de l'amendement, et son discours a été l'événement de la séance. Il a soutenu qu'il importait de donner un avertissement aux témérités philosophiques de l'Université, et il s'est élevé avec une grande énergie contre la théorie développée à deux reprises par M. Cousin sur le caractère de cette philosophie officielle que l'on veut rendre indifférente à toutes les religions, par respect pour la liberté des cultes. Il a démontré la valeur de ces mots : *religion de la majorité*, dont on voudrait se servir pour abaisser les croyances du plus grand nombre des Français au niveau des sectes qui comptent le moins d'adhérents, et qui, libres comme la religion de la majorité, ne sont cependant pas ses égales. Convaincu qu'on ne peut mépriser le cri des consciences sans manquer aux lois de la justice et aux conseils d'une politique sage, M. de Montalivet ne se contente pas de voter pour l'amendement, il le réforme et demande que l'enseignement philosophique se réduise dans les collèges aux *éléments de la philosophie*.

Ce discours remarquable a été considéré, malgré les protestations de l'orateur, comme une manifestation destinée à atténuer les paroles si étrangement sévères adressées la veille à Mgr l'Archevêque de Paris.

M. le baron de Daunant, président de la Cour royale de Nîmes, a réclamé au nom du protestantisme contre les principes que venait d'énoncer M. le comte de Montalivet. L'honorable Pair ne veut pas qu'on enseigne le catholicisme dans les écoles de l'État, car ce serait en exclure les enfants protestants, et M. de Daunant et ses coreligionnaires n'entendent pas être séparés de la grande famille. Comme M. de

Daunant ne peut pas exiger, d'un autre côté, qu'on enseigne le protestantisme, il faut conclure qu'il désire qu'en fait de religion, l'Etat ait soin de ne rien enseigner du tout. M. Cousin manifestait son approbation par de nombreux signes de tête.

3 mai 1844.

Nouveaux efforts de M. Cousin. — M. Villemain le sacrifie.

La discussion a continué sur l'amendement de M. de Ségur-Lamoignon, amendé hier par M. de Montalivet et remanié encore par la Commission, qui formule en principe le vœu timide qu'elle avait exprimé dans son rapport. M. le duc de Broglie a proposé d'ajouter à l'article premier un paragraphe portant qu'à l'avenir le programme du baccalauréat, arrêté en Conseil royal de l'instruction publique sous la présidence du Ministre, sera rendu exécutoire par ordonnance royale en forme de règlement d'administration publique; c'est-à-dire après discussion, examen et révision du Conseil d'Etat. M. le comte de Montalivet s'est réuni à cette rédaction, se réservant, si elle n'était pas adoptée, d'en proposer une autre. M. le comte Portalis est venu l'appuyer à son tour par des considérations de droit très-puissantes et par des arguments puisés dans un ordre d'idées plus rapprochées des nôtres. Il a proclamé qu'on ne pouvait point passer légèrement sur les réclamations des Evêques, plus estimées à ce qu'il nous semble, depuis qu'elles sont protégées par M. le comte de Montalivet. La majorité est évidemment de son avis. D'ailleurs, depuis les révélations de M. le marquis de Barthélemy, le Conseil royal n'est

pas en bonne odeur devant la noble Chambre. On se montrait généralement disposé à immoler l'omnipotence téné-
breuse de cet étrange tribunal des lumières. Mais l'omnipotence du Conseil royal en matière de philosophie, c'est
l'omnipotence de M. Cousin, c'est M. Cousin en personne.
M. Cousin n'a pu prendre sur lui d'avaler, qu'on nous passe
le terme, la pilule, à vrai dire suffisamment amère, qu'on
lui présentait.

Le zèle de sa propre gloire a rendu M. Cousin éloquent ;
car la gloire de M. Cousin, c'est la philosophie ; nous ne
disons pas *sa* philosophie, il a le bon goût et l'habileté de ne
pas le dire lui-même. Il a simplement répété son discours
d'hier, mais avec une chaleur, une abondance, une force de
poumons inaccoutumées. Quant à justifier ses doctrines, il
n'y a pas songé, ou du moins quoiqu'il fût en verve, il ne
l'a pas entrepris. Après tout, pourquoi se justifierait-il ? Il
ne veut nul contrôle : il faut qu'on s'en rapporte au Conseil
royal, comme le Conseil s'en rapporte à lui. Véritablement,
M. Cousin doit se croire bien libéral lorsqu'il consent à rassurer les esprits sur des études que l'on sait qu'il dirige !

Toutes les harangues de M. Cousin dans cette discussion
portent un cachet de tartuferie qui a été aujourd'hui très-
visible. Le père de l'éclectisme a longuement établi que le
programme philosophique de l'Université, ce programme favorable à tous les cultes reconnus par l'État, vient en partie de Mgr Frayssinous et de M. de Bonald. Il se faisait petit sous ces grands noms ! il se cachait sous cette soutane ! il
avait tant envie de nous plaire ! Il ne remarquait pas, dans
l'ardeur de son zèle religieux, la différence qui existe entre
ces hommes et lui, entre lui et ses élèves, ces étourneaux
philosophes, éclos sous son aile, et qui, voletant, se culbu-
tant, sifflotant le jargon énigmatique de l'école, vont dans
les collèges de province désoler l'âme des pasteurs et gâter
la raison des enfants.

Nous ignorons si la différence que nous signalons a frappé l'esprit de M. Villemain ; mais il a très-bien remarqué qu'on la remarquait. Abandonnant donc son collaborateur et songeant à sauver la loi, M. le Ministre est venu faiblement combattre l'amendement. Il le croit inutile, parce que le Conseil royal, le Ministre, l'Etat, tout le monde et quelques autres s'engagent à surveiller la philosophie avec une sévérité sans égale, avec un scrupule extrême. Cette surveillance, qui devait, hier encore, n'avoir lieu que comme par le passé, promet d'être aujourd'hui d'une rigueur à nulle autre pareille : on ne permettra rien d'inquiétant, on ne pardonnera rien de coupable, on fera... Mais que ne fera-t-on pas ! Bref, les consciences peuvent se rassurer. Si pourtant la Chambre tient à donner cette chiquenaude à cette pauvre innocente philosophie, eh bien ! M. Villemain en éprouvera quelque peine, mais enfin il présentera le nez de M. Cousin. Il n'y met qu'une condition, c'est qu'au lieu d'exiger une ordonnance rendue en Conseil d'Etat, la Chambre se contentera d'une simple ordonnance. C'est-à-dire, en définitive, que le programme sera rédigé comme par le passé, émanera des mêmes hommes, sera dicté par le même esprit ; seulement, il portera la signature royale.

Nous ne savons pas quel genre de satisfaction cette signature pourra procurer aux adversaires de l'enseignement philosophique, et par quelle magie elle calmera leurs inquiétudes. M. le Ministre de l'Instruction publique nous l'expliquera peut-être demain. Quant à présent, il est avoué par tout le monde qu'il y a *quelque chose à faire*. Nous demandons ce qu'on nous reproche encore, après cet aveu qui ne date que d'aujourd'hui ? N'est-il pas la justification de toutes les réclamations de l'Episcopat et de toute notre polémique ?

4 mai 1844.

Vote contre M. Cousin ; satisfaction inique et inutile donnée aux catholiques.

Hier, M. Cousin combattait l'amendement Lamoignon et
disait à la Chambre que si elle le votait, elle humilierait,
elle affaiblirait l'Université.

M. Villemain parlait dans le même sens avec plus de
douceur.

Aujourd'hui, l'amendement, poussé par M. Barthe, a
passé sur le corps de M. Cousin ; il a été adopté à une immense majorité. Le premier vote de la Chambre des Pairs
sur la question qui l'occupe depuis quinze jours est donc
un échec pour l'Université.

La Chambre a fait quelque chose contre le monopole, mais
elle n'a rien fait pour la liberté.

Dans quel but la Commission, si favorable au monopole,
a-t-elle soutenu cet amendement ? Dans le but évidemment
de rassurer les familles sur les tendances de l'enseignement
universitaire ; de chercher à modifier cet enseignement, de
donner au corps enseignant une leçon trop longtemps ajour-
née. L'intention est fort louable ; la leçon est des plus justes ;
mais l'enseignement reste ce qu'il était, l'Université garde
ses priviléges, rien n'a été fait ni pour donner la liberté
aux catholiques, ni pour les rassurer. Ce que nous demandons, ce que l'on nous doit, n'est pas une surveillance plus
ou moins sévère des établissements de l'Etat ; c'est la liberté
de faire élever nos enfants dans des écoles complétement
indépendantes de l'Université.

Ce premier triomphe n'eut point de suite. Satisfaite d'avoir blâmé la
hilosophie, la Chambre vota tout ce que la Commission voulut ; la

Commission voulut tout ce que voulaient le Ministre et l'Université. M. de Montalembert et les rares amis qui s'étaient joints à lui pour soutenir la cause de la liberté, MM. Séguier, Beugnot, de Barthélemy, de Gabriac et de Brigode, parlèrent éloquemment sans obtenir aucun avantage. Pendant ce temps, la guerre du Collège de France contre l'Eglise continuait. La Chambre le voyait comme tout le monde, et n'en prenait aucun souci. Elle s'y associait même. La question de l'existence des corporations religieuses s'étant présentée, l'Assemblée adopta une rédaction de M. le duc de Broglie qui, en visant les lois les plus rigoureuses de la Révolution et de l'Empire, mettait littéralement les ordres religieux hors la loi. M. le comte Portalis eut le fâcheux honneur de parler en faveur de cette iniquité, dont la pensée lui fut attribuée. Son discours respirait toutes les vieilles rancunes jansénistes et parlementaires contre la liberté de l'Eglise et contre le Clergé séculier. « Voilà un homme qui prétend être catholique, disait l'*Univers*, et qu'on emploie, en 1837, pour faire sanctionner par la Chambre des Pairs la spoliation de l'Archevêché et les sacrilèges de 1831, et en 1844 pour escamoter la résurrection des actes les plus persécuteurs de nos divers régimes sous le couvert d'une loi sur l'enseignement. Triste rôle et triste destinée ! »

M. le comte Portalis n'était pas le seul catholique dont les partisans de la liberté eussent à se plaindre dans la noble Chambre. Il y en avait d'autres, qui, comme M. le duc de Broglie, les combattaient ouvertement, et d'autres encore qui leur manquaient après leur avoir donné des espérances. L'article suivant les fera connaître.

Cet article n'est pas de la rédaction ordinaire de l'*Univers*. Toute la rédaction était ce jour-là à la Cour d'assises, où le rédacteur en chef comparaissait sous la prévention d'atteinte au respect de la chose jugée. — M. le comte de Montalembert, aussi habile à manier la plume que la parole, voulut bien se charger de faire le compte rendu de la séance de la Chambre des Pairs.

12 mai 1844.

Intervention de M. le comte Molé.

La Chambre des Pairs continue à voguer à pleines voiles dans l'océan de l'arbitraire. La loi contre la liberté d'ensei-

gnement, sortie de la pensée ministérielle avec les caractères
d'une oppression tantôt patente, tantôt frauduleuse, n'en a
perdu aucun entre les mains de la Commission ; et, à la fin
de la discussion, elle se trouve considérablement aggravée
et envenimée.

Dans le cours de cette discussion, on a déjà vu exhumer
des catacombes de la Révolution et de l'Empire les mesures
les plus hostiles à la dignité et à la liberté de l'Eglise. Aujourd'hui, on ne s'est pas borné à voter, malgré les efforts
des Pairs catholiques, l'innovation monstrueuse qui exige de
tous les maîtres d'études et surveillants employés dans les
institutions libres le grade de bachelier ès lettres. C'était
déjà rendre impossible le maintien de la plupart des établissements qui existent aujourd'hui en dehors de l'Université ;
mais cela n'a pas suffi. Les Jésuites ont décidément inspiré
une terreur panique aux vaillants généraux et aux savants
magistrats de la noble Chambre ; et de peur que ces effroyables tartufes ne se glissent dans le petit nombre de maisons
qui survivront à la Loi, deux de ces généreux chrétiens
que M. Portalis a formés par son exemple, M. Boullet, premier président de la cour d'Amiens, et M. Franck-Carré,
premier président de la cour de Rouen, sont venus improviser un petit amendement en vertu duquel lesdits maîtres
d'études bacheliers seront tenus de signer à leur tour la
fameuse affirmation, ou, en d'autres termes, de jurer qu'ils
ne sont ni Jésuites, ni Bénédictins, ni engagés en aucune
façon à servir Dieu ou leurs frères autrement qu'on ne le
fait dans l'Université de France. La Chambre a paru d'abord
surprise par un accès imprévu de vigilance gallicane : il a
fallu deux épreuves pour qu'elle y consentît avant d'avoir
consulté les lumières de sa Commission sur cet incident :
mais la Commission et le Ministre ayant approuvé du geste
et de la voix, la Chambre a sanctionné cette belle mesure ;
après quoi, comme l'a dit M. le comte de Montalembert, il

ne reste plus qu'à exiger le serment des portiers, des cuisiniers et autres fonctionnaires du même ordre, de peur que les Jésuites, sous la forme de frères lais, ne pénètrent par la basse-cour dans le sanctuaire de l'enseignement national.

Les orateurs que nous avons déjà tant de fois signalés à la reconnaissance des catholiques, MM. Beugnot, de Barthélemy, de Gabriac et de Montalembert, ont continué la lutte, aujourd'hui comme les jours précédents, avec un courage digne d'un meilleur succès. Ils ont démontré avec une justesse incontestable que l'exigence du grade de bachelier chez les maîtres d'études rendrait la prétendue liberté d'enseignement, qu'on nous accorde, infiniment plus intolérable que le monopole actuel : ils ont flétri cette confusion perpétuelle qu'établit le projet entre la capacité scientifique, que l'Université se réserve de constater, et la moralité chrétienne, dont les pères de famille peuvent seuls juger. La Chambre les écoute, et vote ensuite avec un sang-froid imperturbable le contraire de ce qu'ils ont demandé et de ce qu'a réclamé avant eux l'Épiscopat tout entier.

Ajoutons, pour être justes, que M. Cousin a lui-même protesté contre l'extension de cette exigence inouïe du baccalauréat aux maîtres de pensions ordinaires. Oui, M. Cousin, qui s'était d'abord posé comme l'Université incarnée, s'est montré aujourd'hui moins universitaire que M. Villemain ou M. le duc de Broglie. Il ne veut de bacheliers que dans les institutions de plein exercice. Il a obtenu le renvoi à la Commission de cette partie de l'article. Mais on sait par expérience dans quel sens la Commission améliore les dispositions qui lui sont renvoyées.

Remarquons encore l'attitude tout à fait fière, noble, digne, significative et éloquente que prend dans ce débat M. le comte Molé, sur qui certains catholiques de notre connaissance avaient la bonhomie de compter comme sur un défenseur des vœux de l'Épiscopat. Tous les jours, depuis trois semaines, on a traité et tranché devant lui les questions les plus graves, les plus délicates, les plus essentielles à l'honneur et à la sécurité de l'Eglise. Tout ce que les Evêques ont combattu le plus, le plus redouté, a été voté sans modification quelconque. Cet intrépide champion des intérêts religieux a gardé le plus profond silence. Cependant le voici qui se lève ; il se dresse dans toute sa majesté : d'un air haut, d'un ton impérieux, il demande la parole. On se tait, et chacun écoute en dressant les oreilles. L'oracle va parler : « Monsieur le chancelier, dit-il, je demande qu'on vote l'alinéa 3 avant l'alinéa 2 de l'article eu discussion. » Après quoi il se rassied avec la tranquille grandeur de la conscience satisfaite et du devoir accompli.

Et nunc erudimini..... Vous qui croyez aux phrases pieuses, aux démonstrations amicales et aux bonnes intentions de ces ministres passés et présents, de ces hommes d'Etat, de ces amis éclairés de la religion, qui la défendent aujourd'hui, en qualité de causeurs, au coin de leur feu, et qui demain, à la tribune, la livreront pieds et poings liés à la verge de ses plus implacables ennemis !

21 mai 1844.

Les catholiques refusent les avantages faits aux petits séminaires. — M. de Montalembert.—M. Guizot.

M. le comte de Montalembert a pris la parole au nom de ses honorables collègues, MM. le baron Séguier, le comte Beugnot, le marquis de Barthélemy et le marquis de Gabriac, qui ont si généreusement défendu avec lui les droits des familles, de la religion et de la liberté. Un profond silence s'est établi. On était curieux de savoir ce que cette minorité, si petite par le nombre, si grande par le caractère, par le talent, par les intérêts sacrés qu'elle abrite, allait dire en présence des dispositions de l'article 30, qui ne concède quelques avantages au Clergé que par un semblant de privilège dont on s'arme contre lui, et par une dérogation au droit commun qu'elle n'a cessé d'invoquer.

Depuis un mois, M. de Montalembert, déjà si haut placé dans l'estime des catholiques de France, a immensément grandi parmi ses amis et parmi ses adversaires. Il a dû à la générosité de sa foi, plus encore qu'à la force de son talent, le bonheur de prononcer d'admirables paroles, des paroles qui ont remué plus de cœurs, réveillé plus de courages, déterminé plus de résolutions saintes et salutaires qu'on ne soupçonne et que nous-mêmes ne le savons, quoique, à cet égard, nous sachions beaucoup. Mais jusqu'ici M. de Montalembert avait en quelque sorte parlé pour lui-même ; il s'est montré aujourd'hui le représentant avoué de la cause catholique.

Après avoir, en peu de mots, avec une émotion vive, rappelé les efforts de ses collègues et marqué les traits les plus déplorables de la loi, M. de Montalembert a déclaré que, désormais, ni ses collègues ni lui ne prendraient plus part à la discussion ; qu'ils avaient combattu pour la liberté, et qu'étant vaincus, ils ne combattraient pas pour un privilège, même quand ce privilège indispensable n'est qu'un semblant et qu'une apparence. Ils n'ont plus à demander le droit commun pour les écoles ecclésiastiques, car ils demandaient le droit commun dans la liberté, et il n'est offert que dans la servitude ; ils ne veulent pas obtenir des privilèges qu'on affecte de leur reprocher et qui sont dérisoires.

Placés entre leurs principes et leurs affections, ils s'abstiennent, laissant à leurs adversaires le choix du régime et des moyens qu'on emploiera pour restreindre la religion, après qu'on aura étouffé la liberté. Si la liberté ne doit pas triompher dans la lutte, a dit M. de Montalembert en répétant les belles paroles de Mgr l'Evêque d'Ajaccio, j'estime qu'il vaut mieux succomber avec elle que de survivre. Nous ne voulons être libres qu'à la condition de l'être avec tout le monde, nous confiant à la Providence pour l'heure où il lui plaira de nous affranchir tous.

A cette déclaration, qui a produit sur l'assemblée une impression solennelle, M. de Montalembert a ajouté un de ces avis que les catholiques seuls sont en possession de donner aux Pouvoirs de ce monde. Il a montré comment le Gouvernement avait, sans nécessité, comme par plaisir, créé antour de lui des embarras, des périls d'où les puissances les mieux constituées ne sont jamais sorties à leur honneur; il a montré dans l'avenir, dans un avenir prochain, cette résistance des honnêtes gens que rien ne décourage, parce qu'elle est l'accomplissement d'un devoir qui a droit d'exiger tous les sacrifices et qui les a toujours obtenus. Vous courez, a-t-il dit, sur l'écueil où tant d'autres se sont brisés. Vous pouviez l'éviter, vous ne l'avez pas voulu ; nous vous avertissons une dernière fois que l'écueil est là, qu'il est terrible! En vous le signalant, j'obéis à ma conscience et à ce serment de bon et loyal Pair de France que j'ai prêté et que j'ai rempli.

Avant même que le discours de M. de Montalembert fût achevé, M. Guizot, avec cette prompte intelligence du sentiment public qu'il possède si bien et qui le sert si peu, en avait prévu l'effet et avait demandé la parole pour le conjurer. Il a commencé par se méprendre, volontairement sans doute et très-maladroitement aussi, sur la position que la minorité venait d'adopter ; il a feint d'entendre de la liberté de discussion ce que M. de Montalembert avait dit de la liberté d'enseignement. Du ton d'un professeur irrité, non d'un homme d'Etat et d'un homme de talent, il a longuement morigéné son éloquent antagoniste, lui reprochant d'avoir prétendu que la discussion n'était pas libre. M. de Montalembert avait déclaré tout le contraire.

Continuant le même *quiproquo*, M. Guizot s'est mis ensuite à sermonner, nous ne trouvons pas d'autres termes, sur l'esprit d'anarchie dont il a dit que M. de Montalembert était un des plus déplorables exemples. M. de Montalembert venait justement de prouver que la loi constituait l'anarchie dans la servitude, et de demander une dernière fois la liberté, comme la meilleure et la seule condition d'ordre possible dans l'état des lois, des mœurs et des esprits.

Enfin, M. Guizot a contesté à M. de Montalembert l'honneur d'être dans la Chambre le représentant de l'Eglise catholique. M. de Montalembert venait de proclamer qu'il n'avait fait autre chose que porter à la tribune les réclamations des Evêques, et qu'il n'était que l'humble enfant de l'Eglise. Mais M. de Montalembert a été trop modeste, et il ne lui appartient pas plus de déguiser la position qu'il occupe, qu'il n'appartient à M. Guizot de la lui ravir, ou seulement de la lui contester. Oui, sans doute, M. de Montalembert, comme le dernier de ses frères et le plus inconnu, n'est que l'enfant de l'Eglise; mais il est l'enfant sur qui la mère s'appuie!

Offrons un juste hommage à ces nobles Pairs qui, fidèles jusqu'au bout à la sainteté de notre cause et de nos droits, ont aujourd'hui protesté contre les entraves qu'on nous prépare et qu'il n'était pas au pouvoir du talent et de la conscience d'écarter. On peut les croire vaincus, ils ne le sont pas; ils ont creusé le sillon et déposé la semence; ils s'éloignent du champ encore stérile, comme le laboureur qui s'en va quand son œuvre est accomplie, laissant à la Providence de faire croître ce germe nécessaire arrosé de sa sueur. Ce que l'homme n'a pu faire, Dieu le fera; le germe croîtra, parce que Dieu ne veut pas que ses créatures meurent. Quand la moisson sera mûre, ceux qui seront appelés à en jouir n'oublieront pas, dans leurs louanges et dans leurs prières, les premiers artisans de cette moisson si laborieusement préparée et si longtemps attendue.

23 mai 1844.

Inspection des petits séminaires. — M. Rossi. — M. Persil.

Il a été aujourd'hui question de l'inspection des petits séminaires. Au commencement de la séance, discours de M. Cousin contre l'article 30 ; réplique de M. Rossi, peu nécessaire à la discussion, très-utile à M. Rossi. M. Rossi est un des aspirants à la succession imminente de M. Villemain ; il a voulu soigner sa situation et s'en est tiré avec adresse, défendant le projet afin de complaire au Clergé, courant sus aux Jésuites, afin de moins déplaire à l'Université, et de gagner, s'il est possible, les bontés du *Constitutionnel*. Nous souhaitons que M. Rossi n'ait pas absolument perdu sa peine, et que la reconnaissance universitaire le dédommage de l'ingratitude probable du Clergé.

Après le vote des articles, un autre ami du Clergé, l'honorable M. Persil, a pris la parole. Des restes de cette voix usée à déclamer des réquisitoires, qui passe sur les idées avec l'aisance et la mélodie d'une scie édentée, il a proposé, dans l'intérêt de l'Église, une chose bien simple, un court article additionnel, portant que « les petits séminaires se- « raient placés sous la surveillance de M. le Ministre des « Cultes, qui les ferait inspecter lorsqu'il le jugerait conve- « nable. »

M. le Garde des Sceaux s'est hâté de décliner le surcroît
d'autorité qu'on voulait bien lui attribuer, attendu que les petits séminaires sont suffisamment inspectés par les Evêques,
leurs supérieurs naturels, et que cette surveillance, inutile
à la sécurité publique, témoignerait d'une défiance blessante
envers l'Episcopat. — Ah! que vous interprétez mal ma
pensée! s'est écrié M. Persil. Qui? moi? je me défie de
l'Episcopat! Mais je veux lui rendre service, au contraire!
On dit du mal des petits séminaires, on les calomnie; tout
cela n'arriverait point si l'on acceptait l'inspection que je
propose. Voilà le dessein qui m'anime, et le jour n'est pas
plus pur que le fond de mon cœur.

Néanmoins, M. Persil semblait tenir à son amendement
un peu plus qu'il ne le voulait laisser voir. En même temps,
M. le Garde des Sceaux et M. le duc de Broglie, déjà au
pied de la tribune, paraissaient fermes à le repousser. L'attitude de la Chambre montrait qu'il y avait quelque chose
sous jeu qu'on ne disait pas. Un noble Pair se lève, esprit
honnête et conciliant, qui désire que tout le monde s'em-
brasse et que la séance soit levée. Pour ôter toutes les difficultés, il donne jour à l'avis suivant : Conservez de l'amendement ce qui concerne le droit de surveillance, M. Persil
sera content ; retranchez-en ce qui concerne le droit d'inspection, M. le Ministre sera satisfait.

Le moyen terme était certainement ingénieux ; mais il
n'a pas trouvé grâce devant M. Teste. Cet ancien ministre
ne porte pas au Clergé moins d'affection que ne lui en a
voué M. Persil lui-même; il n'a pas en lui une moindre
confiance; justement à cause de cela, il suppose avec une
égale peine qu'on le calomnie, et par conséquent il demande
avec une égale ardeur qu'il soit inspecté.

Eh! s'est écrié M. de Broglie, nous voudrions bien l'inspecter, nous en avons bien cherché les moyens, et c'est
une justice que je dois à la Commission de dire qu'elle n'y a

pas renoncé sans avoir mûrement réfléchi. Mais cette inspection, il faut quelqu'un pour la faire ; par qui la ferez-vous
faire ?

Cet argument, que M. Martin (du Nord) n'avait point
présenté et auquel M. Persil s'était bien gardé de songer,
a jeté l'amendement par terre. M. de Broglie pouvait en
rester là ; mais il s'est complu à dérouler les impossibilités
qu'offrait la proposition-Persil. Il a demandé si la surveillance serait attribuée à M. le Ministre des Cultes ou à M. le
Garde des Sceaux ? quels seraient surtout les agents du
même Ministre des Cultes, dans le cas où ce portefeuille des
cultes, qui n'est qu'une annexe, se trouverait, ainsi qu'il est
arrivé déjà, réuni à un autre ministère, à celui, par exemple,
de l'Instruction publique ? Ce dernier mot révélait la pensée
et, nous pouvons le dire , le venin de l'amendement : il a
mis M. Persil hors des gonds. Sa réponse en fut animée
d'une chaleur interne qui ne lui a pas permis de l'articuler
bien distinctement ; sa scie parut notablement plus ébréchée,
et, pour parler franc, l'honorable Pair semblait beaucoup
plus pousser des cris que prononcer un discours. M. de Broglie avait dit qu'il serait difficile de faire inspecter les séminaires, qui sont sous la direction des Evêques, par des
ecclésiastiques d'un rang inférieur, et qu'on ne trouverait
pas d'Evêques pour se charger de cet emploi. C'est là-dessus
particulièrement que M. Persil s'est échauffé. La pensée
qu'un ministre pourrait ne pas trouver d'inspecteurs est une
chose à quoi M. le Directeur de la Monnaie ne saurait accou-
tumer son fier esprit. Il a demandé s'il ne suffirait donc
pas que le Ministre des Cultes nommât pour cette charge
des ecclésiastiques investis de sa confiance ; s'il ne pourrait donc pas se procurer un Evêque *in partibus;* s'il n'oserait donc pas appeler à son aide les chanoines d'honneur
de Saint-Denis ? Il était en voie de trouver cent inspecteurs
pour un ; mais les rires de la Chambre ont mis fin à sa

kyrielle. On a voté. M. le baron de Bussière a levé la main
pour soutenir l'amendement, et l'amendement est tombé.
Ce qu'on en espérait de plus clair, c'était sans doute de faire
subir aux petits séminaires le même outrage de suspicion
que l'Université a reçu dans la personne du Conseil royal,
lorsqu'on a soumis ses programmes au Conseil d'Etat. La
Chambre a pensé que l'Université avait reçu d'autres satis-
factions et pouvait se passer de cette vengeance.

Le vote des articles 30 et 31, auquel les Pairs catholiques
n'ont point pris part, a eu lieu, comme le rejet de l'amendement Persil, à la presque unanimité. Vains témoignages
d'estime donnés aux victimes qu'on a faites dans le cours
de la discussion : la bienveillance ne peut compenser l'injustice et la rend au contraire plus poignante.

24 mai 1844.

Vote du projet. — Vaines espérances.

Le projet de loi a été voté aujourd'hui, plus tôt qu'on ne
ne s'y attendait. La Chambre a véritablement fait au galop
le reste de sa course. Fatiguée d'un débat qui dure depuis
cinq semaines, elle a passé au scrutin.

Il a donné 51 boules noires contre 85 boules blanches.
La majorité absolue était de 69. Le Ministre et la Commission ne l'ont donc emporté que de 18 voix. Depuis 1830,
aucune loi importante n'a été repoussée à la Chambre des
Pairs par une si forte minorité. La surprise a été générale.

Nous partageons cette surprise. Nous ne pensions pas
avoir tant d'amis parmi ceux-là mêmes qui ne croient pas

devoir encore exaucer nos vœux. Faut-il nous en réjouir ?
Hélas ! nous le voudrions bien ! Mais si ces amis sont des
chrétiens, pourquoi sommes-nous réduits à penser qu'il y
a tant d'honnêtes gens si timides ! tant de chrétiens pour
qui ce serait un trop grand effort de refuser publiquement
leur adhésion à une loi d'antipathie et de colère contre
l'Eglise de Dieu ! Il faut du reste reconnaître que, dans ces
51 voix, plusieurs appartiennent aux Pairs universitaires,
mécontents d'une loi qui, sans donner aucune satisfaction
ni à l'Eglise ni à la liberté, donne à l'Université d'assez notables soufflets.

Exprimons une pensée qui nous est souvent venue, tandis
que nous assistions à ces luttes de la tribune. Nous y avons
été souvent maltraités, nous autres catholiques, plus souvent
méconnus ; nous venons d'y être jusqu'à un certain point
battus, puisque enfin la loi que nous repoussions est adoptée.
Néanmoins, hâtons-nous de le proclamer avec sincérité, avec
reconnaissance : ces institutions du gouvernement constitutionnel, dont nous sommes encore loin de recueillir tous les
bienfaits, sont belles et bonnes, et nous devons les aimer,
les défendre, nous y attacher avec amour. Nous obtiendrons
tout par elles ; il ne nous manque que de savoir mieux en
user, et nous venons d'en faire un essai qui doit nous remplir d'espérance. Ces combats où elles nous appellent, ces
défaites même qui en ont été et qui peuvent en être encore la suite, valent mieux pour nous que la protection, que
la faveur, que la justice d'un maître. Eh quoi ! il a suffi de
quelques hommes de talent et de cœur pour défendre si
longtemps contre le Gouvernement, contre ses amis, contre
la ruse et le talent d'une coterie prépondérante, des droits
et des idées dont on ne parlait qu'avec mépris, les dénon-
çant depuis un an, par tous les moyens possibles, aux préjugés les plus violents et les plus ignares ! Ces hommes ont
pu non-seulement se défendre, mais se défendre avec hon-

neur, mais attaquer avec succès, mais croître dans le combat
et se retirer de l'arène plus forts qu'ils n'y sont entrés; et
nous ne bénirions pas des institutions qui nous présentent
un si beau spectacle et nous promettent de si grands avantages ! Que ceux d'entre nous qui ne les ont pas toujours
aimées reconnaissent et réparent leur injustice ! Si les gens
de bien peuvent désirer quelque chose, c'est le pouvoir de
se faire connaître et de faire entendre la vérité; nos institutions nous donnent ce pouvoir. Qu'importe qu'elles le
donnent aussi à l'erreur ! Ceux qui redoutent la lutte, pensant que la vérité pourrait avoir le dessous, n'honorent pas
assez le cœur de l'homme et ne connaissent pas assez
la vérité. A la place du gouvernement représentatif, supposez tel gouvernement absolu qu'il vous plaira ; le gouvernement autrichien, par exemple, qu'on dit catholique
et paternel. Voyez-le bâcler en trois jours en Conseil d'Etat
par telles assemblées ou tels commis qu'il aura trouvé bon de
choisir, une loi sur l'enseignement et sur l'Eglise. Elle serait
bonne, elle serait mauvaise ; quelles garanties aurait-on, que
resterait-il à faire, quels moyens d'éclairer le gouvernement,
quels moyens de lui faire retirer ou modifier la loi, quelles
ressources pour échapper promptement aux désastreuses
conséquences de cette loi? A qui se plaindre ? Quels
hommes investir de cette confiance publique qui devient si
forte pour redresser tous les griefs?

MM. Séguier, Beugnot, de Barthélemy, de Montalembert,
dont nous sommes heureux de pouvoir encore une fois répéter les noms si honorés, ont été battus, nous dit-on. Oui,
et nous avec eux. Ils ont été battus par le nombre; ils ont
triomphé par le caractère, par le talent, par les idées ; ils ont
été battus, mais ils ont une armée qu'ils n'avaient pas encore en commençant la guerre ; ils ont été battus, mais
toutes leurs idées, tous leurs principes, tous nos droits
qu'ils ont défendus, sont plus forts et plus respectés qu'avant

leur défaite ; ils ont été battus, mais pour combien de temps [1] ?

[1] Telle était, en 1844, la pensée générale des catholiques. Pour ma part, je croyais tout possible au talent, et je m'abusais beaucoup sur le génie du libéralisme. L'expérience ne tarda pas à affaiblir beaucoup ces belles illusions ; elles disparurent au bout de quelques années. La République, comme on le verra, leur porta le dernier coup. Les catholiques n'ont pas à rougir de les avoir nourries, et s'ils les ont perdues, la faute n'en est point à eux.—Décembre 1856.

POINT DE CROIX ! POINT DE MESSE !

29 mai 1844.

« Hier c'était une institution qu'on sacrifiait au Clergé,
« aujourd'hui c'est un édifice qu'on voudrait lui livrer. »
Ainsi parle et se lamente le *Constitutionnel* éperdu, et le
poids de sa colère accable un député nommé M. Ardant. Qu'a
donc fait M. Ardant ? Il a proposé de rétablir la croix au
sommet du Panthéon ! il a fait pis : il a proposé qu'on y pût
dire des messes pour les victimes de Juillet !! Voilà quel
homme est M. Ardant, et comme il y va. Une croix ! des
messes !! Le *Constitutionnel* n'en revient pas. Il se demande s'il est en sûreté dans sa rue Montmartre, si nous
vivons bien en France, au dix-neuvième siècle, si la prudence n'exige pas qu'on se munisse à tout hasard d'un billet
de confession ? Holà ! gens qui passez, dites-m'en votre avis.
Suis-je donc condamné à revoir la croix sur ce temple sanc-
tifié par les dépouilles de Marat ? N'ai-je donc tant vécu que
pour cette infamie ?...

Il faut rire, parce que c'est le *Constitutionnel* qui parle
et qui ne peut rien dire que d'une façon plaisante, surtout
dans le genre sérieux ; mais, en vérité, conçoit-on rien d'é-
gal à l'épaisseur de ces esprits-là ? Les voici qui crient et
qui hurlent, parce qu'un innocent député propose de placer
une croix sur un édifice et de faire dire des messes dans
une église ! Cela les irrite et les épouvante. Ils savent bien
que ce malheureux monument ne peut servir à autre chose.
Il faut qu'on y dise la messe, ou que, sous ce nom ridicule

de Panthéon, il reste un if à porter des lampions dans es solennités publiques, une ferme pour ses gardiens. Ils savent bien que personne ne veut plus être enterré sous ces voûtes dédiées à *tous les dieux*. Quand il s'agit de donner à quelqu'un une sépulture honorable, on le porte aux Invalides, jamais au Panthéon. Il n'y a pas d'académicien, parmi ceux qui couronnent aujourd'hui Voltaire, qui ne refusât l'honneur d'un pareil séjour et de la compagnie que l'on y trouve. N'importe ! point de croix ! point de messe ! Que ce temple reste désert, qu'il reste profané, en attendant qu'un jour quelque flot de fange y pousse quelque déesse Raison, traînant après soi les débris de quelque dieu Marat !

POURSUITES CONTRE LA PRESSE CATHOLIQUE [1].

I. Procès de M. l'abbé Combalot.
II. Procès de l'*Univers*.

6 avril 1844.

La Cour d'assises de la Seine, sur la déclaration du Jury, a condamné aujourd'hui M. l'abbé Combalot à quinze jours de prison et quatre mille francs d'amende. L'Université ne s'applaudira pas longtemps de ce triomphe. Nous lui promettons devant Dieu et devant nos frères que l'arrêt qui frappe son illustre et pieux antagoniste ne la délivre pas d'un seul adversaire et ne lui épargnera pas une seule vérité. La cause de M. l'abbé Combalot nous touche d'assez près pour que nous puissions parler ainsi. On a essayé les juges ; ils se montrent disposés à condamner : notre tour viendra. Nous l'attendons avec confiance. Les vérités que nous défendons triomphent à force de défaites.

Nous épargnerons à M. le Procureur Général [2] des ob-

[1] Le Gouvernement, inquiété ou plutôt irrité des efforts des catholiques, céda aux pressantes instances de l'Université, qui, par tous ses journaux, le sommait d'avoir recours aux moyens de rigueur. Voyant que c'était peu de traduire les Evêques devant le Conseil d'État et d'obtenir des déclarations d'abus, on entreprit d'intimider les écrivains et surtout les ecclésiastiques qui faisaient la guerre au monopole. On s'en prit d'abord à M. l'abbé Combalot, missionnaire apostolique, qui avait publié un éloquent *Mémoire aux Evêques* sur les dangers que l'Université faisait courir à la religion. Cet écrit, dénoncé avec violence par le *Constitutionnel*, fut déféré à la Cour d'assises.

[2] M. Hébert. Il était ministre le 23 février 1848.

servations que peut-être il ne comprendrait pas. Il a parlé en avocat passionné ; il a traité le prêtre vénérable dont il sollicitait la condamnation avec une âpreté de langage dont on hésiterait à humilier le dernier des pamphlétaires. Ce n'est pas le condamné qu'il faut plaindre !

Le sentiment du public qui se pressait dans la salle de la Cour d'assises était loin de ressembler à celui qui a dominé les juges. De ce côté-là, il s'en faut que la cause ait été perdue.

M. l'abbé Combalot a lu à l'audience un fragment du mémoire de NN. SS. les Archevêques et Evêques de la province de Paris, publié ce matin dans l'*Univers*. La dignité, la fermeté, la vigueur vraiment épiscopale de ce langage ont ému tous les esprits et déconcerté l'accusation. M. l'abbé Combalot ne pouvait pas être acquitté, puisque ce document n'a pas changé l'esprit de ses juges. Mais qu'importe ! avec de pareilles armes, on peut être vaincu en Cour d'assises ; on triomphe plus loin et plus haut.

Cette journée, qui sera grande dans notre histoire, nous a révélé le solide et brillant talent de M. Henri Riancey. Le jeune avocat parlait pour la première fois : il n'a pas plié sous la grandeur de sa cause. Il ne nous est pas possible de le louer autrement [1], et nous ne pourrions le louer davantage. Nous avons donc perdu quatre mille francs, que le pauvre missionnaire parviendra sans doute à payer ; mais nous avons gagné un homme. Quant aux quinze jours de prison, M. l'abbé Combalot satisfera la justice sur ce point encore plus facilement que sur le premier. Ce sera un intervalle de repos entre ses courses apostoliques ; d'ailleurs, il y a de quoi utiliser ses loisirs à Sainte-Pélagie.

En résumé, nous sommes aujourd'hui au moins ce que nous étions hier. Continuons.

---

[1] M. de Riancey était l'un des rédacteurs de l'*Univers*.

Suivant l'usage des procès politiques, nous préparâmes un compte rendu détaillé du procès Combalot. C'était un recueil composé du réquisitoire du Procureur Général, des plaidoiries et répliques, et de quelques autres pièces se rattachant à la cause. On me conseilla d'y ajouter une *introduction*. Je l'écrivis avec un vif désir d'éviter la saisie de cette brochure, dont nous comptions faire un moyen de propagande. Je soumis mon manuscrit à la révision d'un magistrat élevé, qui le trouva irrépréhensible. Néanmoins, le jour même de la mise en vente, toute l'édition fut saisie.

La brochure avait été annoncée dans l'*Univers*, sans aucune réflexion. Cette annonce suffit au parquet pour englober le gérant du journal dans les poursuites; mais, ce corps de délit paraissant un peu mince, on inculpa en outre la publication dans l'*Univers* de deux lettres adressées à M. l'abbé Combalot, après sa condamnation, par NN. SS. les Evêques de Châlons et de Valence.

11 mai 1844.

M. Louis Veuillot, notre Rédacteur en chef, et M. Barrier, notre gérant, ont comparu aujourd'hui devant la Cour d'assises de la Seine, pour répondre à l'accusation qui leur était intentée au sujet de la publication du procès de M. l'abbé Combalot, et des lettres de NN. SS. les Evêques de Châlons et de Valence. MM. Veuillot et Barrier ont été condamnés chacun à un mois de prison et à 3,000 fr. d'amende. Cette condamnation pourra paraître sévère; nous sommes cependant réduits à nous en féliciter. Le Jury avait déclaré les deux prévenus coupables sur tous les points, et le Ministère public a requis l'application d'un grand nombre d'articles de lois qui pouvaient rendre la peine beaucoup plus rigoureuse. La Cour s'est montrée en quelque sorte très-indulgente.

Nous donnons un compte rendu très-abrégé de cette audience, qui a été fort longue et semée d'incidents. La défense

a été interrompue plusieurs fois, soit par M. le Président,
soit par le Ministère public, et M. Veuillot a cru devoir
supprimer les observations qu'il avait préparées. Il lui était
assez difficile de parler dans son procès sans y faire intervenir
l'Université, que M. le Président a dit n'être point en cause,
et la religion, dont M. l'Avocat Général a prétendu prendre
la défense contre nous. C'est la coutume, à présent, de
nous accuser au nom des intérêts religieux. On les dit compromis et quelquefois déshonorés par nous. Ces inculpations
commencent à ne plus nous paraître nouvelles. Nos lecteurs,
sous les yeux de qui nous les mettons, nous permettront
sans doute de ne pas employer beaucoup de temps à les réfuter.

Si le Jury nous a condamnés sur les motifs qu'on lui a
présentés, nous sommes surtout déclarés coupables d'impiété.
Notre conscience n'en est pas moins en repos. Les catholiques qui nous ont jusqu'à présent si constamment soutenus,
nous conserveront leur estime et leur sympathie. Nous saurons les mériter. Le christianisme des légistes devient un
peu plus redoutable pour nous, personnellement, que le
panthéisme des universitaires ; il ne nous trouvera pas moins
inébranlables. Nous soutiendrons la lutte tant que la France
chrétienne s'obstinera à nous croire aussi dévoués à ses intérêts éternels que peuvent l'être ceux qui réclament contre
nous, au nom de la foi, l'expulsion, la suppression, la prison et l'amende... en attendant mieux.

COUR D'ASSISES DE LA SEINE.

(Audience du 11 mai 1844.)

Publication du procès de M. l'abbé Combalot, par M. Louis Veuillot, rédacteur en chef de l'*Univers*. — Mise en cause de M. Barrier, gérant, comme éditeur du procès et des lettres des Évêques de Châlons et de Valence.

A dix heures et demie, la Cour entre en séance. — M. l'avocat général *de Thorigny* occupe le fauteuil du ministère public. Au banc de la défense sont assis M⁸ *Henri de Riancey* et *Romain-Cornut*.

M. LE PRÉSIDENT : — Premier des prévenus, vos noms, votre âge, vos qualités ?

R. Louis-François-Victor Veuillot, trente ans, rédacteur en chef du journal l'*Univers*, né à Boynes (Loiret).

M. LE PRÉSIDENT : — Et vous, second des prévenus ?

R. Jean Barrier, trente-cinq ans, gérant du journal l'*Univers*.

M. LE PRÉSIDENT : — D'après la procédure, M. Veuillot et M. Barrier sont prévenus, l'un comme rédacteur en chef, l'autre comme gérant du journal l'*Univers* : 1° de provocation à la désobéissance aux lois ; 2° d'attaque au respect dû aux lois ; 3° d'apologie de faits réputés crimes ou délits par la loi pénale, ladite prévention résultant d'une brochure publiée par M. Veuillot, ayant pour titre : Liberté d'enseignement, procès de M. l'abbé Combalot, et de trois articles contenant les lettres des Évêques imprimés et publiés dans les numéros des 16, 20 et 21 mars.

M. DE THORIGNY, avocat général : — Si quelque chose doit être l'objet du respect public, c'est sans contredit la loi. Sans cette condition, il n'y a ni sécurité possible, ni institutions durables.

De temps en temps, les circonstances, les vicissitudes politiques ou sociales peuvent faire sentir le besoin de modifier ou même d'abroger la loi. On peut en discuter la convenance, l'utilité ; c'est un droit inhérent à cette liberté d'examen et de pensée qui appartient à tous ; mais la discussion, en ce cas, et l'examen doivent se présenter avec cette réserve que commande toujours le caractère d'une loi existante, qui, aussi longtemps qu'elle est en vigueur, doit être considérée comme l'expression du vœu général.

C'est là un principe auquel rendent hommage tous les hommes d'ordre et de raison. Que sera-ce si la loi qu'on attaque, qu'on cherche à dépouiller de son autorité et contre laquelle on appelle formellement la résistance, est une de celles qui protègent ce qu'il y a de plus cher au cœur, ce qui est plus précieux que la vie, c'est-à-dire la réputation, l'honneur, la dignité du caractère.

Cet oubli du premier devoir de tout citoyen devra prendre alors un plus haut degré de culpabilité ; c'est là ce qui s'offre à nous en ce moment.

Un homme, un prêtre, M. l'abbé Combalot, a été déclaré coupable de diffamation et d'injure contre une certaine classe de personnes : il a été également convaincu d'avoir cherché à troubler la paix publique. C'est le jury qui, après de solennels débats, a prononcé sur son sort ; il fallait respecter la chose jugée.

Peut-on porter plus loin le mépris des lois et l'injustice des préventions ? Est-ce ainsi qu'on prétend éclairer les populations sur ce qui est juste, vrai, moral et digne de la vénération de tous ?

Un prêtre, qu'il nous soit permis de le dire, ne peut rien gagner à sortir du sanctuaire pour se mêler aux luttes des partis et des passions humaines. Il est toujours, malgré lui et en dépit des plus sages résolutions, entraîné au delà de son but, et ses écrits sont d'autant plus à déplorer, que les ennemis du sacerdoce et de la foi religieuse ne manquent jamais de s'en faire en eux-mêmes comme un sujet de triomphe et de joie.

Arrivant à la discussion des délits, le ministère public donne lecture de quelques passages de l'*introduction* :

« Nous voyons tous les jours, presque sans nous étonner, des choses qui auraient épouvanté le bon sens moral et politique de nos pères, Français et catholiques... Douloureusement ému à ce double titre, je me recueille dans l'esprit de vérité pour présenter à ceux qui sont mes frères et mes concitoyens l'histoire du 6 mars 1844. Ce jour-là, le plus populaire de nos orateurs sacrés, un prêtre cent fois appelé dans nos églises par la confiance des premiers pasteurs, honoré du titre de missionnaire apostolique par le Souverain Pontife lui-même, M. Combalot, après avoir dit la messe et distribué le pain eucharistique, s'asseyait dans l'enceinte de la Cour d'assises de Paris, sur le banc des malfaiteurs, où les juges avaient vu un voleur la veille et devaient le lendemain voir un meurtrier.

« A ses côtés se plaçaient quelques citoyens fiers de l'assister, heureux de le servir, bienheureux s'ils avaient pu obtenir d'être frappés pour lui, ou tout au moins avec lui.

« Quel crime a-t-il pu commettre ? S'il a commis un crime, d'où vient l'intérêt si tendre et si grand qui l'entoure ? S'il n'a commis aucun crime, que fait-il sur ce banc ? La loi frappe-t-elle les innocents en France ? Non ; mais la loi en France déclare crime des actes que les plus honnêtes gens du monde approuvent, et que d'autres honnêtes gens s'honorent d'avoir commis. »

Et plus loin :

« Nous nous inclinons devant la chose jugée (Vous avez vu comment !). M. l'abbé Combalot a diffamé l'Université, son mémoire est supprimé ; il ira en prison, il paiera l'amende... Rien de grand et d'utile ne triomphe dans le monde sans passer par là. »

Ces passages, et quelques autres, constituent aux yeux de M. l'Avocat-Général le crime d'attaque au respect dû aux lois.

M. LE PRÉSIDENT : — La parole est au défenseur de M. Veuillot.

M. HENRI DE RIANCEY : — Lorsqu'il y a deux mois à peine, prêtant à un illustre missionnaire le faible appui de tout mon dévouement, je signalais au Jury le système nouveau d'hostilités qui s'inaugurait contre nos libertés publiques ; lorsque j'invoquais sa tutélaire protection pour nos droits menacés, je me permettais de dire à mes concitoyens : Prenez garde ! toutes les libertés se tiennent : aujourd'hui, on attaque, on conteste, on nie la liberté d'enseignement ; demain on attaquera la liberté de discussion, on contestera la liberté de la presse, on niera la liberté religieuse ! on s'armera de votre verdict contre nos institutions les plus chères ; et bientôt ce seront les bases mêmes de notre constitution nationale qu'il nous faudra défendre !

Je connaissais assez bien la nature spéciale de nos adversaires pour penser que ma parole ne tarderait pas à se réaliser ; mais, je l'avoue, je ne m'attendais pas à ce que la prédiction reçût un aussi prompt accomplissement ! J'espérais que, mieux conseillés par l'expérience, avertis par cette vague rumeur qui ne trompe jamais, satisfaits d'ailleurs d'une première victoire, ils sauraient, dans leur intérêt propre, s'arrêter à temps, prendre conseil des circonstances et ne pas affronter trop vite cette opinion publique que la persécution irrite et qui a parfois de soudains et terribles retours ! J'espérais qu'ayant déjà tant à faire que de comparaître devant un des grands pouvoirs de l'État, ils se contenteraient de rompre des lances dans l'arène de la politique en faveur du monopole, sans chercher jusqu'à la Cour d'assises des triomphes ou des justifications. J'espérais qu'en présence des éventualités toujours si périlleuses d'une lutte parlementaire, les amis et les patrons de l'Université auraient le noble amour-propre, peut-être la prudence, de ne pas compliquer leur cause d'une série de poursuites qui ressemblent à de l'acharnement !

Vain espoir ! le génie du monopole a puisé dans son principe et dans son essence je ne sais quel entraînement irrésistible qui domine les meilleurs esprits, et sa funeste influence les emporte parfois à des actes qu'une sagesse indépendante, qu'une raison plus élevée, qu'une politique plus habile, auraient certainement évités.

Ainsi, voyez l'Université......

M. LE PRÉSIDENT : — L'Université n'est pas ici en cause... je vous arrête.

M. HENRI DE RIANCEY : — Puisqu'il ne m'est pas permis de parler de l'Université, bien qu'elle soit l'auteur de ce procès, je passe à l'historique même des poursuites.

Le défenseur rapporte les différentes phases de poursuites, et discute ensuite l'accusation.

M. ROMAIN-CORNUT, défenseur de M. Barrier :

Mon client est accusé, premièrement, d'avoir mis en vente dans les bureaux de l'*Univers* la brochure dont M. Veuillot est auteur, et d'avoir assumé ainsi la responsabilité des délits reprochés à la brochure : délit de provocation à la désobéissance aux lois, délit d'apologie de faits qualifiés délits par la loi pénale ; secondement, d'avoir publié dans l'*Univers*, dont il est gérant, divers articles incriminés, et de s'être, par cette publication, rendu coupable pour la seconde fois des mêmes délits déjà énoncés : provocation à la désobéissance, attaque contre le respect dû aux lois, apologie de faits qualifiés délits par la loi.

A proprement parler, ces deux préventions se confondent en une seule par la confusion même des délits ; mais si les deux préventions se confondent par le résultat, elles se distinguent très-bien par la double qualité sous laquelle elles s'appliquent à M. Barrier. La première le considère uniquement comme mettant en vente, comme libraire en quelque sorte ; la seconde lui est seulement appliquée en qualité de gérant responsable. Il importe, pour la clarté de ces débats, que cette distinction reste bien nette dans vos esprits.

M. Barrier ne peut être condamné pour avoir mis en vente la brochure de M. Louis Veuillot ; la loi, la jurisprudence et la pratique sont d'accord sur ce point. Le libraire et le vendeur, en général, ne sont jamais responsables des livres qu'ils vendent, lorsque l'auteur ou

l'imprimeur sont connus. De ce côté, M. Barrier échappe à toute poursuite.

Ce point de jurisprudence est tellement hors de doute, que ne pouvant l'attribuer à erreur dans le système de l'accusation, j'ai été forcé
d'en chercher une autre cause. La voici, si je ne me trompe. L'accusation voulait amener ici devant vous le gérant et le rédacteur en chef
de l'*Univers*, enveloppés dans une prévention commune, et tous deux
de bonne prise. Voulant joindre les hommes, elle a joint les causes.
Dans quel but ? Mon Dieu ! Messieurs, je crois le deviner. Ce grand
étalage d'accusation a été préparé pour frapper vos imaginations.
Voilà deux prévenus, accusés chacun de trois délits, pour trois faits
différents ; comment supposer que le Ministère public a pu se tromper
sur tant de points ? Voilà, Messieurs les jurés, le vrai mystère de
cette inexplicable connexité qu'on a voulu établir entre les deux causes.

M. Romain-Cornut donne des explications sur la publication des
lettres de Mgr l'Évêque de Valence et de Mgr l'Évêque de Châlons,
adressées à M. l'abbé Combalot et publiées dans l'*Univers* ; le défenseur justifie la phrase : *cum iniquis reputatus est*, et, montrant le tableau de Jésus-Christ mis en croix, qui figure au-dessus de la Cour,
le défenseur ajoute : Voilà où a été conduit celui qui prêcha la soumission et l'obéissance aux lois. Après sa mort, ses apôtres furent
d'illustres et de pieux dévots qui répétèrent aux bourreaux de leur
maître : Oui, vous êtes des méchants, car vous avez crucifié le
Juste !

M. L'AVOCAT GÉNÉRAL : — Nous prions la Cour de mettre un terme
à une discussion de cette nature. Au nom du ciel, au nom de cette religion qu'on invoque, nous demandons que le débat se renferme dans
les limites de la prévention.

M. LE PRÉSIDENT invite le défenseur à ne point continuer.

M. ROMAIN-CORNUT : — Il nous importe de justifier une expression
que l'on a trouvée offensante. Si l'on trouve qu'un débat sur cette
phrase peut être dangereux, pourquoi en a-t-on fait un délit ?

L'avocat discute le fait de publicité résultant pour Barrier de l'insertion des félicitations épiscopales adressées à M. l'abbé Combalot et publiées dans le journal l'*Univers*.

M. VEUILLOT demande à donner des explications sur la publication
des lettres des Évêques.

La lettre de Mgr l'Évêque de Châlons à M. l'abbé Combalot m'a été
adressée par le prélat pour être transmise à notre vénérable ami.
M. l'abbé Combalot n'était pas à Paris. Je pensai que cette lettre serait

agreable aux catholiques, et, ne doutant pas du consentement de Monseigneur, je la publiai. Elle fit quelque bruit. — Je craignis d'avoir attiré sur le pieux Evêque une poursuite devant le Conseil d'Etat. Les déclarations de M. le Garde des Sceaux me rassurèrent, et le lendemain, en mon absence, mais avec mon approbation, un de mes collaborateurs, publia la lettre de Mgr de Valence. J'ai dû expliquer ces faits à la Cour, afin que la culpabilité, s'il y en a, ne retombe point sur les Evêques, ni sur l'abbé Combalot. Du reste, NN. SS. de Châlons et de Valence ont approuvé ce qui avait été fait.

Après des répliques animées, M. LOUIS VEUILLOT s'exprime ainsi :

« J'avais l'intention de vous présenter, Messieurs les jurés, quelques observations pour ma défense ; mais la défense paraît si difficile que j'y renonce. On ne veut pas que nous parlions de la religion ni de l'Université ; cependant je ne vois ici en cause que l'Université et la religion. J'ai coutume de m'exprimer sur les choses avec franchise ; je serais probablement interrompu, et je n'ai pas assez l'habitude de parler en public pour soutenir la lutte ; je me tais. Je suis sûr que votre jugement, auquel je me soumets, n'abattra pas mon courage. Je continuerai d'aimer avec passion la religion, la justice et la liberté. Si M. l'Avocat Général prétend aimer toutes ces choses autant que moi, il les aime au moins d'une autre façon. Je souhaite qu'il ne s'en repente pas. Pour moi, je suis inébranlable dans la voie que j'ai prise : j'y marche avec tant de conviction, que je ne puis ne pas y rester lors même que d'aussi bons chrétiens que M. l'Avocat Général viennent m'y frapper.

« Permettez-moi, Messieurs, de dire un mot qui, j'espère, n'offensera personne, au sujet du gérant de l'*Univers*, M. Barrier, mon ami, poursuivi en même temps que moi et sans doute à cause de moi. Si, malgré les explications qui vous ont été données, vous croyez devoir condamner, il n'y a cependant qu'un coupable, quoiqu'il y ait deux prévenus. Ce coupable, c'est moi. J'ai écrit et publié l'introduction au procès de M. l'abbé Combalot, sans que M. Barrier en ait eu connaissance. Sur ce premier chef, on ne saurait établir contre lui l'ombre d'une complicité. J'ai également écrit et publié, sans le consulter, les articles incriminés dans le journal.

« Je conçois que la loi, qui veut être satisfaite, frappe le gérant, quand l'auteur est inconnu ou n'est pas poursuivi. Ici l'auteur est sous votre main, et sans doute, en admettant le délit, vous ne jugerez pas nécessaire d'accorder à l'accusation deux condamnés. Vu la nature du délit, un seul condamné peut suffire.

« Je ne connais, pour un homme de cœur, rien de plus amer que de voir un innocent répondre pour lui et supporter à sa place les ennuis d'une détention. Il faut bien s'y soumettre, puisque la liberté de la presse est à cette condition ; mais, encore une fois, quand le vrai coupable est saisi, lorsqu'il avoue le délit et revendique la peine, il y aurait une sorte de cruauté à frapper sous ses yeux ce gérant, cet *enfant du fouet*, qu'il faut honorer, si, comme M. Barrier, il s'expose noblement pour ses convictions ; qu'il faut plaindre, si c'est un pauvre hère qui vend sa liberté pour gagner sa vie ; qu'il ne faut punir, en tout cas, que dans l'impossibilité de faire autrement.

« Je vous prie de considérer dans votre justice qu'une déclaration de culpabilité contre M. Barrier serait pour moi une aggravation de peine excessive et bien douloureuse. »

A quatre heures, le Jury se retire dans la chambre de ses délibérations. A cinq heures, il rentre dans la salle d'audience. Un profond silence s'établit, et M. le chef du Jury donne lecture d'un verdict affirmatif sur toutes les questions.

M. L'AVOCAT GÉNÉRAL requiert l'application des articles 1, 2 et 6 de la loi du 17 mai 1819; 26 de la loi du 26 mai 1819; 10 et 11 de la loi du 9 juin 1819 ; 3 et 14 de la loi du 18 juillet 1828; et 8 de la loi du 9 septembre 1837.

La COUR, après en avoir délibéré en la chambre de Conseil, condamne MM. LOUIS VEUILLOT et JEAN BARRIER chacun à un mois de prison et 3,000 fr. d'amende; ordonne la destruction des exemplaires saisis, et fixe à un an la durée de la contrainte par corps.

CE QUE L'ON PENSE EN PRISON.

17 juillet 1844.

Le gérant de l'*Univers* est sorti aujourd'hui de prison et a repris la signature du journal. M. Louis Veuillot a été également remis en liberté. Les catholiques, à qui l'on reproche de crier à la persécution, ont eu maintenant trois des leurs sous les verrous; trois des leurs ont payé l'amende. On leur répondra sans doute qu'ils se plaignent de peu de chose. Ce sera un argument digne des procureurs du Roi, qui ont fini par se blaser et par blaser le public sur les faits de ce genre. Sous un régime qui consacre la liberté des opinions, qui met par conséquent toutes les opinions en butte aux attaques des opinions contraires et sollicite chacun d'écrire, un citoyen, lorsqu'il a exposé ses convictions ou les a défendues, peut s'estimer heureux d'en être quitte pour la suppression de son écrit, une amende imposée sans égard à ses ressources pécuniaires, un mois de prison. Tous ne s'en tirent pas à si bon compte, et les procureurs du Roi s'estiment mal payés de leur éloquence, quand les juges ne leur accordent que cela. L'officier du parquet, dont l'aigre zèle s'est occupé deux heures à prouver que l'*Univers* outrage ce qu'il y a de plus sacré dans le monde, et que son rédacteur en chef est un spéculateur et un impie, demandait bien mieux. Il n'a pas tenu à lui, il n'a pas dépendu des jurés que nous fussions condamnés à deux ans de pri-

son et à 8,000 fr. d'amende, pour une vingtaine de pages
écrites, nous pouvons le dire, avec la préoccupation de rester dans les plus strictes limites de la loi, et que nous avions
même, avant de les publier, soumises à la révision d'un savant et vénérable magistrat.

Non, ce n'est pas peu de chose qu'un mois de prison ; ce
n'est pas peu de chose qu'une amende qui prend à l'écrivain
plus que son humble et rude travail ne lui rapporte souvent en une année ; ce n'est pas peu de chose, surtout, de
penser qu'un honnête homme, un homme libre, peut être
puni de la sorte pour un acte de sa liberté, pour quelques
paroles qu'il n'a pas crues coupables, auxquelles il dénie
toute intention mauvaise et qui n'ont produit aucune per-
turbation. Il y a là un fait qui révolte, car si le jugement
est juste, la poursuite est inique. Comment ! mon opinion
est attaquée dans vingt journaux ; une troupe d'adversaires
au premier rang desquels figurent, plus acharnés que les
autres, les séides du Gouvernement, épuisent contre ma
cause tous les genres d'outrages et tous les genres de perfi-
dies ; ils la calomnient, la travestissent, la menacent, la présentent chaque matin à cent mille lecteurs sous le jour hideux du mensonge ; et parce que je réponds, parce que je
me défends, vous me livrez encore à vos gens de justice.
On me traîne en Cour d'assises, sur le banc des faussaires
et des assassins ; l'éloquence de parquet se donne carrière
sur ma vie, car il faut absolument qu'on me trouve un crime
et qu'on me fasse condamner. Je suis condamné en effet ;
condamné à payer une somme que je ne possède point ; et,
si je n'ai pas d'amis qui me la fournissent, vous vendrez
ma plume, mes livres, mes outils ; et, comme tout cela ne
fera jamais la somme, il faudra que je vous demande grâce
ou que je reste un an de plus dans vos prisons, — le temps
d'y perdre la santé.... Et vous dites que vous ne persécutez
pas !

Toute rigueur politique exercée sans nécessité, même quand le droit strict l'autorise, est une persécution.

La pire des persécutions est celle qui, se colorant d'une apparence de justice, persécute avec les lois.

Sans doute, les chrétiens d'autrefois ont supporté davantage, et nous pouvons supporter davantage aussi mais parce que vous ne faites pas tout ce que vous pourriez faire, et tout ce que nous saurions braver, en résulte-t-il que vous ne me persécutez pas? En résulte-t-il que nous ne sommes point traités comme aucun citoyen ne devrait l'être dans aucun pays libre? Ces procès qui nous laissent ignorer ce qu'il nous est permis d'écrire et jusqu'à quel point nous pouvons nous défendre, oserez-vous prétendre que ces procès nous conservent l'usage de la liberté de la presse? Me voilà condamné pour la première fois après douze ans de travaux dans les feuilles politiques : qui croira qu'au bout d'une si ample expérience, j'ai tout à coup franchi les limites jusqu'alors observées et mis l'ordre public en péril?

Non, ce n'est pas l'intérêt de l'Etat qui exige de semblables procès. On ne songe pas plus à protéger l'Etat qu'on ne songe à respecter la liberté des citoyens. Muni d'un jury sur lequel on croit pouvoir compter, on en profite et on se venge. Pourquoi? Parce qu'on a des passions déplorables; parce qu'on hait et qu'on craint la liberté; parce qu'on se flatte d'obtenir par la peur un silence que refuse la conscience. C'est de la folie, sans doute; mais c'est aussi de la persécution. Nous n'en sommes pas à voir paraître dans le monde les premiers persécuteurs qui se soient follement trompés.

Du reste, nous voulons bien qu'on le sache : sous l'impression encore fraîche de la Cour d'assises et de la prison, nous ne sommes point fâchés d'être persécutés. Selon l'usage constant des œuvres chrétiennes, notre œuvre a grandi parmi les épreuves. Nous avons senti s'accroître en nous le zèle et

le respect qu'elle nous inspirait déjà. Fiers des sympathies
dont elle est entourée, nous la poursuivrons avec la conviction que nous ne pouvons rien faire de plus honorable.
Il n'y a qu'un mois, tous les sacrifices nous étaient possibles ; aujourd'hui, tous les sacrifices nous seraient doux. De
vertueux prêtres ont bien voulu nous faire savoir qu'ils
demandaient pour nous la persévérance et le courage. Nous
croyons qu'ils sont exaucés. L'*Univers* s'est fondé, a vécu,
s'est développé au milieu d'obstacles continuels. Maintenant
qu'on le frappe, il prospère. Plus il est frappé par ceux qui
haïssent, plus il est cher à ceux qui prient. L'œuvre de tant
de prières n'a pu périr ; la Providence a condamné l'orage à
faire mûrir la moisson.

Cette dernière épreuve aura été particulièrement salutaire. Il n'est point inutile aux hommes qui s'occupent
des questions d'ordre légal et de liberté, de savoir par eux-
mêmes ce que pèsent les grilles d'une prison, quel avantage retire le Pouvoir des rigueurs qu'il exerce, quelle impression en reste à ceux qui les ont endurées. Il y a là des
problèmes difficiles à résoudre, pour quiconque n'a pas fait
l'expérience par où nous venons de passer. Les droits de
l'ordre sont grands et respectables ; ceux de la liberté ne
sont ni moins étendus, ni moins sacrés. Ces droits, depuis
quatorze ans, semblent être en guerre les uns contre les
autres. Cependant, de leur conciliation dépend tout notre
avenir. Comment les concilier ? C'est là ce qu'un homme
droit peut apprendre en prison. Les juges ont prononcé, le
voilà vaincu. Mais tranquille, impartial comme on l'est envers soi-même dans le secret de la conscience et loin des
émotions du combat, il revoit sa cause, il se juge à son tour :
il pèse à d'exactes balances les droits dont il prétendait user
et les torts qui lui sont reprochés ; il met d'un côté le mal,
volontaire ou non, qu'il a pu faire ; de l'autre, le châtiment
qu'il subit. A-t-il lésé l'ordre ? A-t-on lésé sa liberté ? L'ar-

rêt qu'il prononce est véritablement celui qui le punit ou
qui l'absout; car l'œil du juge, pour cette fois, a lu dans
le for intérieur.

Eh bien ! nous n'avons aucun sacrifice à faire. Nous aimions beaucoup l'ordre, et nous l'aimons toujours; nous
aimions beaucoup la liberté, et nous l'aimons, s'il est possible, cent fois davantage. Ces deux grandes forces sociales
n'ont rien d'inconciliable dans notre cause. Si ce que nous
avons demandé jusqu'à présent peut troubler l'Etat, ce n'est
pas à nous qu'il faut s'en prendre; ce n'est pas non plus à la
constitution qui nous le promet; c'est au Pouvoir qui nous
le refuse et qui nous le dénie. C'est donc le Pouvoir qui trahit l'ordre en trahissant la justice et la liberté; c'est au Pouvoir, par conséquent, de changer de voie.

Quant au châtiment, nous ignorons quel effet il a pu produire sur ceux qui l'ont subi avant nous, pour d'autres
causes. Nous savons seulement que le Gouvernement s'abuse
s'il compte sur la prison pour nous convertir. La prison !
mais elle fut notre berceau ! Nous avons nos racines dans les
catacombes. Mettre un chrétien en prison, c'est le retremper
dans l'air natal.

Nous y avons appris ce que nous savions déjà, que le pouvoir de l'homme a peu d'influence sur un cœur que n'a
point abandonné la grâce de Dieu.

Néanmoins, n'oublions pas que la possession de cette
grâce dépend surtout de la prière. Que ceux donc qui ont le
bonheur de prier, prient avec nous et pour nous; qu'ils
nous obtiennent de ne pas trop craindre tant d'articles de
lois que les tribunaux peuvent toujours appliquer à quelques lignes tracées de bonne foi, dans le seul dessein de défendre ce que tout le monde a le droit d'aimer et le devoir de
défendre : la religion et la liberté.

Assurément, les yeux fixés sur la législation et sur les
arrêts, un galant homme qui s'effraierait du bruit de l'au-

dience, des veines du Jury, des amendes, des verrous, et
qui tiendrait à passer sa vie sans connaître toutes ces choses, renoncerait à donner jamais, sur les affaires publiques,
un avis contraire à celui de MM. les procureurs généraux.
Il nous faut plus de confiance. Partisans nés de l'ordre,
nous n'obéissons jamais à la pensée de le troubler ; mais, défenseurs nés de la vérité religieuse, nous devons avoir le
courage de la proclamer au prix de quelques inconvénients,
tels ou plus graves que ceux dont nous avons senti le poids.
On peut toujours se tromper lorsqu'on n'est pas éclairé par
la censure préventive. Puisque cette lumière nous manque
encore, il faut bien, au risque d'un, ou de deux, ou de dix
faux pas, s'en rapporter à celle de la bonne foi, de la justice et du devoir. Courons-en la chance. La Charte assure
que tout Français a le droit de publier ses opinions :
croyons toujours cela; croyons-le à la Conciergerie comme
ailleurs. La foi enseigne qu'il faut crier sur les toits ce que
Dieu nous dit à l'oreille : ne cessons pas de croire cela;
croyons-le à la Conciergerie plus qu'ailleurs.

Les yeux tournés vers l'Irlande, demandons à Dieu la
grâce et la gloire de souffrir, de souffrir beaucoup pour lui
avoir obéi. On peut bien en être puni par les hommes, sujets à la passion et à l'erreur ; mais on sait qu'on a servi
son âme et l'humanité.

Nous restons donc ce que nous étions, catholiques avant
tout, fermes dans le chemin où nous avons marché si longtemps. Nous ne tournerons ni à droite ni à gauche ; nous
n'irons ni plus vite ni moins vite ; nous ne serons ni plus
complaisants ni plus hostiles que par le passé : nous n'en-
treprendrons même pas de devenir plus habiles : car nous
ne voulons pas ruser avec les gens de justice, faire entendre
à demi-mot ce que nous trouvons honorable de dire franchement. Si nos pensées nous paraissaient dignes de blâme,
ce ne serait pas un moyen détourné de les exprimer que

nous chercherions, ce serait la force de les étouffer. Parfaitement en repos de ce côté, nous nous sentons aussi parfaitement en mesure de pardonner aux petites passions qui nous
persécutent. Qu'elles s'efforcent de nous abattre : nous resterons, malgré tout, dans les devoirs de cette loyauté qu'on
nous conteste, dans les bornes de cette légalité au sein de laquelle on vient nous tourmenter ; aussi résolus d'être justes
que si nous n'avions point à nous plaindre, aussi résolus
d'user de la liberté que s'il n'en coûtait rien.

Il n'y a pas bien longtemps, la rédaction de l'*Univers* reçut
la visite d'un homme, d'un prêtre arraché comme par miracle des prisons de la Cochinchine, où il avait souffert mille
tortures pour l'amour de Jésus-Christ. Il était condamné, il
attendait la mort, lorsqu'un navire français le délivra contre
son attente et contre ses désirs. Il nous raconta ce que lui
avaient fait endurer les juges et les bourreaux. On le tenait
pour un honnête homme, et on ne lui demandait que d'apostasier ou de faire semblant d'apostasier. A ce prix, les mandarins lui promettaient même la faveur du prince. Il refusa ;
et alors, conformément à la loi ou à l'usage, on déchira son
corps à coups de fouet. Chaque coup enlevait un lambeau de
chair; à chaque coup, on lui disait : Abjure ! tu seras riche,
tu seras honoré. Il continuait de confesser Jésus-Christ, et le
bourreau continua de frapper jusqu'à ce que le missionnaire tombât sans connaissance. Quand ses blessures commençaient à se fermer, on l'envoyait recommencer son supplice dans une autre ville, à pieds, chargé de chaînes, la
cangue au cou, pour servir d'exemple au peuple. Le peuple
en effet, se pressait sur son passage. Les uns, le plus grand
nombre, l'accablaient de malédictions et d'injures ; d'autres
le regardaient d'un œil compatissant. A l'affliction qui se
peignait sur leurs visages, le missionnaire reconnaissait les
chrétiens. Malgré la présence des bourreaux, ces pauvres
gens, pour consoler l'apôtre et lui montrer qu'il n'avait

pas souffert en vain, trouvaient dans leur foi et dans leur charité le courage de faire le signe de la croix, qui est puni de mort.

Nous avons gardé cet exemple et reçu la bénédiction de ce martyr.

NÉCESSITÉ DE L'ACTION PUBLIQUE

DES ÉVÊQUES.

M. Thiers, ambitieux de toutes les gloires, aspirait à montrer sa compétence dans la question religieuse, qui touchait à tant de choses élevées et qui devenait si gravement politique. Il voulut faire le rapport sur la loi Villemain, présentée à la Chambre des Députés. Cette pièce n'a plus aujourd'hui que l'intérêt d'un procès-verbal constatant les passions du moment et aussi la véritable valeur de M. Thiers en fait de principes de gouvernement et de religion. Il s'y montrait digne de ces universitaires et de ces libéraux incrédules qui l'avaient élu pour chef dans leur guerre contre l'Église. Il avançait résolument que la moralité des collèges était au moins égale à celle des petits séminaires et ne laissait rien à désirer ; que l'éducation était donnée dans ces mêmes collèges avec autant de soin à très-peu de chose près que dans les écoles ecclésiastiques, et que, s'il y avait une différence au résultat, elle faisait honneur à l'Université. Il a plus tard contredit tout cela, par des raisons qui ne valaient pas mieux, quant à lui, que celles qui le lui faisaient affirmer.

On ne pouvait guère l'accuser d'hypocrisie, quoiqu'il eût eu aussi le mauvais goût de mêler à ses menaces des assurances de bon vouloir pour la religion et de respect pour la *sainte et sage Église romaine*. Mais ce fameux homme d'esprit, réputé si habile, n'avait pas su éviter une faute grossière. Comme compensation de la liberté refusée aux catholiques, il proposait de rendre aux petits séminaires les 12,000 bourses créées dans les petits séminaires par le Gouvernement de Charles X après les néfastes ordonnances de 1828, et supprimées en 1830. Il espérait ainsi acheter le monopole. L'*Univers*, rendant compte de la lecture du rapport faite en séance publique le 13 juillet, disait :

« Que M. Thiers garde ses deniers : Nos Évêques ne vendront pas le droit de l'Église, qui est aussi le droit du père de famille et du citoyen.

Ils demandent la liberté, ils ne demandent pas de l'argent : l'argent profite mal en ces sortes d'affaires. Les Apôtres, à qui Jésus ne légua que l'opprobre et sa croix, surent conquérir le monde ; celui qui avait traité avec la Synagogue se pendit, et mieux aurait valu pour lui qu'il ne fût pas né. »

Les dispositions de la Chambre s'annonçaient mal. Elle avait écouté son rapporteur avec une faveur marquée. « Elle semblait prête, disait l'*Univers*, à voter une loi de septembre contre la liberté religieuse, et tel est son désir d'en finir, qu'elle donnerait même de l'argent. Elle est trop généreuse. Il faut, il est vrai, nous écraser ; mais si on le peut faire, il n'en coûtera pas un sou. Ce ne sera qu'un article de moins dans la Charte, qu'un parjure de plus dans le passé, qu'un danger de plus dans l'avenir.. Pour ces choses-là, on les prodigue : Gouvernement, Chambres et journaux ont cessé de compter.

Cependant Mgr Affre, Archevêque de Paris, avait eu vent de la proposition de M. Thiers sur les bourses ; il s'était hâté de consulter quelques-uns de ses collègues, et, grâce à lui, une première réponse de l'Épiscopat ne se fit point attendre. Deux jours après la lecture du rapport, l'*Univers* publiait la note suivante :

« Mgr l'Archevêque et NN. SS. les Évêques présents à Paris ont écrit à M. le Garde des Sceaux pour protester contre la proposition exprimée par M. Thiers dans son rapport, de rendre aux petits séminaires les 12,000 bourses que les ordonnances de 1828 avaient créées. Ils protestent en même temps contre les motifs qu'on a la perfidie de leur prêter à l'avance, et déclarent qu'ils n'en ont pas d'autres que l'honneur de l'Église, qui ne leur permet pas d'accepter le prix de la servitude qu'on veut leur imposer. »

Cette déclaration ranima violemment la polémique des journaux contre l'action publique des Évêques.

24 juillet 1844.

Le bruit qui s'est fait à l'occasion de la protestation adressée à M. le Ministre des Cultes contre les générosités de M. Thiers a ramené la polémique sur l'intervention pu-

blique des Évêques dans les questions de religion et de liberté. Les journaux universitaires renouvellent à ce sujet
leurs anciennes réflexions : car ce sont assurément des esprits fertiles, mais ils ne disent jamais rien de neuf. Mêmes
plaintes, mêmes menaces, mêmes fureurs. Les uns crient
qu'un évêque n'a pas le droit de manifester ses opinions, et
parlent d'un ton terrible ; les autres reconnaissent qu'à la
rigueur un évêque peut écrire, mais ils avertissent charitablement l'Épiscopat que la presse est un instrument dangereux dont les Évêques ne savent pas se servir, un vilain instrument fort indigne de leurs mains. Une feuille [1] qui pourrait faire de la littérature médiocre, et qui aime mieux
faire de la politique ridicule, cherche à prendre les Évêques
par la douceur. « Grâce à Dieu ! dit-elle, le mal est moins
grand qu'on ne l'aurait pensé. Des prélats se sont réunis
pour causer du rapport de M. Thiers, mais voilà tout ; ils
n'ont pas encore protesté. Puissent-ils se maintenir dans une
juste réserve : c'est notre vœu le plus sincère ! Plus MM. les
Évêques causeront entre eux, plus ils pourront reconnaître
combien la démarche dont on leur a prêté l'intention serait
irrégulière. » Que de candeur ! A la moindre lueur d'espoir,
comme on devient clément ! Ces prélats à qui l'on défendait
de s'écrire, voilà qu'on leur permet tout de suite de causer,
sans même s'inquiéter de savoir si M. Dupin l'aîné le trouvera bon [2]. Qu'ils causent, qu'ils s'écrivent même, tout sera
bien, pourvu qu'ils n'impriment pas. Imprimer, cela est
« irrégulier ; » cela fait dresser les cheveux ! Nous ne pouvons nous lasser d'admirer la peur que la liberté de la presse
inspire maintenant à ces fiers esprits.

Mais ils perdent leur temps : caresses et menaces auront
le même résultat.

---

[1] La *Revue de Paris*.
[2] Suivant M. Dupin, les Évêques, en s'écrivant, faisaient des *Conciles par écrit*, contrairement aux libertés gallicanes.

Les Evêques ont élevé la voix pour défendre le seul intérêt peut-être qui, grâce à la triste direction donnée depuis long-temps aux esprits, ne soit point *représenté* dans notre gou-vernement *représentatif;* c'est l'intérêt de la religion. Ils répondent devant l'Eglise et devant Dieu. Ils ont à dé-fendre la liberté la plus légitime qui soit dans le monde et la plus méconnue, la liberté religieuse; car ce qu'on appelle liberté des cultes se réduit à la liberté de n'en reconnaître aucun.

Dire que l'Eglise s'expose à de grands dangers en France, lorsqu'elle revendique des droits qui lui appartiennent vir-tuellement et que la Charte a consacrés, c'est dire simple-ment que la France, en masse, ne veut ni religion ni liberté. Malgré l'autorité de ceux qui le disent, nous ne les croyons pas.

Si l'Eglise consentait à se laisser ravir ces droits salu-taires, ce serait là, pour elle, le danger, le grand et véri-table danger : elle renoncerait, pour ainsi dire, à sa vie civile, à son titre de mère et d'institutrice des peuples ; elle donne-rait aux adversaires qu'elle est appelée à rencontrer partout l'habitude de compter pour rien ses réclamations. Reléguée dans le sanctuaire, et ne vivant que du bon plaisir de l'Etat, à une époque où toute chose, toute idée est en possession d'une vie propre et extérieure, l'Eglise serait condamnée à la stérilité, frappée d'une sorte de mort temporaire. Elle peut subir une pareille épreuve, si Dieu l'exige ; elle ne peut s'y prêter à aucun prix. Il s'agit de préserver l'hon-neur et la vie de la foi ; il s'agit de maintenir sur le chande-lier la lumière du monde ; l'Eglise doit, au besoin, braver pour cela quelque chose de plus que de vaines clameurs. Quand les chrétiens ont sacrifié leur repos, leurs biens : *Nondum enim usque ad sanguinem restitistis*, leur dit l'Apôtre : « Vous n'avez pas encore résisté jusqu'au sang. »

Puisque l'on prétend conseiller l'Eglise, il faudrait au moins la connaître et voir son péril où elle le voit. Or, le péril est ici justement dans le moyen de salut qu'on veut lui imposer. Sans doute, nos philosophes seraient enchantés que, leur laissant le champ libre, l'Eglise se renfermât dans la sacristie, cette sacristie dont ils ont tant plaisanté ! Ils lui répètent que c'est là son devoir et son intérêt. A cette condition, tous leurs respects, toutes leurs faveurs ! Ils vont plus loin : malgré l'horreur qu'ils professent pour la sacristie, ils annoncent aux ministres de la vérité divine que les peuples iront les chercher dans cette ombre et dans ce silence. Vous qui connaissez si bien les devoirs de l'Eglise, expliquez-lui donc pourquoi les apôtres sont sortis de Jérusalem et se sont donné la peine de parcourir le monde, colportant en tous lieux le scandale de la parole de Jésus-Christ ! Les apôtres ne pouvaient-ils attendre qu'on vînt au cénacle s'enquérir de leur doctrine ?....

La politique, en France, est une terre infidèle ; il y faut porter la foi. Il faut que de fervents missionnaires aillent chercher dans les régions perdues les âmes qui s'endorment et qui meurent. D'elles-mêmes, ces âmes ne viendront jamais : les lois, les coutumes, l'éducation, tout est muraille et fossé entre le peuple et l'Eglise ; et, s'il reste par-ci par-là brèche ou pont, la philosophie veut en avoir la garde, afin que de part et d'autre on ne puisse entrer ou sortir qu'avec son mot de passe, aux conditions qu'il lui plaira de fixer.

Le musulman et le fétichiste, — tant la philosophie a bien manœuvré, — sont aujourd'hui moins loin de l'Evangile que les trois quarts, peut-être, de nos électeurs, de nos législateurs, de nos hommes d'Etat, de nos publicistes, enfin de tout ce qu'on appelle en jargon politique le *pays légal*. Leur langage sur les matières de religion révèle une ignorance qui fait honte et pitié. La doctrine catholique est pour eux lettre close. Les uns l'ignorent totalement, les

autres l'ont méprisée ou ne l'ont connue que par des calomnies perfides ; tous semblent vouloir vivre dans cette ignorance où les entretiennent habilement un petit nombre de
sophistes qui, à force d'avoir expérimenté tous les systèmes
de l'erreur, ont fini par pouvoir tourner à coup sûr le dos
à la vérité. Considérez ces hommes qu'ils ont façonnés à
leur obéir, et qui, de près ou de loin, gouvernent la France :
les voit-on dans nos Églises, viennent-ils écouter nos pré-
dicateurs, ouvrent-ils nos livres, cherchent-ils à pénétrer
le sens de notre foi ? On leur apprend à regarder la loi
comme un ensemble de fables ridicules ; les miracles qui
nous entourent et qui nous font battre le cœur sont muets
pour eux : *non videbunt, non audient !...*

Cependant la vérité peut exercer sur leur esprit l'empire
auquel elle a droit sur toute intelligence humaine. Si l'Église
leur fait voir qu'elle connaît les problèmes qui les inquiè-
tent, leur prouve que ces problèmes sont résolus à l'avantage commun par les principes infaillibles dont elle a seule
le dépôt, pourquoi beaucoup d'entre eux, les meilleurs et
les plus éclairés, ne se rendraient-ils pas ? Quoi ! l'on peut
amener au christianisme un païen chinois, qui s'expose en
recevant le baptême à perdre ses biens et sa vie, et l'on ne
pourrait pas convertir un sceptique français, las de chercher
dans les ténèbres le mot de l'énigme qui pèse sur tous les
cœurs ? Mais cette considération, malgré sa gravité, n'est
que secondaire, en voici une plus importante.

Ces hommes, ces infidèles étranges, qui naissent, vivent
et meurent dans le sein de l'Église et ne la connaissent pas,
ce sont eux qui font les lois ; et il leur arrive souvent d'en
proposer et d'en faire comme celles que l'on discute aujour-
d'hui, qui touchent de près aux intérêts les plus chers de
la religion. Ils sont dirigés dans leur travail par une secte
qui est l'ennemie déclarée du christianisme et qui s'en prétend l'héritière. Cette secte a voix partout, et presque

partout voix prépondérante. L'Église, au contraire, n'est point consultée ; elle n'est, ne peut et ne veut être admise, en l'état présent des choses, ni au conseil du Prince, ni aux délibérations du Sénat ; on défend à ses chefs d'émettre un avis collectif, on voudrait leur interdire jusqu'à la faculté de donner un avis public ; leurs doléances confidentielles sont ouvertement méprisées. Que leur reste-t-il donc pour combattre ces mauvaises lois dont on les menace incessamment ? Une arme, une seule, la presse ! Ils n'ont d'autre ressource, après la prière, que de s'adresser à ce qui reste de bon sens dans les esprits, de loyauté dans les cœurs, afin de sauvegarder, par la force de la raison, ce qu'on ne peut leur contester ni dans un pays civilisé ni surtout dans un pays libre. N'est-ce pas le comble de l'injustice de prétendre qu'un prêtre, un évêque, n'a pas le droit et ne fait pas bien de défendre publiquement la religion par les moyens que chacun emploie pour l'attaquer ? Tous les systèmes, toutes les hérésies ont leur chaire : l'un, sous prétexte d'économie politique, prêche le saint-simonisme [1] ; l'autre, sous prétexte d'histoire et de littérature, donne jour aux dogmes de son orgueil malade et furieux [2] ; un troisième, sous prétexte de langues slaves, proclame je ne sais quel illuminisme qui fait perdre le sens à ceux qui l'écoutent [3] ; le phalanstère a son journal, le protestantisme a le sien, le judaïsme a le sien, l'impiété moqueuse de Voltaire en a douze ; tout cela, chaires et journaux, s'entend à merveille avec les politiques et les législateurs pour accabler le catholicisme d'injures, de calomnies et d'entraves ; — et le catholicisme prend trop de liberté, parce qu'il a aussi un journal ! et les Évêques sont trop hardis, parce que quelquefois dans ce journal ils osent faire retentir la puissante

---

[1] M. Michel Chevalier.

[2] MM. Quinet et Michelet.

[3] Mickiewitz.

voix du bon droit, du bon sens, de la raison convaincue et
modérée ! et l'on entreprend de leur persuader que , s'ils
se bornaient à causer entre eux, ils serviraient beaucoup
mieux l'Église !

Nous ne répéterons pas, car nous ne pourrions que l'affaiblir, ce que disait, il y a deux jours dans cette feuille
même, avec tant de force et d'autorité, Mgr l'Évêque de
Langres. Il a fait sentir les avantages de la publicité de
manière à ruiner tous les puérils arguments de l'hypocrisie
et toutes les rodomontades de la force brutale[1].

Nous n'ajouterons qu'un mot. Cette polémique, lors même
qu'elle n'aurait pas éclairé beaucoup d'esprits impartiaux,
aurait eu toujours le résultat de créer dans l'Église une force
immense : plus de confiance entre l'Épiscopat et les fidèles,
plus de foi et de prières chez les laïques, plus d'études, plus
d'ardeur, plus d'œuvres parmi le Clergé. C'est dans l'épreuve
qu'on se tourne vers Dieu ; c'est dans le combat qu'on se fortifie. Grâce à Dieu, nous sommes éprouvés et nous combattons ! quelle que soit l'issue de la lutte nous n'avons qu'à
gagner. Nous en sortirons avec un cœur plus fervent, avec
un esprit plus actif et plus robuste. Beaucoup d'idées qui
n'étaient qu'en germe chez quelques-uns de nous, seront
partout enracinées. Nous aurons notre symbole pour l'action
extérieure, comme nous avons notre *Credo*. Ceux qui ne
savent pas que dans ces conditions-là l'Église est indomptable, ne connaissent pas l'Église et ne connaissent rien. Si
cette arme précieuse était brisée dans les mains des
Évêques, si les Évêques la brisaient dans les mains des
laïques, s'il n'y avait pas cet accord de liberté de notre
part, de vigilance de la leur ; si nos efforts ne témoi-
gnaient pas de notre amour ; si l'aveu des princes de
l'Église ne consacrait pas ces efforts, tout en nous en lais-

[1] Mgr Parisis, aujourd'hui Évêque d'Arras, toujours sur la brèche, venait
de publier son écrit intitulé : *Du Silence et de la Publicité*.

sant la responsabilité; si, enfin, il n'y avait, comme on le voudrait tant, qu'un troupeau sans chefs, ou des chefs sans troupeau, l'Eglise, garrottée par les articles organiques, ne présenterait plus en France ce corps imposant qui donne tant à réfléchir aux ennemis insolents du Verbe de Dieu. Elle formerait une multitude de petites congrégations, isolées au milieu du déluge des funestes doctrines et des funestes entreprises, sans confiance les unes envers les autres, incapables de repousser le danger. On lui ravirait sans coup férir et sans remède, aujourd'hui l'éducation de la jeunesse, demain autre chose, jusqu'à ce que, dépouillée de tout et même de la foi morale des peuples, qui s'étonneraient de la voir tant et si facilement obéir, elle succombât, non sans doute sous les coups de la persécution sanglante, à quoi bon? mais sous le poids du mépris.

Nous ne croyons pas que la conscience publique soit gâtée autant que nos adversaires le disent et se flattent peut-être d'y avoir réussi. Sans doute, il y a en France beaucoup d'esprits incrédules, mais il y a aussi beaucoup de cœurs généreux. Ils connaissent les bienfaits de la religion dont ils sont malheureusement éloignés, et il ne faut qu'attirer leur attention sur la source profonde d'où ces bienfaits découlent pour la leur rendre respectable et les engager à la préserver, sinon à y puiser eux-mêmes. La parole respectée des Evêques est plus propre qu'aucune autre à leur donner l'impulsion salutaire dont ils ont besoin. Lorsqu'on verra que les Evêques tiennent bon, malgré tant de menaces et de sophismes, on se décidera sans doute à n'en pas croire exclusivement l'Université, et l'on voudra pénétrer au fond de la question. On verra que le fond de la question est pour l'Eglise une question de vie légale et régulière, ou de ruine absolue.

Ruiner l'Eglise, c'est une chose difficile, qui ne peut se faire en un coup ni en un jour, et à quoi tout le monde ne saurait se décider aussi vite que M. Thiers et le *Journal des Débats*. Il s'agit d'annuler non plus seulement l'article de la Charte qui consacre la liberté d'enseignement, mais encore les articles qui consacrent la liberté de la presse et la liberté des cultes; il s'agit de briser le moule où l'on coule encore d'honnêtes gens; il s'agit d'imposer le silence et l'inactivité de la mort à des millions d'âmes dévouées, assez paisibles parce qu'elles sont chrétiennes, mais assez fières parce qu'elles sont françaises, et assez fortes parce qu'elles sont loyales. Voilà bien des embarras pour obtenir un succès qui produirait à coup sûr des embarras encore plus grands. Tout ce que l'on peut espérer, c'est de faire beaucoup souffrir un corps immense et indestructible. Ces sortes de corps ne souffrent point sans convulsions. Il est probable qu'on trouvera plus honnête, plus libéral et plus sage d'entrer en accommodement.

Mais, enfin, on ne voudrait pas d'accommodement; une majorité aveugle, se livrant aux passions qui la sollicitent, ne laisserait de choix à l'Église qu'entre le péril d'une servitude honteuse ou le péril d'une persécution déclarée? Raison de plus pour que les Évêques élèvent la voix! S'ils n'ont rien à attendre du côté de leurs adversaires, ils ont à faire pénétrer dans l'âme des fidèles cet esprit de justice et de force, qui, sachant bien ce que Dieu demande, refuse la servitude et, se confiant aux promesses éternelles, regarde d'un œil ferme venir l'orage qu'on ne pourrait éviter qu'au prix d'une apostasie.

M. SUE.

30 septembre 1842.

Éloge de confrère.—Le lion et le singe.—Le tonneau nocturne.

M. J. Janin, du *Journal des Débats*, n'a pas toujours autant d'esprit qu'il en voudrait montrer. Il est sujet aux pesanteurs, il force son talent. Néanmoins, c'est un écrivain, un de ces écrivains que l'on ne compte pas à la douzaine. La postérité gardera de lui un petit nombre de feuilletons pleins de verve et de sens, quelquefois même, chose étrange! pleins d'honnêteté. Ce sera le type curieux d'une certaine phrase qui aura régné sur la basse littérature, gonflée de notes, vide de choses, assemblage étourdissant de cris sans paroles, de couleurs sans dessin, de mouvements sans vie; carnaval de gueux, parmi lesquels se sont mêlés et perdus quelques enfants de famille, riches de leur propre fonds. M. J. Janin est de ces derniers, et les autres lui feront horreur. Il vient de jouer très-joliment un joli tour à M. Sûe, un de ces autres.

Comme écrivain, nul doute que M. J. Janin ne professe le plus souverain mépris pour la phrase borgne, avachie et misérable de M. Sûe. Comme homme de sens, nul doute qu'il n'estime à leur juste valeur les inventions de ce romancier célèbre, ses héroïnes que l'on croirait enfantées par l'imagination brûlante des commis en nouveautés, ses héros

qui ressemblent aux rêves des jeunes lingères, ses visées
sociales et philosophiques qui pourraient être celles d'un
portier mécontent. Collaborateur au même journal, il devait depuis longtemps brûler du désir de tomber sur M. Sûe,
et de frapper, et de dauber, et d'*échiner* avec cette maîtresse colère que le vrai talent sait trouver devant la mé-
diocrité prépondérante pour la châtier une fois de ses
triomphes insolents.

Dans ses *Histoires*, Elien raconte que, quand le lion est
en colère, il a besoin de manger un singe, et que nulle
autre chose ne le peut apaiser. Appelez lion un peu de goût,
un peu de pudeur, un peu de grammaire ; faites lire à ce
lion quelques romans en vogue, menez-le au mélodrame où
il retrouve ces romans: il lui faut un singe ; il le cherche, il
le trouvera.

M. J. Janin avait donc à rendre compte d'un mélodrame
de la façon de M. Pyat, tiré d'un roman de M. Sûe. Voilà le
singe !

M. Sûe est arrangé de main de maître, et, pour dire plus,
de main de rival malheureux, car M. J. Janin fait aussi des
romans, et, pour que rien n'y manque, de main de collaborateur et d'ami. C'est le plus plaisant. Ce titre de collaborateur était une grande difficulté à vaincre. Comment abîmer,
dans le *Journal des Débats* même, un homme qui fait en ce
moment tout l'attrait du *Journal des Débats* ? On sait que
M. Sûe écrit présentement dans le *Journal des Débats*, en
argot double, une histoire de forçats, de filles de joie et de
voleurs qui met en rumeur tout Paris ; une belle histoire,
qui est justement en littérature, c'est M. J. Janin qui le dit,
ce qu'est dans les compositions de Teniers l'homme tourné
contre la muraille ; une admirable histoire pour le beau
monde, où l'auteur « s'amuse à provoquer toutes vos nau-
« sées, et vous force à flairer, dans ses deux mains bien gan-
« tées, toutes sortes de purulences ramassées dans tous les

« eloaques; » une histoire, enfin, si parfaite qu'elle ressemble à l'*arlequin*. Ecoutez ceci : « L'arlequin est servi
« tout fumant devant vous, pattes de poulets, têtes de fai-
« sans dorés, bœuf et perdrix, choux et petits pois, salade
« et fraises, le sel et la crème, la pêche au vin à côté d'une
« chique de tabac ; arrosez-moi tout cela d'une goutte
« d'huile, d'un verre d'eau-de-vie et de clous de girofle ;
« après quoi vous m'en direz de bonnes nouvelles. L'arle-
« quin est un plat littéraire de l'invention de M. Eugène
« Sûe; sa découverte culinaire, il l'a appliquée à la littéra-
« ture. C'est à s'en lécher les doigts... et l'esprit. »

Comment M. J. Janin s'y prendra-t-il pour dire du mal
d'un pareil ragoût ? Il s'y prendra le plus aisément du
monde : il en dira tout bonnement le bien que vous venez
d'entendre. Vive les gens d'esprit ! J'aime à voir M. Sûe,
qui n'est peut-être pas sans prendre au sérieux sa gloire,
applaudi de cette main dont chaque griffe lui emporte un
morceau de chair vive. Voyez quelle ironie parfaite, quelle
charmante satire de l'écrivain et de son public, l'un habile à
provoquer des nausées, à ramasser des purulences ; l'autre
qui s'en lèche l'esprit.

Eugène Sûe ! il est en ce moment le héros du monde littéraire et du
beau monde. Il tient attentifs à ses histoires les plus illustres salons pa-
risiens. A ce nom-là s'arrête toute conversation commencée. Plus
d'une jeune femme, pour savoir la suite du roman de la veille, a oublié de lire une lettre d'amour ou même d'y répondre. Au fond de
quelles corruptions a-t-il donc vécu ? Au milieu de quelles élégances ?
Cet homme sent à la fois l'ambre et l'odeur des halles. Il parle l'argot à merveille, et aussi parle-t-il à merveille le plus fin et le plus
délicat jargon des meilleurs boudoirs. Il occupe, il attire, il épouvante,
il charme. Il porte avec la même bonne grâce le haillon de l'échappé
des bagnes et l'habit brodé des gentilshommes de la Chambre ; d'une
jambe il traîne le boulet des galères; mais aussi à l'autre jambe, il a
des bas de soie brodés à jours, et son pied est enfermé dans un soulier verni à talons rouges... Tout d'un coup il s'est emparé en maître
du roman moderne, et à cette heure il règne ou il veut régner ; on

l'entoure en lui disant : Des contes ! des contes ! Il a fait oublier les
poëtes, les historiens, les philosophes, tous les romanciers, tous les
autres rêveurs ; il a réduit au silence les faiseurs de drames, et les
faiseurs de comédie, et les faiseurs de voyage ; on ne voit que lui, on
n'entend plus que lui. On l'appelle en rêve. On se couche en se disant :
A demain ! Et le lendemain les belles dames le retrouvent à leur ré
veil, et d'un coup d'œil appesanti par le sommeil de la nuit, leur premier soin est de chercher la suite du feuilleton d'hier. Et, pendant le
jour, les lecteurs revoient tout éveillés, l'un après l'autre, ou tous ensemble, ces fantômes, ces délires, ces visions, ces fantaisies de toutes
sortes, moitié Callot et moitié Greuze, moitié fange et moitié diamant.
—des cris obscènes, de chastes baisers,—des plaies hideuses, une
peau fraîche et veloutée,—des borgnesses et de beaux yeux limpides et
bleus comme le ciel,—des perles et des dents moisies, des charlatans
et des chevaliers, des savetiers et des héros, M. Eugène Sue, c'est
l'Arioste du faubourg Saint-Germain et de la place Maubert.

.... Ce diable d'homme n'a plus de souci de rien ni de personne....
Il en est venu à ne plus se gêner et à vous montrer dans son plus
affreux déshabillé la pauvre espèce humaine. Rien ne l'arrête, ni les
plaies purulentes, ni les maladies les plus cachées, ni les difformités
les plus honteuses. Il peint tout ce qu'il voit, il raconte tout ce qu'il entend ; son sans gêne tient du cynisme, avec cette différence cependant
que tout d'un coup il se met à rougir de ces nudités infâmes, et alors
il vous jette à pleines mains le velours, la soie, les dentelles, les fleurs
en plein hiver, la glace en plein été ; ce ne sont que chevaux anglais,
armoiries, voitures brillantes, hôtels splendides, des perles, des diamants, de blanches épaules et des sourires ; toutes les recherches,
tous les hasards, toutes les folies du luxe et de l'amour.

Voilà ce qui s'appelle glorifier son époque et caresser son
homme jusqu'au sang. Mais notre critique n'a pas fini : il
n'a pas assez traîné, retourné, enfoncé dans les cloaques
l'illustre inventeur de l'arlequin ; il faut maintenant qu'il
lui donne le dernier coup, et qu'il fasse rougir jusqu'au
blanc des yeux, s'il est possible qu'ils rougissent encore, et
les esprits dépravés qui se repaissent de ces ordures, et le
journal qui en empoisonne les lieux publics et les familles.
Écoutez, écoutez J. Janin : son ironie va devenir suffo-
cante.

Mais, dites-vous, que devient en tout ceci M. de Balzac ? et vous avez raison de défendre M. de Balzac ; lui aussi, il a excellé dans ces détails merveilleux. On n'a pas encore oublié la description de la pension bourgeoise du père Goriot, non plus que cette armée de molles duchesses étendues sur des bergères, cette armée de sultans couchés sur les sofas. M. de Balzac, sans doute, est l'inventeur du genre ; mais il est resté un inventeur timide, un descripteur timoré : il ne va guère plus loin, en fait d'ignoble, que ces plateaux et cette pendule sur lesquels les mouches de la pension bourgeoise déposent leurs ordures durant l'été ; il ne va guère plus loin que le fard sur la joue de ces dames et le vernis sur les bottes de ces messieurs ; mais notre compère Eugène Sue, par le ciel ! ce n'est pas lui qui voudrait s'amuser aux bagatelles des mouches sur le cadran de la pendule ! Il ira vous chercher, s'il le faut, un tonneau tout entier parmi ces tonneaux nocturnes qui enlèvent les immondices de la ville...

Arrêtons-nous ; laissons les abonnés des *Débats* penchés sur ce tonneau que M. Sue vient de défoncer dans les colonnes de leur oracle bien-aimé... Un jour qu'il s'était oublié jusqu'à produire une petite apologie philosophique et littéraire de l'assassinat politique, le *Journal des Débats* nous a dit pour sa défense, qu'il entendait que son feuilleton fût une région à part, où les esprits élevés pourraient respirer un air plus pur. Puisque c'est M. Sue que le *Journal des Débats* charge de purifier l'air de sa rédaction sérieuse, et que ce sont là les cassolettes que M. Sue emploie pour cet office, et que les abonnés, selon le témoignage indiqué de M. J. Janin, le trouvent bon et le demandent..., qu'ils respirent, qu'ils se pâment à cette atmosphère, qu'ils s'en lèchent l'esprit... et les doigts ? Pour moi, je ne puis poursuivre, et je quitte la partie. La métaphore de M. Janin est si belle, mais si hardie ; elle est une peinture si vive du goût régnant et de la littérature Sue en particulier ; ce tonneau me fait tellement voir et toucher les choses, que, malgré la brillante société qu'il attire et les mains bien gantées qui le roulent, et les belles dames qui en oublient leurs lettres d'amour, je n'y tiens plus, je me

sauve! Je demande seulement aux Sainte-Beuve futurs de
de garder le croquis de M. J. Janin, de lui donner une bonne
place parmi les meilleurs morceaux de l'illustre critique, et
de l'intituler, — ce qui serait vrai de toutes les façons : *Le
Journal des Débats peint par lui-même...* — De l'air !!

Aux *Mystères de Paris*, dont on vient de parler, succéda le *Juif
Errant*, publié dans le *Constitutionnel*. Ce journal était alors placé sous
la haute direction de M. Thiers, qui ne rougit pas d'accepter M. Sue
pour lieutenant dans sa campagne contre l'Église catholique en faveur
du monopole de l'Université.

De temps en temps, l'*Univers* mettait sous les yeux de ses lecteurs
quelques morceaux du *Juif Errant*, dont la vogue était grande, même
dans ce que l'on appelle la bonne compagnie. Ces citations étaient moins
faites contre le romancier, digne par-dessus tout de mépris, que contre
l'homme d'État qui employait cette misérable main. Un jour l'*Univers*
publia l'extrait suivant, tiré du feuilleton de la veille.

————

3 octobre 1844.

M. Eugène Sue continue, dans le journal de M. Thiers,
ses études sur le catholicisme et la société : voici un nouveau passage de cette œuvre immonde :

— Je médite, reprit gravement Dumoulin, je médite sur le vin en
général et en particulier... Le vin, dont le divin Bossuet (Dumoulin avait
l'énorme inconvénient de citer Bossuet quand il était ivre), le vin dont
le divin Bossuet, qui était connaisseur, a dit : Dans le vin est le courage, la force, la joie, l'ivresse spirituelle... (Quand on a de l'esprit,
bien entendu, ajouta Nini-Moulin en matière de parenthèse.)

— Alors j'adore ton Bossuet, dit Rose-Pompon.

— Quant à ma méditation particulière, elle porte sur la question de
savoir si le vin des noces de Cana était rouge ou blanc... Tantôt j'interroge le vin blanc, tantôt le rouge... tantôt tous les deux à la fois.

— C'est aller au fond de la question, dit Couche-tout-nu.

— Et surtout au fond des bouteilles, dit la reine Bacchanal.

— Comme vous dites, ô Majesté... et j'ai déjà fait, à force d'expériences et de recherches, une grande découverte, à savoir: Que si le vin des noces de Cana était rouge...

— Il n'était pas blanc, dit judicieusement Rose-Pompon.

— Et si j'arrivais à la conviction qu'il n'était ni blanc ni rouge ? — demanda Dumoulin d'un air magistral.

— C'est que vous seriez gris, mon gros, — répondit Couche-tout-nu.

— L'époux de la Reine dit vrai... Voilà ce qui arrive lorsqu'on est trop altéré de science ; mais c'est égal, d'études en études, sur cette question à laquelle j'ai voué ma vie, j'attendrai la fin de ma respectable carrière, en donnant à ma soif une couleur suffisamment historique... théo... lo...gique et ar... chéo...lo...gique...

— Archéologique... dit Rose-Pompon, — qu'est-ce que c'est que ça ? Ça a-t-il une queue ? ça va-t-il sur l'eau ?

— Laisse donc, reprit la reine Bacchanal, ce sont des mots de savants ou d'escamoteurs, c'est comme les tournures en crinoline, ça bouffe... et voilà tout... j'aime mieux boire... Versez, Nini-Moulin... du champagne ! Rose-Pompon, à la santé de ton Philémon... à son retour... — Buvons plutôt au succès de la carotte de longueur qu'il espère tirer à son embêtante et pingre famille, pour finir son carnaval, dit Rose-Pompon : heureusement son plan de carotte n'est pas mauvais.

— Rose-Pompon... je veux vous rassurer... saint Paul... entendez-vous ? l'apôtre saint Paul...

— Eh bien ! après, bon apôtre ?

— Saint Paul a dit formellement : Que ceux qui sont mariés doivent vivre comme s'ils n'avaient pas de femmes...

— Qu'est-ce que ça me fait à moi ; ça regarde Philémon...

— Oui, reprit Nini-Moulin. Mais le divin Bossuet, tout goguenard et fabricant ce jour-là, ajoute, en citant saint Paul : Et par conséquent, les femmes mariées doivent vivre comme n'ayant pas de maris... Il ne me reste plus qu'à vous tendre d'autant plus les bras, ô Rose-Pompon ! que Philémon n'est pas même votre époux.

— Je ne dis pas, mais vous êtes trop laid !...

Voilà le langage que tiennent aujourd'hui les partisans du monopole universitaire ; voilà l'enseignement que donne au public le journal de M. Thiers, rapporteur du projet sur l'instruction secondaire !

Dumoulin est un écrivain religieux, et, dans l'intention de M. Süe, cette figure devait le venger des critiques de l'*Univers*. Nous ne l'avions pas deviné et le public non plus. Un petit journal littéraire, que nous combattions souvent et qui faisait mine lui-même de combattre M. Süe et son école, prit soin de rendre la chose plus claire, satisfaisant ainsi, et l'une par l'autre, deux rancunes à la fois.

6 octobre.

On lit dans la *Revue de Paris :*

« Nous le demandons sérieusement aux lecteurs du roman-feuilleton, ne se sont-ils pas senti le cœur soulevé de dégoût, en lisant la description d'une ignoble orgie de carnaval qui a rempli les deux derniers tronçons du *Juif Errant* ? En conscience, cette langue sans nom de la populace, toute souillée de blasphèmes, ces pages trempées de boue et de vin, ce spectacle de l'ivresse immonde dont nous détournons nos regards quand nous la trouvons sur notre passage, et qui vient s'étaler complaisamment dans un journal destiné à pénétrer partout sous les yeux de nos filles et de nos femmes, est-ce là ce qui doit désormais répondre aux appétits littéraires d'un peuple autrefois renommé par son goût si délicat et si sûr ? Quoi, l'on a osé dire qu'on voulait améliorer le sort des travailleurs; on s'est drapé du manteau humanitaire, et, pour moraliser le peuple, on s'abaisse à parler le langage de la canaille, à retracer des scènes d'arrière-boutique de marchand de vin, et l'on vient livrer aux sarcasmes des sauvages de la civilisation une des gloires du XVIIᵉ siècle, le grand et chaste Bossuet ! Non, le silence et le dédain ne sont pas un châtiment suffisant pour de si tristes excès : il faut que des voix indignées protestent au nom des honnêtes gens. Si nous laissions aller le roman-feuilleton, il perdrait la France morale et littéraire aux yeux de l'Europe.

« Une dernière réflexion à l'adresse de l'auteur du *Juif Errant* ; de toutes les actions mauvaises que sa plume en courant commet, la mise en scène d'un critique qui a pris dans l'*Univers* la défense des Jésuites attaqués par lui n'est pas la moins condamnable. C'est sérieusement, c'est en face qu'il fallait lui répondre. La postérité a blâmé Voltaire d'avoir cruellement personnifié ses ennemis dans ses contes ; mais Voltaire avait une excuse qui manque à M. Süe : son génie d'abord, et puis les nécessités de la lutte qu'il soutenait contre le vieux monde. »

Nous sommes fort obligés de l'intention à la *Revue de Paris* ; mais sa charité la trompe. Nous n'avons à reconnaître aucun des rédacteurs de l'*Univers* dans le personnage de M. Süe, qu'il dépeint chauve, rouge et ventru. Nos collaborateurs ont tous, Dieu merci ! la tête convenablement couverte, et n'ont rien de remarquablement obèse dans la taille. Nous ne croyons pas nécessaire de démentir d'autres traits de ressemblance.

Quoique le feuilleton de M. Süe nous paraisse fort misérable, nous doutons que cet écrivain (puisque enfin tout cela se fait avec une plume et s'appelle écrire) ait en le tort d'y vouloir diffamer personne en particulier. Ce sont des traits généraux, tels que son esprit les peut aiguiser, lancés à sa manière contre ceux dont les sifflets ont le plus désolé ses beaux triomphes. Il aime naturellement à représenter les siffleurs comme des monstres capables de faire ce qu'il est seul capable d'inventer. Dans le fond, il les tient pour d'honnêtes gens, qu'il ne voit jamais aux lieux où il s'inspire, et qui n'ont que le tort de ne point envier ses succès. La *Revue de Paris* doit donc des excuses à M. Süe, et nous pensons qu'il est de sa dignité de les faire. Que si pourtant le lieutenant de M. Thiers a bien voulu s'en prendre à nous, — particulièrement au buveur d'eau assez pâle et suffisamment chevelu qui s'est occupé de sa littérature et qui, malgré bien des répugnances, ne renonce pas à s'en occuper encore, — nous lui remettons de grand cœur cette offense. Qu'elle ne le charge ni dans le présent ni dans l'avenir, qu'il n'y songe jamais ! Notre collaborateur peut,

I.   23

comme tout autre, être sensible à la critique ; il ne l'est pas
à l'injure, et Dieu l'a pourvu en outre de cet avantage précieux pour un journaliste, qu'il n'y a que les gens d'esprit
qui sachent le blesser un peu. M. Sue n'a point péché. —
C'était son dessein, dira la *Revue*. —Oui ; mais tenez compte
du fait, et surtout de la compagnie. Comptiez-vous pour
rien d'être injurié en même temps que les Jésuites, par la
même bouche, dans le même *Constitutionnel?*

------

12 novembre 1844.

Services que M. Sue rend à M. Thiers et à l'Université.

De sa collaboration au *Journal des Débats* M. Sue a
rapporté des arguments universitaires dont il enrichit le
feuilleton du *Constitutionnel*, destiné plus visiblement chaque jour à faciliter les succès de M. Thiers dans la pro-
chaine discussion de cette loi-Villemain qui n'est plus seulement une loi contre la liberté d'enseignement et contre la
liberté de l'Église, mais qui devient encore une loi contre
l'honneur du Clergé.

On se souvient de la honteuse guerre faite l'an dernier à
quelques livres de théologie morale adoptés dans les grands
séminaires de France. A force de falsifications, de suppres-
sions, d'interprétations grossièrement erronées, de traduc-
tions manifestement fautives, un protestant du Bas-Rhin,
M. Busch, entreprit d'établir que les aspirants au sacerdoce
apprennent de leurs professeurs à autoriser le parjure, le
vol, l'adultère, les débauches infâmes. Le *Journal des Débats* s'empara de ces découvertes et les mit en œuvre. C'était

au temps des *Mystères de Paris* ; l'article de fond parut digne de prendre le feuilleton à son école.

Après le *Journal des Débats*, vint la troupe accoutumée : M. Libri, M. Génin, quelques autres moins famés, dans le *National*, dans le *Constitutionnel*, dans le *Siècle*, dans la *Revue des Deux Mondes*, partout où l'on ne répugna pas à les recevoir, se partagèrent les restes du moniteur de l'Université. Ils fouillèrent à la source qu'on leur avait indiquée, travestirent ces livres redoutables, triste catalogue des plaies que la science de Dieu est appelée à guérir, révélation lamentable et nécessaire de la dégradation où l'homme tombe lorsqu'il est livré à lui-même ; et ils se donnèrent le noble plaisir de persuader à quelques milliers de brutes qu'en effet, sous la surveillance des Evêques, les jeunes prêtres étudient non pas l'art d'appliquer le baume de la pénitence aux ulcères de l'âme humaine, mais l'art d'excuser le crime, l'art d'y pousser, l'art de le commettre en sûreté de conscience !

Vainement nous avions, dès l'origine, textes en main, démontré au *Journal des Débats* qu'il calomniait : nous ne pouvions point le forcer à publier cette réfutation ; il n'en tint compte. Ce n'était pas de M. Libri ni de M. Génin qu'il fallait attendre plus de scrupules. L'Université, — car c'est bien elle, ce sont bien ses professeurs et ses journaux que nous voyons ici, — l'Université triompha donc. Les mille voix de ses familiers amplifièrent, autant qu'il leur plut, cette calomnie monstrueuse ; on vit nos austères journalistes se croiser, au nom de la morale, contre l'impure Église de Jésus-Christ ! Le scandale dura jusqu'au moment où M. Isambert, voulant employer à la tribune ces abominables armes, se vit forcé, par une huée unanime, de laisser cela aux journaux et de respecter au moins l'assemblée. Tel fut l'épisode du *Compendium*. Un cynique pamphlet périodique au moyen de quoi on essayait de prolonger la lutte,

mourut bientôt du dégoût qu'il inspirait, dans les bras du
Journal des Débats.

Mais M. Sue et M. Thiers, ayant ressuscité le *Constitutionnel*, dont on était aussi fort dégoûté, n'ont pas trouvé
au-dessous de leur caractère de ressusciter également ces
ignominies. Rendons justice à M. Sue : grâce au procédé
particulier qu'il emploie, il a, du premier coup, surpassé
tous ses maîtres. Ce que les autres présentaient comme une
théorie, M. Sue le met en action, le jette à la foule avec un
nom d'homme, avec un visage et une vie, comme le fait du
moment et de tous les jours. Dans le dernier chapitre publié
du *Juif Errant*, un jeune prêtre, dont les Jésuites ont forcé
la vocation pour lui voler un héritage, leur reproche
de lui avoir enseigné à justifier le *vol*, la *calomnie*, le
viol, l'*adultère*, le *meurtre*, le *suicide*, le *régicide* enfin ;
et au bas de la page sont citées, comme extraits textuels du
Compendium, les falsifications de M. Busch, déjà reproduites
par le *Journal des Débats*, déjà commentées par les professeurs Génin, Libri et autres. De cette façon tout devient
réel et saisissant ; ce n'est plus une théorie, c'est un personnage, c'est un jésuite, c'est un prêtre ; et ce prêtre, c'est
la personnification du Clergé. Mêlé aux aventures d'un roman tiré à près de vingt mille exemplaires et lu en France
par plus de deux cent mille ignorants qu'une telle lecture
abrutit encore, ce prêtre, traîné sur la claie, soulève contre
sa robe de formidables et renaissants blasphèmes. Pas une
échoppe, pas un cabaret où quelque mauvais drôle, la
tête dans ses mains, ne se pénètre d'une haine bestiale en
savourant l'épopée bâtarde dont il a le temps d'apprendre
par cœur tous les feuillets. Ni M. Libri ni M. Génin ne
pouvaient espérer un succès de pareille taille. Multipliée
par l'impression, collée aux vitres de mille boutiques, *il-
lustrée*, traduite dans toutes les langues, l'œuvre défie toute
réfutation, toute raison, toute critique, et l'auteur n'a plus

de juge sur la terre à qui rendre compte de ce qu'il lui plaît d'oser. L'honneur de ses ennemis lui appartient par droit de conquête.

M. Thiers, dont le romancier n'est après tout que le lieutenant; M. Thiers, le Philippe de Hesse de ce Luther mal lettré, doit être satisfait! Il disait l'an passé, à propos des catholiques, qu'il *fallait mettre la main de Voltaire sur ces gens-là*. Il a trouvé mieux qu'il ne cherchait. Voltaire avait de l'esprit et du talent, il ne savait point charmer la canaille. Se bornant à livrer la religion et les prêtres aux railleries des gens du monde, il attendait beaucoup du temps. M. Thiers et son lieutenant vouent le prêtre à l'animadversion de la populace : ils vont droit au but.

Nous pourrions prouver à M. Sue que son livre, au point de vue des faits, est mensonger et diffamatoire : cela est aussi facile que d'en démontrer l'absurdité parfaite au point de vue de l'art. Une consultation donnée à Strasbourg par MM. C. Aubry, Eschbach, Mayer et Thieriet, avocats et professeurs à la Faculté de droit de cette ville, conclut, sur de longues et solides considérations, qu'il y a diffamation dans les publications de M. Busch ; cette consultation est imprimée, les preuves du mensonge le plus effronté y abondent ; il nous suffirait de copier... A quoi bon? Qu'importe à M. Sue, qu'importe aux esprits qu'il enivre? Ce vengeur de la morale outragée par l'Eglise n'en est pas à savoir ce qu'il fait, et la condamnable timidité qui a empêché les auteurs diffamés de s'adresser aux tribunaux, le rassure contre les dangers qu'il pourrait courir de ce côté-là. Il sait bien que le parquet, occupé à instrumenter contre les catholiques, ne le poursuivra pas d'office. Non ! nous ne lutterons pas contre un homme qui peut écraser nos objections du poids de deux cent mille lecteurs, et que la connivence de toute la presse encourage aux excès qu'il se permet. Un critique remarquait dernièrement avec raison que,

parmi les propriétaires de journaux assez riches pour payer
la collaboration de M. Sûe, fort peu se soucieraient d'irriter
contre eux un homme qui peut attirer à leur entreprise
vingt mille abonnés. Que M. Sûe jouisse donc de son pouvoir ; qu'il dise ce que bon lui semble ; qu'il calomnie et
déshonore qui bon lui semble ! Dix journaux attendent le
pactole que peut leur ouvrir sa plume, un premier ministre
en expectative ne rougit pas d'emprunter son secours, toute
l'Université de France le voit avec joie parmi ses auxiliaires, l'opinion même ne semble pas comprendre qu'il ne
respecte plus le droit des gens ; il est l'homme de la vogue,
le héraut des passions haineuses et impies, l'espérance des
cupides trafiquants de la parole publique : il a bien le droit
de mépriser nos raisons comme il méprise le bon sens et la
langue ! Plutôt que d'engager une polémique inutile, nous
serions tentés de demander grâce.

Voilà, catholiques de France, si vous ne le savez pas, à
quel point nous en sommes ; voilà quels sont nos adversaires, et comment ils vous punissent d'oser réclamer pour
vos enfants un autre enseignement que le leur. Demandez
grâce à M. Sûe, à M. Thiers, à M. Véron [1], ou souffrez que
votre religion et vos prêtres soient tous les jours accusés
d'un détail d'infamies que nous ne pouvons pas même trans-
crire : souffrez cela jusqu'à ce que ces calomnies multipliées se changent, un jour d'émeute, comme à Verviers [2],
en cris de pillage et de mort... car de presse, d'opinion, de
magistrature, il n'y en a pas pour vous.

Une question se présente : ce *Compendium* dont on a fait

[1] Ancien directeur de l'Opéra, alors propriétaire du *Constitutionnel*,
aujourd'hui député au Corps législatif.

[2] Une émeute venait d'éclater à Verviers, en Belgique, contre de riches
industriels qui étaient les plus généreux et les anciens bienfaiteurs du
pays, mais que leur piété dénonçait à la rage de francs-maçons. La canaille leur donnait les noms des personnages les plus infâmes du roman
de M. Sûe.

tant de bruit, qui contient des doctrines si perverses, qui
excuse le vol, le viol, et l'adultère, et l'homicide, et le régicide, et qui excite à la débauche et en enseigne les raffine-
ments, ce livre a-t-il été poursuivi? Non ; il s'imprime, il se
vend, il est dans tous les séminaires. Tous les parquets de
la France l'ont pu lire, aucun ne l'a déféré à la vindicte
publique. Ainsi, il n'est pas coupable ; ainsi visiblement, on
calomnie d'une façon atroce et le Clergé et l'enseignement du
Clergé. Que font donc alors les Procureurs du Roi ?

Les Procureurs du Roi ne restent pas oisifs. En quelques
mois ils ont traduit en cour d'assises M. l'abbé Combalot, M. l'abbé Moutonnet, M. l'abbé Souchet, auteurs de
brochures tirées à quinze cents exemplaires, dans lesquelles
ils signalent comme funestes les doctrines philosophiques de
certains professeurs de l'Université, et que le parquet accuse d'avoir, par ce moyen, *excité à la haine et au mépris
contre une classe de citoyens.*

Les Procureurs du Roi, occupés de surveiller ces brochures dangereuses, n'ont pas eu, sans doute, le temps de
lire le *Juif Errant* ; ou ils pensent que cet ouvrage n'excite
pas à la haine et au mépris contre le Clergé ; ou ils jugent
que le Clergé ne forme pas une classe de citoyens ; ou enfin
ils estiment qu'on a bien le droit d'attaquer les catholiques,
mais que les catholiques, n'ayant pas le droit de se défendre,
n'ont pas davantage celui d'être défendus [1].

[1] Nous retrouverons plus loin M. Süe, devenu personnage politique.

DÉBUT DE L'APOSTAT RONGE.

22 novembre 1844.

Le *Journal des Débats* publie aujourd'hui, à propos de la sainte Robe de Trèves, un document qui égale en repoussante impiété l'article que le même sujet inspirait hier au *Constitutionnel* : même style, même pensée, même hauteur de vues, même mesure de théologie et d'histoire. Toutefois, le morceau du *Journal des Débats* a bien plus de prix ; il est signé d'un prêtre catholique ; le cachet de l'apostasie en fait une friandise particulière. Rien ne garantit, à la vérité, que cette signature soit authentique ; mais qu'importe ! il est toujours bon de laisser croire qu'un prêtre a renié son Dieu.

Si la pièce n'est pas l'œuvre d'un faussaire, le malheureux qui l'a signée se nomme *Jean Ronge*, curé d'un village de la Silésie supérieure. Il accuse « l'Evêque Arnoldi de Trèves, » c'est ainsi qu'il parle, d'avoir fait adorer un objet de toilette, excité les peuples à l'idolâtrie, contribué à corrompre beaucoup de femmes et de vierges en les attirant loin de leurs demeures, pour voir un spectacle ordonné et exécuté par la hiérarchie romaine, etc., etc.

Le *Journal des Débats*, qui garde obstinément le silence sur les observations les plus calmes et les mieux fondées des plus vénérables Evêques de France, ou qui n'en parle que pour les travestir et les calomnier, traduit avec soin ces

brutalités de renégat. Il appelle la faveur publique sur leur
auteur : « Le chapitre de Breslau, dit-il, a censuré M. Ronge,
« qui sera probablement destitué, et déjà l'on parle d'ou-
« vrir *une souscription nationale* à son profit. » Nous conseillons aux dignitaires de l'Université qui rédigent et inspirent le *Journal des Débats* de se placer en tête de la liste.
Monsieur Ronge est certainement un ami de plus que le
monopole se connaît dans le monde ; et si ce prêtre catholique vient habiter la France, il pourra reconnaître par
une marque de confiance flatteuse la générosité universitaire : car il pense et il écrit comme tant d'autres prêtres,
adversaires de la hiérarchie romaine, qui ont fini par devenir pères de famille.

Prêtre catholique ! en voyant ce titre au bas d'une in-
vective lancée contre les catholiques, le *Journal des Débats*
ne se sent pas d'aise. Un pareil scandale a toujours le don
de le surprendre et de le ravir. En effet, le sacerdoce catholique est quelque chose de si auguste et de si saint, que le
monde s'étonne toujours lorsqu'un misérable se rencontre
dans ces rangs vénérés. L'histoire la plus moderne nous
montre en vain plusieurs prêtres catholiques, traîtres à leur
caractère sacré, qui sont devenus les types effrontés de tous
les vices et de tous les crimes. L'honneur de l'Église reste
intact, elle chasse les infâmes et la philosophie les ramasse.
On faisait de bons réformés, dit Bossuet, *de tous les mauvais prêtres*. L'éclectisme sait aussi les utiliser. Tel qui les
eût injuriés fidèles à leurs sublimes devoirs, les accueille
dégradés, leur fait fête et se montre prêt à ne plus jurer que
sur leur parole ; comme si ces répugnants transfuges ap-
portaient toute la force du catholicisme aux amis nouveaux
chez lesquels ils vont étaler la lèpre qui les a fait bannir.
Le *Constitutionnel* et le *Journal des Débats* ne comprennent
nent pas que la synagogue ait laissé Judas se pendre ; pour
eux, ils en auraient fait un professeur.

Les voilà donc fortifiés du concours de M. Jean Ronge !
Eh bien ! qu'ils en usent, qu'ils le fassent travailler ! Et si,
dans quelques années, le vénérable Evêque de Trèves veut
exposer de nouveau à la vénération des peuples le vêtement
que le Sauveur du monde a porté, ils verront les pieds de
six cent mille pèlerins déchirer dans la boue, sans même
y prendre garde, les pamphlets de l'apostat.

LA PRESSE STIPENDIÉE EN ALLEMAGNE.

4 décembre 1844.

Il existe en Allemagne un certain nombre de journaux mal famés, protestants en apparence, rationalistes en réalité; les uns absolutistes, les autres révolutionnaires; tout à la fois subventionnés et censurés; doubles renégats, assidus à la double besogne de corrompre le pouvoir et de déshonorer la liberté. D'accord avec les chambellans qui les soudoient, d'accord avec les censeurs qui les mutilent, ils tâchent de se venger de leur abaissement devant les hommes en insultant sans cesse la religion. Là-dessus on peut juger de leur dégradation ! Dans les pays despotiques, la religion est le frein du maître, la garantie et l'honneur du sujet. De quelque droit que le privent les lois sous lesquelles il est né, l'homme qui croit et qui prie n'est pas esclave, sa conscience devient un domaine libre et comme un fort inexpugnable, où il conserve sa dignité de créature de Dieu. Là, il se réfugie, noble et fier, digne du sort meilleur qu'il saura conquérir. La liberté sera sa récompense, parce qu'aimant Dieu, captif en quelque sorte avec lui, il aime et doit aimer la liberté. Ses efforts soutenus par l'énergie du devoir, seront généreux, persévérants, irrésistibles. Comment le vaincre ? On l'opprime, mais on ne le dégrade pas. Dans les fers, il apprend à haïr davantage l'injustice, à aimer davantage la liberté. Certes, l'Irlandais a été assez emprisonné, assez

ruiné, assez égorgé : il a aimé Dieu et la liberté, et voilà
qu'il est libre. Les feuilles protestantes d'Allemagne sau-
raient-elles dire à quelle époque et de quelle manière elles
comptent affranchir le peuple dont elles s'efforcent d'accroître les préjugés et les erreurs contre la religion qui fait aujourd'hui le salut de l'Irlande ?

Que les princes détestent une doctrine qui leur impose
dans l'exercice de la souveraineté des règles sévères et connues de tous, nous le concevons ; qu'ils perpétuent entre protestants et catholiques ces ferments de désunion dont Luther
a pour longtemps infesté la patrie allemande, c'est leur misérable intérêt. Mais que les sujets se disent : Le maître n'a
point de Dieu, nous n'en aurons point ; nous sommes désu-
nis, et nous voulons l'être ! voilà le chef-d'œuvre de la tyrannie et la merveille de l'abjection humaine. On ne sait de quel
nom caractériser les écrivains qui viennent, au milieu d'un
peuple divisé, fortifier des erreurs faites pour éterniser la
division et pour dissoudre dans le cœur des souverains
jusqu'au moindre reste du respect avec lequel Dieu leur ordonne de gouverner les hommes.

Le *Journal de Francfort*, subventionné par la Prusse,
excite cette guerre qui ranime d'antiques griefs entre l'Allemagne protestante et l'Allemagne catholique. — Depuis
l'exposition de la Sainte Robe de Trèves, il verse l'injure à
l'Église romaine ; et, pour rajeunir un peu les odieuses vé-
tustés de la polémique protestante, il aide son pauvre génie
des arguments de nos pauvres journaux français. Tout prêtre catholique est un Jésuite, tout jésuite mérite les qualifi-
cations de *peste*, de *choléra*, de *nid de dragons*. Sa Majesté
Prussienne en a pour son argent !

Ces dragons, du reste, font une étrange peur aux papes du
protestantisme allemand ; le même *Journal de Francfort* nous
en fournit une preuve singulière. Dans un coin de la Saxe, à
Annaberg, le vicaire apostolique de Leipsick consacre une

église nouvelle sous l'invocation de saint Ignace et de saint François-Xavier. Aussitôt la population protestante (celle qui est *éclairée*) s'émeut. La représentation communale est convoquée en séance publique, et un M. Haustein propose d'inviter le pouvoir exécutif à faire une enquête sur les relations qui peuvent exister entre les Jésuites et les prêtres présents à la consécration de l'église d'Annaberg. Car, observe le digne M. Haustein, cette église honorant des saints Jésuites, approuve sans doute leurs principes, et ceci est grave. Il ne s'agit plus d'une différence de foi entre protestants et catholiques : il s'agit de prévenir des troubles, des crimes, des choses affreuses qui seraient commises sous prétexte de religion ! Passant au style de nos hommes d'Etat, M. Haustein ajoute des considérations supérieures. « Il n'en veut nullement, dit-il, au catholicisme; il est au contraire animé en sa faveur d'un zèle extrême; mais combattre le jésuitisme, ce n'est pas se mettre en hostilité contre l'Eglise catholique, c'est lui rendre service, et préserver nos frères catholiques d'un venin qui les menace tout particulièrement. » Cet argument entraîne l'unanimité du conseil; le magistrat d'Annaberg est mis en demeure d'examiner la nouvelle église, pour décider si elle est *jésuite* ou si elle ne l'est pas. Il y a bien à parier qu'elle l'est, remarque le correspondant du *Journal de Francfort* : « Ce qui le prouve, ce sont deux « *bouleaux* plantés à l'entrée de l'édifice, et deux niches dis- « posées au-dessus de la porte principale, *sans doute* pour « recevoir les statues d'Ignace et de Xavier ! » M. Süe regrettera que la municipalité d'Annaberg n'ait pas révélé au public les rapports mystérieux qui existent entre le jésuite et le bouleau.

N'y a-t-il pas pourtant quelque chose d'admirable dans cette grotesque frayeur ? L'ombre d'un jésuite, le nom d'un jésuite font pâlir l'allemand protestant et philosophe. Ses universités, ses gros livres, ses penseurs gorgés de bière qui

nient l'existence de Dieu, son peuple abaissé qui ne s'en occupe plus, la force, l'intérêt, le fanatisme anticatholique des
gouvernements, rien ne le rassure. Effacez le nom des Jésuites mystérieusement attaché à ces murailles, comblez ces
niches où l'image d'un jésuite pourrait être placée, arrachez
ces bouleaux que des jésuites ont peut-être plantés, sans
quoi... le libre examen ne peut nous sauver, nos chaires seront impuissantes, le pape va mettre la main sur nous!

Ah! s'il est vrai que ce soient là les dernières ressources
de l'hérésie; si les passions antireligieuses qu'elle a soule-
vées, laissant maintenant les âmes dans cette torpeur mala-
dive qui suit l'ivresse, ne peuvent plus la défendre contre
la vérité; si elle est réduite à s'enfermer dans une muraille
de silence, elle ne violentera pas longtemps les instincts qui
veulent un Dieu! Les *Jésuites* franchiront la faible barrière
qu'elle leur oppose; elle verra ses sectateurs aller au-devant
d'eux, se jouant de la coalition formée pour les retenir
entre les chambellans et les journalistes, entre la livrée des
cours et la livrée des rues, plus mauvaises l'une et l'autre
que leurs maîtres!

PASCAL-COUSIN ET PASCAL-FAUGÈRE.

1 décembre 1844.

Ces deux Pascal ne s'entendent point et menacent d'occuper le public de leurs discords. Il s'agit de savoir qui est le vrai Pascal, d'un que M. Cousin a inventé, et d'un autre que M. Faugère a ressuscité. Le Pascal-Cousin ne ressemble point à celui de tout le monde; c'est un sceptique. On se souvient du bruit que fit la découverte. Quoi! ce puissant apologiste de la religion, cet écrivain dont les fragments s'échelonnent, tout épars et tout brisés qu'ils sont, comme un escalier de montagnes entre la terre et les cieux; ce porteur d'amulettes, ce rare génie, ce rude chrétien, c'est un sceptique? — Vous m'en voyez tout étonné, répondait M. Cousin; mais la chose est telle. Entre ces montagnes, il y a des vallées sombres, des gouffres où le doute séjourne. — Allons donc! s'écriait irrespectueusement le public, voici le livre des *Pensées*, et le doute n'y paraît pas. — C'est que vous n'avez pas, reprenait M. Cousin, le livre des *Pensées*. Moi seul je le possède : il m'a coûté gros, mais enfin je le tiens, et je ne regrette point mes peines. Les *Pensées* ont été retouchées par les jansénistes, effrayés du tort que le scepticisme de Pascal leur allait faire. Ils ont raboté le style, et c'est leur moindre méfait; ils ont caché, déguisé, comblé ces gouffres où le doute se montrait à nu; ils nous ont enfin

donne un Pascal expurgé qui n'est plus reconnaissable. Mais
moi, dans mon zèle pour les lettres, pour Pascal et pour la
philosophie, j'ai consulté les manuscrits autographes, conservés par bonheur; je les ai lus à grand renfort de bésicles,
et voici ma conquête : je vous restitue Pascal; je vous le restitue sceptique.... et même amoureux. Le *Discours sur les
passions de l'amour* prouve que le grand philosophe aima
une grande dame ; je n'en sais pas la suite. Quant au
scepticisme, je vous le fais toucher en vingt endroits,
voyez seulement celui-ci, où Pascal déclare que, pour croire,
il se faut abêtir. Qu'en dites-vous? Du reste, ne vous affli-
gez point. Si Pascal n'est désormais qu'un chrétien douteux,
il est plus que jamais un merveilleux philosophe.

De grandes contestations s'élevèrent. On se battit autour
du manuscrit de Pascal comme autour du cadavre d'Hector.
M. Libri soutint avec zèle la thèse de M. Cousin ; beaucoup
d'autres insultèrent de leurs louanges le grand Pascal passant
à l'ennemi. Mais de vaillants et habiles champions firent efforts pour maintenir Pascal dans l'Église. Le *Correspondant*
publia de très-beaux articles de M. Foisset, qui, malgré les
découvertes de M. Cousin, maintinrent au moins provisoi-
rement l'auteur des *Pensées* sur son piédestal catholique.
On avait comme un vague soupçon que M. Cousin pouvait
se tromper.

Durant cette bagarre, un jeune écrivain, esprit honnête,
sérieux, quoiqu'un peu indécis peut-être, étudiait à son
tour les autographes de Pascal, se livrait à des recherches
patientes et vraiment pieuses, compulsait, comparait, fouil-
lait les bibliothèques, faisait des voyages, pénétrait dans la
froide demeure, j'ai presque dit dans le tombeau du dernier
janséniste de roche qui fût encore sur cette terre, gagnait l'a-
mitié du bon homme par une certaine teinte d'antijésui-
tisme, et finalement obtenait des documents précieux. Que
de labeurs! que de veilles! que de soins! Enfin, il en vint à

bout. Il avait tout dépisté, tout trouvé, tout collationné, tout mis en ordre ; le Pascal-Faugère parut.

Nous ne voulons rien préjuger sur cette édition ; mais, dès à présent, nous pouvons dire que, du moins, Pascal s'y présente au complet, dans un ordre satisfaisant. Ce qui avait besoin d'être éclairci l'a été, souvent avec bonheur. Nécessairement, la critique aura beaucoup d'éloges pour un travail si sincère et si généralement heureux.

Le public lettré lut avidement l'édition de M. Faugère, son avis presque unanime fut que M. Cousin n'avait pas étudié les manuscrits, ou s'était laissé tromper par la mauvaise écriture de Pascal.

Rien, en effet, ne ressemble moins au Pascal-Cousin que le Pascal-Faugère, qui est le vrai. Chez M. Cousin Pascal ne sait pas où il en est. C'est un pyrrhonien, mais un pyrrhonien si parfait qu'il doute même s'il est pyrrhonien, qui accroche son puissant esprit aux amulettes, qui s'*abêtit* pour croire et se procurer dans cette foi bête un peu de repos. Dans le Pascal-Faugère,—Pascal intégral, Pascal pris sur le fait, qu'on voit écrire et dont on lit jusqu'aux ratures, —la foi la plus carrée éclate, et déborde. L'on se demande si ce grand homme eut jamais dans l'esprit la moindre ombre du doute qui a traversé tant d'autres belles intelligences, d'ailleurs victorieuses, croyantes à force de génie comme l'enfant à force d'ignorance et de candeur. Tout, pour le vrai Pascal, est point de départ pour arriver à la foi : un atome d'instinct qu'il saisit dans l'homme devient, qu'on me passe le mot, comme un tremplin d'où ce vigoureux esprit prend son élan magnifique vers l'éternelle et universelle vérité. Et cela est tout simple : c'était le plan de Pascal. Il voulait prouver Dieu et la révélation par la connaissance de l'homme, créé de Dieu pour connaître et pour aimer Dieu ; déchu, mais relevé, mais racheté, mais replacé par les clartés de l'Évangile sur sa route perdue depuis

Adam. Ce plan exclut le doute : il n'a pu être conçu que
dans une intelligence pleinement convaincue, je dirais presque terrassée par les vérités absolues de la foi. Pascal, ramené à la religion non des voies du doute, mais des voies
de la chair, s'est appliqué à l'étude de soi-même, la plus
digne étude du génie, étude obligée du chrétien. Il s'est pénétré, il s'est analysé et s'est parfaitement connu. Jusque
dans les moindres vestiges de son être, il a senti de quelle
main il était l'œuvre ; de quels maux cette œuvre, parfaite
à l'origine, était faussée ; quels remèdes divins combattaient,
soulageaient, guérissaient ces maux, inguérissables à tout
l'art de l'homme. Il ne parle pas comme celui qui cherche,
mais comme celui qui sait. Et qu'a-t-il à chercher ? Lorsqu'il s'est mis à son livre, il avait trouvé depuis longtemps !
Il s'était retiré du monde, il priait et faisait pénitence, et
méprisait profondément la philosophie, c'est-à-dire la recherche de la sagesse et de la vérité par les seules forces de
la raison humaine. La plus adroite philosophie, à son gré,
n'est que le doute des pyrrhoniens ; c'est-à-dire l'ignorance
des hommes qui philosophaient avant l'Evangile, et la folie
de ceux qui, depuis l'Evangile, *raisonnent* encore comme
si l'Evangile n'existait pas, employant leur inutile intelligence à créer une nuit factice où ils vont décrire de vains
problèmes : *Toute la philosophie ne vaut pas une heure de
peine.* Est-ce l'arrêt d'un sceptique ?

Mais le même homme a dit : *Prenez de l'eau bénite, et
faites dire des messes,* etc. *Naturellement, cela vous fera
croire et vous abêtira.* — Est-ce donc la parole d'un croyant ?

Oui, certes ! c'est la parole d'un croyant ; et tout chrétien intelligent s'est amusé du contre-sens que M. Cousin a
commis en y lisant l'aveu d'une raison effrayée, qui s'abdique pour conserver la foi. En vrai catholique et en vrai
philosophe, Pascal s'adressant à l'orgueil humain fatigué de
n'arriver qu'au doute, lui conseille d'abandonner ses ténè-

breux systèmes, de s'humilier et de prier, afin que la grâce, secondant cette part meilleure de sa raison qui lutte encore pour la foi, la fasse triompher. Si c'est là *s'abêtir* dans la force grossière du mot, quiconque se met à genoux pour adorer un Dieu qu'il ne voit pas ; quiconque, sur un commandement de ce Dieu, ou de son Eglise, ou d'un de ses ministres, dompte une passion, adjure une volupté, immole un intérêt, quiconque fait cela est bête, et il n'y a pas d'autre moyen d'être chrétien. Lorsqu'un incrédule qui dit vouloir ne plus l'être demande le moyen de parvenir à la foi, nous lui répondons souvent : « Abêtissez-vous. Vous êtes trop « orgueilleux encore, et Dieu ne se révèle qu'aux humbles : « priez, prenez de l'eau bénite, faites dire des messes, « abêtissez-vous ! » Et comme nous doutons qu'il consente à faire dire des messes, nous en faisons dire pour lui. Nous osons plus : nous lui proposons de porter la médaille miraculeuse, une petite pièce de métal sur laquelle est l'image de la sainte Vierge. Quoi de plus bête ? Cependant nous avons plus de confiance en cette eau bénite, en cette messe, en cette médaille qu'en tous nos raisonnements ; je ne parle pas de nos raisonnements à nous, mais de ceux que nous empruntons à Fénelon, à Bossuet, aux Pères de l'Eglise, aux plus fiers et aux plus raisonnables génies qui aient lui dans l'humanité.

Or, l'expérience prouve que nous faisons bien de conseiller ces pratiques. Pourquoi ? parce qu'au moyen de la pratique, le néophyte fait un acte d'humilité. C'est lui-même alors, ce n'est plus notre zèle tout seul qui agit pour son salut : il remporte librement un premier triomphe sur son orgueilleuse raison, et Dieu, qui nous connaît trop pour nous demander beaucoup, daigne se contenter de ce peu. Il fléchit cet obstiné, il amollit ce cœur de bronze ; par un miracle aussi grand que tous ceux de l'Evangile, le raisonnement y pénètre, le jour se fait. Voilà

comment on se convertit. Certes! je n'userais pas d'une
autre recette envers M. Cousin lui-même, malgré la légitime répugnance qu'un homme de tant d'esprit doit éprouver à la seule pensée de s'abêtir. S'il voulait devenir bon
catholique, je lui dirais : Laissons vos systèmes, qui sont
trop savants pour moi, et quelquefois même pour vous;
allons prier la sainte Vierge, faisons dire des messes, réci-
tons le chapelet; demandons la foi sans cesse et le plus
humblement possible; c'est là ce qu'il faut faire. Si vous
persévérez, je vous promets, en retour de votre génie,
l'abêtissement de Pascal.

Ce sens incontestable du mot *abêtir* se trouve parfaitement établi dans l'édition de M. Faugère, par une note
très-claire du jeune éditeur, et surtout par une foule de
pensées exhumées du manuscrit autographe. Quelques-
unes sont douces et tendres comme une page de l'Imitation :
toutes respirent une foi d'apôtre. La pensée de Pascal est
belle dans ses langes comme celle de Bossuet dans son
flottant manteau. On ne s'explique les scrupules des jansénistes qu'en se rappelant la sécheresse de leur froide littérature; on ne se rend compte de l'erreur de M. Cousin,
d'une part, qu'en songeant combien il a peu de sens religieux, de l'autre, qu'en apprenant avec quelle légèreté il
a feuilleté les manuscrits.

Naturellement, le Pascal-Faugère ne plut pas à M. Cousin; il était trop humiliant pour le philosophe. Le bruit
en courut dans le monde, et l'on s'attendit à quelque affaire.
Cependant les journaux de M. Cousin gardèrent le silence :
les autres le ménagèrent en rendant compte de la nouvelle
édition, et l'on crut que le chef de l'éclectisme passait condamnation sur ses bévues, de telles mésaventures n'empêchant personne d'arriver au ministère et à la grande
maîtrise de l'Université.

Mais il entre aussi quelque fiel dans la grande âme des

philosophes, et quand ce fiel est entré, il tient. Un philosophe ne pardonne pas, surtout lorsqu'il a tort. Ce mois-
ci, le *Constitutionnel*, qui chérit en M. Cousin l'un des plus
fidèles amis de M. Thiers, publia contre le Pascal-Faugère
un article injuste, injurieux, particulièrement imprégné de
rancune. Auteur inconnu, patron facile à deviner! Quel intérêt avait le *Constitutionnel* à déchirer M. Faugère, ce jeune
homme qui a rendu un si beau service aux lettres, à la
philosophie et à Pascal, l'ennemi des jésuites? L'article laissait d'ailleurs passer un bout d'oreille d'une longueur extrême : on accusait M. Faugère d'avoir travaillé sous les
ordres de M. Villemain (qui l'a, en effet, encouragé, et qui
a bien fait), pour dénigrer M. Cousin! Il y a une réponse
de M. Faugère adressée au *Constitutionnel*, mais non publiée par lui. Ces honnêtes journaux n'aiment pas à laisser
parler les personnes qu'ils calomnient. M. Faugère apprécie
le Pascal-Cousin.

L'auteur anonyme de l'article m'accuse d'abord de plagiat. Suivant
lui, par exemple, l'ordre que j'ai mis entre les nombreux fragments
écrits par Pascal pour son apologie de la religion est calqué sur le plan
de M. Cousin. Cette assertion est tout le contraire de la vérité: la vérité est que le livre de M. Cousin ne m'a été d'aucun secours. Son mérite a été d'avoir démontré la nécessité d'une nouvelle édition des *Pensées*. Il a détruit l'ancienne édition; mais qu'il ait levé les difficultés
nombreuses du travail qu'il avait rendu nécessaire, c'est ce que je puis
nier avec toute conviction. Une étude approfondie des textes m'a
prouvé que je me serais égaré à chaque instant en prenant le livre de
M. Cousin pour guide. Avant d'être entré dans ce travail, j'ai cru, je
l'avoue, que le mémoire de M. Cousin devait être comme une sorte de
manuel à l'usage de ceux qui entreprendraient l'édition vraie des *Pensées* : je fus bientôt détrompé. M. Cousin, qui s'était élevé avec un si
grand luxe d'indignation contre les altérations des premiers éditeurs, a
commis à son tour de graves infidélités en suivant la copie partielle du
manuscrit autographe, au lieu d'étudier ce manuscrit même. En ce qui
concerne particulièrement l'ordre d'une nouvelle édition, il n'y a aucune indication sérieuse dans le mémoire de M. Cousin, et il ne pou-

vait pas même y en avoir : car, avant de songer à trouver cet ordre, il fallait avoir étudié tous les manuscrits et surtout avoir déchiffré l'autographe dont M. Cousin n'avait réellement connu qu'une partie, etc.

Depuis que cette lettre est écrite, M. Cousin a annoncé une nouvelle édition de son livre, et il n'est pas douteux qu'il ne profite beaucoup du travail de M. Faugère pour les nombreuses corrections qu'exige le sien ; il avoue déjà une de ces corrections, qui n'est pas sans importance : Pascal ne sera plus sceptique en religion... il ne le sera qu'en philosophie. C'est là que M. Cousin borne désormais sa thèse ; elle n'est pas nouvelle et trouvera moins de contradicteurs que la première. Il n'a, dit-il, jamais voulu prouver autre chose. Alors, pourquoi cette grande colère du *Constitutionnel* contre le Pascal-Faugère, colère que M. Cousin lui-même laisse très-amplement percer? Si le Pascal-Cousin n'est plus sceptique qu'en philosophie, le Pascal-Faugère ne dénigre M. Cousin que comme lecteur de manuscrits *mal habile ou inattentif,* et c'est peu de chose. Oui, mais maintenant que l'auteur des *Pensées* est bon chrétien, M. Cousin entend prouver qu'il est petit philosophe, et voilà par où le Pascal-Faugère va mortifier le nouveau Pascal-Cousin.

Attendons cette nouvelle édition, et, en l'attendant, constatons que, soit légèreté, soit mauvaise foi, M. Cousin n'a su ce qu'il disait dans la première. Conclusion assez naturelle de tout débat où l'éclectisme est engagé.

LES RELIGIEUSES D'AVIGNON.

23 décembre 1844.

Il y a beaucoup de religieuses en France, et personne n'i-
gnore le bien qu'elles font. Vouées au service de toutes les
infortunes, ces pieuses filles, la fleur des familles chrétiennes, donnent l'exemple de toutes les vertus et de tous
les dévouements. Elles sont au berceau de l'enfant, au chevet du malade, dans les écoles, dans les chaumières, dans
les missions; leur charité ne recule devant aucune misère,
accepte tous les dégoûts, affronte toutes les fatigues, invente
sans cesse quelque nouveau moyen de servir Dieu et les
pauvres. Jamais, peut-être, spectacle si beau ne fut donné
dans le monde; jamais la femme chrétienne ne jeta un éclat
si magnifique: ce n'est plus la paix du cloître qu'elle cherche,
c'est le travail de l'apostolat qu'elle demande et qu'elle accomplit avec un incomparable zèle. Ainsi la veuve entreprend des œuvres d'homme, et de ses faibles mains forti-
fiées par l'énergie d'un cœur de mère, elle cultive le rude
champ de son époux.

On sait donc ce que font les religieuses, et il est impossible de ne le pas savoir, car elles sont partout. On sait
aussi quelle est leur récompense, et il est encore impossible
de ne le pas savoir, car on les maltraite, on les tourmente et
on les persécute à peu près partout. Tantôt c'est le Gouvernement lui-même, dont l'inexplicable folie s'applique à les

chasser des hôpitaux militaires, des hospices civils, des établissements d'aliénés; tantôt ce sont des Municipalités, mues par quelques hommes trop assurés des connivences de l'autorité supérieure, qui, foulant aux pieds l'intérêt de la morale et celui des pauvres, méprisant même les lois, font une guerre lâche et sans merci à ces saintes filles, contre lesquelles, non contents de les poursuivre par d'indignes abus de pouvoir, on sait encore ameuter la basse fureur des journaux.

Nos lecteurs n'ont pas oublié l'affaire des Dames du Bon-Pasteur de Sens, qui auraient pu poursuivre devant les tribunaux le maire de cette ville, coupable de violation de domicile, et qui lui ont fait grâce pour ne pas s'attirer de nouvelles avanies; ils se rappellent l'affaire des Carmélites de Tulle, persécutées parce qu'il a plu au *Journal des Débats* de les calomnier; celle des religieuses de Notre-Dame-Auxiliatrice, dénoncées par M. Robinet[1], etc., etc. L'odieuse affaire des hospitalières d'Avignon est encore pendante, et chaque jour ajoute des détails plus scandaleux.

On sait que le maire d'Avignon, soutenu par le Préfet et par le Ministère, veut chasser ces religieuses de l'hôpital qu'elles desservent depuis deux cents ans; que la majorité du Conseil municipal, connaissant leur zèle et leur économie, veut les conserver; que la population tout entière les aime et les honore; que, parmi elles, plusieurs appartiennent aux familles les plus honorables du pays. Pour arriver au but qu'ils se proposent, leurs ennemis les ont ignoblement calomniées. On a été jusqu'à les accuser d'avoir mis elles-mêmes le feu à leur couvent et l'incendie ayant été accompagné de vol, on n'a que fort peu recherché les auteurs du crime, car il saute aux yeux qu'ayant voulu se brûler, les religieuses ont bien pu aussi se voler!

[1] Les articles de l'*Univers* sur ces deux affaires ont été publiés dans les *Libres Penseurs*.

On sait tout cela, et tout cela n'est rien ! A ces faits acquis, une lettre publiée par la *Quotidenne* en ajoute d'autres, tellement hideux que nous refuserions de les croire, s'ils n'étaient attestés par un témoin devant qui le doute n'est plus possible.

Une des religieuses était atteinte de folie, et cette circonstance devint une source de calomnies contre ses compagnes.

On commença par dire que l'infortunée, objet des soins tendres et constants de ses sœurs, était victime de leurs mauvais traitements. On ajouta bientôt que sa situation était le résultat d'un accouchement clandestin ; et, quand on eut accrédité cette infamie, on s'occupa d'en acquérir la preuve. Alors, le médecin des aliénés, dont nous regrettons de ne pas savoir le nom, assisté de deux de ses aides, manda la supérieure de l'hospice, la contraignit de déshabiller complétement cette pauvre fille, et pendant que la supérieure, le visage tourné contre la muraille, sanglotait, le front caché dans ses mains, ces trois hommes, le médecin et ses acolytes, ne voyant dans ce désespoir de la pudeur que l'aveu de la honte, riaient, plaisantaient et se livraient aux plus abominables investigations !

Cette brutalité immonde n'ayant pas produit ce que l'on cherchait, on imagina autre chose ; car ce n'est pas fini.

Il y avait à Avignon un de ces sorciers d'à présent, qu'on rencontre à peu près partout, qui spéculent sur la crédulité des esprits forts avec autant de succès que les tireurs de cartes sur l'imbécillité de la dernière canaille ; un *magnétiseur*, enfin. On alla le trouver, on le mit au courant. Il questionna une drôlesse qu'il mène avec lui, et celle-ci déclara que les religieuses n'en étaient pas à commencer ; que plusieurs avaient été mères ; que, pour se débarrasser de leurs enfants, elles les avaient jetés, soit dans le puits de l'hôpital, soit dans les fosses d'aisance ; et qu'elles en avaient enterré aussi un grand nombre dans un coin du jardin. On demanda encore à la somnambule si elle pourrait indiquer l'endroit ; elle l'indiqua.

L'avis fut aussitôt transmis à l'autorité ; et, ce que l'on ne peut croire, l'autorité, qui n'a fait que de légères recherches pour découvrir les incendiaires, l'autorité qui devait s'emparer du magnétiseur et de la somnambule pour leur demander compte de leur diffamation, l'autorité, disons-nous, mit immédiatement ses agents sur pied pour chercher les squelettes d'enfants enterrés dans le jardin ! Le 10 du présent mois de décembre, un commissaire de police, accompagné de tout le personnel nécessaire, s'est transporté à l'hôpital. Il a fait immédiatement, devant lui, nettoyer le puits, vider les fosses, fouiller tout le jardin. Et comme l'opération n'avait pas pu se terminer le jour même et qu'on craignait sans doute que les religieuses, pendant la nuit, ne fissent disparaître les squelettes, le commissaire a couché avec ses agents dans la maison !

Là s'arrêtent les détails donnés par la *Quotidienne*. Qui sait ce que nous apprendrons encore, quand ce tissu d'horreurs sera pleinement déroulé ! Notre main tremble, et nous ne savons comment exprimer les sentiments que soulèvent en nous tant d'infamies. Quoi ! c'est là ce que l'on fait en France, aujourd'hui, contre des femmes, contre des sœurs de Charité, contre des vierges à qui l'on ne reproche au fond que l'état et l'influence de leurs vertus ! C'est à de telles abjections que l'on descend ! Quelle génération stupidement lâche et féroce est donc sortie des flancs maudits de l'athéisme légal ? Que feraient donc de plus ces persécuteurs idiots, s'il leur était permis d'égorger ? Et parmi eux nous voyons un ministre, un professeur de littérature : M. Villemain, ministre intérimaire de l'Intérieur pendant l'absence de M. Duchâtel, a profité de son pouvoir de quelques jours pour approuver l'arrêté administratif qui a légalisé d'avance ces excès sans nom ! Il est moralement du nombre de ceux dont la main brutalement impudique a déchiré devant une vierge les vêtements deux fois saints d'une insensée et d'une épouse de Jésus-Christ! Qu'il en boive la honte à la face de toute l'Eglise catholique, à la face de nos Evêques, protecteurs des vierges sacrées, à la face du Souverain Pontife, leur père, aux pieds duquel nous jetons le poids de notre douleur.

Mais qu'importe aux auteurs de ces attentats! Nous venons de faire connaître leurs actes ; nous connaissons quelque chose de plus monstrueux : c'est l'encouragement que leur donne la presse libérale à peu près tout entière. L'article de la *Quotidienne* a paru hier ; aucun journal n'en parle ce matin! Il y a des passions qui acceptent la solidarité de ces excès sauvages. Nous voyons tous les jours vingt journaux prendre, au nom de la liberté et de l'humanité, la défense d'un aventurier ou d'un bandit qui s'insurge, l'escopette à la main, sur les grands chemins d'Espagne ; pas une voix ne s'élève pour défendre contre les persécutions d'un Pouvoir bien affermi quelques femmes dont ses agents veulent ternir l'honneur, et qu'il serait moins cruel de plonger dans les cachots. Pour quelques-uns même, c'est trop peu de ne pas les défendre : ils se mettent d'accord avec la police, et ils la secondent à force de calomnies.

Nous livrons ces faits aux méditations de tous les catholiques de France ; il faudrait désespérer de les voir jamais libres et douter même de la sincérité de leur foi, si de tels exemples ne leur prouvaient pas, mieux que nos constantes exhortations, l'obligation absolue, l'obligation de conscience où ils sont de prendre activement part à la vie politique, qui seule leur fournira le moyen de prévenir ou de réprimer les persécutions, les avanies, les opprobres et les dangers de tous genres dont sont menacées les communautés religieuses, et avec elles les bonnes œuvres, qui ne sont possibles que par elles. Non-seulement, en restant dans leur

apathie, les catholiques exposent leurs filles et leurs sœurs
à tous les outrages dont on vient de lire le hideux récit,
mais encore ils trahissent les pauvres, les malades, les abandonnés, tous ceux dont Dieu leur a commis le soin. C'est
pour protéger ces orphelins de la grande famille, que nous
en sommes les aînés ; c'est pour étendre sur l'Eglise et sur la
charité le bras puissant de la loi, que nous sommes citoyens
d'un pays libre. Que signifieront devant Dieu nos froides
aumônes, quelle qu'en soit l'abondance, lorsque, sous nos
yeux, le dernier agent de police peut, armé seulement du
fetfa d'un vizir de préfecture, abattre dans la boue la sœur
de Charité ? En quoi nous distinguons-nous alors de ce
Gouvernement insensé sur lequel nous pourrions agir ?
Nous ne sommes qu'une seconde et plus lâche espèce de
persécuteurs ! Les autres ne font qu'obéir à leurs passions ;
nous trahissons notre sang et nos devoirs ! Que les catholiques donc acceptent la leçon qui leur est faite et qu'ils en
profitent : qu'ils votent partout, que partout la condition de
leur vote soit la reconnaissance absolue, le respect scrupuleux de la liberté religieuse. Avec la Charte et la presse, nous
serons assez forts contre des ennemis que nous gagne
d'avance leur ambition.

VUE INTÉRIEURE DE M. VILLEMAIN.

> « Mon Dieu ! quelle guerre cruelle,
> « Je trouve deux hommes en moi ! »
>
> (RACINE.)

Un soir, peu après son avénement aux fonctions de Ministre de l'Instruction publique et de Grand Maître de l'Université, M. Villemain étant seul dans son cabinet, et s'y trouvant bien, fit défendre sa porte aux solliciteurs, fermement résolu d'employer une partie de la nuit à polir un petit morceau de littérature dont il attendait grand profit pour sa gloire. Il s'agissait d'un éloge d'Anacréon, qui le délasse des soins qu'il donne à la composition de son Grégoire VII, et qui fera perdre à M. Cousin l'avantage dont ce dernier use trop, d'avoir inventé Pascal. Déjà quatre mots effacés dans l'exorde étaient remplacés par trois mots plus heureux ; il hésitait entre un certain nombre d'autres, parmi lesquels il devait choisir le quatrième. Il en faisait tour à tour sonner les syllabes : l'un était harmonieux, mais creux ; l'autre rendait la pensée, mais il semblait un peu sourd ; un troisième ne manquait pas d'une certaine grâce et exprimait à peu près l'idée, par malheur, il formait avec le mot précédent un hiatus des plus fâcheux, le hiatus en *an*. L'habile ministre ne savait pas se décider : tantôt il allongeait ses jambes, tantôt il les ramenait sous lui-même, ou se perchait tout assis sur sa chaise ; et on l'aurait pris pour une divinité du Japon ; il fourrageait ses cheveux, regardait au plafond d'un air morne, suait, soufflait, était rendu. C'est là ce labeur des lettres, que tant de nigauds croient amusant. — Heureux le jeune homme qui fait son premier livre ! Il ne doute de rien, il prend les mots à peu près comme ils se présentent, il n'a pas de réputation à maintenir, il ne voit pas encore la postérité le jugeant sur un adjectif !

Enfin, après tant d'hésitations, par vieille habitude, soit par une conséquence naturelle de sa position politique, le Ministre allait se décider pour le mot qui ne disait rien, lorsque l'huissier de service entra et lui remit un paquet. Adieu le doux loisir ! Ce paquet contenait des nouvelles sérieuses. Un professeur, destitué pour avoir prêché le protestantisme à des enfants catholiques, invoquait la Charte et menaçait de faire esclandre. Rejeté dans tous les tracas du gouvernement, le Ministre abandonna l'éloge d'Anacréon, et pestant contre le fanatisme des catholiques qui l'avait obligé de punir le fanatisme du protestant ; il jugea convenable d'aviser sans remise à la difficulté. Premièrement, il changea de résidence, en le faisant descendre d'un degré, un professeur catholique qui, dans une autre ville, avait plu à tout le monde, mais n'avait point déplu aux jésuites. Ensuite, il manda le protestant, tournant sa lettre de manière à ne le point désespérer. Ayant de la sorte pourvu à tout, le Ministre reprit Anacréon. Il s'aperçut alors que les affaires avaient chassé les Muses ; l'inspiration s'était enfuie. Le catholicisme hagard obsédait son imagination. — Allons, pensa-t-il, j'ai perdu ma journée..... Dors, vieillard de Théos, et que n'en puis-je faire autant !

Pour se calmer un peu, il se fit apporter un de ses ouvrages, et se mit à le lire avec le même plaisir que tout le monde.

Il lisait déjà depuis un bon quart d'heure, et s'étonnait de la quantité de mots qu'un homme peut enfiler à la suite les uns des autres dans le cours d'une seule vie, lorsque, sans avoir entendu ouvrir la porte de son cabinet, il vit passer un être d'assez haute taille, qui marchait pesamment. Trop surpris pour pouvoir même parler, il regardait en silence ce nouveau venu, lequel se montrait aussi peu gêné que s'il eût été chez lui. Le Ministre ne voyait pas son visage, mais en le considérant des talons aux épaules, il croyait le reconnaître pour un des littérateurs de ce temps qu'il estime le plus. L'homme cependant prit une chaise, s'établit devant le feu, et le Ministre l'aperçut de trois quarts. —C'est bien cela, se dit-il avec un peu de frayeur ; par mon portefeuille, l'aventure est étrange ! N'osant parler, il fit un peu de bruit, dans l'espérance que le singulier visiteur tournerait la tête de son côté. Le visiteur ne bougea point ; seulement, il fit un geste très-connu des deux Chambres et de l'Académie, ainsi que du public qui fréquente ces endroits-là ; geste mal gracieux d'ailleurs, et qu'on interdit aux enfants, mais qu'il faut passer au génie. — Plus de doute ! pensa le ministre. Ou je suis le jouet d'une illusion incroyable, ou il y a ici de la magie. Je regrette de n'avoir point à ma disposition un peu d'eau bénite.

La frayeur s'empara du Ministre ; il sonna. L'huissier parut. O terreur ! L'huissier, s'adressant au personnage assis près du feu, lui demanda ce que voulait Son Excellence ? le Ministre ne laissa pas à son effrayant Sosie le temps de répondre : — Allez me chercher un évêque, s'écria-t-il ; un évêque ! allez vite !... et restez là ! — Je comprends mal ce que Votre Excellence veut bien m'ordonner, dit l'huissier sans manifester la moindre surprise.— C'est bien, dit alors le fantôme assis au coin du feu ; je n'ai besoin de rien. Laissez-moi.

L'huissier sortit. Le Ministre se leva, ou plutôt se dressa, les cheveux hérissés, et posa ses deux mains sur ses yeux.—

Mais qu'avez-vous donc ? lui demanda une voix dont le timbre mordant et flatteur l'avait toujours charmé.

Rassuré, le Ministre regarda. L'apparition, debout, lui faisait face. Il partit d'un sourire : — Est-il possible ! s'écria-t-il ; je me suis vu dans la glace, et j'ai eu peur.

— Non, reprit gravement le fantôme, vous ne vous êtes pas vu dans la glace ; mais il n'est pas moins étrange que l'aspect du Grand Maître de l'Université puisse épouvanter le Ministre de l'Instruction publique.

Le Ministre se frappa le front.

— C'est donc vous ! j'avais tout à fait oublié votre existance, et n'imaginais pas d'où vous pouviez venir. Savez-vous qui j'ai cru que vous étiez ?

— Je ne saurais deviner. Je ne connais aucun individu qui se puisse vanter de ressembler à Votre Excellence.

— Comment l'entendez-vous, Monsieur le Grand Maître ? On dirait que vous lisez l'*Univers*.

— Assurément je le lis, Monsieur le Ministre. Hélas ! j'y suis bien forcé ! C'est un misérable journal, et je suis sensible aux tourments qu'il vous cause :

Non ignara mali miseris succurrere disco !

Du reste, il ne m'enseigne point à vous manquer de respect. Que de fois il vous a proclamé rare écrivain, orateur habile, talent supérieur !

— C'est vrai, c'est vrai. Il y a là des jeunes gens qui ne manquent point de goût, malgré leur fanatisme. Mais vous ne devinez donc pas pour qui je vous ai pris.

— Je chercherais inutilement.

— Je vous ai pris pour Monsieur Villemain, mon cher !

— C'est une erreur concevable, et j'ose dire que je n'y vois pas de quoi s'épouvanter.

— Comment ! vous n'y voyez pas de quoi s'épouvanter ? Je me fais donc bien mal comprendre ? Je vous ai pris pour

Monsieur Villemain, personne privée; M. Villemain professeur, M. Villemain de l'Académie, M. Villemain pauvre pair de France, M. Villemain particulier, président de la Société des gens de lettres, grand officier de la Légion d'honneur, et pour tout dire ancien ministre. Comprenez-vous mon effroi?

— Aucunement.

— Allons, je ne voulais pas le croire, mais je vois que j'étais bien informé : vous me faites de l'opposition, Monsieur le Grand Maître.

— Ce serait une étrange Thébaïde que nous jouerions en ces paisibles lieux, Monsieur le Ministre. Toute opposition à vos désirs est fort éloignée des miens. Néanmoins, je crois que je ferais bien de ne plus me moquer de M. Cousin, puisqu'il m'arrive comme à lui de ne plus me comprendre.

— Quoi! vous ne comprenez pas que M. Villemain, simple particulier, n'est plus qu'un spectre, dont la présence m'annonçait le néant des grandeurs humaines?

— Ah ! voilà pourquoi vous aviez peur?

— Tout simplement. Qu'en auriez-vous pensé? Autant le souvenir du ministre est agréable au particulier, autant le souvenir du particulier est fâcheux au ministre. Je croyais l'entendre : Souviens-toi que tu n'es qu'un professeur, et que professeur tu reviendras : Souviens-toi que tu n'es qu'un pair de France, et que pair de France à ton banc tu retourneras ! Souviens-toi que tu n'es que l'un des Quarante, et que l'un des Quarante sur ton fauteuil tu rebâilleras! Souviens-toi que tu n'es qu'un particulier, et que particulier à ton propriétaire ton loyer tu repayeras !!...

— Assez! assez, monsieur le Ministre ! cette kyrielle est lugubre et j'ai comme un frisson de mort.

— Plus de portefeuille !

— Plus de simarre !

— Le conseil des ministres, où je brille, me sera fermé !

— Le conseil royal, où je règne, ne me reconnaîtra plus!

— Les députés, qui remplissent aujourd'hui mon antichambre pour obtenir un quart de bourse, passeront près
de moi sans me saluer! Un autre guidera dans la carrière
les premiers pas du jeune Nisard!

— Un autre humera dans le *Journal des Débats* l'encens
du jeune Saint-Marc!

— Un autre sera « l'éloquent ministre » qu'admire fidèlement le *Messager*! O gloire immanquable!

— Ce ne sera plus moi, que le *Globe* appellera « le chef
illustre du corps enseignant! » O douce périphrase!

— Qui combattra la *société fameuse*?

— Qui morigénera les professeurs?

— Qui sauvera le monopole?

— Qui?...

— Au diable ces visions cornues, Grand Maître! parlons
d'une autre chose.

— Vous dites bien, Ministre; quand il faudra mourir, ce
sera temps d'y penser. Laissons dans la nuit de l'abstraction
le Villemain ministre, grand maître, chef du parti philosophique, pontife des idées religieuses, grand catéchiste de
France, autocrate du latin, dictateur du grec, pacha de l'histoire, gardien du convent universitaire, la coqueluche des
feuilles libérales, vénérable à Saint-Marc, trois fois cher à
Génin...

— Eh là là, modérez-vous! J'ai justement à vous parler
sur ce chapitre. Génin vous aime, et vous nous brouillerez
avec lui. Il m'est venu tout à l'heure une affaire dont je vous
veux entretenir. Vous souvient-il d'un professeur protestant que vous destituâtes l'autre jour, Monsieur le Grand
Maître?

— Parfaitement, Monsieur le Ministre. Il l'avait bien
mérité. C'est un brûlot qui mettrait en feu tout le collège et
toute la province.

— Mais encore, que lui reprochiez-vous ?

— Il nous aurait attiré les plus fâcheuses réclamations de la part de l'Evêque.

— Et cette considération vous a déterminé, Monsieur le Grand Maître ?

— Elle a été en effet déterminante, Monsieur le Ministre. Cependant j'avais encore d'autres raisons.

— Lesquelles, s'il vous plaît, Monsieur le Grand Maître ?

— Voilà beaucoup de curiosité, Monsieur le Ministre.

— Je suis votre supérieur, et je vous interroge. Répondez !

— Ce professeur attaquait la foi catholique.

— Ah çà ! Mais vous êtes donc catholique, Monsieur le Grand Maître !

— C'est mon devoir, Monsieur le Ministre.

— Vous voulez dire, Monsieur le Grand Maître, que c'est votre droit.

— Pardon, Monsieur le Ministre ; mon devoir est d'être catholique, et j'ai le droit de ne l'être pas.

— Usez de votre droit, Monsieur le Grand Maître.

— Je ne puis pas, Monsieur le Ministre ; vous me rappelleriez à mon devoir.

— Evitons l'amphigouri, si c'est possible. J'ai l'honneur de vous dire, Monsieur le Grand Maître, qu'en vous montrant catholique, vous compromettez la paix de l'Etat. Vous violentez des professeurs qui nous font ensuite cent affaires. Vous prétendez que votre devoir...

— Comme Grand Maître.

— (Bon !) est d'être catholique ; mais, d'un autre côté, vous vous reconnaissez le droit...

— Comme citoyen.

— (Bien !) de ne l'être pas. En bon citoyen, il est de votre devoir d'user de votre droit. Que diable ! cela est clair.

— Permettez, Monsieur le Ministre ! Nos rôles sont différents. Vous devez m'engager à n'être plus catholique, et il est de mon droit de vous désobéir. Si par égard pour vos ordres, j'usais de mon devoir de citoyen, alors je ne remplirais plus mon devoir de Grand Maître. Et votre devoir, à vous, serait de me chasser immédiatement, au mépris de tout mon droit.

— Sur mon âme, Monsieur le Grand Maître, il me semble que je rêve, et je suis dans la dernière confusion de vous entendre parler ainsi. Je dois vous engager à n'être pas catholique ?

— Oui.

— Et si vous m'obéissez je dois vous chasser ?

— Oui.

— Mais si vous ne m'obéissez pas ?

— C'est différent. Si je ne vous obéis pas, vous devez me destituer.

— Assurément je rêve.

— Du tout.

— Mais, Monsieur, si je vous chasse, c'est un suicide !

— Positivement.

— Et si je vous destitue ?

— C'est un suicide.

— Vous dites que je ne rêve point ?

— Je l'affirme.

— Et que je dois vous chasser si vous cessez d'être catholique ?

— Et me destituer si je persiste à l'être.

— Monsieur le Grand Maître, voici une affaire terriblement obscure. Tâchons de nous entendre, et d'abord écartons de fâcheuses pensées. Vous savez combien je vous estime, quel cas je fais de vous, avec quelle passion j'ai désiré vous voir là où vous êtes, et si je serais marri que vous n'y fussiez plus. Justes dieux ! Où trouver un plus digne pon-

tife de la science moderne, et des épaules mieux faites pour
l'ampleur de la simarre, et des mains plus capables de
conduire le char des idées ! Je vous chasserais, moi !... Ah !
Monsieur le Grand Maître, par les septante articles de la
Charte, y compris ce chien d'article pénultième qui promet
la liberté d'enseignement, dont vous saurez bien vous dé-
faire, il faut que vous ne sachiez rien de l'étrange tendresse
que le Ministre de l'Instruction publique ressent pour vous.
Croyez que le flambeau de l'esprit humain lui paraîtrait fu-
rieusement compromis, et même effroyablement terne si
vous ne le portiez plus. Allez ! je voudrais être ministre
aussi parfait que vous êtes Grand Maître excellent.

— Ces sentiments me flattent, et Votre Excellence croira
sans peine qu'elle m'en inspire de tout semblables. Certes,
je ne me déplais point à la place que j'occupe, et toutefois
elle me paraîtrait médiocre si vous n'occupiez la vôtre, et je
m'ennuierais de ses paisibles splendeurs. Mon Dieu ! que ce
frac de ministre vous va bien, et que je vous l'ai souhaité !
Il m'en est même resté quelque chose sur la conscience. On
dit que je porte la simarre avec assez d'agrément, et je le
veux croire pour l'amour de vous. Que suis-je, cependant,
chétif universitaire, si je me compare à vous, ô ministre
puissant ! ô politique consommé ! Non, je ne suis point le
dictateur des intelligences ; je n'en suis que le cocher, mais
vous êtes assis dans le char.

— Monsieur le Grand Maître, nous nous aimons tant !
Ne pourrions-nous donc nous accorder ?

— Il est, sans le moindre doute, impossible que nous nous
accordions, Monsieur le Ministre ; mais il me semble bien
plus impossible encore que nous n'y parvenions point.

— Vous sentez bien que pour moi-même, je n'objecte rien
contre ce catholicisme importun dont vous faites profession.
Mais les protestants, les juifs, les éclectiques dont vous élevez
les enfants, réclament. Ils disent que vous les damnez en

enseignant que hors de l'Eglise romaine il n'y a point de salut; et que vous les tyrannisez en les empêchant d'enseigner le contraire. Dans le fait, ils ont raison. La Charte, qu'ils invoquent, ne prétend nullement qu'il n'y a point de salut hors de l'Eglise.

— D'accord, Monsieur le Ministre ; mais le catéchisme le dit et la Charte autorise à le dire.

— Bon, Monsieur le Grand Maître ; mais elle vous le défend, à vous.

— Non pas à moi, Monsieur le Ministre, mais à vous. Ne confondez pas.

— Doux Grand Maître, vous oubliez que nous ne faisons qu'un. Lisez l'*Almanach royal*, lisez le *Moniteur*, vous verrez : M. le Ministre de l'Instruction Publique, Grand Maître de l'Université, DIT telle chose, FAIT telle chose ; non pas : *disent, font*, etc. Nous sommes l'ancien auteur de *Lascaris*, de *Cromwell* (qu'on a trop oublié !) nous sommes un singulier masculin, et non plus un pluriel du même genre. Voulez-vous que je vous le fasse attester par Nisard ? Il n'entend point malice et c'est l'innocence même.

— Je ne conteste point tout cela.

— C'est que l'on a de si bizarres idées maintenant dans vos colléges ! Si l'on allait y professer le *panvillemanisme*?

— Non ; je suis sûr de notre unité. Si vous en doutez, voyez de quel zèle nous servons notre commun intérêt. Nous ne faisons qu'un pour notre bien. Pour le reste, il faut distinguer. Vous, vous devez respecter la Charte, sans quoi vous ne seriez pas ministre. Elle vous propose de reconnaître toutes religions : Tope ! Vive la Charte ! vivent toutes les religions ! Vous êtes panthéiste, polythéiste, protestant, juif, arabe, catholique si l'on veut, païen si on le désire. Vous êtes tout ce que l'on souhaite, vous n'êtes rien du tout. Moi, c'est différent. Je me moque de la Charte ; j'ai ma loi à part, mes décrets de 1808 et de 1811, qui m'ordon-

nent d'être exclusivement catholique. En conséquence, je
suis catholique, je suis romain, je suis papiste, je suis...
jésuite !

— Par Anacréon, que dites-vous là ? Jésuite !...

— Absolument ; et je vous damne... Sans quoi je ne serais
pas Grand Maître. Il n'y a point à plaisanter.

— Ah ! cher, très-cher moi-même, comment sortirons-
nous de ce mauvais pas ?

— Je ne sais en vérité.

— Il faut abroger les décrets, mon bien-aimé Grand
Maître.

— Alors nous accordons la liberté d'enseignement. C'est
le décret de 1808 qui constitue le monopole.

— Ah ! mon Dieu ! je n'y songeais pas... Abrogeons l'article qui nous gêne.

— Les catholiques crieront.

— Brrrr ! Ils font déjà bien assez de bruit.

— Cet article avec lequel ils nous assassinent est toute
leur consolation. On ne peut y toucher sans leur donner la
liberté.

— Les misérables !

— Je crois qu'il vaut mieux rester dans les termes du
Décret.

— Vous n'y songez pas. Le protestant rugit, l'éclectique
est à craindre. L'éclectique rôde autour du ministère ; il a
des échelles pour y monter, tandis que le catholique est
encore loin.

— Alors, quel moyen prendre ?

— Mon cher Grand Maître, écoutez-moi ; il s'agit de
sauver la....

— J'entends.

— Voyez-vous, Grand Maître, il faut laisser crier les
catholiques... Ce diable d'éclectique me fait une peur !...
Laissons crier le catholique. Nous lâcherons sur lui les

expulseurs. Et vous, mon mignon, vous renoncerez à votre
foi... Est-ce que vous y tenez beaucoup ?

—Entre nous, je ne la méprise pas...C'est une grande idée.

— Oui, j'en conviens. Je ne l'ai pas maltraitée dans mon
travail sur les Pères de l'Eglise, et l'Eglise m'en a su peu
de gré. Je lui pardonne. Dans le fond, il y a là du bon, beaucoup de bon ; mais les prêtres sont en arrière ; et le progrès
de l'esprit humain.... la science moderne.... la préémi-
nence de l'Etat.... enfin ce que vous savez, exige que vous
fassiez le sacrifice de cette profession extérieure de catholicisme dont on s'arme contre nous. Bah ! plus d'intolérance.
Laissons dire les protestant et les autres ; ils en ont le droit.
C'est entendu ?

— Mais je manque à mon devoir.

— Je fermerai les yeux.

— Vous le voulez.... Il faut que ce soit pour vous ! Puis-
siez-vous ne jamais vous en repentir !

— Cela, mon cher, regarde Monsieur Villemain le particulier, qui n'est point ici...

En ce moment un huissier entra, porteur d'une nouvelle
plainte d'évêque contre un professeur de philosophie, dont
les élèves cessaient presque tous de pratiquer la foi catholique. Le pauvre évêque gémissait comme Jacob devant la
robe ensanglantée de son fils Joseph. Le ministre, en recevant cette lettre, ouvrit les yeux. Il vit, non sans étonnement,
qu'il était seul avec son huissier, et que la figure du Grand
Maître avait disparu.... Ou, pour mieux dire, il se réveilla.

On n'a jamais su, et il n'a jamais voulu dire si le livre
qui l'avait endormi si triomphalement était l'histoire de
Lascaris, ou l'histoire de Cromwell.

Ce que l'on a trop su, et ce que les actes du Ministère et
les articles du *Journal des Débats* ont trop prouvé, c'est que
le songe du Ministre n'a pas été sans influence sur l'administration du Grand Maître de l'Université.

UN POEME DE M. HENRI HEINE.

24 décembre 1844.

I. La *Revue de Paris* donne la traduction d'un petit poëme politico-fantastique qui produit en ce moment, dit-elle, une vive sensation dans toute l'Allemagne. L'auteur est un juif devenu protestant, dont la réputation d'homme d'esprit et d'écrivain habile, fort grande au delà du Rhin, est justifiée même en France. Voyons donc ce qui préoccupe tant cette grave Allemagne, et où en sont les gens d'esprit... Voyons, autant du moins que nous pourrons voir ! La *Revue de Paris* avertit qu'elle a traduit fidèlement, « malgré la hardiesse de certains passages. » Certains passages, en effet, sont *hardis !* L'auteur conte gracieusement ce que peut dire et faire un juif d'esprit qui a trop soupé, et il est hardi comme le vin. Du reste, grand patriote, exilé, détesté des souverains germaniques autant qu'admiré de tout Allemand pourvu de raison pure. Le dessein le plus généreux lui met la plume à la main : il veut, si nous en croyons sa préface, que l'Allemagne s'unisse à la France pour la dépasser dans le domaine de l'action, comme déjà elle la dépasse dans le domaine de la pensée.

Afin que cette haute pensée allemande atteigne ses premières conséquences, lesquelles ne sont pas médiocres, il s'agit « de détruire le servilisme jusque dans son dernier recoin, le ciel ; de délivrer de sa misère Dieu, qui habite

la terre sous la forme humaine ; de devenir les sauveurs de
Dieu ; de rendre sa dignité au peuple déshérité, au génie
raillé, à la beauté profanée, comme nos grands maîtres l'ont
dit et l'ont chanté. » Quand ce court programme sera écrit
sur la bannière allemande, le poëte, qui présentement en
méprise assez les couleurs, « versera pour elle, sans hé-
siter, le plus pur de son sang, » et l'on verra des événements merveilleux : « L'Alsace et la Lorraine, la France et
l'Europe, seront à l'Allemagne ; le monde entier sera allemand. » L'auteur « pense souvent à cette domination universelle de l'Allemagne, lorsqu'il se promène avec ses rêves
sous les chênes de sa patrie. » Ce morceau sent le Quinet,
il faut l'avouer ; mais les poëtes, de quelque esprit qu'ils
soient doués, ne réussissent pas toujours dans les préfaces ;—
et puis, peut-être qu'en allemand c'est très-beau.

Le poëme est en forme de journal de voyage ; on y sent
l'influence française et la lecture attentive du *Charivari*.

Au premier relais, le poëte entend une petite fille qui
chante « la vieille chanson des renoncements, ce dodo des
cieux, avec lequel on endort, lorsqu'il pleure, le peuple,
ce grand enfant. » La chanson l'émeut et lui semble bête.
Il en chante une qu'il dit plus nouvelle, et qu'il trouve
meilleure :

O mes amis ! nous voulons sur la terre établir le royaume des
cieux.

Nous voulons être heureux ici-bas, et ne plus être des indigents ; le
ventre paresseux ne doit plus dévorer ce qu'ont gagné les mains laborieuses.

Il croît ici-bas assez de pain pour tous les enfants des hommes ; les
roses, les myrtes, la beauté, le plaisir et les petits pois ne manquent pas
non plus.

Oui, des petits pois pour tout le monde, aussitôt que les cosses se
fendent ! Le Ciel, nous le laissons aux anges et aux moineaux.

En dépit de la préface, j'attendais autre chose d'un écri-

vain célèbre et d'un exilé. N'en déplaise au poëte, sa chanson nouvelle n'est qu'un autre dodo, très-vieux aussi, beaucoup plus vieux que la chanson des renoncements ; un dodo
qui n'a jamais nourri que ceux qui ont la panse pleine, qui
n'a jamais bercé que ceux qui n'ont pas su donner un sou
de leur poche pour procurer à l'affamé au moins des ha-
ricots, en attendant les petits pois. Mais quoi ! une partie de
l'Allemagne s'est bien détachée du catholicisme pour manger de la viande le vendredi (tout le monde n'en mange pas
encore, même le dimanche !), est-il si ridicule de vouloir
maintenant la révolutionner tout entière en lui promettant
des petits pois ? Il faut se mettre à la portée des peuples. La
révolution faite, les petits pois pousseront s'ils peuvent. On
aura toujours des baïonnettes pour satisfaire les appétits trop
importuns.

A Aix-la-Chapelle, des soldats prussiens se promènent par les
rues.

C'est toujours le même peuple de pédants, tout d'une pièce ; c'est
toujours le même angle droit à chaque mouvement, et sur le visage la
même suffisance glacée et stéréotypée.

Ils se promènent toujours aussi roides, aussi guindés, tirés à l'é-
pingle, droits comme un I ; on dirait qu'ils ont avalé le bâton dont on
les rossait jadis.

Oui, l'instrument de la schlague n'est pas entièrement disparu ; ils le
portent maintenant à l'intérieur.

A Cologne, le poëte mange une omelette au jambon et
boit trop de vin du Rhin. Le vin produit sur son cerveau
un effet assez ordinaire : il lui inspire de la haine pour les
moines et de vertueuses indignations contre la corruption
des mœurs claustrales. Si j'étais homme d'esprit, quand
je voudrais mal parler des moines, je pourrais boire, mais
je ne commencerais pas par dire que j'ai trop bu.

En voyant le dôme inachevé de la cathédrale, notre auteur pousse un cri de triomphe :

Ce dôme devait être la bastille de l'esprit, et les rusés ultramontains pensaient : C'est dans cette gigantesque prison que languira la raison allemande.

Il oublie les Prussiens et la schlague, sans compter le vin du Rhin, qui cause bien aussi quelque préjudice à la raison allemande. Le dôme n'est point achevé, cela console de tout ; c'est comme si le pauvre peuple mangeait des petits pois.

« Il viendra même un temps, s'écrie le poëte, où, bien loin d'achever la cathédrale, on fera de sa grande nef une écurie. » Comme à la fin d'un trop long repas revient parfois l'aigre goût du potage, la juiverie primitive de l'auteur surnage dans ce hoquet. O puissant vin du Rhin ! tu enlèves d'abord le vernis philosophique, et tu laisses voir le pauvre rimeur chétivement habillé de ses bons mots ; puis tu déchires l'habit poétique, et l'on trouve la couche protestante ; puis tu laves cette croûte hérétique, et l'on découvre enfin le Juif déicide ! Si tu as encore quelque chose à nous montrer sous le Juif, ô vin du Rhin indépendant ! moi, je ne veux plus regarder. Cet homme d'esprit, ainsi déshabillé par toi, je l'abandonne à l'admiration des traducteurs : — et j'attends qu'il soit à jeun.

De Cologne à Paderborn, la distance est assez grande, mais, à la vue d'une image du Christ dressée sur le chemin, le modeste auteur fait de telles comparaisons, qu'on voit bien qu'il n'a pas encore vaincu l'influence des pots. Ce vin du Rhin est tenace ; allons plus loin.

Cependant nous avons fait la bonne moitié du voyage. Nous avons trouvé de vives épigrammes contre les Prussiens et d'amusantes caricatures. L'excessive vanité du poëte, qui éclate à chaque instant, est plus amusante encore. Mais nous n'avons pas du tout vu comment on délivrera de sa misère « Dieu, qui habite la terre sous la forme humaine ; » comment on lui fera manger des petits pois ;

comment, par le miracle de la haute pensée allemande, le monde entier deviendra allemand. La préface reste l'endroit le plus sérieux du poëme. Chose terrible, un Allemand qui se met à rire ! On ne peut plus l'en tirer. Ne deviez-vous pas nous enseigner à être libres, fier homme ? — *Pien ! pien ! ché brends ma bédide blaisir ; ch'enseigne la liperté et ché tédruis la subersdizion hàveq la bétide blaisanderie. Les bédits bois sont alécôriques. Dous les Teutches gombrennent l'ôlucion des bédits bois, même les plus bédits et les bédides filles.*

Ainsi, plaisantant, le spirituel auteur arrive à Hambourg. Jusque-là, tous ceux de ses compatriotes qu'il a rencontrés lui ont paru ou lâches ou stupides : les uns sans doute croient en Dieu, et les autres ne sont pas suffisamment révolutionnaires, même les patriotes : « — Je hais, dit-il, ce tas de canailles qui, pour émouvoir les masses, font parade de leur patriotisme. » Les Hambourgeois ne trouvent pas grâce devant lui, et tout au contraire. Il les raille agréablement sur leur ville brûlée, qui a l'air d'un caniche à moitié tondu :

Les hommes me parurent encore plus changés que la ville; ils errent çà et là, si tristes, si affaissés, qu'ils ont l'air de ruines ambulantes.

Ceux qui étaient maigres sont encore plus minces ; ceux qui étaient gras sont encore plus replets ; les enfants sont vieux, et les vieux pour la plupart, sont tombés en enfance.

Plusieurs que j'ai quittés veaux sont à l'état de bœufs maintenant, plus d'une petite oie d'alors est maintenant une grande oie au fier plumage...

Mon cher Gumpelino venait de rendre sa grande âme. C'est maintenant un Séraphin qui plane au pied du trône de Jéhovah !

Sarras, le fidèle caniche de mon libraire, est mort. Quelle perte ! Je parie que Campe eût perdu plus volontiers tout un tas d'écrivains.

L'auteur et son libraire vont dans une taverne pour se

mettre en gaieté avec des huîtres ; le vin du Rhin reparaît,
et l'analyse devient difficile. La société est charmante ; on
y voit « Fuchs, un aveugle païen, un ennemi intime de
Jéhovah. » Le poëte mange et boit de grand appétit ; puis il
chante une parodie des psaumes bibliques, véritable *Super
flumina Babylonis* de renégat ; mais ce n'est là que le premier effet de la boisson. Le régénérateur de la dignité allemande, du courage allemand et de cent autres vertus d'Allemagne, poursuit en ces termes :

> Le vin du Rhin me rend tendre et chasse de ma poitrine tout souci,
> et y infuse des sentiments humanitaires. Il me faut alors quitter la salle
> et flâner dans la rue. L'âme cherche une âme...

Le lecteur croit sans doute que ces malpropretés sont le
fait et la fanfaronnade de quelque jeune homme séduit par
de mauvais exemples littéraires et qui n'attend que d'avoir
un peu vieilli pour se repentir ? Hélas ! non : cette muse
avinée atteint l'âge des cheveux gris ; peut-être même est-
elle chauve et chargée de famille !

Mais poursuivons ; écoutons, s'il est possible, jusqu'à la
fin, le prophète de la régénération allemande.

Il trouve dans la rue la belle âme qu'il cherche, Ham-
monia, déesse protectrice de Hambourg, fille de Charlemagne et de la reine des Morues. Elle l'aime, dit-elle avec
assez de vraisemblance, entre tous les poëtes allemands, et
lui fait voir son portrait accroché dans l'alcôve du taudis
qu'elle habite. On commence une conversation du grotesque
le plus bas, durant laquelle le poëte s'achève en buvant du
thé mélangé de rhum. La déesse, qui s'est mise dans le
même état « en buvant du rhum sans le moindre thé, »
s'offre à lui faire voir l'avenir de la patrie allemande :

> Regarde ce vieux fauteuil qui fut le trône domestique de Charle-
> magne.

Le cuir du dos en est déchiré, et les coussins ont été rongés par les teignes.

Mais va ! lève le coussin qui couvre le siége vénérable ; tu verras une ouverture en forme de cercle, et au fond une sorte de chaudière.

C'est une chaudière enchantée, où s'amalgament les sucs magiques ; et si tu fourres la tête dans l'ouverture, tu verras l'avenir.

Tu verras l'avenir de l'Allemagne sous de flottantes figures ; mais ne t'effraye pas, si de ce chaos les miasmes s'élèvent jusqu'à toi...

Plein de curiosité, je me dépêchai de fourrer la tête dans cette terrible ouverture.

Ce que j'ai vu, je ne le révélerai pas ; j'ai promis de me taire. A peine si je puis dire ce que j'ai senti.

Je pense encore avec dégoût aux prémices de ces maudites odeurs ; c'était comme un mélange de vieille choucroute et de cuir de Russie.

Voilà la pensée et le trait final du poëme qui plonge la rêveuse Allemagne dans les plus graves méditations. O Allemagne ! O poésie !

L'auteur ajoute quelque chose, cependant : il se plaint des censeurs et des rois qui ne laissent pas assez de liberté à la pensée allemande. Il menace particulièrement le roi de Prusse de le flageller dans ses vers et de le livrer ainsi à un enfer dont nul dieu ne le pourra délivrer ·

O roi ! je ne te veux pas de mal ; je veux te donner seulement un conseil : Vénère les poëtes morts ; mais aie quelques égards pour ceux qui vivent.

N'offense pas les poëtes vivants ; ils ont des flammes et des traits qui sont plus redoutables que la foudre de Jupiter, créé lui-même par des poëtes.

Offense les dieux anciens et nouveaux, toute la clique de l'Olympe et le tout-puissant Jéhovah par-dessus le marché ; mais n'offense pas les poëtes.

Je ne suis pas roi, je ne souhaite nullement de l'être ; mais il me semble que si j'occupais n'importe quel trône, ces menaces m'intimideraient peu ; je ne craindrais pas les insultes du vin du Rhin.

Je ne craindrais pas l'esprit ni même le génie, je ne les craindrais pas même dans l'exil, lorsque je les verrais se vautrer de la sorte et déshonorer leur infortune jusqu'à la transformer en un châtiment trop mérité.

Et si, pourtant, la situation de mes peuples me forçait à redouter les chercheurs d'avenir qui proposent pour charte les fumées de l'orgie, je ne les honorerais certes pas davantage ; mais, averti des vices d'un pouvoir que peuvent ébranler ces ignobles coups, je me dirais qu'il faut donc qu'en effet le despotisme soit quelque chose de bien odieux, de bien infâme et de bien coupable, puisque de pareils ennemis ne lui font rien pardonner.

Alors je m'armerais contre eux de tout ce qu'ils demandent. Je ne les censurerais plus, je ne les exilerais plus, et, malgré l'éloquence que le vin du Rhin leur communique, je ne ferais pas arracher les vignes du Rhin. Ils seraient libres ; libre de boire, libres d'écrire, libres de m'injurier. J'hésiterais même à les faire juger et je ne les ferais juger que par des magistrats intègres.

Mais la liberté que je leur abandonnerais, je la mettrais aussi dans les nobles mains de la morale, du vrai patriotisme et de la religion ; je la donnerais à la conscience, à la probité, à l'Evangile, au publiciste honnête et grave, au missionnaire ardent. Je voudrais que mon trône eût des amis dans les rangs de la liberté. Là seraient les seuls censeurs dont j'invoquerais le secours. Je ne les armerais pas de ciseaux, ils s'armeraient eux-mêmes des courageux instincts de l'honneur et de la vérité ; ils combattraient ardemment pour ma cause et ne coûteraient rien.

J'étoufferais les sept têtes de l'hydre révolutionnaire, en lui donnant à dévorer sept espèces d'estaffiers et de laquais du Gargantua despotique. Je commencerais par tous mes censeurs ; je livrerais ensuite la moitié de mes journalistes subventionnés, et, quant à l'autre moitié, je ne la garderais pas longtemps.

Puis viendraient une partie de mes juges, accompagnés d'une partie de mes lois ; puis mes chambellans en grand nombre, avec leurs décorations ; et les trois quarts de mes gendarmes, dont je n'aurais plus besoin.

Si, après cela, l'hydre révolutionnaire vivait encore et demandait encore, elle ne me demanderait plus que la place et les gages de mes chambellans, de mes valets de plume, de mes juges et de ma police.

Mais je ne lui donnerais que leurs décorations.

O poëtes ! ô libérateurs de la pensée humaine ! c'est alors que vous me haïriez. Car des gages de mes censeurs, des gages que je vous refuserais, je bâtirais des cathédrales, je fonderais des hôpitaux, j'entretiendrais des Frères ignorantins et des Sœurs de Charité. C'est alors que vous encadreriez mon nom dans vos rimes altérées, c'est alors que vous me chansonneriez sur tous les tons. Je ne vous en empêcherais pas. Je vous donnerais, au contraire, une bouteille de vin du Rhin pour vous aider à soulever le couvercle de l'avenir.

Et vous verriez dans la chaudière infecte les feuillets épars de vos livres, même ceux dont se seraient, de leur vivant, épouvantés le plus mes défunts censeurs.

Voilà ce que je ferais, si j'étais roi ; c'est le conseil que je donne au roi de Prusse. Je ne puis nier que le poëte de l'indépendance allemande ne m'ait un peu mis du parti de ce tyran.

Mais il y a toute apparence que le roi de Prusse ne suivra pas mes avis. Je le plains. On dit que lui et d'autres craignent à bon droit ces poëtes, ces gens d'esprit dont nous venons d'entendre le plus puissant. S'il en est ainsi (et le succès des poëtes le fait craindre), les pauvres rois sont bien malades ! Quand un Pouvoir a réellement besoin de se protéger contre de tels esprits, et ne le peut faire, ou ne le sait faire que par la censure, la prison et l'exil, les chances ne sont pas en sa faveur. Il faut que ce Pouvoir soit mal assis, il faut qu'il régisse un peuple gâté; il faut que, dans le secret des consciences honnêtes, de terribles reproches s'élèvent contre lui. L'esprit de révolte et d'impiété, quelle que soit son audace, n'oserait parler si haut ni vomir tant d'ordures, s'il n'était soutenu par les passions du plus grand nombre et toléré par l'apathie des gens de bien. Le chancre monstrueux qui ronge la tyrannie n'a jamais vécu, ne vit et ne vivra jamais que sur le corps malsain de la tyrannie.

Les révolutions entraînent d'immenses malheurs; mais que faut-il regretter dans un édifice politique dont la chute peut être déterminée par les soufflets d'une rime impudique et athée? Évidemment, le bien ne s'y trouve pas, ou ne s'y trouve que chargé de chaînes. La conscience affligée assiste au combat sans prendre parti; elle en verra la fin sans honorer le vainqueur, sans pleurer le vaincu.

24 décembre 1844.

II. Nous avons critiqué un poëme traduit de l'allemand, publié dans la *Revue de Paris*, après avoir été vanté dans la *Revue des Deux Mondes* comme une sorte de manifeste du parti révolutionnaire en Allemagne. On sait que nous sommes loin d'éprouver aucune répugnance pour les idées de liberté. Nous trouvons bon qu'on demande en Allemagne ce que nous demandons nous-mêmes en France. Mais autant nous aimons la liberté, autant nous détestons l'impiété, autant nous exécrons le dévergondage qui semble ne vouloir lutter contre le despotisme qu'au profit de la corruption.

Lorsque nous voyons un écrivain libéral attaquer la religion et outrager la pudeur, nous doutons de son libéralisme, nous doutons qu'il soit prêt à de grands sacrifices pour la liberté qu'il déshonore, nous doutons surtout qu'il puisse inquiéter beaucoup les dépositaires hautains du pouvoir politique. Ces derniers savent par où le prendre; leur perspicacité, rarement mise en défaut, le classe parmi ces libres penseurs qui meurent armés de ciseaux, décorés et pensionnés.

Le poëme en question étant plus impie et licencieux que révolutionnaire, nous avait rendus sceptiques sur le patriotisme de l'auteur. Le *National*, au contraire, l'a accueilli comme une œuvre fraternelle, croyant, à la vue de ces tristes choses, que le poëte, « auquel on avait eu de grands reproches à faire, revenait aux *sentiments* démocratiques. » Il paraît que nous nous y connaissons mieux que le *National*. Des patriotes allemands, « qui ont droit à toute son estime, » dit-il aujourd'hui, réclament contre ses éloges. Ils lui ont mis sous les yeux des lettres écrites à la *Gazette d'Augsbourg*, dans lesquelles le poëte démocrate, hélas ! attaque violemment le parti radical français, traite M. de Lamennais de *prêtre horrible*, et enfin, ô crime ! *fait un pompeux éloge de M. Guizot !!!* Heureusement, cette lettre remonte loin, à 1842, et le *National* hésite encore à excommunier le coupable. Il sait ce que l'on doit pardonner aux poëtes; *mais*, ajoute-t-il, « si M. Henri Heine n'était pas sincère dans son retour, comme le pensent les patriotes dont nous avons parlé, il ne nous resterait que du regret d'avoir loué *même son talent littéraire.* » La démocratie française, on le voit, se priverait avec peine des services que peut lui rendre ce cynique ; elle est pauvre, elle prend des alliés où elle en trouve. Que le poëte soit obscène et athée, mais qu'il revienne aux *sentiments démocratiques* et qu'il ne fasse plus l'éloge de M. Guizot, tout lui sera pardonné.

Nous voulons bien, pour notre compte, que le correspondant de la très-peu démocratique *Gazette d'Augsbourg* reçoive du *National* le baiser de paix ; mais le *National* aurait tort de s'y fier. Une muse qui aime tant l'hypocras et les petits pois est continuellement exposée à aimer les gouvernements.

GUERRE CIVILE DANS LA LITTÉRATURE.

31 décembre 1844.

Les marchands et les prébendiers. — Guerre de M. Alexandre Dumas contre M. Buloz. — Victoire de M. Buloz. — M. Sainte-Beuve.—La *Revue des Deux Mondes.*

La guerre civile déchire la république des lettres, laquelle n'est république qu'aux yeux des ingénus. Le menu peuple nombreux et affamé, n'espérant plus arriver à la gloire, se met en servage dans les manufactures d'une aristocratie marchande qui lui demande de l'imagination et qui lui promet du pain. Pour tenir cette promesse, l'aristocratie marchande éprouve le besoin d'étendre ses débouchés, et elle fait la guerre à une autre aristocratie, que l'on pourrait appeler l'aristocratie du mérite, en la comparant à sa rivale, mais qu'il est certainement aussi juste de nommer l'aristocratie des emplois. Ces grands seigneurs littéraires ne font pas les brillantes fortunes de leurs antagonistes, ne produisent point, comme s'en vante le plus entreprenant de ces derniers [1], *trente-six volumes par an*, ne gagnent point, du 1ᵉʳ janvier au 31 décembre, 164,000 fr. brut ; mais ils tiennent toutes les prébendes qui relèvent de l'Etat. Ils sont professeurs, bibliothécaires, académiciens ; leur petit bien

[1] M. Alex. Dumas.

est à l'abri des orages, ils en jouissent sans se fatiguer le
cerveau.

Ils ont aussi leurs soldats, en petit nombre et peu magnifiques, mais pourtant mieux tenus et mieux nourris que la
troupe inculte des marchands.

Au premier abord, il semble que chacun pourrait se contenter de son lot, rester qui dans son comptoir et dans sa
manufacture, qui dans sa forteresse et dans sa terre.—Mais
les prébendiers, et surtout l'ambitieuse jeunesse qui les suit
avec l'espoir de leur succéder, sentent le besoin d'occuper
l'attention ; ni les uns ni les autres ne seraient fâchés de
vivre aussi un peu sur le public. Si les appointements sont
sûrs ils ne sont pas amples, et le sort des surnuméraires
est triste partout. Sans doute le prix d'un article, ajouté aux
gages officiels, ne permet pas de lutter d'équipage contre
les

> fertiles plumes
> Qui tous les mois sans peine enfantent... trois volumes.

Cependant, c'est une douceur. Or, les envahissements du
roman-feuilleton menacent de supprimer cette ressource et
de couper à l'aristocratie des emplois les rations supplé-
mentaires de la publicité.

De son côté, le roman-feuilleton, qui mène grande vie,
qui a ses ouvriers à nourrir, aspire au monopole, et il y
marche impitoyablement.

Telles sont les causes de la guerre.

Retranchés dans la *Revue des Deux Mondes* et dans la
Revue de Paris, les prébendiers dirigent contre le roman-
feuilleton une critique jusqu'à présent plus irritante que
meurtrière. Ils lui reprochent son mauvais style et même sa
mauvaise morale. En vérité, cela est injuste de leur part !
N'ont-ils pas sur la conscience les mêmes péchés ? Ne
sont-ils pas les premiers fauteurs de cette dépravation du

goût, aux exigences de laquelle, maintenant vieux ou fonctionnaires, ils ne savent plus ou n'osent plus suffire? Les
Revues publiaient déjà de très-vilains romans, que le feuilleton était encore naïf. C'est dans leurs enclos, c'est de
leurs mains qu'a été foré ce puits dont les eaux asphyxian-
tes forment à présent le marais où tant d'ennemis leur
sont nés.—Pourquoi donc, envieux, leur dit fièrement le
feuilleton, n'aurais-je pas comme vous le droit de corrompre
le public, ou plutôt de caresser sa corruption ? J'ai des doctrines contre la religion, contre la famille, contre la morale :
je propose des exemples funestes : vous ne vous en gêniez
guère ! J'en donne davantage pour moins d'argent : c'est
ma spéculation ! De quel droit m'empêcheriez-vous de
servir au pauvre peuple le reste du régal que vous avez
offert aux gens du monde ? Quant au style, entre nous, ce
n'est pas la peine d'en parler.

A ce discours, l'aristocratie des talents et des emplois ne
sait trop que répondre. Mais elle a pour chef un potentat
qui, s'il ne la défend pas, la venge. Ce potentat règne au
Théâtre-Français comme à la *Revue des Deux Mondes*. Que
fait-il ? Il ferme le Théâtre-Français au capitaine de l'aristocratie marchande, M. Alexandre Dumas, et c'est là surtout ce qui envenime la guerre.—Quoi ! dit M. Dumas, j'ai
fait tel, et tel, et tel chef-d'œuvre, et tels autres encore, et
l'on me renvoie au boulevard ! Cet affront frappe si vivement l'imagination du poète, qu'il ne sait pas en parler sans
sortir quelque peu des bornes de l'atticisme. Toujours les
gens de lettres ont entretenu le public des blessures de leur
amour-propre, mais ils l'ont rarement fait avec autant de
rage et si peu d'esprit. On ne peut imaginer le mauvais goût,
le pitoyable style d'une dizaine de lettres qui ont été publiées
contre le pauvre directeur de la *Revue des Deux Mondes*,
dans le plus fantasque et le plus illettré des journaux. C'est
la *Démocratie pacifique*, la feuille des Harmoniens, chez

qui s'est donné ce charivari. M. Alexandre Dumas condui-
sait l'orchestre à grand bruit de chaudrons ; sept ou huit
autres y faisaient vacarme armés de crécelles. Buloz à la
lanterne ! Il a, disait l'un, méchamment fait siffler mon
drame ! Et l'autre : Je lui dois la chute de ma tant belle comédie ! Et l'autre : Voici deux tragédies qu'il me refuse ;
je ne lui en proposerai plus : l'art est en péril ! — Entendez-
vous, criait M. Dumas, l'art périt, c'est Buloz qui le tue !
Puis venait une nouvelle foule, irritée contre le propriétaire
des Revues : — Il maltraite mon poëme ! Il a *éreinté* mon
roman ! — Il a biffé un article d'ami où j'étais loué !... Ma-
rinette s'emporte moins contre Gros-René que ces écrivains
contre leur perfide. — Car il m'a aimé, l'ingrat ! ajoutaient
quelques-uns ; il a eu de ma prose, et c'est ce qui met le
comble à mon courroux. O ciel ! me voir instrumenté de
la sorte par une Revue dont j'ai fait la fortune ! Etre abîmé,
massacré, *traîné par le recueil que ma main a nourri* ! Le
plus plaisant, c'est d'entendre ceux du camp attaqué. Appelés en témoignage ils refusaient de déposer, jurant que
M. Buloz n'est point si noir et qu'ils l'aimeront toujours : —
Permettez ! M. Buloz est blâmable de renvoyer votre prose ;
mais pourquoi voulez-vous qu'il renvoie aussi la mienne ?
Comment avez-vous la cruauté d'exiger que je me ferme le
Théâtre-Français, si je venais à faire une tragédie ?

M. Buloz a fort peu répondu. On dit qu'il s'écriait : *Ah !
si les lions savaient peindre !* Mais, malgré son silence, à
cause de son silence peut-être, la palme lui est restée.
N'ayant pas soufflé mot, il a eu plus d'esprit que ses adversaires ; il a eu plus de dignité aussi. Cela est bien fâcheux pour la gloire des lettres, que dix personnages qui
font métier d'avoir de l'esprit n'en puissent montrer autant qu'un seul qu'ils accusent d'en manquer, et qui les
réfute en se taisant.

Néanmoins, tout en évitant de répondre directement,

M. Buloz a cru qu'il ne pouvait se dispenser de faire défendre son recueil. M. Sainte-Beuve s'est chargé de cette cause. Il nous apprend que depuis dix ans le directeur de la *Revue des Deux Mondes* croit devoir fermer sa porte aux *Barbares*. Les avocats ont le droit de tout dire. Remarquons cependant, sans vouloir prendre le parti des *Barbares*, qu'à notre sens M. Buloz se trompe. Les Barbares ne sont pas seulement tels ou tels producteurs à la toise, qui alimentent le roman-feuilleton : ce sont encore, et surtout, ces esprits plus fins qui, dans son recueil même, n'ont pas cessé de piquer plus ou moins les vraies notions de l'art et de la morale et d'y déposer les œufs funestes qu'on voit éclore aujourd'hui. Ceux-là sont les barbares civilisés, qui ont poussé à la sauvagerie les autres barbares, jadis susceptibles de culture, désormais irréparablement perdus.

Ce qu'on peut dire en faveur de M. Buloz, président quasi absolu de la république des lettres depuis environ dix ans, c'est, premièrement, qu'il a bien le droit d'acheter ce qui lui plaît et de refuser ce qui ne lui plaît pas. Pourquoi la république des lettres s'est-elle soumise au régime des écus? Secondement, comme tous les souverains, il a eu de mauvais ministres : peut-être n'en a-t-il pas trouvé de bons ; peut-être, au lieu des fâcheuses doctrines, des fâcheux romans, des contes impurs qui ont rempli sa *Revue*, aurait-il été charmé qu'on lui apportât de la philosophie véritable, de l'histoire sérieuse, des romans honnêtes, de la critique impartiale. On a vu paraître de tout cela dans son recueil, ce qui montre combien il est au fond bon prince. Mais la littérature l'a gâté ; elle en a gâté bien d'autres, moins exposés que lui et qui n'ont pas eu de si honorables retours. Troisièmement, c'est ici son titre de gloire, il a, en général, maintenu chez lui sinon une sorte de morale, du moins une sorte de décence. En un temps semblable au nôtre, et lorsqu'on gouverne des gens de lettres, on ne peut nier que ce soit là du courage, de l'intelligence et du bonheur.

M. Buloz réussira-t-il, comme le dit encore M. Sainte-Beuve, à faire marcher sa *Revue* dans la voie du succès, d'où il prétend qu'elle n'est pas sortie ? C'est autre chose.

Les meilleurs fournisseurs de la *Revue* commencent à n'être plus féconds ; depuis quelque temps déjà, l'on s'aperçoit qu'ils ne disent rien de neuf. Presque tous, pour nous servir d'une expression vulgaire, sont au bout de leur rouleau. N'ayant ni la lumière de la vérité pour marcher en avant, ni l'espèce de force et de clarté factice qui résulte de l'union dans une même erreur, chacun d'eux s'est lancé à l'aventure dans l'empire illimité des rêves, bien moins ample que le moindre recoin de la nature vraie, et n'a pas tardé à s'y fatiguer. On voit des gens qui s'amoindrissent, qui s'endorment, dont les plus actifs ne savent où ils vont et reviennent souvent sur leurs pas. Il faudrait les remplacer, et il faudrait que leurs remplaçants changeassent de terrain. Or, les remplaçants deviennent rares, et les terrains nouveaux où ils pourraient songer à s'établir sont déjà occupés. L'erreur et la vérité se disciplinent sous leurs bannières exclusives. Entre le roman-feuilleton, dont elle ne peut ni par ses critiques ni par ses œuvres combattre l'âcre saveur ; entre les voltairiens humanitaires et furieux de la *Revue Indépendante* et les catholiques décidés du *Correspondant*, la *Revue des Deux Mondes*, décapitée par la politique ou par l'épuisement, réduite à la maigre imagination, au maigre style, au pédantisme des aides et sous-aides, nous paraît destinée à périr d'inanition. Prenons des exemples.

Il n'y a point de meilleure critique philosophique à la *Revue des Deux Mondes* que celle de M. Lherminier. Et pourtant, que nous apprend-elle, que veut-elle, où va-t-elle ? Elle fait trembler, sans les abattre, quelques pauvres auteurs

modernes, comme M. Michelet, M. Quinet, M. Leroux ; elle
recule devant M. de Bonald, après avoir bruyamment tou-
ché ce noble écu. Dans le fond, elle ne contente personne,
pas même M. Lherminier, qui a trop d'esprit et de talent
pour n'éprouver pas le besoin de conclure, et pour ne pas
s'apercevoir qu'il ne conclut point. M. Lherminier, il est
vrai, se fait lire, et c'est assurément un rare privilège. Est-
ce assez ? Non. Une affirmation, quelle qu'elle soit, plaît
mieux dans les temps troublés que le doute le plus habile.
M. Leroux, malgré sa pesanteur, M. Quinet, en dépit de
ses airs de prophète, ont une école ; M. Lherminier n'en a
point. Mais les autres philosophes de la *Revue*, que dirons-
nous d'eux ? M. Cousin parle-t-il d'autre chose que de ses
déplaisirs touchant la famille Pascal et M. Faugère ? N'est-
ce pas un faible apprenti que M. Saisset ? M. Jules Simon
n'est-il pas aussi vide et léger que roide ? M. Ferrari, quoique
plus habile, évite-t-il constamment d'être obscur ? Pour
M. Nisard (Désiré), il vient de donner sur Descartes un
article où le style et les idées sont au même état que dans
une bouteille d'encre. Laissant à ses confrères le genre
ennuyeux et le genre nul, où il a tant excellé, M. Nisard
crée le genre vaseux. Grâce à M. Sainte-Beuve, la critique
littéraire est en meilleur état. Véritable homme de lettres,
véritable poëte par son inspiration, moraliste et philosophe
plus expert que les trois quarts de ses collègues qui vendent
de la philosophie, M. Sainte-Beuve triomphe d'un instrument rebelle et le rend agréable à force de goût, de finesse
et de bon sens. Jamais on n'a mieux et plus délicatement
fait valoir les beautés de la littérature française, ni parlé
une langue plus contraire à son génie. On sait tout ce qu'à
certains point de vue nous avons reproché à M. Sainte-
Beuve, et avec quelle sévérité nous nous sommes élevés
contre sa complaisance pour les muses impudiques. Nous
n'en reconnaissons pas moins tout ce qu'il y a de distingué

dans son esprit et d'honnête dans son cœur. Il a donné
dernièrement une appréciation de Daunou, qui, sous les
modestes apparences de la biographie, est vraiment un chef-
d'œuvre. Les meilleurs peintres de l'homme n'ont rien fait
de meilleur. Cette froide figure d'apostat honoré apparaît
telle qu'elle fut, moitié marbre, moitié chair ; M. Sainte-
Beuve ne lui a refusé aucune louange et ne lui a fait grâce
d'aucune punition, pas même du ridicule.

Mais M. Sainte-Beuve lui-même ne publie pas de tels
travaux tous les jours ; mais M. Sainte-Beuve n'aime pas
surtout à se compromettre avec les vivants, ni même avec
les morts qui ont beaucoup d'amis, et il laisse presque entièrement de côté les œuvres nouvelles. Or, qui voit-on après
lui pour remplir ce grand rôle de la critique ? Si nous nom-
mions ces surnuméraires, nous n'apprendrions rien à nos
lecteurs, et nous affligerions d'honnêtes gens qui montrent
parfois de bonnes intentions. Ce sont eux qui font spécialement la guerre au roman-feuilleton : ils veulent, disent-ils,
ramener l'art dans une voie plus saine. Dessein digne
d'éloges ! Le malheur est qu'ils ne connaissent pas bien la
voie plus saine. Tout se borne, de leur part, à de fort
grandes admirations pour les écrivains titrés à l'ombre
desquels ils pensent, et à d'inoffensifs gémissements sur la
mauvaise tenue de la muse marchande. Si elle n'était que
corrompue, on ne voit pas ce qu'ils auraient à lui dire ;
mais elle parle un langage grossier qui les désole, elle est
d'une abondance qui les effraie, et ils la gourmandent d'une
petite voix fort peu virile, dont se rit la commère.

Leur position d'ailleurs est fausse. Indépendamment de
ce qui leur manque du côté du talent (et ce qui leur manque, c'est presque tout, leur grammaire même est chétive),
ils n'ont point de doctrine, c'est-à-dire point d'artillerie.
Leur ingénuité est extrême de s'attaquer aux mauvaises
lettres avec des épigrammes sucrées ! Le taureau, d'un

coup de queue, écrase la guêpe sur l'imperceptible plaie qu'elle vient de faire, et le public ne se doute même pas du combat. Mais eussent-ils force et volonté pour pousser plus avant la réaction, et quand ils iraient jusqu'à condamner tout franc le passé du recueil où ils écrivent, ils ne parviendraient qu'à précipiter sa fin. Ils seraient alors religieux et militants. Les voltairiens, les éclectiques, les incrédules de tout genre, qui ne font plus aujourd'hui qu'une seule famille (divisée, à cause des fonctionnaires qu'elle renferme, en deux partis politiques), voyant le tabernacle menacé, se retireraient comme l'ont déjà fait d'une part les radicaux, de l'autre les catholiques. Certainement M. Buloz ne veut pas aller jusqu'à cette extrémité. De toutes façons donc, et par la faiblesse irrémédiable des instruments, et par la nécessité de la situation, la critique, partie si importante d'une publication semblable, restera dans ce juste milieu terne, effacé, craintif, babillard, qui laisse le roman-feuilleton fasciner un bon nombre de ses lecteurs, tandis que les autres, fatigués à divers titres d'une somnolence si obstinée au milieu du combat, se préparent à quitter le terrain neutre pour rejoindre leur drapeau.

Restent la *Nouvelle* et les *Variétés*. La *Nouvelle* faiblit; elle a, comme la critique philosophique et littéraire, le défaut de ne satisfaire personne : trop prude pour les uns, trop délurée pour les autres, elle manque surtout d'originalité. Depuis *Mademoiselle de La Charnaye* [1], *Colomba* [2] et les *Contes* de M. Alfred de Musset, on ne sort guère de l'ornière. C'est toujours Pierrot amoureux de Margoton ; le vieux thème, qu'on parvient à rendre répugnant ou invraisemblable, comme dans *Arsène Guillot* de M. Mérimée,

[1] Par Ed. Ourliac.
[2] Par M. Mérimée.

mais qu'on ne sait pas rendre intéressant. Les *Variétés*
s'épuisent. Voici qu'on aura fouillé tous les Musées, exploré
toutes les Amériques. D'ailleurs, le même défaut qui gâte
déjà la philosophie et la critique, l'absence de doctrine, glace
encore ces curiosités. A quoi bon nous montrer ces peuples
étranges, ces terres lointaines, si vous ne savez pas ramener
à quelque idée qui nous reste et nous instruise le spectacle
de leur fortune ou de leur misère.

Voilà pourquoi nous croyons que la *Revue des Deux
Mondes*, qui a été si brillante, n'a pas maintenant un long
chemin à faire. Œuvre de pur délassement, sans croyance
et par conséquent sans but, elle cesse de répondre aux besoins de l'intelligence publique. Quand des doctrines positives sont aux mains, tout ce qui a quelque force et quelque vie se range sous la bannière de ses convictions, et laisse
les invalides agiter le pour et le contre au coin de leur feu.
Le sort de la *Revue des Deux Mondes* sera celui de ces
salons philosophiques où les vieilles femmes et les grêles
beaux esprits de l'ancien régime aiguisaient force épigrammes contre la religion, dont ils avaient tant prédit et tant
désiré la chute, et qui furent fermés par la Révolution,
même avant les églises [1].

[1] Mes pronostics ont été tout à fait trompés. La *Revue des Deux Mondes*
est aujourd'hui plus florissante que jamais, et ce sont les publications
rivales qui ont succombé. La *Revue* a bien tous les défauts que je signalais il y a douze ans ; mais ces défauts mêmes, qui devaient la
ruiner, ont au contraire assuré son succès. Je croyais qu'il fallait soutenir une doctrine pour intéresser la foule ; j'oubliais que la négation de
toute doctrine est la doctrine même de la foule au temps où nous vivons.

D'un autre côté, les catholiques ont fait bien peu d'efforts, et notre
pauvre *Correspondant* n'a guère répondu aux espérances que je voulais
avoir.—28 décembre 1856.

LA CHARITÉ LÉGALE.

7 janvier 1845.

Les conférences de Saint-Vincent-de-Paul.—Influence sociale de la charité chrétienne. — Impuissance de la charité légale. — La pauvreté punie de mort.

Les Conférences de Saint-Vincent-de-Paul sont des réunions laïques où, sans distinction d'opinion, de position sociale ni d'âge, des chrétiens s'occupent du seul soin de consoler et d'assister les pauvres. Fondée à Paris, après la révolution de Juillet, par quelques étudiants, cette société de bonnes œuvres est aujourd'hui l'une de nos plus efficaces institutions de charité. Énumérer les sommes qu'elle a dépensées, les pauvres qu'elle a sauvés de la mort ou du désespoir, les orphelins qu'elle a recueillis, élevés, préservés du vice, ce ne serait révéler qu'une partie de ses bienfaits : elle a secouru davantage peut-être ses propres membres, ces jeunes gens à qui elle a donné la sainte et sérieuse occupation d'être tout de suite des hommes de bien. Dans ce moment brillant et redoutable de la vie, où le jeune homme, enfin libre, s'avance vers le monde, il appartient à la première influence qui s'empare de lui : rarement cette influence est salutaire, rarement elle tend à lui donner une expérience qui l'éclaire et ne le gâte pas. La Conférence le met en contact avec des esprits déjà mûrs, avec des

cœurs généreux. Par le grand spectacle de la misère, elle
l'instruit sur les devoirs qu'il est tenu de remplir envers ses
semblables ; elle l'habitue à méditer le dévorant problème
des sociétés modernes, ce *paupérisme* qui n'est pas longtemps un mystère pour les chrétiens, mais que les chrétiens
doivent plus que d'autres étudier, non moins dans l'intérêt
général que pour satisfaire aux obligations de leur conscience et savoir comment ils useront des biens que Dieu
voudra leur confier. Ainsi occupé, le frivole jeune homme
ne tarde pas à considérer sagement la vie. En même temps
que les devoirs, il en connaît les plus nobles joies. Cette connaissance, il l'acquiert sans remords ; le fruit qu'il en retire
n'est pas l'égoïsme, c'est la charité. La famille se rassure
lorsqu'elle apprend que le fils exilé s'est enrôlé sous la
bannière de saint Vincent-de-Paul : elle augure bien de
sa conduite, de ses études, de son avenir, et elle a raison.

A cet avantage particulier se joignent des avantages
publics de plus d'un genre. Non-seulement le jeune homme
qui emploie de la sorte son loisir est peu accessible aux
séductions des partis, non-seulement il se prépare à devenir
un citoyen utile, mais encore il opère, pour sa part, avec
plus de succès que ne pourraient le faire des mesures légis-
latives, l'œuvre nécessaire de la réconciliation du pauvre
avec le riche. L'économie politique, signalant l'impuissance
de la bienfaisance légale, appelle au secours de la société
les œuvres de la charité individuelle : « La société, dit
« M. de Gérando, trouve dans l'exercice de la charité indi-
« viduelle un gage de sécurité qu'elle ne pourrait espérer
« des lois pénales ; par elle, la misère et la richesse sont
« réconciliées. Heureuse paix, qui répare les caprices du
« sort, protège la propriété, l'ordre, le repos, les mœurs
« publiques et la liberté politique elle-même ! » M. Duchâtel, aujourd'hui ministre de l'intérieur, encore moins suspect
que M. de Gérando, parle comme lui : « La charité indivi-

« duelle rassemble ceux que la fortune sépare ; en con-
« servant ce que l'inégalité a de nécessaire et même d'u-
« tile, elle la dépouille de ce qu'elle a de dangereux et de
« mauvais ; grâce à son intervention pacifique, l'harmonie
« se maintient ; le riche cesse de mépriser la pauvreté ;
« le pauvre apprend à pardonner à la richesse [1]. » Aussi
le Gouvernement, si craintif envers tout ce qui est association ou apparence d'association, a-t-il eu le bon sens de ne
point inquiéter les Conférences de Saint-Vincent-de-Paul :
premièrement, parce qu'elles ne font rien que d'une manière
publique ; secondement, parce qu'il a compris qu'aucune
arrière-pensée politique ne saurait se glisser dans une œuvre
qui ne peut vivre et prospérer qu'avec le concours de tous
les partis. Les Conférences chasseraient, en effet, comme un
faux frère le membre indiscret qui voudrait introduire un
intérêt quelconque autre que celui de la pure charité.
Chacun, en entrant, laisse son opinion sur le seuil. On n'est
là ni légitimiste, ni conservateur, ni démocrate ; on est
chrétien ; l'unique parti qu'il s'agit de servir est celui de
Jésus-Christ souffrant dans la personne des pauvres. Tout
catholique croirait commettre une sorte de sacrilége, en
dénaturant, ne fût-ce que par imprudence, ce caractère
exclusivement charitable auquel l'œuvre doit ses merveilleux progrès.

Mais, depuis quelque temps, certains esprits, se persua-
dant que la croyance catholique est hostile à l'État, estiment
que quiconque en fait profession ouverte doit être traité en
suspect, sinon encore en ennemi. Un prurit de persécution
travaille les subalternes de la hiérarchie administrative. Ils
s'attaquent aux personnes lorsqu'ils le peuvent, et l'on sait
comment ils traitent principalement les religieuses. Lorsque
les personnes sont laïques, par conséquent moins maniables,

_____
[1] *De la Charité*, par T. Duchâtel.

ils s'en prennent aux œuvres : nous comptons déjà un certain
nombre de localités où les Conférences de Saint-Vincent-
de-Paul rencontrent des obstacles inaccoutumés. Chose inexplicable, si les fruits de l'éducation universitaire étaient
moins connus. Ce sont les magistrats municipaux, c'est-à-
dire les hommes les mieux placés pour apprécier les immenses
besoins des pauvres et l'immense utilité de la charité individuelle, ce sont eux, les représentants des libertés communales et les tuteurs des indigents, qui se mettent à la tête
de ce mouvement antilibéral et antihumain ! Le fait est
digne de remarque ; il éclaire d'une sinistre lumière l'avenir
des libertés publiques. Nul n'aime la liberté à demi ; quiconque en veut pour soi et n'en veut point pour les autres,
n'en veut au fond pour personne, pas même pour soi. Autre
chose est d'aimer la liberté ou de vouloir simplement contenter ses passions. Rappelons-nous le commencement du
siècle : ces farouches républicains qui firent égorger au nom
de la liberté tant de prêtres, tant d'aristocrates, tant de
monarchistes, tant de modérés, devinrent barons, comtes,
ducs, chambellans, serviteurs obséquieux du maître le plus
impérieux qui fut jamais ; on les vit lever, insolemment
encore, un front tranquille sous le masque de boue qui s'y
était formé du sang de leurs victimes et de la poudre des
pieds de César. Rien n'est plus aisément oppresseur qu'un
esprit naturellement servile : ces hommes n'étaient tyrans
qu'en attendant le maître qu'ils faisaient désirer. La tyrannie
se servit d'eux et les trouva pleins de zèle. Ils sont morts ;
leur race est-elle éteinte ? Non ! sous nos yeux se forme un
corps d'employés choisis par le Pouvoir ou sortis de l'élection
populaire, qui se montrent tout prêts à obéir au despote
futur, qui sont déjà tout enhardis à violer les libertés publiques, et principalement celles dont la garde leur est confiée.
Nous pourrions nommer vingt conseils municipaux, ardents
à détruire là une communauté, là une école de Frères, là

une œuvre de bienfaisance chrétienne ; s'inquiétant fort peu
d'empirer la situation des malades, ou celle des pauvres,
ou celle des enfants du peuple, pourvu qu'ils fassent sentir
leur joug et leur haine au catholicisme. Ces faits sont très-
significatifs. Rapprochés du Napoléonisme qui gagne les
esprits et dont le principal représentant [1] est aujourd'hui
le chef de l'opposition parlementaire, ils trahissent une
tendance plus menaçante encore pour la Charte que pour
la religion. Comment croire que des gens qui ne respectent
pas les croyances respecteront les opinions, et que, ne
voulant point laisser à des hommes inoffensifs la liberté de
faire du bien, ils laisseront à des adversaires politiques le
droit de les attaquer et de les combattre? La liberté religieuse est haïe, la liberté politique sera vendue !

M. le Maire de Nancy ajoute son nom à la liste déjà
longue de ces partisans du bon plaisir libéral qui ne savent
pas supporter que la religion se fasse bénir des malheureux.
La Conférence de Saint-Vincent-de-Paul établie dans cette
noble cité est une des plus nombreuses. Elle se compose,
comme toutes les autres, d'hommes appartenant à toutes les
opinions, parfaitement connus, parfaitement paisibles, parfaitement estimés. Voilà sept ans qu'elle existe et qu'elle
est populaire : en d'autres temps, la Mairie lui a demandé
son concours, le Conseil général lui a voté des remercîments ;
elle assiste chaque année plus de deux mille individus. Que
lui reproche-t-on aujourd'hui ? Rien : mais elle déplaît, et
on l'entrave. Pour commencer, lui appliquant une législation spécialement dirigée contre la friponnerie, on ne lui
accorde qu'à des conditions inacceptables l'autorisation de
faire une loterie qui était devenue une fête pour la ville,
et qui, dans les deux années 1843 et 1844 réunies, a produit au profit des pauvres 21,800 francs. On lui enlève une

[1] M. Thiers.

somme de 10 à 11,000 francs sur laquelle il lui était permis de compter pour adoucir les rigueurs de l'hiver à deux mille individus manquant de tout. Et qui fait cela? Le Maire, le patron né de ces nécessiteux ! le Maire, président d'un *bureau de bienfaisance* réduit à n'assister que les pauvres qui justifient de *dix années de séjour dans la ville*, et qui les assiste, en hiver, *d'un fagot et d'une ration de pommes de terre par semaine;* c'est-à-dire, qui les laisse mourir de faim !

On veut qu'une société formée sous l'auguste patronage de saint Vincent-de-Paul se soumette aux mêmes conditions ; qu'elle n'assiste que ces privilégiés qui ont dix ans de séjour ; qu'elle renvoie les autres, vieillards, infirmes, veuves chargées d'orphelins ; qu'elle les fasse attendre, et lorsqu'ils auront assez attendu, qu'avant de les secourir, elle consulte encore le Bureau de *bienfaisance;* qu'elle sache de lui s'il n'apporte pas là tous les huit jours ses *bienfaits,* son fagot et sa ration de pommes de terre ! Car la bienfaisance du Bureau craint par-dessus tout le cumul ; elle craint que, par un second fagot, par un morceau de pain ajouté à ces pommes de terre, une charité devenue indiscrète ne rende la pauvreté trop heureuse et ne l'encourage. Vraiment ! qui ne voudra être pauvre, s'il ne s'agit que d'attendre dix ans, de passer sans bois et sans vêtements dix hivers, pour espérer de recevoir ensuite, chaque semaine : 1° un morceau de pain, 2° une ration de pommes de terre, 3° deux fagots ?

Quoi ! s'écrient les membres de la Conférence [1], hier 13 décembre, une femme âgée tombe de froid et d'inanition dans la rue. On la relève mourante, on nous l'amène : il faut d'abord que nous sachions depuis combien de temps elle habite cette commune où elle ne trouve pas de pain ;

[1] *Les membres de la Société de Saint-Vincent-de-Paul de Nancy à leurs concitoyens.* Brochure in-8°.

et, si elle n'a que quatre ou cinq années de séjour, il faut que nous lui répondions de repasser dans cinq ans ? Mais, demain, vos règlements l'auront tuée !

Remarquez que cette imperturbable patience de la charité légale excède les termes de la loi, d'une loi faite par la Convention ! Le décret du 24 vendémiaire an II, auquel il n'a point été dérogé, porte, titre V, art. 4 : *Pour acquérir le domicile de secours, il faut un séjour* D'UN AN *dans la commune.* Art. 13. *Ceux qui se marieront dans une commune et qui l'habiteront* PENDANT SIX MOIS *acquerront le droit de domicile de secours.* Donc, le Bureau de bienfaisance de Nancy, qui, au lieu de six mois et d'un an, exige DIX ANS de résidence, n'a pas seulement l'honneur d'être dix fois et vingt fois plus inhumain que la Convention : il sort de la légalité.

Il y est contraint, dira-t-il, par l'accroissement de cette population indigente dont on ne sait plus que faire. La Caisse communale, obligée de pourvoir peut-être à l'agrandissement du théâtre ou à l'embellissement des allées, manque de ressources pour les pauvres. C'est bien ; nous excusons le Bureau et surtout nous le plaignons d'être à ce point obligé de régler sa *bienfaisance ;* mais qui le contraint d'empêcher la charité individuelle de venir à son aide ? Pourquoi ne veut-il pas qu'elle se charge de ceux qu'il devrait nourrir et qu'il abandonne ?

A-t-il donc peur qu'on ne prolonge leur vie jusqu'au moment où ses règlements inexorables lui permettraient enfin de les assister?

En vérité, nous croirions que c'est là tout le secret. Comment expliquer cette dureté à l'égard des pauvres, si elle n'a pas pour but de forcer les pauvres à disparaître, n'importe comment? Voyez l'épouvantable alternative où on les jette : « Tous les jours le manque d'ouvrage réduit à la plus « affreuse indigence la famille de l'ouvrier probe et labo-

« rieux. Que fera-t-elle si, n'habitant pas Nancy depuis
« dix ans, elle ne peut prétendre à vos secours ? Vous de-
« mandera-t-elle de l'ouvrage ? Mais le Bureau de bienfai-
« sance ne s'occupe pas de ces choses-là. — Du pain ? Mais
« d'après vos règlements, vous n'avez plus même le droit
« de lui en donner. — Mendiera-t-elle ? Mais vous avez
« écrit sur vos murs que la mendicité est interdite. — Qu'elle
« aille s'établir ailleurs, direz-vous. Vous oubliez qu'ail-
« leurs aussi le travail manque ; qu'ailleurs la maladie, les
« infirmités et leur affreux cortége suivront cet ouvrier
« qui déplore l'inaction forcée de ses bras ; qu'ailleurs,
« enfin, pour obtenir quelque mince allocation du budget
« municipal, il faut, comme chez vous, subir la condition
« d'une résidence, moins longue peut-être, mais impérieu-
« sement exigée. Quel sera donc le sort de cette misérable
« famille ; quelle alternative lui restera ? — Voler, ou
« mourir de faim ? » En effet, le pauvre qui vole tombe à
la charge du Gouvernement ; celui qui meurt n'embarrasse
plus personne !

Que pourrions-nous ajouter à ce tableau ? Que dire, lorsque l'on voit des magistrats, des administrateurs affronter de
si terribles conséquences, plutôt que de permettre à la religion de les conjurer ? Car, si la Conférence de Saint-Vincent-de-Paul, au lieu d'être catholique, était une de ces
réunions de philanthropes qui mangent et boivent pour se
mettre en humeur de quêter, elle pourrait tirer des loteries,
en distribuer le prix à sa guise : on honorerait son zèle.
Mais il s'agit de gens qui prient Dieu ; pour les entraver, on
ne craint pas d'avouer des principes qui révoltent l'humanité. Que les hôpitaux croulent, que les pauvres désespé-
rés n'aient de refuge que dans le crime ou le suicide ; tout
est bon, tout vaut mieux que l'opprobre et le danger de les
voir secourus par des chrétiens, par des *Jésuites !* Voilà où
en sont le libéralisme et l'intelligence administrative ; voilà

le point où s'entendent les maires et les préfets, si rarement d'accord ; voilà ce que les autocrates municipaux inventent, ce que le Gouvernement approuve, ce que la presse, complice de toutes ces iniquités, applaudit !

La Conférence de Nancy aurait accepté une surveillance presque injurieuse pour la probité de ses membres, mais qui du moins lui eût encore laissé la liberté de secourir indistinctement tous les malheureux ; elle a refusé de se soumettre à des conditions qui n'accordent la vie qu'à ceux d'entre les pauvres qui ont pour ainsi dire fatigué la misère et résisté dix ans aux privations et au désespoir. Elle veut que le besoin reste un titre suffisant à ses aumônes. Moins riche, elle s'efforcera d'être plus dévouée ; le peu qu'elle pourra se procurer sera partagé aux nécessiteux anciens et nouveaux que Dieu lui enverra. En dépit de ses efforts, les pauvres, selon l'usage, paieront sans doute une lourde part des frais de la guerre déclarée à la religion ; cependant, aussi longtemps qu'il lui sera permis d'exister, elle fera mentir l'inscription que le Maire et le Bureau de bienfaisance de Nancy paraissent vouloir écrire sur les murs de cette cité magnifique, dont la générosité bien connue proteste en vain :

ICI

LA PAUVRETÉ EST INTERDITE

SOUS PEINE DE MORT.

EXPLICATIONS DU GOUVERNEMENT TOUCHANT LES PERSÉCUTIONS.

14 janvier 1845.

Discours de M. de Montalembert. — Réponse de M. Martin du Nord.

M. le comte de Montalembert a posé hier la plus haute, la plus claire et la plus acceptable théorie de la liberté religieuse reconnue par la Charte, réclamée par les consciences, exigée par les besoins de la société. Avec toute la force de l'évidence, il a montré combien le Gouvernement et les partis comprennent peu ces principes de liberté qu'ils ont cependant vantés si haut. Il a fait voir ce que produisent les colères antilibérales et antireligieuses qui répondent aux catholiques par l'injure et par la calomnie. Il a déroulé un tableau douloureusement long, bien incomplet encore, des excès de tous genres auxquels se sont abandonnés, dans l'espace de six mois, avec l'approbation du Gouvernement et du consentement de la presse, les agents hauts et bas du Pouvoir.

Nous avons admiré la modération de M. de Montalembert; elle nous étonnerait, si nous ne comprenions que des faits semblables à ceux qu'il a rapportés éteignent la colère dans le cœur du chrétien et ne laissent place qu'à des sentiments de pitié pour les hommes, pour les pouvoirs qui s'abandonnent à de pareils excès. En six mois, ils ont trouvé le moyen de mettre leur main insensée sur tout ce que le sentiment

publie connaît de plus digne d'encouragement, de respect et
d'admiration. Ils ont persécuté à Tulle des recluses ; à Sens,
des filles vouées au salut des victimes de la débauche ; à
Paris, d'autres religieuses qui patronnent de pauvres domestiques ; à Nancy, ils ont persécuté l'aumône ; à Avignon.....
Comment dire ce qu'ils ont fait à Avignon ? Dans les jours
les plus désastreux de notre histoire, la populace égorgeait
ses victimes ; les fonctionnaires d'Avignon cherchent à
déshonorer les leurs ! On a vu des choses hideuses ; on a vu
des bandes ivres de carnage porter triomphalement la tête
d'une femme, et quelques cannibales humecter leurs lèvres
du sang qui en coulait : nous doutons que jamais ces forcenés aient eu l'idée de déchirer sur la place publique les vêtements d'une religieuse, dans l'espoir d'étancher la soif
abominable qu'ils avaient de son déshonneur. Nous ne répétons pas tout ce qu'a dit M. de Montalembert, et M. de
Montalembert n'a pas tout dit. Or, quoiqu'on nous trouve
plaisants, nous autres catholiques, de crier à la persécution,
lorsque de tels faits arrivent, lorsqu'ils sont patents, lorsqu'on
ne peut les démentir et que cependant la justice est muette, la
presse muette, le Gouvernement muet, de quel nom pouvons-
nous appeler tout cela ? Heureusement, la tribune est libre
encore. Cent mille catholiques vont lire le discours de M. de
Montalembert ; cet expressif tableau de la vérité leur rap-
pellera ce que la liberté politique doit faire pour sauver ou
plutôt conquérir la liberté religieuse.

M. le Ministre des Cultes a loué M. de Montalembert de
sa modération, et s'est lui-même beaucoup animé. Nous ne
pouvons nous empêcher de penser qu'il y a un peu de jeu
dans son fait. Il a débité le discours qu'il débite toujours.
M. Martin (du Nord) vénère la religion catholique, il va
jusqu'à taxer d'*impiété* ceux qui ne reconnaissent pas ses
dogmes sacrés ; il vénère encore plus les Évèques, surtout
lorsqu'ils sont sages ; enfin, il porte tout le Clergé dans son

cœur et tous les catholiques aussi, à l'exception peut-être
de ceux qui rédigent et lisent l'*Univers*, détestable journal
dont il compare sans façon les articles aux chapitres du
Juif Errant; et peut-être les trouve-t-il plus dangereux
pour la religion et pour la morale ; car tout ce que la religion et la morale ont à souffrir, c'est sans le moindre
doute à l'*Univers* qu'il le faut attribuer. Ainsi, fort de ses
intentions et de sa conscience (il pose sa main sur son cœur),
M. le Ministre ne juge pas que le Gouvernement ait rien à
se reprocher. Tout irait bien si seulement on voulait se
taire, se taire partout, se taire toujours sur les besoins de
l'Eglise ; ne rien demander pour elle, surtout publiquement ; ne point la défendre. M. le Ministre ferait alors ce
qu'il voudrait ; qui ose le soupçonner de ne pas bien faire ?
Il a les sentiments les plus religieux, et il n'agit jamais que
bien appuyé sur la loi. On lui reproche ceci, mais c'est la
loi de germinal qui le veut ; on lui reproche cela, mais c'est
la loi de floréal qui le commande ; il a encore vingt lois de
ventôse et de frimaire, sans compter les quatre articles,
les articles organiques, etc., etc. Oui, lui répond M. de Montalembert, vous connaissez parfaitement et vous appliquez à
ravir les lois faites contre l'Eglise ; mais vous ne connaissez
ni n'appliquez la Charte, qui abroge toutes les lois, et que
l'Eglise à son tour invoque contre vous.

Du reste, M. le Ministre s'est tant échauffé qu'il a oublié
de répondre aux faits sur lesquels M. de Montalembert
l'avait interrogé. Les religieuses d'Avignon, celles de Tulle,
celles de Sens ; bagatelles ! Les Maires ont des droits de
surveillance ; les commissions des hospices en ont d'autres.
Tout est bien, le mal ne vient que de vous, qui parlez. Puis
M. le Ministre reprend son homélie : il engage les Evêques
à prêcher cette *religion d'amour* qui a eu si longtemps le
mérite de n'écrire pas dans les journaux. Eh ! M. le Ministre, avez-vous si peu entendu ce que les Evêques ont tant

répété, et avec tant de douleur ? Ils vous ont dit qu'ils prê-
chaient, et que, grâce à l'éducation que reçoit la jeunesse,
ils voyaient s'avancer le temps où personne ne viendrait plus
écouter : ils prêchent, et à leur voix naissent des œuvres
d'amour que vos agents se hâtent de détruire : ils prêchent,
mais si les choses continuent sur le pied où vous et vos amis
les avez mises, combien de temps encore pourront-ils prêcher ?

Nous n'avons pas besoin de recommander à l'attention de
nos lecteurs les nobles, instructives et sympathiques paroles
de M. le comte de Montalembert ; mais nous les engageons
à méditer plus encore le discours de M. le Ministre des
Cultes. Ils y verront ce qu'ils peuvent attendre d'un Gouvernement dont voilà le membre le plus bienveillant pour
eux. Nous rendons justice aux bonnes intentions de M. Martin : il voudrait nous protéger ; on n'aime pas si ardemment la paix sans avoir dans l'âme quelque douceur. Cependant cette douceur nous dénie des droits que garantit
la Charte, et tout chrétien trouvera meilleur compte pour
l'Église d'être libre au prix de quelques orages, que proté-
gée sous de telles conditions.

ESCARMOUCHES ET FIGURES PARLEMENTAIRES.

DISCUSSION DE L'ADRESSE DE 1845.

MM. Gust. de Beaumont, — Liadières, — de Tocqueville, — Ag. de Gasparin, — Marie, — Peyramont, — Thiers, — Guizot, — Dupin, — de Carné, Hébert, — Bugeaud, — Saint-Marc-Girardin, — Billaut, — Duchâtel.

20 janvier 1845.

On avait annoncé que la discussion de l'adresse serait chaude dès le commencement ; M. Liadières devait engager le combat par le chapitre de l'*intrigue* [1], et mettre le feu aux étoupes ; les orateurs importants devaient prendre la parole ; M. Guizot devait brusquer les choses, etc., etc. Ces pronostics ont été trompés : une séance consacrée aux petites lois d'intérêt local n'aurait pas été plus froide. Il y a, pour toute discussion générale, un certain nombre de discours, préparés à l'avance qui, bon gré mal gré, se veulent produire. Mais comme les orateurs, inscrits par le hasard, sont alternativement l'un pour l'Opposition, l'autre pour le Ministère, et n'ont pas pris la peine de se communiquer leurs pensées, il en résulte ceci : premièrement, ils ne se répondent pas, chacun tirant de son côté après avoir plus ou moins habilement, dans un petit bout d'exorde mal

---

[1] On appelait ainsi dans le moment quelques combinaisons de couloir pour renverser le Ministère.

improvise, soudé le commencement de sa harangue à la queue de celle qui vient de finir ; secondement, ces divers orateurs, s'ébattant sur le même thème, ceux-ci décidés à tout blâmer dans la conduite du Ministère, ceux-là décidés à tout applaudir : le second opinant dans l'un des deux sens répète ce qu'a dit le premier, le troisième ce qu'a dit le second, et ainsi de suite. Au troisième tour, l'ennui devient âcre. Six discours de ce genre, trois de chaque couleur, variés seulement par un débit ordinairement novice, ont de quoi lasser le courage d'un provincial et l'admiration d'un parent. Quant à la Chambre, rompue de longue main à ces exercices, elle en prend à son aise, et le bourdonnement des conversations particulières ajoute à la fatigue du citoyen des tribunes, lequel s'étonne de voir que le ministre accusé de haute trahison cause tranquillement avec son voisin, on se désennuie en faisant voltiger son couteau à papier.

Grâce au rang d'inscription qui l'appelait le premier à la tribune, M. G. de Beaumont s'est vu écouté quelques instants : mais bientôt on l'a laissé s'enfoncer dans les considérations générales sur l'alliance anglaise, à laquelle il a fait pourtant des reproches légitimes. L'honorable membre a diverti la Chambre par un mot assez piquant. Il parlait d'une proposition pour remédier à la corruption électorale, proposition enterrée comme tant d'autres : *Et qu'en est-il résulté? Un rapport de l'honorable M. Laurence, qui constate que la corruption électorale n'existe pas!* M. Laurence, naguère membre de la plus vive opposition, est aujourd'hui très-parfaitement ministériel et fonctionnaire.

Après M. de Beaumont est venu M. Liadières. M. Liadières est un ministériel pur et chevaleresque. Il est doué d'une haute taille, d'une voix assez nette, d'un beau galon d'officier du Roi, qui se voit même sur ses habits bourgeois. Il s'avance au combat avec quelque apparence d'indiscipline, armé de deux ou trois bons mots politiques repiqués d'un peu de littérature : il écarte les voiles parlementaires, décoche hardiment ses flèches au vif de la situation, et quitte la tribune sur un *aria di bravura* qu'il réserve à cette fin. Joli rôle de page, dont il s'acquitte au commencement de chaque session très-galamment. Il n'a pas tenu à M. Liadières qu'il ne mît, comme on l'avait annoncé, le feu aux étoupes. Mais M. de Tocqueville l'a remplacé à la tribune, et le feu n'a pas pris.

M. de Tocqueville, un homme de talent, que la gravité de sa pensée ne laisse pas improviser et que la faiblesse de sa voix éloigne des discussions orageuses.

Son discours, très-supérieur à celui de M. de Beaumont, attaque aussi l'alliance anglaise. Ce que nous en avons saisi nous a paru digne d'être écouté et médité. Malheureusement, il n'était pas en situation. M. de Tocqueville s'est donc fatigué à dire des choses excellentes, que l'assemblée, émue des espiègleries de M. Liadières, n'a pas entendues. L'honorable orateur a eu aussi son mot de circonstance : « Si le Ministère, dit-il, succombe à l'intrigue, il mourra du mal qu'il a lui-même inoculé au pays. » Un assentiment marqué a suivi cette parole amère.

M. Agénor de Gasparin n'a eu que le tort de venir après M. Liadières. On sait l'estime que nous inspire la probité de ce jeune orateur. Il défend le Ministère parce qu'il l'aime et l'admire ; il se fait écouter, même en se plaçant à ce point de vue singulier, moins parce qu'il est original que parce qu'il est sincère.

M. Marie a repris le thème de M. de Beaumont. Il a moins mérité que M. de Tocqueville le silence qu'il n'a pas obtenu plus que lui.

Rapporteur fidèle, nous devons dire que tous les reproches faits par l'Opposition au Ministère nous paraissent très-fondés, et que tous les reproches faits par le Ministère à

l'Opposition nous semblent empreints d'une grande justesse. — Ah! s'écrie le Ministère, combien il y a longtemps
que vous répétez ces choses, et que tout cela est vieux !—
Ah! s'écrie l'Opposition, que vos fautes sont anciennes
et persévérantes; qu'il y a longtemps que vous justifiez
nos anathèmes !

Qui a raison? qui a tort? Pourquoi la France laisse-
t-elle prolonger ce débat, sans dire un mot positif ni pour
le Ministère ni pour l'Opposition?

Constatons que l'avantage de la journée est resté au Cabinet. Il a été plus hardi que ses adversaires ; il les a fait
attaquer, et ils n'ont pas répondu. Mais l'Opposition n'a pas
dit son dernier mot ; ses discours d'aujourd'hui ne sont encore que roses et fleurettes.

21 janvier 1845.

M. de Peyramont a continué la série des discours de *discussion générale*. Il s'est proposé d'établir que les adversaires du Cabinet ont tous, à différentes époques antérieu-
res, conseillé au Ministère ce qu'ils lui reprochent d'avoir
fait. Plusieurs citations, choisies avec art dans des harangues
maintenant oubliées, l'ont mis en mesure de remplir sa
thèse. Cette tactique, souvent employée dans les deux
camps, excite ordinairement la bonne humeur de la Chambre et ne produit pas d'autre résultat. Tout le monde a
besoin d'être indulgent. Lorsqu'il paraît excessif d'exiger
qu'un orateur soit vraiment de son avis au moment même
où il parle, comment trouver mauvais qu'il n'en soit plus
un an ou deux ans après avoir parlé? M. de Peyramont a
tenu longtemps la tribune : mais, à la fin, il a voulu in-

téresser par ses propres idées, non plus par son heureuse
mémoire, et il s'est mis à prophétiser les malheurs qui fon-
dront sur la France si le Cabinet perd la majorité. Aussitôt
les conversations particulières s'éveillent de toutes parts et
les voilà qui jasent

                                        aussi confusément
      Que faisaient les Troyens...

   M. Thiers avait été l'orateur le plus *cité* par M. de Peyramont. L'honorable ministre du 1er mars a trouvé qu'on
le mettait beaucoup en contradiction avec lui-même, et il
est monté à la tribune pour s'expliquer. Il ne s'est pas
expliqué du tout ; il a fait mieux , il a fait un excellent
discours. La politique de M. Guizot n'a jamais reçu de coup
plus sensible. Mais est-ce bien la politique de M. Thiers qui
l'a frappée ? Est-ce bien le ministre du 1er mars qui s'est
montré si sage, si prudent, si réservé ? Le *Constitutionnel*,
à qui de pareils mots sont naturels , dit plaisamment un
jour d'un autre discours de M. Thiers , que c'était un
Discours-Ministre. On en peut dire autant de celui-ci.
Seulement, il faut convenir que M. Thiers n'est pas aussi
ministre que ses discours. Cette fermeté , cette suite , ce
jugement qu'il porte à la tribune, l'abandonnent lorsqu'il
a le portefeuille sous le bras. *La critique est aisée, et l'art
est difficile*. Quoi qu'il en soit, tout le monde a justement
admiré l'ordre, la netteté, la prestesse de cette longue improvisation. Les fautes du Ministère au Maroc, à Taïti et
dans la question du *Droit de Visite* ont été successivement
examinées, détaillées, mises en tout leur jour, rattachées à
la même pensée, à la même nécessité de faiblesse. M. Thiers
a très-bien su arranger tout cela sans se rendre impossible.
S'il n'appelle plus l'Angleterre notre *magnanime alliée*,
comme autrefois, s'il croit qu'il faut se tenir à son égard
dans une continuelle réserve, il se garde avec soin de tout

ce qui pourrait sentir la rupture ou la trop grande froideur.
Il ne blâme que l'excès, la bravade de sympathie qu'on a su
rendre si impopulaire ; il veut que, sans rompre l'alliance,
on se tienne prêt toujours à la dénouer. Il a résumé sa pensée
en disant que la faiblesse du Ministère l'avait poussé à
chercher des aventures dangereuses, mais qu'il n'apportait
en définitive, comme compensation à nos injures et comme
résultat de ses efforts, que la conquête des îles Marquises,
l'indemnité Pritchard, le traité du Maroc et la promesse
d'une commission pour terminer les difficultés du *Droit de
Visite*. Ce discours, plein de vues élevées sur les questions
de grande politique, et semé d'épigrammes poignantes, a
produit une vive sensation. Il donne à croire que M. Thiers
ne se tient pas aussi loin des affaires qu'il a pris soin d'en
jurer.

M. le Ministre des Affaires Etrangères a été moins brillant
que d'ordinaire ; il s'est longuement mais faiblement
défendu, après avoir toutefois, par une courte allusion aux
équipées de 1840, enlevé à M. Thiers la plus grande partie
du badigeon d'homme d'Etat *pratique* dont celui-ci venait
de se couvrir. Sur le traité du Maroc, M. Guizot ne s'est point
lavé de la précipitation et de la légèreté avec lesquelles a été
conclu ce traité qui nous a fait perdre les fruits de la guerre.
Sur l'alliance anglaise, il a dit qu'elle est grande, heureuse,
glorieuse, que le roi a été bien reçu à Windsor, et que la
France en est fière, etc., etc. ; enfin tout ce que cet homme
si distingué, mais si dépourvu de la fibre nationale, dit
ordinairement d'excessif en semblable occasion. Sur le *Droit
de Visite*, il annonce une commission mixte, et les noms
français qu'on y verra donneront, dit-il, pleine garantie au
sentiment public. Sur l'indemnité Pritchard, son avis est
que la France, en accordant cette indemnité, s'est soumise
à un précédent créé par elle-même, puisque déjà deux missionnaires français, injustement expulsés de Taïti, ont été,

sur l'ordre de M. Dupetit-Thouars, indemnisés par la reine
Pomaré. M. Guizot s'abuse, et la situation n'est pas iden-
tique. Les missionnaires français, bien autrement maltraités
que Pritchard, ont été expulsés comme *prêtres catholiques*
et non comme perturbateurs et instigateurs de révolte.
Personne n'a fait un crime à Pritchard de prêcher le métho-
disme, personne n'y a mis empêchement. On l'a arrêté parce
qu'il prêchait l'effusion du sang français; et c'est de quoi le
Cabinet français l'indemnise. Mais la majorité n'en demande
pas si long : elle a chaudement applaudi le Ministre qui lui
fournissait un prétexte pour le soutenir.

22 janvier.

M. Dupin a montré son visage, toujours un peu fâché.
Quelques personnes, le voyant paraître, se sont demandé si
le Procureur Général du Roi près la Cour de cassation venait
attaquer ou défendre le Cabinet ? Quelle ingénuité! M. le
Procureur Général Dupin n'a-t-il pas, il y a quelques
semaines, manqué la présidence de la Chambre par le fait
du Ministère ? Sa première phrase a arboré le pavillon ennemi, et un éclat de rire a salué sur toute la ligne de l'Opposition cette importante recrue. Du reste, M. Dupin n'a produit aucun argument nouveau; il a répété en avocat ce que
M. Thiers avait dit en orateur. Plusieurs de ces bons mots,
qu'on appelle avec raison des *coups de boutoir*, ont excité
l'hilarité sans modifier des convictions ou plutôt des résolutions maintenant affermies de part et d'autre.

La discussion générale, fermée après le discours un peu
long de M. Dupin, a été en quelque sorte reprise sur un
amendement au premier paragraphe de l'Adresse, proposé

et développé par M. de Carné. L'honorable député s'est placé, comme M. Dupin, parmi ces membres du parti conservateur qui, sans faire d'opposition quant aux *principes*, en font quant à la *conduite* ; trouvant que le Ministère pense bien, mais qu'il agit mal, et croyant que d'autres à sa place feraient mieux. Ce point de vue n'est pas le nôtre. Selon nous, le mal est dans le système. L'application plus ou moins outrée, plus ou moins blessante, sera toujours radicalement mauvaise. L'alliance anglaise, qu'on l'accepte comme un bienfait ou comme une fatalité, aura toujours des résultats analogues à ceux dont la France est irritée à si juste titre : elle dominera toujours la politique du pays. Or, toute politique dominée par celle d'un pays rival est faible, et toute politique faible est une politique humiliée. Il nous paraît impossible que le Cabinet de Londres ne fasse pas à M. Guizot toutes les concessions qu'il veut faire, qu'il peut faire. Tout ministère français docile aux inspirations du *système* aura tôt ou tard son embarras de Taïti, son *Droit de Visite*, son traité de Tanger. Néanmoins, nous devons dire qu'à nos yeux la démarche de M. de Carné accuse plus gravement peut-être qu'aucune autre la conduite du Cabinet, parce que M. de Carné est un homme de bonne foi, et que sa conscience le dirige en ceci. Il croit que M. le comte Molé aurait plus de courage que M. Guizot. Dieu le veuille pour l'honneur de la France ! Quant à nous, nous n'avons aucune raison de croire au courage de M. le comte Molé.

M. Hébert, rapporteur de la Commission de l'Adresse, a longuement et faiblement défendu le Ministère et son projet. Il nous semble maintenant prouvé que le Ministère n'a vraiment rien à dire pour sa défense, et qu'il devrait demander un vote d'indemnité. M. Dupin avait parlé en avocat, mais en avocat placé sur un bon terrain ; M. Hébert, outre les désavantages de la position, a contre lui les inconvénients d'un défaut de tact qui le porte à s'appuyer sur des

points qu'il ne faudrait qu'effleurer, et d'une aigreur naturelle qui lui fait blesser ses adversaires, lors même que ses
précautions oratoires cherchent le plus à les ménager.
Nous ne conseillons pas au Cabinet, s'il reste debout, de
donner à M. Hébert la succession de M. Villemain : il sera
un des ministres les plus irritants qu'on ait vus; et à quoi
bon irriter, lorsqu'on est si souvent condamné à demander
grâce ?

M. Hébert, pour justifier le traité marocain, a beaucoup
exalté les avantages que nous assure l'excommunication
fulminée par l'empereur contre Abd-el-Kader. C'est, dit-il,
une chose très-sérieuse, qui met l'ex-émir hors de la société musulmane, qui le fait fuir comme un lépreux, qui le
fait traquer comme un bandit ; et admirez l'inconséquence :
il ajoute que l'empereur ne peut interner Abd-el-Kader
dans ses États, parce que ce dernier s'y formerait un parti
redoutable ! Que devient donc l'excommunication ? Au sujet de l'indemnité Pritchard, M. Hébert affirme que si
ce qui est justement arrivé pour cet homme était arrivé
dans une colonie anglaise, à un résident français, le
Gouvernement se serait hâté d'exiger pour lui une indemnité. Qui le croit? Enfin, sur le Droit de Visite, le
rapporteur de l'Adresse en est revenu à ce projet de la
commission mixte qui doit rechercher les moyens de supprimer la traite sans offenser le pavillon français. M. Dupin avait déjà dit que cette commission, composée de
M. Lushington et de M. de Broglie, l'un et l'autre zélés
abolitionnistes, ne serait pas très-scrupuleuse, et ne serait
pas non plus très-pressée de sortir d'un provisoire qui laisse
les choses dans une situation dont la France ne veut plus.
M. Hébert ne s'est pas arrêté à cet argument, pourtant
assez grave : il a pleine confiance dans la future commission. Mais que pourra donc faire cette commission, si la
parole de la France, déclarant qu'elle veut contribuer à l'a

bolition de la traite et qu'elle ne souffrira pas que son pavillon couvre cet odieux trafic, ne rassure pas nos bons voisins ?

La journée a été mauvaise pour le Ministère. Il n'est pas probable que celle de demain lui soit plus favorable ; on peut douter qu'il ait réservé jusqu'à ce moment ses meilleures raisons.

24 janvier.

Le traité du Maroc, ramené à la tribune par un amendement de M. Gustave de Beaumont, y a reçu le coup de grâce, et c'est M. le maréchal Bugeaud qui le lui a donné, sinon par sa parole, au moins par son silence. Déjà ce silence avait parlé bien haut dans le cours de la discussion générale. Tout ce que le vainqueur d'Isly ne disait pas en faveur du traité, il le disait contre le traité. Qui doute que son témoignage n'eût promptement défendu l'œuvre des négociateurs, si le traité ne lui avait pas paru de nature à compromettre son œuvre, la sécurité de l'Algérie et les résultats de la victoire ? Aujourd'hui, contraint par les adroites interpellations que M. de Beaumont lui adressait, de faire enfin positivement connaître sa pensée, M. le maréchal Bugeaud a d'abord déclaré qu'il était étranger aux négociations. Il a ajouté, en deux mots, que, sur le premier moment, le traité ne l'avait *pas satisfait* ; dans sa pensée, on pouvait y mettre des clauses qui nous auraient mieux garantis des entreprises d'Abd-el-Kader. Depuis, son sentiment se serait un peu modifié, et ce qui le porte à croire qu'on ne pouvait pas exiger davantage de Muley-Abderrahman, c'est qu'en ce moment des insurrections éclatent

sur divers points du Maroc. Quant à la question de savoir
s'il aurait dû pousser jusqu'à Fez, M. le maréchal Bugeaud
a dit encore qu'il était assez fort après la bataille pour atteindre cette ville et s'en emparer, mais que, vu la saison,
une pareille campagne eût été téméraire.

Après ces explications, désertant un terrain que sa légitime affection pour le Cabinet lui rendait fort pénible, l'illustre Maréchal, tacticien aussi expert à la tribune qu'il l'est
sur le champ de bataille, s'est mis à parler des razzias, de
la guerre, de l'armée, des travaux militaires, de la coloni-
sation, etc., etc. Plein de son sujet, et sans écouter les voix
qui par intervalles le rappelaient en souriant au traité, il a
décrit avec un sang-froid imperturbable les douceurs et les
avantages du gouvernement du sabre : Point d'avocats, s'est-
il écrié, point de procès ! A chaque période il concluait en
priant la Chambre de lui donner encore quelques soldats
afin de maintenir son armée au complet de cent mille
hommes. Il ne voulait pas être monté à la tribune pour rien.
Et la Chambre, le voyant venir, prenait gaiement son parti
d'oublier aussi le traité, pour écouter ce hors-d'œuvre, d'ailleurs si intéressant. Il est sûr que c'était une chose conso-
lante, au milieu des déplorables écueils où se brise à tout
moment notre politique, d'entendre si franchement, si clairement dire qu'au moins cette difficile affaire de l'Algérie
est en bon chemin, et de voir que le courage de nos soldats, ce courage qui pourrait nous laver un jour des faiblesses de nos hommes d'Etat, brave toutes les difficultés et ne
connaît rien d'impossible. Qu'avons-nous fait de facile en
Algérie ? a dit M. le maréchal Bugeaud. Il a le droit de
parler de la sorte, et la Chambre le lui a prouvé par sa dé-
férence à l'écouter dans un moment où toutes les préoccu-
pations étaient pour d'autres pensées.

C'est ainsi que M. le maréchal Bugeaud s'est exprimé sur
le traité, sans charger sa conscience, sans accabler le Mi-

nistère, sans compromettre sa popularité; et qu'il s'est de plus donné la satisfaction de vanter sa brave armée et de réclamer son complet de cent mille hommes. Il n'a pas eu l'air d'y toucher, mais il est assez fin pour l'avoir fait exprès.

M. Saint-Marc-Girardin n'avait nul besoin de répondre au Maréchal; il ne l'a pas entrepris. Il s'est livré à une dernière critique du traité. M. Saint-Marc-Girardin n'a rien de moelleux dans la voix ni dans le geste. Il se remue tout d'une pièce et parle aigrement; certaines fins de phrases semblent percer la voûte de la salle. En somme, il s'en faut de beaucoup que M. Saint-Marc-Girardin soit orateur. L'Opposition l'a fort applaudi. M. Guizot n'a pas cru nécessaire de lui répondre; ce dédain a été sa vengeance contre l'infidèle. On a passé au vote. Après deux épreuves, l'amendement de M. de Beaumont a été rejeté, et le premier paragraphe de l'Adresse adopté. Le Ministère triomphe, l'Opposition a eu les honneurs de la guerre.

23 janvier 1845.

Ni M. Crémieux pour l'Opposition, ni M. de Gasparin pour le Ministère n'ont pu obtenir l'attention de la Chambre. M. Crémieux a parlé au milieu du bourdonnement des conversations particulières; M. de Gasparin n'a pu achever son discours. Après tout, la Chambre n'est pas si blâmable. Elle renferme dans son sein trop d'avocats pour qu'on puisse exiger qu'elle prête l'oreille à tous les discours. Il est bon que son inattention oppose quelque digue à ce flux de paroles et à ces jeunes ardeurs que son règlement la condamne à subir. Que pouvait-on lui apprendre encore ? Elle vou-

lait, pour en finir, entendre M. Billault, chacun étant bien
sûr que celui-là épuiserait le sujet, et qu'après lui rien ne
resterait à dire. La question de Taïti et celle du Droit de
Visite sont le domaine propre du député d'Ancenis : il en a
fait son bien, sa chose, son espoir, l'espoir d'un homme qui
touche au portefeuille ! Qu'on juge s'il les cultive ! M. Billault a tout lu, tout médité, tout traduit, tout commenté et
mis en ordre. Il s'est avancé vers la tribune du pas lent et
grave d'un homme qui apporte du nouveau, qui tient peut-
être là, sous son bras, une révolution ministérielle. On a
fait silence de toutes parts, et M. Billault a parlé. Le personnage est assez important pour que nous en donnions la
silhouette. Un homme jeune, sérieux, très-sérieux, on pourrait dire un peu roide ; une tenue sévère, un visage pâle et
mécontent, une voix qui hait les ministres, un geste qui les
menace, des phrases brèves, provoquantes, indignées. A
voir M. Billault tancer, dénoncer, accabler ce malheureux
banc des ministres, dirait-on qu'il a si grande envie de s'y
asseoir ?

Voilà les défauts de l'orateur : ils gâtent son talent, mais
ils ne le détruisent point. On regrette cette hauteur, tran-
chons le mot, cette morgue qui enlèvent à l'étude et à la conviction ce qu'elles ont de plus séduisant, la simplicité. Que
M. Thiers est bien plus habile ! Cependant, M. Billault ne
fait point de phrases. Il est net, ordonné, assez concis. Quelquefois il descend à de trop minces détails, mais aujourd'hui
il a évité cet écueil. Après trois jours de discussion sur le
Maroc, Taïti et le Droit de Visite, après tout ce qu'ont dit
les journaux, il a été non pas neuf, cela n'était plus possible, mais intéressant. Véritablement, la main sur la conscience, ces trois affaires ne sont pas à l'honneur du Cabinet !
Qu'il ait fait ce qu'il pouvait faire, nous ne le nions pas ;
nous ne l'accusons point d'imprévoyance, nous ne pouvons
croire qu'il n'a pas prévu les fautes et les dangers où l'en-

gageaient le traité du Maroc, la convention de 1841, l'indemnité Pritchard : c'est la fermeté qui a manqué, et quelle
est donc la fatalité qui nous engage dans une voie où de telles
fautes doivent être commises ! La Chambre tout entière a
éprouvé un malaise visible, lorsque M. Billault, analysant
avec une sagacité cruelle le peu de documents publiés par
le Ministère, a vu partout les traces d'une politique qu'il a
spirituellement et durement caractérisée sous le nom de
politique des prévenances et des petits soins. Prévenances
et petits soins, bien entendu, de la France envers l'Angleterre ; car l'Angleterre n'a presque rien exigé, on a pris soin
de tout lui offrir. Elle se laisse servir et adorer.

Qu'a répondu le Ministre? Une chose bien simple. M. Duchâtel a demandé aux partisans du futur Cabinet ce qu'ils
feraient à la place du Cabinet actuel ; s'ils refuseraient, par
exemple, l'indemnité Pritchard ? Cette parole a suffi : tout
le monde en a senti la force, et M. le Ministre de l'Intérieur
aurait pu se dispenser des explications qu'il a ajoutées en
quelque sorte pour la forme, peut-être aussi en vue de quelques pauvres consciences timorées qui assistaient au débat,
incertaines entre le péril d'aimer trop l'Angleterre et celui
de ne l'aimer pas assez.

On se préparait à voter après le discours de M. Duchâtel,
lorsque M. le Président a déclaré, au milieu des *Ah ! Ah !*
de toute l'assemblée, que vingt membres (appartenant tous
au côté gauche) demandaient le scrutin secret. Cette tactique
s'emploie dans les grandes occasions, pour assurer la liberté
des membres qui redoutent l'œil de leurs adversaires ou celui
de leurs amis. On a souri en voyant le grave M. Guizot ne
pouvoir s'empêcher de regarder dans l'urne où il venait de
déposer sa boule, afin de voir si la couleur blanche, couleur
de deuil et de mort pour le Ministère, y dominait. Après
quelques minutes d'une vive attente, le Président a fait
connaître le résultat du scrutin. Le Ministère a la majorité,

mais une bien petite majorité. Sur 422 votants, il y a eu 197
voix pour l'amendement de M. de Carné, 225 contre. La
majorité absolue était de 212 voix, ainsi la majorité relative
en faveur du Cabinet est de 28 voix, et la majorité absolue
n'est que de 13 voix.

Sur ces 13 voix, il y a 6 voix de ministres : MM. Guizot,
Duchâtel, Martin (du Nord), Dumon, Lacave-Laplague,
Cunin-Gridaine.

Personne n'a été content de ce résultat qui fera durer l'incertitude jusqu'à la fin de la discussion. L'Opposition craint
que le Ministère ne se rattache quelques infidèles ; le Ministère tremble que l'Opposition ne lui enlève quelques amis
froids.

ETAT DE LA PRESSE.

(LA PRESSE POLITIQUE. — LA PRESSE RELIGIEUSE.)

24 janvier 1843.

La presse périodique est en proie à un mal que personne n'ignore. A ces détonations de prospectus lancés comme des signaux de détresse, à ces baisses de prix, à ces agrandissements de format, à ces bandes de romanciers appelés de toutes parts au secours de la rédaction, chacun reconnaît des entreprises en souffrance, des corps épuisés, livrés aux hasardeuses ressources de l'empirisme. En effet, la plupart des journaux, qui devraient vivre de leurs opinions, ne vivent que de leurs feuilletons et de leurs annonces. Nous ne comptons pas parmi les vivants ceux qui, sans feuilletons, sans annonces et sans moyen d'en avoir, subsistent par les sacrifices de certaines têtes de partis : instruments du Ministère ou organes de quelques nuances ambitieuses, leur passé fait deviner leur avenir ; l'ange funeste du désabonnement les visite et les pousse inexorablement du silence à la tombe. Déjà ils ne vivent plus. Parlons des autres. Comment sont-ils descendus à cette vie du feuilleton et de l'annonce ? Est-ce une vie véritable ? Sera-ce une vie durable ?

L'invasion du feuilleton, dont on accuse le mauvais goût et la frivolité des lecteurs, s'explique très-bien, pour quiconque a suivi avec un peu de soin la marche des journaux,

par l'insigne faiblesse de leur rédaction sérieuse. Lisez ces
articles de fond que vous dédaignez maintenant pour savou-
rer le patois des feuilletonnistes et des romanciers ; vous
verrez combien le rédacteur politique est au-dessous du rédacteur littéraire, combien sa pensée est plus nulle, sa
faconde plus lourde, et la manière dont il envisage le mou-
vant spectacle de l'histoire contemporaine plus plate que le
plus plat roman. Vous comprendrez alors pourquoi la foule
des lecteurs, fatiguée de ces mornes entêtements, et de ces
variations parfois impudentes dans un cercle étroit de sophismes vieillis, s'est jetée sur le feuilleton : là du moins elle
trouve quelque chose qui répond à l'âme humaine ; préférant
ce qui la gâte à ce qui l'assomme, elle place le dernier des
conteurs au-dessus de ces pesants écrivains qui n'auront jamais fini de prouver quel homme d'État doit tenir la
feuille des bénéfices constitutionnels.

La doctrine a failli en leurs mains. Ils ont été rebelles au
mouvement des esprits, ignorants des vrais besoins de la société, hostiles à tout sentiment généreux de l'avenir. « Nos
patrons seront-ils ministres ou ne le seront-ils pas ? » Voilà
les problèmes sur quoi ils restent en arrêt perpétuelle-
ment. « Enlèverons-nous par un coup de main la haute direction des affaires, ou ne deviendrons-nous que conseillers
d'État, présidents des Cours royales et pairs de France ?
Serons-nous consuls, directeurs, présidents de la République, ou resterons-nous de pauvres écrivains et de pauvres
orateurs ? » C'est le fond des cœurs, où le public a fini par
lire couramment sous les fleurs de rhétorique de tous les programmes. Il n'y a point de talent qui résiste à cette situation lorsqu'elle se prolonge. La situation s'est prolongée, les
talents étaient déjà minces, il a bien fallu intéresser le public par de nouvelles combinaisons. Le *forum* est devenu
boutique ; la plume qui réglait la marche des empires et dirigeait la conscience des multitudes, a calculé ce que rappor-

teraient en détail les aventures achetées en bloc du *Chouri-neur* et de *Couche-tout-nu*. Plusieurs en ont gémi, gardant vaillamment une certaine idée d'eux-mêmes. Cependant, que répondre à l'abonné qui bâille et qui s'en va? Le ratta-cher par des idées neuves et plus vigoureuses? Depuis vingt ou vingt-cinq ans, ils font tous les jours, sur le même sem-blant d'idées, le même semblant d'article. Où trouveraient-ils une autre idée? Au fond du peuple? Ils ne le connaissent pas. Ils vivent dans les foyers de théâtre, dans les anti-chambres politiques, et ceux qui pénètrent jusqu'au salon n'en savent pas davantage.

Nous autres catholiques, nous avons essayé de leur faire ce cadeau d'une idée. Cherchant à concilier les besoins du catholicisme avec les entraînements les plus légitimes de ce siècle, qui est le nôtre et que nous acceptons, nous avons fait retentir d'une voix convaincue dans la chaire, dans la presse, à la tribune, un cri d'alliance entre l'Évangile et la Charte, entre la loi du ciel et la loi du temps et de la patrie: *Dieu et la liberté!* Qu'ont-ils répondu? Des injures, et ils ont fui le terrain. Pas un n'a entrepris d'établir que la li-berté et la religion ne peuvent se donner la main; presque tous se sont montrés tout prêts à sacrifier la liberté, pour se débarrasser de Dieu qui venait avec elle. Ainsi, plutôt que d'embrasser une idée nouvelle, ils abandonneront même ce semblant d'idée sur quoi ils ont tant vécu. Nous entendant crier avec eux: Vive la liberté des cultes, vive la liberté de la presse, vive la liberté des associations, vive la Charte! ils n'ont plus voulu ni de la liberté des cultes, ni de la liberté de la presse, ni de la liberté des associations, ni de la Charte. Pourquoi? Parce qu'avec tout cela nous sommes chrétiens, et que c'est un usage nouveau de la liberté qui les décon-certe et les épouvante, plus peut-être à titre de nouveauté qu'à tout autre titre. Les Nestors de la compagnie ont fouillé dans leur mémoire: Voyons donc; n'y a-t-il pas eu déjà une époque où quelques hommes ont parlé de Dieu, de la religion, de ces choses étranges ? Si fait, et nos anciens les appelaient *Ultras, Ultramontains, Jésuites, Parti-Prêtre*. Est-ce que tout cela ne pourrait pas servir encore ?

C'est là qu'ils en sont ! Réveillés en sursaut dans leur petit travail mécanique pour ou contre le Ministère, ils font un pas, un pas de géant, et ils se retrouvent..... en 1825 ! Ils ont affaire à des fils de ce siècle, et ils croient toujours discuter contre des émigrés fraîchement rentrés d'Allemagne. Les véritables émigrés, ce sont eux-mêmes : ils émigrent de la Charte, dont l'air devient trop libéral et trop catholique ; ils envoient un bonnet de jésuite à la jeune Opposition qui paraît croire que la Charte permet la liberté des cultes et promet la liberté d'enseignement, comme on envoyait une quenouille au gentilhomme qui ne se pressait pas de gagner la frontière. Ne poussons pas plus loin la comparaison : les émigrés s'éloignaient de la France en feu pour sauver leurs principes ou pour sauver leur vie ; nos libéraux ne fuient de la Charte que pour conserver leurs haines contre des adversaires morts ou convertis. Les émigrés, s'il en reste, et leurs descendants, se sont imprégnés de l'esprit nouveau ; ils ont sincèrement adopté la liberté, oubliant ses injures et ne voyant plus que ses bienfaits : nos voltigeurs du libéralisme ne veulent rien voir, rien entendre, rien apprendre, rien oublier. Oh ! l'heureux temps, pensent-ils, que celui où deux peuples ennemis déchiraient les entrailles de la mère commune ! Nous étions les premiers avocats et les premiers orateurs du monde ; nous possédions en toute propriété l'empereur et la colonne ; on voyait nos noms jusque sur les ratafias et les tabatières ; et le *Constitutionnel*, moitié moins grand qu'aujourd'hui, coûtait quatre-vingts francs. Cinquante ou soixante francs de bénéfice par abonné, et il y en avait vingt-cinq mille !

Jours de vertu, jours d'honneur et de gloire,
    Vous n'êtes plus !...

Mais quoi ! ne veut-on plus se haïr ! N'y a-t-il plus de Jésuites, plus d'Ultras, plus d'Absolutistes, plus de *Deux-
cent-vingt-et-un* ? Et s'il n'y en a plus, n'en peut-on refaire ?

Non, il n'y en a plus, et vous n'en referez pas, et vous
ne ranimerez point, en les galvanisant pour un jour, des
haines qui sont mortes à jamais. Car, si elles vivaient encore, vous prospéreriez et vous n'auriez pas besoin de mettre à vos vieux hameçons ces romans, ces putrides amorces
qui répugnent moins que vos mensongères doctrines et qui
n'ont plus pour but d'attirer les convictions à votre politique, mais les annonces à vos bazars. Tandis que vous vous
immobilisiez dans votre éternel article, tout marchait, tout
pensait autour de vous. Vos lecteurs, entraînés par la vie et
par les affaires, se rapprochaient de ces *Ultras* dont vous
leur aviez fait des portraits si noirs, de ces chrétiens que
vous aviez tant calomniés. Au lieu de trouver en eux des
ennemis acharnés de nos institutions nouvelles, ils s'aper-
cevaient que la Charte était mieux comprise, plus respectée,
plus aimée d'eux que de vous ; ils leur reconnaissaient une
indépendance que vous n'avez ni souvent, ni longtemps ;
un patriotisme qui produit des actes, quand le vôtre ne produit que des paroles, et n'en produit qu'autant que l'intérêt
de vos patrons le veut bien ; des idées d'avenir, des idées
fécondes, lorsque vous excédez la France du bruit des haines passées, lorsque vous la dégoûtez par la stérile ardeur
des intrigues d'aujourd'hui. Telle est la cause irrémédiable
du désabonnement. Vous êtes morts, voilà votre maladie.

Mais les annonces et les feuilletons, les remèdes secrets et
les romans en douze tomes ont tout sauvé ! — Ne vous y

fiez pas. Tel qui fait aujourd'hui le fier à la tête de vingt-
cinq mille abonnés attirés par le froc des Jésuites pendu à
son enseigne, verra le Jésuite s'user comme le reste, et même
s'user très-vite, attendu que la concurrence s'y met. Laissez dévorer le Jésuite! Réduit au secours de sa logique, à la
fraîcheur de ses idées, le triomphant inventeur ne tardera
pas à reprendre le chemin des enchères avec une plus maigre toison encore que ne l'était devenue celle de l'ancien
Constitutionnel.

Nous avons montré la source de la mort, faisons voir
maintenant celle de la vie.

L'*Univers* offre ce caractère, aujourd'hui rare et singulier
dans la presse, d'un journal qui vit, marche et grandit par
la seule force de ses doctrines.

En effet, nul moins que lui n'a eu recours aux ressources
du charlatanisme, nul n'a tiré moins de profit de la place
réservée aux annonces, étant obligé, par principe, d'en rejeter beaucoup et d'exercer un contrôle sévère sur celles qu'il
admet. Il se soucie médiocrement d'*amuser* ses lecteurs ; il
s'occupe fort peu des ministres, jamais des chanteurs ni des
danseuses ; il n'a point fait d'affiches, il n'a ni abaissé son
prix, ni augmenté son format, ni fortifié sa rédaction d'un
de ces hercules que l'on dessine maintenant en tête des
prospectus, tenant en chaque main une demi-douzaine de
romans !

Longtemps condamné à ne subsister que par les annonces
de ses amis et par le désintéressement de ses rédacteurs,
pauvres les uns et les autres comme lui-même, il a été souvent faible, toujours incomplet.

Et néanmoins, en dépit de ces lacunes et de cette insuffisance, l'*Univers*, que l'on tirait, il y a deux ans, à *dix-huit
cents* exemplaires, est tiré à *six mille* aujourd'hui. Le nombre des abonnés nouveaux depuis le 1ᵉʳ janvier, c'est-à-dire
depuis le tapage des prospectus, s'élève à *douze cents*.

Nous ne produisons pas ces chiffres dans un sentiment de puéril orgueil ; la rédaction de l'*Univers* sait ce qui lui manque et croit très-volontiers que le journal a réussi malgré elle, non par elle. En disant à nos abonnés combien ils sont, nous voulons d'abord réjouir ceux d'entre eux qui, comprenant dès l'origine notre pensée, ont bravé toutes les lassitudes, méprisé toutes les calomnies et créé, pour ainsi dire, cet organe de la cause catholique avec nous et plus que nous. Ils nous ont sauvés par leur constance, par leurs aumônes, par leurs prières ; car, lorsque nous songeons aux détresses de tout genre qui tant de fois ont semblé nous laisser sans lendemain, nous sentons que nous avons reçu plus que des secours matériels. Ces anciens amis, ces approbateurs indulgents de notre droiture, seront heureux d'apprendre que si l'œuvre rencontre encore des obstacles, du moins elle ne peut plus périr sur une question d'argent. Secondement, nous publions le chiffre des abonnés de l'*Univers* comme un fait qui n'est pas sans importance dans la situation actuelle des opinions et de la presse : sur quinze ou vingt journaux, l'*Univers* était, il y a deux ans, à peu près le dernier par le nombre des souscripteurs ; il est aujourd'hui le cinquième. A la vérité, le *Siècle*, le *Constitutionnel*, la *Presse* et le *Journal des Débats* le dépassent de beaucoup ; mais c'est le *Juif Errant*, c'est le feuilleton du *Siècle*, qui comptent vingt-cinq mille et quarante mille abonnés, et non pas le *Siècle* et le *Constitutionnel* eux-mêmes en tant que représentant une idée politique. Avant d'acheter le roman de M. Sûe, le *Constitutionnel*, rédigé comme il l'est, dans les mêmes principes, n'avait pas trois mille abonnés. Les six mille abonnés de l'*Univers* n'ont été conquis que par ses doctrines, n'appartiennent qu'à ses doctrines, ne seront conservés et ne s'accroîtront que par ses doctrines. Sa vie est donc une vie normale. Or, nous doutons qu'aucune autre feuille, ni la *Presse*, qui est assez

I.   29

décente et modérée en politique pour répondre aux vœux
de la masse des honnêtes gens, ni le *Journal des Débats*,
mieux informé, mieux organisé, et sous certains rapports
mieux rédigé, que tous les autres journaux quotidiens,
voulussent tenter la chance de vivre aux mêmes conditions
que nous, c'est-à-dire sans la faveur ministérielle, sans
l'appui des factions, sans le concours d'une littérature
impudique.

Mais, nous dit-on, vos développements s'expliquent : vous
êtes l'organe du Clergé, qui est un corps puissant et nombreux ; vous avez l'appui de la *faction cléricale*.

Si nous étions l'organe du Clergé, nous n'aurions pour
abonnés que des prêtres, ce qui n'est pas ; et, au lieu d'en
compter six mille, nous en compterions vingt ou trente
mille, car il y a plus de quarante mille prêtres en France.

Quant à la *faction cléricale*, plût à Dieu qu'elle existât !
Plût à Dieu que, sous un nom ou sous un autre, il y eût en
France un véritable parti, discipliné, commandé, voulant ce
que nous voulons, aussi déterminément dévoué que nous le
sommes à employer tous les moyens constitutionnels pour
obtenir de la sagesse et de la justice du pays ces salutaires
libertés du Bien dont la France et la civilisation ont un besoin si extrême, et contre lesquelles se coalisent toutes les
libertés données au Mal !

Ce parti, non pas *clérical*, mais *laïque*, se forme, et sans
doute nous n'y nuisons pas ; mais il n'est encore qu'un
germe : le seul appui qu'il nous donne est celui de l'espérance. C'est de lui que nous serons un jour l'organe, non
du Clergé, de longtemps le Clergé sera trop pauvre et trop
occupé pour lire assidûment un journal, et il ne peut être
représenté que par ses Évêques. Ce sera un parti d'honnêtes
gens, un parti religieux, et en même temps un parti politique, en ce sens qu'il agira dans les élections, dans les assemblées, dans la presse, partout, au profit de la liberté de

ses croyances, comme les autres partis agissent au profit de leurs ambitions et de leurs opinions. Voilà le parti que nous appelons de tous nos vœux et que nous voulons servir : il est né, il s'essaie, il grandira ; M. de Montalembert en est l'idéal éloquent ; M. de Carné en porte le loyal caractère à une autre tribune ; M. Lenormant le présente avec éclat dans les sciences littéraires : et ces hommes de talent, qui sont plus encore des hommes de bien, ne marchent pas seuls dans leur laborieuse et libérale voie. Chacune de leurs manifestations est une force féconde qui rallie au drapeau de la liberté religieuse des intelligences élevées et des cœurs généreux. Il y a donc un symbole, des volontés, des lumières, des instincts, des efforts, s'il n'y a pas encore un parti. Et, pour en revenir à nous, nous ne sommes qu'une de ces volontés, qu'un de ces instincts, qu'un de ces efforts ; nous ne représentons que nous-mêmes, nous n'avons d'autre patron que cette pensée générale de tant d'hommes de mérite ; nous nous efforçons de la répandre et de la vulgariser.

C'est cette pensée puissante, c'est elle seule qui, présentée sans tactique, si l'on veut, mais toujours avec sincérité, a fait notre succès. On nous adresse un reproche que nous préférons à tous les éloges, lorsqu'on nous dit, dans le *Journal des Débats* et ailleurs, que nous sommes maladroits. Quelle est donc la force vitale de cette idée, puisqu'elle perce et grandit sous une culture si grossière ? Quelle est donc sa beauté, puisque nous ne pouvons la défigurer assez pour qu'elle cesse de charmer les autres, comme elle nous a séduits nous-mêmes ?

Ah ! c'est qu'elle répond à de profonds besoins ; c'est qu'elle a sa racine sacrée dans les plus nobles cœurs ; c'est que toute âme franche et saine, dans l'Eglise et hors de l'Eglise, a senti que les passions politiques se débattent aujourd'hui sur un terrain mauvais ou stérile ! La France n'a pu s'intéresser quinze ans à cette dispute de menteurs program-

mes, qu'elle a tous expérimentés et qui l'ont tous trompée.
Elle s'est tournée vers l'affreuse littérature des feuilletons
pour changer de dégoût, et de là vient la décadence des journaux politiques. En même temps les journaux religieux ont
grandi, parce que la pensée chrétienne, également révoltée
d'une politique rétrograde et d'une littérature pernicieuse,
a compris que pour tirer le pays de ce double bourbier
deux choses étaient nécessaires : Dieu comme but, la liberté
comme moyen. Peut-être nous est-il permis de dire qu'à
défaut d'autre mérite, l'*Univers* a du moins celui de vouloir
pleinement, généreusement, le salut de la France par la religion, le salut de la religion par la liberté. Dans le feu de
la polémique, en butte aux traits les plus venimeux de la
calomnie, il a pu s'irriter, il n'a jamais su haïr ; il a pu s'a-
buser parfois, il n'a jamais voulu tromper ; il a pu être
dur, il n'a jamais été injuste. On ne l'a point vu, on ne le
verra pas sacrifier les droits de la vérité à l'intérêt d'une
cause qui est la vérité même, attaquer systématiquement
ni les hommes ni le Pouvoir, lors même que les hommes et
le Pouvoir se montrent systématiquement hostiles à la religion. Il a été, il continuera d'être un journal vraiment indépendant, marchant avec aisance dans la large voie de ses
convictions, pour obéir à Dieu et non pour contenter tels
hommes : *Et ambulabam in latitudine, quia mandata tua
exquisivi* [1].

---

[1] Ps. 118.

COMBAT D'UNIVERSITAIRES.

19 février 1845.

M. Saisset contre M. Michelet. — Ce que M. Michelet pourrait dire. — De l'obscénité comme instrument philosophique.

Nous sommes d'accord avec les universitaires sur le nouvel ouvrage de M. Michelet [1], l'un des pontifes de l'Université. Il est parfaitement anticatholique, parfaitement antireligieux. Ce n'est pas nous qui l'avons dit les premiers, et bien nous en prend : accusés de diffamation, peut-être serions-nous déjà condamnés par la police correctionnelle. Ceux qui le disent sont les amis de M. Michelet, ses compagnons d'armes. Ils le disent dans des recueils où tout le catholicisme, hommes et choses, est sans relâche attaqué. M. Saisset ne paraît point suspect : ce jeune philosophe travaille modestement *à substituer par degrés aux institutions religieuses l'action directe, immédiate de la raison* [2] ; il est

---

[1] *Du Prêtre, de la Femme et de la Famille.* Ce mauvais livre avait fait une certaine sensation. Mgr l'Evêque de Chartres ne dédaigna pas de le réfuter dans l'*Univers* ; et, de leur côté, les universitaires sages, l'ayant trouvé compromettant, le blâmèrent d'une façon qui blessa très-vivement l'auteur et ses amis. Il en résulta une querelle intestine fort animée où l'*Univers* trouva bon d'intervenir.

[2] E. Saisset, *Revue des Deux Mondes*, t. IX, p. 397.

donc du parti de M. Michelet, non pas du nôtre; écou-
tons-le :

Le livre de M. Michelet est un manifeste violent contre le sacerdoce et la religion catholique, *contre tout sacerdoce* et toute religion
positive. Son but avoué est de représenter *tout prêtre, toute religion
comme choses pernicieuses* dont on ne saurait trop désirer, trop provoquer l'immédiat renversement. La tendance du livre, l'effet *qu'il
produit et qu'il veut produire*, c'est de porter toute l'autorité intellec-
tuelle, toute la force philosophique de notre temps vers la ruine des
institutions religieuses [1].

Telle est bien cette œuvre. Ouvrez au hasard le volume :
il en sort la dérision, le mépris, l'outrage. *C'est un livre de
colère et de haine*, dit encore le critique. Oui, et la haine et
la colère y surabondent. Haine aiguë, colère démuselée, qui
éclate, qui déborde, qui est cynique, incohérente, puérile,
jamais assouvie : qui, ne pouvant se contenter de couvrir la
page, va gesticuler jusque sur les marges et vociférer jusque
dans les renvois.

Nous ne haïssons point cette plénitude; nous aimons
qu'un ennemi se fasse voir. Mais les universitaires ne sont
pas tous de ce sentiment. Le caractère du livre une fois
fixé, les avis se partagent.

M. Génin admire hautement dans la *Revue indépendante*;
le *Constitutionnel* reconnaît son école ; on ne peut douter
de l'assentiment du *Journal des Débats*, de la satisfaction
de M. Libri, des encouragements de M. Cousin, des
applaudissements de M. Thiers, des fraternelles jalousies de
M. Quinet. Le sacerdoce catholique traîné dans la fange,
pêle-mêle avec ses dogmes et ses saints, voilà de quoi réjouir
ces libres penseurs !

Cependant d'autres libres penseurs, plus jeunes, plus
timorés, dont la haine est moins vive ou dont la position
n'est pas faite, reprochent beaucoup de maladresse à ce fier

[1] M. Saisset, article cité, p. 257.

courage. Cela est grossier et quelquefois fou, disent-ils, et c'est gâter la cause de la raison ! Quand nous avons de si bons arguments contre le célibat ecclésiastique, contre la confession, contre la vétusté des dogmes chrétiens ; quand nous pouvons nous appuyer d'un si grand nombre de docteurs, de Basnage, de saint Paphnuce et du Concile d'*Elibéry*, et tranquillement, à petit bruit, par degrés, tout détruire...., quelle imprudence de venir casser les vitres, aboyer aux prêtres, faire un tel vacarme d'invectives et de blasphèmes ! Ne sommes-nous pas assez suspects, sans que, du haut de sa chaire, cet emporté jette aux catholiques des preuves à l'appui de toutes leurs accusations !

Ainsi parlent ces politiques. Vive fut la surprise, plaisante fut la douleur de M. Michelet. Il avait cru naïvement répondre à tous les vœux du parti ; il attendait une couronne, il reçoit des sifflets ; ses propres écoliers le renvoient durement à l'école, comme un étourdi qui n'a que des dispositions. Son esprit frappé laissa percer d'étranges inquiétudes : il cria qu'on le dénonçait, et fit tout éveillé des rêves où les Jésuites lui apparurent menaçants. Dangereux symptômes !

Moins troublé, il aurait pu magnifiquement répondre. Dans le fait, les politiques n'entendent rien au métier. M. Saisset n'est qu'un apprenti, c'est M. Michelet qui fait bien la guerre. Il n'écrit pas pour les gens qui savent, ni pour les gens qui pensent : il écrit pour les jeunes garçons, pour les journalistes, pour les bourgeoises, pour les commis voyageurs, pour ce public préparé par M. Sue, qui croit tout et veut tout croire. Trop heureux le savant professeur, s'il pouvait, serrant de plus près l'écrivain qu'il copie et qu'il appelle en toutes lettres *notre admirable romancier*, descendre jusqu'à l'estaminet, jusqu'à l'échoppe, atteindre la dernière populace, l'enflammer de ce saint zèle qui déjà une fois substitua aux institutions religieuses l'action directe, immédiate de la raison... et du bourreau !

— Oui, pourrait dire M. Michelet à son ancien élève, je
vous reconnais du talent et d'excellentes intentions, mais
la cause de la philosophie languit entre vos mains : vous lui
gagnez peu de partisans dans les hauteurs, aucun dans la
foule. On ne vous lit guère ; la moitié de ceux qui vous lisent
sourient du naïf aplomb qui vous fait combattre par des raisons canoniques le célibat des prêtres. Croyez-moi, d'autres
ont approfondi les livres dont vous avez parcouru les som-
maires. Belles lectures à recommander, que M. Fleury et
les *Acta Concilioram!* Mais, imprudent! mais, *jeune homme!*
les gens que vous renvoyez à ces livres, vous les jetez en
plein dans les merveilles de la philosophie et de l'histoire
catholiques; ils n'y voyageront pas huit jours sans vous
échapper. Nous n'avons, depuis vingt ans, que trop fait
d'histoire, et moi-même, à cette dangereuse besogne, je me
suis senti catholique plus d'une fois! La science, la réflexion,
l'étude, laissez tout cela! Si peu qu'il y en ait, de quelque
façon qu'on l'arrange, tout cela, tôt ou tard, tourne au détriment de la philosophie, au profit de la religion. Faites
lire Diderot, Parny, Süe ; voilà nos sauveurs. Point de faiblesse humaine! Si vous en voulez aux institutions religieuses, soyez voltairiens, pratiquez hardiment le voltairianisme;
c'est l'arme, vous n'en forgerez pas de meilleure. Vous dites
qu'elle est brutale; non, elle est victorieuse ; qu'elle est
déshonorée, je le nie! Le genre humain est d'accord sur les
trahisons, sur les violences, sur les mensonges de Voltaire;
mais l'œuvre de Voltaire subsiste et sa mémoire est glori-
fiée. Pourquoi? parce qu'il a été plus puissant que personne
pour rendre à l'humanité le grand service qui fait le but de
vos efforts et des miens...

Nous ne savons pas ce que l'on peut objecter à ces raisons. M. Saisset, répondant aux plaintes de M. Michelet,
se borne à dire qu'il estime beaucoup sa personne et son
talent, et qu'il ne l'a combattu qu'avec modération. En

somme, le jeune philosophe semble s'apercevoir qu'il a fait beaucoup de bruit pour une question de tactique, et qu'entre *remplacer* les institutions religieuses et les *ruiner*, la différence n'est pas si grande qu'on ne puisse très-bien s'entendre un jour. Comme M. Saisset nous parait fort convaincu de la nécessité de *substituer* au catholicisme quelque chose de plus neuf, soit ce que l'on pense avoir trouvé au Collége de France, soit quelque autre évangile qu'il se prépare peut-être à publier dans la *Revue des Deux Mondes*, nous lui prédisons que le rapprochement qu'il entrevoit s'opérera, et qu'il trouvera que le livre voltairien de M. Michelet ne mérite pas le mépris dont il s'est trop hâté de le couvrir.

L'Eglise catholique n'a pas deux sortes d'ennemis : le voltairianisme, c'est-à-dire la haine, est le fonds commun de toute hostilité doctrinale contre ses dogmes, sa discipline et sa hiérarchie. Ceux qui le nient, ou ne sont pas sincères ou ne savent pas jusqu'où peut les entraîner leur passion. M. Michelet et beaucoup d'autres ne prévoyaient guère, il y a deux ou trois ans, qu'ils seraient voltairiens ; ils l'étaient déjà, et ils tenaient encore à injure le titre de disciples de Voltaire. Combien de protestations emportées, lorsqu'on les inculpait de malveillance envers le catholicisme ! Maintenant la vue d'une soutane les met en délire ; le catholicisme, ils l'appellent *l'esprit de mort* ; ils n'ont plus assez de poumons pour crier : *Ecrasons l'infâme!* Quelques contradictions, quelques réclamations contre les erreurs et les dangers de leur enseignement ; moins que cela peut-être, la solitude de leurs cours et les succès de la chaire sacrée : il n'a pas fallu de plus graves motifs. Certes, bien avant d'éclater, ces esprits étaient pleins des inimitiés qu'ils révèlent ! Là songeait l'incrédulité, là sommeillait, mais vivait la haine. Au premier choc elle s'est éveillée et elle a rugi. Que ceux qui gardent quelque mesure parce qu'ils n'ont point

mérité encore d'être combattus, ne se flattent pas de se posséder toujours. Ils sont jeunes ; ils ne connaissent ni leur faiblesse ni la puissance de cette religion qu'on a tant maltraitée devant eux à l'école, et qu'on a si facilement vaincue
dans leurs âmes ignorantes : ils croient que le plus fort est
fait contre elle, qu'il ne s'agit que de l'achever paisiblement
sous les coups de la science et de la raison, aidées d'un peu
d'adresse. N'ont-ils pas découvert l'autre jour l'opinion de
saint Paphnuce et les canons du concile d'Élibéry contre le
célibat des prêtres ? Ce naïf orgueil ne les abusera pas longtemps. Ils verront que la science et la raison, quand
il s'agit de les tourner contre le christianisme, sont des
auxiliaires dangereux, toujours prêts à se mettre du
côté de l'ennemi par des trahisons soudaines, qu'aucune
dextérité ne peut prévenir. Que feront alors nos sages ? Re-
nonceront-ils à l'entreprise ? Non, car leur modération n'est
qu'une ruse de guerre. Ce même orgueil qui les calme, les
irritera. On leur aura prouvé qu'ils ont mal lu, mal raisonné, mal philosophé. Quel philosophe supporte patiemment ces mésaventures ? Ils voudront avoir raison à tout
prix. Pleins de dépit contre cet édifice auguste que toute raison consacre et que toute lumière embellit, ils n'essaieront
plus de soulever contre lui les intelligences cultivées, ils
n'en appelleront plus à l'action du temps : on est pressé, la
vieillesse accourt, le sépulcre est proche. Préparer à l'Église
un désastre dont on ne jouira pas ! Mourir, et la laisser vivante ! Songer qu'elle sera là, aux funérailles, blessée peut-
être, mais néanmoins debout, assez forte pour planter une
croix, assez clémente pour poser une prière sur ce cadavre, sur ces inimitiés enfouies dans la mort !... Que faire
donc ? Eh ! ce qu'ont fait tous les maîtres, ce que l'on regrette d'avoir blâmé, ce que conseillaient tout bas mille
passions mal vaincues. On se tournera vers la masse effrénée
des ignorants et des méchants, et on lui parlera un langage

qu'elle puisse entendre. On caressera tous ses préjugés, on justifiera toutes ses révoltes, on excitera toutes ses fureurs, on épaissira toutes ses ténèbres. Le mensonge scientifique n'allait qu'à des esprits capables de le démasquer : il sera flagrant, impudent, cynique, irréfutable par cette effronterie même. Au mensonge on ajoutera l'injure, à l'injure la diffamation, enfin, l'ordure. Oui, l'ordure! on ira jusque-là, on ira là surtout, et c'est sur quoi l'on compte. Il y aura des pamphlets qui, pour être plus efficacement irréligieux, seront obscènes. Le pamphlet obscène est celui qui trouve plus de lecteurs; dans cette guerre où l'on méprise le droit des gens, c'est la flèche ailée qui vole partout, la flèche empoisonnée qui fait d'inguérissables blessures. Aux mains des jeunes gens, du peuple et des femmes, mettra-t-on les tomes lourds de Bayle, ou le latin de Spinoza, ou le français plus laborieux encore des éclectiques? Il y faut ces livres hideux devant lesquels la controverse recule en se voilant le visage. Accuser la religion de fausseté, le prêtre d'ambition et de tyrannie, peines perdues, vaines clameurs! Le peuple ne les entend pas ou ne les comprend pas. Quoi! ce prêtre faible, pauvre, craintif, ce jouet de M. le Maire et de M. l'Adjoint, ce plastron de M. le Magister, c'est un ambitieux, c'est un tyran? Allons donc! Dites que c'est un impudique! Souillez l'idéale pureté qui l'entoure; montrez-le tout brûlé de feux adultères, dressant son confessionnal comme un piége infâme où succombent l'honneur de la vierge et la vertu de l'épouse : voilà ce qui se fera croire! Quelle joie pour Ninon d'apprendre qu'elle vaut mieux que cette dévote qui vient se corrompre au confessionnal de Bossuet! Et combien ne faudrait-il pas griffonner de thèses et traduire d'allemand, pour jeter seulement le scepticisme dans un petit nombre de ces âmes qu'une obscénité sacrilége flétrit et gagne par milliers à la *philosophie* en un seul jour! Oui, si vous voulez, cela est honteux; mais quoi qu'il en coûte, surtout au commencement, on s'y résigne ; car c'est la condition du succès, le moyen court, le moyen sûr. On a l'exemple et l'autorité des maîtres. Pense-t-on que cet habile Voltaire, et Diderot après lui, et Parny plus tard, ont voulu simplement s'amuser, lorsqu'ils ont traîné dans cette fange, non-seulement le prêtre, mais la mémoire des saints et jusqu'au nom redoutable de Dieu ? Leurs œuvres ne sont pas seulement des jeux : elles sont l'effort et le travail d'une science consommée. Je dis que ces œuvres seront imitées, je dis qu'on les imite. Des hommes qu'aurait naguère effrayés la pensée de descendre si bas, condamnent leur intelligence à cette suprême ignominie : et tel qui les blâme aujourd'hui, n'a besoin que d'être un peu poussé pour les seconder. Déjà n'y aide-t-on pas? N'est-on pas déjà le complice des excès que l'on affecte de répudier ? En les désapprouvant au nom de la philosophie, on redoute ou l'on oublie de les flétrir au nom de la pudeur ; en les déclarant malhabiles, on en vante la prestesse et la grâce ; on dit que le livre est violent, injuste, on ne dit pas qu'il est impur. Tant il est vrai qu'il faut reconnaître là des alliés tout-puissants dont le langage peut gêner, mais dont le silence serait irréparable.

Que M. Michelet se console donc des critiques qu'il essuie de la part des siens. Plus tard, ils lui rendront justice, et dans cinquante ans l'Académie mettra son éloge au concours. Il a été logique, il a suivi la marche naturelle de ses opinions, il a servi sa cause comme elle a besoin d'être servie. Son livre réussira près de tous ceux qui, avec la bonne volonté d'argumenter contre les catholiques, n'ont pas le goût de lire Spinoza et s'ennuient du pédantisme aigrelet de la *Revue des Deux Mondes*. On l'appelle Voltaire, c'est comme si on l'appelait Achille ; on dit que son livre est voltairien, c'est comme si l'on disait qu'il est efficace, et cet éloge lui est dû. Il réussit merveilleusement auprès des jeunes gens. L'autorité de l'auteur les engage à cette lecture, le piquant des récits les attache, et cela vaut plusieurs nuits de bal masqué. La jeunesse se défend par l'ennui contre le sophisme purement philosophique et scientifique; elle cède plus vite à d'autres séductions. Le propos impie et obscène qui serait sans force dans la bouche de quelque compagnon écervelé, devient respectable et convaincant sur les lèvres d'un professeur. En plus d'une jeune âme, le livre de M. Michelet a effacé les dernières traces de l'éducation chrétienne. Que M. Michelet présente ce résultat à ces détracteurs; c'est un gain que toute leur science n'aurait pas si vite obtenu.

28 février 1845.

M. Génin contre M. Saisset. — Aveux réciproques.

Le combat continue entre M. Michelet et M. Saisset, non plus directement, les grandes épées ne se tirent pas tous les jours, mais entre les sous-ordres, beaucoup moins réservés que les chefs d'emploi. M. Génin est le tenant le plus opiniâtre, et, disons le mot pour donner une idée de sa manière, le plus *enragé* de M. Michelet. Trois articles dans la *Revue Indépendante* n'ont pas satisfait son admiration pour le professeur voltairien, ni surtout sa colère contre le *jeune homme* qui n'a pas tremblé de s'attaquer si haut. D'abord M. Génin faisait le plaisant, c'est son genre; mais, ayant reçu pour son propre compte des horions assez drus, il en est présentement aux gros mots. M. Michelet se contentait d'appeler M. Saisset *pseudonyme*; M. Génin l'appelle en toutes lettres jésuite, ambitieux, hypocrite, et

quelque chose de pis : il prévoit que M. Saisset pourrait
bien, par la suite, rédiger l'*Univers*. Tubleu ! cela est vif ;
et si la philosophie n'était pas égale des deux côtés, Tris-
sotin et Vadius se verraient seul à seul... chez Barbin.
Qu'a-t-on dit à M. Génin qui l'ait piqué si fort ? On l'accuse
d'avoir voulu produire son talent dans la *Revue des Deux
Mondes*, et l'on donne à entendre qu'il fut éconduit. Rien
de tel que ces révélations-là pour mortifier un auteur. Le
pauvre M. Génin le laisse bien voir : Qui ? moi, j'ai voulu
écrire dans la *Revue des Deux Mondes !* et pour qui me
prend-on ? C'est au contraire la *Revue des Deux Mondes* qui
m'a recherché. Par *trois fois* elle a sollicité l'honneur de ma
collaboration ; je l'ai vue à mes pieds, et la *Revue de Paris*
avec elle, qui maintenant me trouve trop vert.

Le cas est digne de Salomon. Que les Revues aient voulu
s'attacher M. Génin, rien de plus simple : assurément, elles
occupent de pires ouvriers. — Mais que M. Génin puisse
introduire sa prose dans la *Revue des Deux Mondes*, et s'en
tienne à la *Revue Indépendante*, voilà qui passe toute vraisemblance. Sauf éclaircissement, nous proposons le jugement
de La Fontaine :

> Car toi, loup, tu te plains lorsqu'on ne t'a rien pris,
> Et toi, renard, as pris ce que l'on te demande.

Du reste, M. Génin analyse avec beaucoup de sagacité le
célèbre article de M. Saisset , relevant assez adroitement,
quoique en médiocre style, le mince français du jeune professeur. Suivons de plus près cette querelle entre deux
potentats universitaires chargés, l'un de former la jeunesse
en province , l'autre de former des professeurs à Paris
(M. Saisset professe à l'École normale) ; et qui tous deux,
reniant le christianisme, se disputent sur les moyens de
l'abattre plus vite et plus sûrement.

Premièrement, M. Génin, qui connaît le monde univer-

sitaire, dont il n'est pas le moindre joyau, en appelle contre
M. Saisset au jugement des collègues de ce dernier, MM. les
professeurs du Collège Henri IV. — Car M. Saisset, qui
prend soin des professeurs à l'École normale, prend soin
aussi des élèves au Collège. A ce cumul on connaît l'éclectisme. — Tous les professeurs de Henri IV désapprouvent,
déclarent inconvenantes les attaques de M. Saisset; le livre
de M. Michelet a obtenu leurs suffrages. Nous ne pouvons
nous empêcher de remarquer que, si c'était nous qui disions
cela, on nous ferait un bon procès, où l'Avocat Général
serait très-éloquent, le jury très-sévère, et notre bourse
mise à sec. Grand privilège, d'être universitaire! Non-
seulement on peut outrager la religion, mais encore on
peut juger l'Université. Ainsi, d'après le témoignage de
M. Génin, les professeurs de Henri IV tiennent pour le livre
de M. Michelet. Voilà le catéchisme en bonnes mains!

Ensuite, M. Génin invoque l'opinion de M. Cousin, qui
paraît n'accorder plus au catholicisme les trois cents années
qu'il lui concédait naguère par bonté [1]. M. Cousin, prince
et père de la philosophie officielle, est également partisan
de M. Michelet :

Franchement, j'avais cru l'article de M. Saisset inspiré, suggéré
peut-être par M. Cousin. Tout le monde s'y est trompé. Mais M. Cousin dément ce bruit *en termes formels* et qui ne permettent pas le
doute. Je fais donc ici, pour ma part, mes excuses à M. Cousin, *en
tant que besoin est* (M. Génin professe la haute littérature), de l'avoir
rendu solidaire de l'écrit de son disciple. Toutefois, M. Cousin avouera
que l'erreur était presque inévitable et si naturelle, qu'elle a dû entrer
dans les calculs de M. Saisset. L'écuyer s'est produit dans la lice avec
le blason de son maître; car ces ménagements *évidemment politiques*
pour le Clergé tapageur; ces continuels efforts pour concilier, *du
moins en public*, le catholicisme et la philosophie; ces hommages

[1] M. Pierre Leroux, rapportant un entretien de ce philosophe, affir-
mait lui avoir entendu dire : *Le catholicisme en a encore pour trois
cents ans dans le ventre.*

d'une sincérité suspecte, qui en a donné le premier exemple ? Ce que le Clergé n'a pas voulu accepter de M. Cousin compromis par son passé M. Saisset espère qu'on l'acceptera d'un débutant. Il a cru l'occasion favorable pour s'installer, d'un bond, dans la place longuement et vainement briguée par son chef. Voilà pourquoi ni les raisonnements ni les prières même, dit-on, de M. Cousin n'ont pu arrêter M. Saisset.

Nous félicitons M. Génin : il y a dans ce petit morceau deux ou trois traits qui peignent M. Cousin au naturel, et le tout forme un compliment de réception dans le genre de celui de M. Hugo à M. Saint-Marc-Girardin : Soit le bienvenu parmi nous votre talent.... que nous n'estimons guère !

M. Génin arrive à M. Saisset. Nous le laissons parler :

Son article est-il catholique ? Non, puisqu'il fait bon marché de la confession auriculaire et du célibat des prêtres, dont il proclame aussi l'abus et le danger.

Chrétien ? encore moins, car il ne balance pas à rejeter, comme fausse, la distinction établie par M. Cousin avec autant de soin que de prudence entre les vérités naturelles et les surnaturelles.—« Il n'y a pas *de vérités surnaturelles*, s'écrie M. Saisset ; il n'y a d'*autre source de vérité parmi les hommes que* LA RAISON. » (Page 404.)

La première moitié de cette phrase *anéantit la révélation et tous les mystères du christianisme* ; et la seconde, qui établit la raison source unique de la vérité, non-seulement confirme l'arrêt de la première contre le christianisme, *mais encore supprime d'avance toute autre religion qu'une religion philosophique, ayant son point de départ et son point d'arrivée sur la terre*. En sorte que nous sommes ramenés directement à la loi naturelle, à cette loi naturelle que M. Saisset envisage avec tant de violence et de haine dans le livre de M. Michelet, non pas qu'elle y soit, *mais* ; *ille en doit être la conséquence*; ELLE SERA LE DERNIER MOT DE M. MICHELET; et le dernier mot de M. Michelet EST LE PREMIER MOT DE M. SAISSET ! Était-ce là peine d'entrer contre M. Michelet, dans une si grande fureur et d'en boursoufler un si gros article ?

Vous n'êtes ni chrétien, ni catholique, ni mahométan, ni juif, ni d'aucune religion révélée ; bien ! vous repoussez avec indignation la

théophilanthropie, le catéchisme philosophique et la loi naturelle. Bon.
Mais alors, qu'êtes-vous ? que demandez-vous ? que voulez-vous ?
pour qui ou pour quoi vous échauffez-vous ? à quel propos ces déclamations, ces hyperboles et tout ce faste de colère ?

Que disait donc tout à l'heure M. Génin ? Ce n'est pas
M. Saisset, mais lui-même qui doit écrire dans l'*Univers*.
L'*Univers* a tiré toutes ces conséquences des doctrines de
nos philosophes ; l'*Univers* a dit cent fois que la plupart des
professeurs n'étaient ni chrétiens, ni catholiques, ni maho-
métans, ni juifs, ni d'aucune religion révélée. Il l'a dit, et
la preuve, c'est qu'on l'a mis en prison pour cela, comme
on y avait mis l'abbé Combalot, comme on y a voulu mettre
M. l'abbé Moutonnet, comme on n'aurait pas été fâché d'y
mettre Mgr l'Évêque de Châlons, comme on y va mettre
M. l'abbé Souchet, qui ne sera pas le dernier. Va-t-on poursuivre M. Génin ? Non ; ces propos ne sont criminels que
dans l'*Univers*, et d'ailleurs M. Génin y ajoute tout de suite
un correctif dont l'*Univers* ne s'est jamais avisé. Quand
nous attaquons la philosophie anticatholique, nous autres,
c'est dans l'intérêt de la religion et pour la défendre ; c'est
en demandant la liberté. M. Génin n'attaque M. Saisset
qu'au profit du monopole et de la loi naturelle, et en pro-
diguant au catholicisme des outrages que M. Saisset lui
avait, du moins dans la forme, épargnés. Voici en quels
termes M. Génin *achève* le système de son antagoniste. On ne
peut nier l'exactitude de ses conclusions.

M. Saisset proclame « *le besoin religieux* un besoin impérieux, universel, salutaire (page 407). » Et, pour satisfaire à ce besoin, il écono-
mise les frais d'une religion toute neuve, il prend le catholicisme, qui
est là sous sa main, *in promptu*. Or, le christianisme s'appuie sur la
révélation ; ses vérités fondamentales sont des vérités surnaturelles,
qui choquent notre faible raison par quantité de points essentiels.
Donc, par une déduction rigoureuse et immédiate des principes de
M. Saisset, le christianisme serait une religion fausse. Mais, attendu

qu'il est « en harmonie avec les besoins et les idées d'une prodigieuse foule d'intelligences, » M. Saisset l'adopte, le défend, et se battra pour lui comme un lion, comme un diable, ou plutôt comme un saint ; car il est de l'avis du dix-huitième siècle : il faut une religion pour le peuple, et, de tous les instruments essayés, M. Saisset estime que le catholicisme est encore le meilleur.

Si M. Saisset habitait les bords du Gange, il voudrait mourir en tenant dans sa main la queue d'une vache.

Ainsi, la formule générale de sa théorie se résume en deux mots : écraser la VÉRITÉ *dangereuse* (M. Michelet), prêter la main à l'IMPOSTURE UTILE (le catholicisme).

Comment trouve-t-on ces deux professeurs ? Que pense-t-on de cette querelle de famille entre gens chargés d'élever les enfants dans la croyance chrétienne ?

Nous avons écrit que, bien loin d'être catholiques, il leur arrive souvent de n'être pas même chrétiens.

Leurs aveux sont-ils assez clairs ? Ont-ils assez de mépris et de haine pour la loi de Jésus-Christ ?

Nous demandons à Dieu s'il est une prudence et une humilité qui puissent nous contraindre à conduire de nos propres mains nos enfants vers ces sources de blasphème ; nous demandons aux hommes s'il est en leur pouvoir de faire une loi juste qui nous y oblige ?

Quoi ! nous sommes catholiques, nous voulons que nos enfants le soient, et nous devons de par la loi, leur choisir un maître entre ceux qui déclarent le catholicisme une *erreur* et ceux qui le proclament une *imposture ?* entre ceux qui veulent l'étouffer immédiatement ?

Il y a sans doute des chrétiens dans l'Université ; mais on vient d'entendre ceux qui représentent le nombre, l'influence, les hautes positions. Qu'on médite ce langage, et que tout chrétien à qui Dieu a commis le soin d'une âme songe aux obligations qui pèsent sur lui.

M. SAISSET ET LE CÉLIBAT ECCLÉSIASTIQUE.

28 février 1845.

Erudition de M. Saisset.—Le concile d'Elibéry.

Puisque M. Saisset revient sur la scène, profitons de l'occasion pour éclaircir quelques passages où nous avons parlé de lui à propos du livre de M. Michelet. Nous avons glissé, pour ne pas nous distraire de notre sujet, sur les preuves que M. Saisset allègue en faveur de sa thèse, d'ailleurs fort médiocre, contre le célibat ecclésiastique. Il s'appuie d'un canon du « concile d'Elibéry » et de l'opinion de saint Paphnuce. Ces deux arguments sont deux erreurs.

Quant au concile, on pourrait d'abord avoir assez de peine à le trouver sous le nom dont M. Saisset l'affuble. Il traduit *Illiberis* par *Elibéry*, et tout le monde ne devine pas au premier abord qu'il s'agit du célèbre concile d'*Elvire*, tenu en Espagne vers l'an 300. Le docte professeur se trompe lourdement sur le sens du canon xxxIII, le seul qu'il puisse invoquer : « Le concile d'*Elibéry*, dit-il, défendit *expressément* aux prêtres de s'abstenir du lit conjugal. »

Voici le texte :

« *Placuit, in totum prohiberi episcopis, presbyteris et diaconibus, vel omnibus clericis positis in ministerio, abstinere se a conjugibus suis et non generare filios ; qui-*

cumque vero fecerit, ab honore clericatus exterminetur. Il
est ordonné à tous les évêques, prêtres et diacres, et à tous
les clercs engagés dans le ministère sacré, de garder la continence : que quiconque contreviendra à cette défense soit
privé de l'honneur de la cléricature. » Les canons xix et
xxvii ne sont pas moins positifs. Nous aimons à croire que
M. Saisset a traduit plus fidèlement Spinoza.

Quant à saint Paphnuce : « *Qui ne sait,* dit M. Saisset,
qu'il éleva la voix en faveur du mariage des prêtres au concile de Nicée ? » D'abord, *on ne sait pas* si saint Paphnuce,
homme vénéré par sa vertu et ses miracles, ouvrit la bouche au concile de Nicée. Il n'en a pas signé les décrets ; les
actes du concile, les écrivains contemporains sont muets
sur cette intervention en faveur du mariage des prêtres ;
il y a lieu de penser que Socrate, qui écrivait cent ans après
le concile et qui est fort mal au courant de ce qu'on y a
statué, a inventé cette histoire, copiée par Fleury, rejetée
par Baronius, Bellarmin, Thomassin, etc., mais surtout par
saint Jérôme et par saint Épiphane, plus anciens que Socrate, connaissant mieux que lui la discipline des Églises
d'Orient, d'Égypte et d'Occident, et qui attestent en vingt
endroits que ces Églises prenaient pour prêtres des vierges ou
des continents, ou que si les prêtres au moment de leur ordination avaient des femmes, ils cessaient d'être leurs maris.

Du reste, le discours de saint Paphnuce, même en le recevant pour authentique sous la garantie très-suspecte de
Socrate, proteste encore contre l'usage que veut en faire
M. Saisset. « C'était bien assez, aurait dit le saint évêque,
que *l'ancienne tradition de l'Église* NE PERMÎT PAS à ceux
qui étaient une fois dans le clergé de prendre une épouse ;
qu'il ne fallait séparer aucun clerc de celle qu'il avait légitimement prise *étant encore laïque.* » Il ne conteste pas la
loi, il réclame une exception.

M. Saisset cite encore le vᵉ canon des apôtres, qui prononce l'excommunication contre un prêtre qui se sépare de sa femme *sous prétexte de pureté*. Ce qui ne rend pas tout à fait *pretextu religionis*. Mais M. Saisset traduit librement. Ce canon ne déroge en rien au précepte. Il n'*ordonne pas* l'usage du mariage ; il défend aux prêtres d'abandonner leurs femmes, de ne plus fournir à leur entretien et de croire cette obligation du mariage rompue par le sacrement de l'ordre. Tous les écrivains l'interprètent dans ce sens, et comment l'entendre autrement, lorsque le xxv⁰ de ces canons apostoliques ne permet le mariage qu'aux chantres et aux lecteurs ?

Appuyant sa traduction par l'exemple des apôtres, M. Saisset assure que *tout le monde sait* que saint Pierre et saint Philippe étaient mariés et avaient des enfants. Qu'est-ce que cela prouve ? Oui, saint Pierre était marié avant sa vocation, et *il quitta tout* pour suivre Jésus-Christ. Rien ne dépose qu'aucun autre apôtre ait été engagé dans le mariage, pas même saint Philippe, malgré l'autorité de Fleury, page 96, comme cite M. Saisset. Le Philippe qui avait deux filles était l'un des sept diacres, et non l'apôtre. Voilà ce que *tout le monde sait*, hormis nos professeurs.

M. Saisset, autorisé cette fois de Basnage, car il a beaucoup lu, cite encore un *autre concile*, lequel, apprenant que l'Eglise de Rome imposait le célibat aux prêtres, condamna cet usage et ordonna qu'on en revînt à la règle des apôtres. Comme il ne donne pas même le nom français de cet imposant concile, nous ne savons où le trouver, n'ayant pas Basnage à notre disposition. Peut-être est-ce encore le concile d'*Elibéry*, traduit à l'universitaire ; peut-être est-ce le concile *in Trullo*, tenu au VII⁰ siècle, à Byzance, dans une antichambre du palais impérial ? Mais non, malgré son relâchement, ce concile lui-même défend aux prêtres, et même aux diacres et aux sous-diacres, de se marier après l'ordination.

Telle est l'érudition de M. Saisset, dont n'ont pas voulu, ou plutôt dont n'ont pas su rire ceux qui l'ont combattu avec le plus de fureur.

Dans le fond, nous croyons son ignorance un peu volontaire. Il est impossible qu'on se trompe à ce point. Mais que M. Saisset y prenne garde ; ce mensonge hardi, ce mépris des gens qui savent, c'est du voltairianisme, et du plus digne de pitié.

29 février

M. Emile Saisset nous adresse la lettre suivante :

Monsieur,

Vous m'adressez deux reproches dans l'*Univers* de ce matin : le premier, c'est d'avoir fait un contre-sens en traduisant les *Actes des Conciles* ; le second, c'est de manquer de bonne foi dans la discussion.

Je m'expliquerai d'abord sur le prétendu contre-sens. J'ai fait allusion dans un récent écrit à un canon dont voici le texte, cité par vous : *Placuit, in totum prohiberi episcopis, presbyteris et diaconibus, vel omnibus clericis positis in ministerio, abstinere se a conjugibus suis et non generare filios ; quicumque vero fecerit, ab honore clericatus exterminetur.* Il est évident, pour quiconque est versé le moins du monde dans la connaissance du latin, que ce canon s'adresse aux prêtres mariés et leur ordonne, non pas de vivre dans la continence, comme il vous plaît de l'entendre, mais d'user du lit conjugal et de procréer des enfants ? Ce n'est donc pas moi qui fais ici un contre-sens, Monsieur, et je m'en rapporte à vous-même.

Quant à la question de bonne foi, pensez-vous, Monsieur, qu'il soit bien légitime, je ne dis pas bien charitable de contester si légèrement celle d'autrui ? Et ne croyez-vous pas qu'il serait convenable à des écrivains si sévères pour les prétendues erreurs de leurs adversaires de veiller plus exactement sur eux-mêmes ?

Je compte sur votre loyauté, Monsieur, pour l'insertion de ma lettre dans votre prochain numéro, et vous prie d'agréer mes salutations empressées.

Paris, le 28 février 1845.

Em. SAISSET.

M. Saisset a grand tort de revenir sur une affaire où nous n'avions accusé que sa légèreté, et qui finira par n'être pas à l'honneur de son latin. Il traduit, qu'il nous permette de le dire, comme un écolier qui s'en tient au mot à mot ; c'est ainsi qu'on fait des contre-sens, et surtout, quand la philosophie s'en mêle, des *contre-bon sens*. La phrase, pour être latine dans le sens que lui prête le jeune professeur, devrait être ainsi conçue : *Placuit episcopis prohiberi ne se a conjugibus suis abstineant*, etc. La rédaction adoptée par le Concile est bien différente : « Il a plu au concile d'imposer une défense aux évêques, aux prêtres et aux clercs, *savoir* : s'abstenir de tout commerce, » etc. L'erreur dans laquelle persiste M. Saisset nous porte à croire qu'il fréquente peu les conciles, malgré l'aplomb avec lequel il montre sur son bureau les *Acta Conciliorum*. S'il avait lu un certain nombre de canons établissant des prohibitions, il se serait assuré que telle est la forme ordinaire des défenses : *Placuit prohiberi,...* après ces mots, le mot *scilicet*, tantôt exprimé, tantôt sous-entendu, et enfin l'infinitif des verbes exprimant la chose défendue.

L'interprétation du xxxiiie canon du concile d'Elvire (Elibéry) avait déjà été essayée bien avant M. Saisset par les autorités protestantes, qu'il aime évidemment à consulter. Il est bon d'en interroger d'autres. Voici ce que dit le savant Labbe de cette interprétation : « *Ridicule* (le latin, dans les mots, brave l'honnêteté) *hunc (canonem) ita quidam interpretantur quasi eo prohibitos clericos, ne ab uxoribus abs-*

tineant, et verba accipienda essent, ut sonant, PROHIBERI
ABSTINERE *se a conjugibus, sed tanta et tam antiqua ea de re
decreta reperiuntur ut nihil ambigui in hoc esse possit.* »
Et Labbe ajoute cette remarque sur les mots *in totum,* qui
se trouvent dans le texte : « *In totum, non vero omnino,
quasi ante hoc interdictum aliquo tempore cum uxoribus
consuescere potuissent.* »

Il ne serait pas de bon goût de pousser plus loin cette
discussion. Pourtant, si M. Saisset le désire, nous mettrons
sous ses yeux quelques exemples, autant d'exemples qu'il
en voudra, qui lui prouveront que Basnage et Mosheim sont
de mauvais guides en ces matières, et qu'il n'est pas encore
en mesure d'y faire le docteur.

On voudra bien remarquer que M. Saisset ne dit plus
rien du concile d'ÉLIBÉRY, qui mérite de rester dans l'histoire de la science universitaire ; ni de *l'autre concile,* encore plus positif ; ni de saint Paphnuce ; ni du mariage de
saint Philippe, apôtre, qu'il a trouvé dans Fleury, page 96.
— Quatre bévues grosses comme des maisons, que nous lui
avons reprochées, et dont la moindre ferait imposer de
lourds pensums à un écolier de cinquième. Il se défend sur
une seule, on sait comment. N'aurait-il pas mieux fait de se
taire ?

M. Saisset nous proteste qu'il est de bonne foi. Puisqu'il
l'assure, nous n'en doutons plus. Il a cru que le concile d'Elvire, l'un des plus sévères sur la continence sacerdotale, qu'il
impose dans trois de ses canons, ordonnait sous les peines
les plus rigoureuses, *in totum,* aux évêques, prêtres, etc.,
de procréer des enfants, et des enfants charnels ! il a cru
que saint Paphnuce avait fait ce fameux discours au concile de Nicée ; il a cru... Hélas ! que n'est-il pas disposé à
croire, pourvu qu'on ne l'oblige pas de croire en Jésus-
Christ ? Mais enfin il a cru tout cela ; il est de bonne foi ;
d'une bonne foi suffisante pour la *Revue.* Nous lui souhaitons

une bonne foi plus entière : celle d'étudier un peu mieux ces choses, lorsqu'il en voudra parler. A son tour, qu'il veuille bien croire que nous ne l'attaquons pas pour le plaisir de lui faire de la peine, mais seulement pour défendre contre lui nos croyances, pour l'éclairer lui-même, si nous le pouvons, et pour protéger la foi de ceux qu'il pourrait égarer. C'est aussi de la charité, cela. Il est bien étrange qu'on nous accuse de n'être pas charitables, parce que nous prouvons à ceux qui nous attaquent à coups de latin et de conciles, qu'ils n'entendent ni les conciles ni le latin..., du moins, le latin des conciles.

MAZARIN ET ANNE D'AUTRICHE.

LA MARQUISE DE RAMBOUILLET [1].

I. A propos du palais Mazarin, dont il raconte fort agréablement la construction, la distribution, la décoration et les aventures, M. de Laborde parle de Mazarin lui-même ; et, à propos de Mazarin, il fait l'histoire de la société française durant la première moitié du dix-septième siècle. Mazarin eut des successeurs dans cet édifice magnifique. On y vit, après lui, son neveu Mancini, duc de Nevers, qui rimait des sonnets en faveur de Pradon contre Racine, homme d'esprit néanmoins ; et le duc de La Meilleraye, devenu duc Mazarin par son mariage avec Hortense, pauvre sire, mal marié, qui mourut à peu près fou. On y vit la marquise de Lambert, qui tint bureau d'esprit ; Law, qui tint bureau d'argent : autant d'histoires, et quelles histoires ! Mais ce n'est pas tout : le titre nous parle des *grandes habitations de ville et de campagne*, et le livre remplit fidèlement les promesses du titre. M. de Laborde se donnant à décrire une vingtaine des plus beaux hôtels de Paris, nous raconte comment bâtissaient, comment vivaient les maîtres du lieu. Une chose en amène une autre, un livre évoque un autre livre ; dans cet autre livre, il est question d'un troisième ; dans ce

[1] *Le Palais Mazarin et les grandes habitations de la ville et de la campagne au XVIIIe siècle*, par le comte de Laborde, membre de l'Institut et de la Chambre des Députés.

troisième livre, on parle de gens qui ont eu des relations
très-suivies avec d'autres gens dignes d'être connus, et l'on
fait connaissance avec ces gens-là, qui mènent eux-mêmes
à de nouveaux noms, à de nouveaux livres, à de nouvelles
aventures ; et tout cela est plein d'intérêt, plein de bonne
grâce, plein de solidité même. Car, indépendamment du
charme invincible qui s'attache à tous les détails de cet inépuisable dix-septième siècle, il n'y a pas un mot qui ne soit
instructif, pas un trait qui ne forme une vive peinture et
qui ne reporte puissamment la pensée du lecteur au milieu
de cette époque douée d'une si merveilleuse abondance de
vie. Oui, dira-t-on, mais quelle confusion ! Il n'y a point de
confusion. Tout ce qui est strictement du sujet est en bon
ordre autant qu'en bonne langue. Le personnage, le héros
du livre, c'est le palais Mazarin ; les hôtes du palais, à
commencer par le Cardinal lui-même, ne sont que des figures accessoires, des meubles. Ils changent de place, vieil-
lissent et disparaissent. L'historien tient compte de leur
présence, note leur arrivée, fait le calcul des frais d'entretien (qui montent haut pour les chevaux et les nièces), in-
scrit leur sortie, et reste à la maison. C'est pour cette noble
maison qu'il travaille, qu'il plaide. On menace de la muti-
ler, de la renverser même ; il veut qu'on la conserve ; il dit
combien elle est belle, quels glorieux souvenirs renferme
son enceinte, quels services elle a rendus, quels services
elle peut rendre encore. Sa voix est pleine de chaleur et
presque d'émotion ; on y sent le zèle de l'artiste, du savant,
de l'antiquaire, dirions-nous davantage si nous ajoutions le
zèle de l'ami ?

Ses sympathies satisfaites et son histoire achevée, il part
à son tour ; il suit hors de la maison ceux qu'il a vus dans
la maison. Peut-on si vite dire adieu, après les avoir à peine
salués, à tant d'aimables gens, lorsqu'on ne sait où les retrouver ? Alors commence, sous forme de *notes*, un autre

livre, plus considérable et plus divers que le premier. Ces
notes sont au nombre de sept cents; elles remplissent trois
cents énormes pages de petit texte à deux colonnes. Le
grand siècle s'y présente en déshabillé. Il y perd quelque
chose, non pas, certes, du côté de l'esprit, mais du côté de
la délicatesse et de l'honneur.

Par un louable scrupule, M. de Laborde n'a fait tirer ces
notes qu'à cent cinquante exemplaires, « parce qu'elles
« n'intéressent qu'un petit nombre d'érudits, qui sauront
« prendre dans des anecdotes un peu scabreuses et des
« chansons par trop libres ce qu'il y a d'utile comme docu-
« ment historique et comme peinture de mœurs. » Cette
réserve si honorable en dit assez. Cependant, nous regrettons que M. de Laborde ne se soit pas dispensé du sacrifice
qu'il a dû faire, par un sacrifice plus léger. En supprimant
quelques-unes de ces anecdotes, quelques-uns de ces couplets
cyniques, il aurait pu ouvrir plus largement la main à des
vérités trop peu connues, que personne n'a encore recueillies en pareil nombre et sous cette forme à la fois honnête et
piquante. L'ère *Louis-Quatorzienne* nous fascine. Cette brillante médaille a son triste revers : nous aimerions mieux
qu'elle n'en eût point ; mais, puisque le revers existe, il est
bon de le montrer. C'est là qu'il faut chercher pourquoi une
société si forte et si charmante a si promptement et si miséra-
blement péri. D'ailleurs, dans la foule de ces notes rassemblées par une érudition immense et pleine de goût, à peine
s'en trouve-t-il vingt ou trente véritablement scandaleuses,
et partant du domaine exclusif des savants, qui n'en sont pas
beaucoup plus savants pour avoir dans leurs cabinets foison
de ces sortes de choses. Les autres, les plus importantes,
n'ont rien que d'innocent. On doit regretter que le voisinage
de quelques gravelures marque leur demeure au fond des
cartons. Comment M. de Laborde, si sincère ami du Cardinal
Mazarin, a-t-il pu se résoudre à supprimer en quelque sorte

l'étude précieuse qu'il a faite des papiers de ce grand ministre ? Comment a-t-il rejeté dans l'oubli, ou tout au moins
dans le secret, la réjouissante figure de l'honnête Loret, le
gazettier poëte, dont tout le monde connaît le nom, et dont le
premier il a su l'histoire ? Comment a-t-il réservé à un petit
nombre de bibliothèques privilégiées l'excellent morceau où
il relève avec tant de justice et d'esprit l'heureuse influence
qu'exerça la marquise de Rambouillet sur la littérature et
sur la morale publique ? En vérité, l'*illustre Arténice* a du
malheur. Après avoir mieux servi les lettres que Louis XIV
lui-même, elle reste en proie aux ignorantes calomnies
des biographes, obstinés à ne voir en elle que le type des
Précieuses ridicules. Deux hommes d'esprit comprennent
mieux son rôle; ils la vengent, mais ils la vengent *incognito*.
Rœderer ne veut pas laisser vendre son *Mémoire sur la
société polie;* M. de Laborde enferme à triple clef, dans un
volume très-cher et déjà probablement très-rare, sa note
exquise sur l'hôtel de Rambouillet. Nous craignons que
M. de Laborde ne pousse jusqu'à l'excès une qualité peu
commune en ce temps-ci. Il écrit bien, il étudie conscien-
cieusement, il sait beaucoup, il imprime avec goût, avec
luxe, — et il a horreur du métier d'auteur ! Lorsque ses
ouvrages ne sont pas inabordables par la splendeur du
format et la magnificence des illustrations, il sait prendre
quelque autre mesure pour éviter que le public y touche :
il ne tire qu'un petit nombre d'exemplaires, dont il donne
généreusement la plus grande part. Evidemment, c'est la
crainte d'être auteur. S'il ne recherchait que le plaisir d'avoir
écrit un livre rare, tant de précautions ne seraient pas nécessaires ; il lui suffirait d'attendre un peu.

Cette singularité est d'autant plus surprenante, que M. le
comte de Laborde est tout à fait un homme de ce temps-ci,
et nous le disons dans la meilleure acception du mot. Son
livre, où il dépeint les grandeurs et les fautes d'une société

si supérieure à la nôtre dans le bien comme dans le mal, et qui provoque si vivement l'admiration et la critique, n'est ni trop indulgent, ni trop sévère. Il garde le milieu le plus équitable entre ces esprits également faux, quoique en sens contraire, qui ne savent avoir pour le passé, les uns, qu'un amour ridicule, les autres, qu'une haine imbécile. Amateur éclairé des lettres, des arts, de toutes les élégances de la civilisation, homme du monde, esprit droit, cœur honnête et plein d'instincts généreux, il regrette tant de splendeurs et tant de grâces disparues, sans ignorer et sans taire les vices que ces splendeurs avaient en elles et qui devaient les faire tomber du luxe à l'orgie, de l'orgie à l'échafaud. Notre laborieuse égalité, malgré ses mensonges et ses œuvres chétives, qu'elle nous vend si cher, lui paraît néanmoins préférable, comme elle l'est en effet [1], à cette constitution sociale qui élevait si haut un petit nombre d'hommes au-dessus de toute la nation. Il croit qu'en définitive, si nous avons beaucoup perdu de notre éclat, de notre gloire, de notre esprit, nous avons peut-être gagné quelque chose du côté de la morale, ou tout au moins de la pudeur : et la pudeur, c'est une espérance. Bref, il n'y a dans M. de Laborde aucun de ces orgueils de race, d'esprit ou d'époque, aucun de ces vains entêtements dont se fardent aujourd'hui nos gens de littérature pour se singulariser, faute d'un peu de jugement et d'un peu d'étude qui leur apprennent que le bon sens est la plus verte et la plus exquise originalité. Dans l'extrême limite de sa sévérité, jamais il n'impute aux hommes ce qui est la faute du temps et des institutions : grande règle pour écrire équitablement l'histoire ! Dans l'excès de son indulgence, il connaît et il rappelle sans emphase le principe moral qui condamne l'action à laquelle pourtant il ne peut refuser un sourire. Heureuse nature, nous le répétons, mais

[1] Et surtout comme elle pourrait l'être (1857).

qui a peut-être le défaut d'ignorer sa propre richesse. Nous reprochions à M. de Laborde de s'être mis dans le cas de celer ses notes ; nous aurions dû lui reprocher plutôt de n'avoir écrit que des notes, lorsqu'il est si bien doué pour donner des livres.

Tout ce qu'il dit du Cardinal-Ministre est empreint des meilleures qualités de l'historien : patientes recherches, critique sûre, appréciation fine, courage à l'encontre des préjugés, sentiment du pittoresque, style simple : que fallait-il davantage pour écrire, non l'histoire de la maison, mais celle de l'homme ? Il y a peu de choses plus curieuses que l'aventure de ce petit officier du Pape, venu en France pour quelque négociation, qui sait plaire à Richelieu, qui de capitaine, et sans entrer dans les ordres sacrés, devient cardinal ; qui, à la mort de son redoutable protecteur, lui succède pour faire face, appuyé seulement sur la confiante affection d'une reine étrangère comme lui, à tous les troubles d'une régence, à toutes les réactions de tant de passions comprimées, à la révolte de toutes ces hautes têtes de princes du sang et de grands seigneurs courbées et meurtries par Richelieu. La Fronde au dedans, la guerre au dehors ; des finances en désordre, ou plutôt point de finances ; des ennemis comme Condé, comme Paul de Gondi, comme le Parlement, comme Paris entier, sans compter les femmes de chambre de la Reine ! Il en triompha cependant. Sans doute, pour triompher, il employa souvent la politique peu scrupuleuse dont on usait contre lui. Il acheta beaucoup de ses ennemis, il eut beaucoup d'espions, il donna beaucoup de fausses paroles. On gouvernait par ces moyens, alors comme aujourd'hui, des partis qui ne méritaient pas qu'on leur fît plus d'honneur. Mais il y avait aussi, en ce temps-là, un moyen très-reçu dont il n'usa point : le bourreau ; il n'usa même que très-modérément de la Bastille. Personne ne fut plus insulté et ne se vengea moins. Il n'emprisonna, le

pouvant faire, ni les grands seigneurs qui l'avaient chassé
de France, ni les parlementaires qui avaient mis sa tête à
prix, ni les pamphlétaires qui le déchiraient jusqu'aux entrailles et qui ont laissé pour monument de leur insolence
six mille *mazarinades*, dont la moins grossière ferait monter le rouge au visage de nos journalistes les plus débraillés.
Deux traits sont remarquables dans le caractère de Mazarin :
il aima infiniment sa patrie d'adoption, il méprisa infiniment ses ennemis personnels ; il les méprisa au point d'en
acheter beaucoup qui n'étaient pas ou qui n'étaient plus à
craindre. Ce fut l'homme de France, en son temps (nous
parlons des hommes publics), qui valut le mieux par le
cœur et qui eut le plus d'esprit. Ses plans furent mieux com-
binés, ses desseins plus solides, son pardon plus généreux.
Quant aux services qu'il rendit, quant à son *patriotisme*,
qui peut-on lui comparer? Ce n'est ni M. le Prince, ni le
Coadjuteur, ni, assurément, ce délicieux Broussel, qu'on appela un jour le *Père de la Patrie*, précurseur comique de
nos patriarches libéraux. Les frondeurs, maîtres de Paris,
eurent l'idée ingénieuse de donner à ce père de la patrie le
gouvernement de la Bastille.

Au milieu de ce torrent d'affaires difficiles, Mazarin avait
bâti le splendide palais qui porte son nom et qui fut en
France le premier temple consacré aux lettres et aux beaux-
arts. Il appela les meilleurs peintres d'Italie pour le décorer, il fit chercher dans toute l'Europe les raretés dont il
voulait l'enrichir, afin que ces produits de l'industrie élégante
des diverses nations servissent de modèle aux artistes et aux
fabricants français. Il réunit dans sa bibliothèque 40,000
volumes, ce qui ne s'était jamais vu, et il mit ces 40,000
volumes à la disposition de quiconque voudrait les consulter,
ce qui ne s'était jamais fait. Ainsi le Cardinal formait tout
à la fois Louis XIV et Colbert ; l'un pour présider avec magnificence au développement de l'art français ; l'autre pour

fonder en France l'industrie, qui n'existait pas. En tout, le
Cardinal était pour le jeune roi le plus vigilant, le plus tendre, le plus habile des précepteurs. Il surveillait dans ses
moindres détails cette éducation qu'il n'avait pas voulu
livrer aux Jansénistes, et qui fut une éducation vraiment
royale. Ayant élevé le roi, il le maria, et donna du même
coup la paix la plus glorieuse à la France, déjà délivrée
de ses troubles intérieurs. Mais qu'est-ce que tout cela,
dit avec raison M. de Laborde, quand on a contre soi six
mille Mazarinades?

Tandis que Mazarin accomplissait ou préparait magnifiquement de si belles et si grandes choses, il y avait dans a
boue de Paris un hideux polisson, nommé Blot, qui griffon-
nait sur les bornes, avec de la fange, des chansons patriotiques et obscènes, dont nous ne pourrions pas citer ici seulement un couplet. Ces saletés que les grands seigneurs fre-
donnaient aux grandes dames, et que les rapsodes de la
canaille hurlaient aux carrefours, sont depuis longtemps
oubliées. Les calomnies qu'elles renfermaient, puissamment
aidées d'ailleurs par le pamphlet du cardinal de Retz et par
les légèretés de Voltaire, prévalent encore contre tant d'actes
illustres et contre une vie pure; la mémoire du grand ministre en demeure souillée. Est-on contraint de lui rendre
justice sur quelque point, alors on attaque ses intentions;
on insinue, on affirme que les circonstances ont été plus
fortes que lui, et que, s'il a bien fait au fond, cependant il
voulait mal faire.

Que de romans pour lui enlever l'honneur du dernier et
du plus glorieux de ses services, le mariage de Louis XIV!
Riche, puissant, affermi, le Cardinal, prêt à terminer par ce
mariage les sanglants démêlés de la France et de l'Espagne,
rencontra inopinément, dans sa maison même, un ennemi
plus redoutable à ses desseins que tous les politiques de
l'Europe. C'était sa propre nièce, cette fille de dix-sept ans

I.   31

hardie et fantastique, cette Marie de Mancini, si célèbre par
la passion qu'elle sut inspirer au jeune Roi, sans autre
esprit et sans autre beauté que le charme et le caprice de
son humeur. Louis XIV voulut tout de bon l'épouser. Il
avait arraché le consentement d'Anne d'Autriche, bonne
créature, un peu révoltée de la mésalliance, mais trop tendre
pour résister aux larmes de son fils. Mazarin fut inflexi-
ble. L'histoire admet volontiers qu'il désirait ardemment
l'élévation de sa nièce, par où sa fortune eût monté si haut,
et qu'il n'y fit obstacle qu'afin d'irriter davantage la passion
de Louis et de la jeter hors des bornes. La vérité, démon-
trée par M. de Laborde jusqu'à la dernière évidence, est que
le Cardinal ne cessa de lutter, avec autant de désintéressement que d'adresse et de courage, contre sa nièce, contre le
Roi, contre Anne d'Autriche elle-même, et que longtemps
incertain du succès, il ne put l'emporter qu'à force de patience, de bon sens et de ténacité.

Ce petit drame, qui nous montre la haute raison d'un
homme d'État aux prises avec la folie de deux amoureux,
est plein de péripéties souvent attendrissantes, souvent comiques, souvent aussi fort dures. Le personnage à qui l'on
s'intéresse n'est point la Bérénice, plus coquette qu'aimante,
et qui ne laissait pas d'incendier du coin de l'œil, à la déro-
bée, un Antiochus moins dédaigné peut-être que celui de
Racine : ce n'est pas non plus le jeune roi, si franchement
épris, mais si peu roi dans cette rencontre : c'est le Cardinal,
l'homme aux sublimes desseins, arrêté en sa route par cette
petite folle ingrate et par ce grand innocent couronné, qui
songe parfois à le mettre en prison ; c'est Mazarin, s'appliquant patiemment à sauver son œuvre des mains insensées
qui la veulent détruire, et cette œuvre, enfin triomphante,
est la paix du monde. Le Ministre qui terminait de la sorte
une carrière si remplie avait déjà signé le traité de Munster,
qui donna l'Alsace à la France! N'est-il pas regrettable de

voir enfouir au fond d'un volume à peu près inédit des faits si curieux, une réhabilitation si légitime? En vérité, plus nous aimons l'ouvrage, plus nous nous sentons disposés à quereller l'auteur.

Ne quittons pas encore le Cardinal, il y a des sujets qu'on ne peut se contenter d'effleurer. Nous avons parlé de vie pure. Ce mot réveille tous les préjugés. Une vie pure ! Mais il était joueur, mais il était fripon, mais cet Italien est arrivé en France gueux comme un capitaine d'infanterie, et il a laissé une fortune effroyable ; mais, enfin, nous savons son histoire et nous avons les lettres qu'il écrivit à la Régente. Voilà, dans leur force, les accusations qui pèsent sur Mazarin.

Il est bien entendu qu'en lui reconnaissant une vie pure, nous ne prétendons point du tout le présenter comme un modèle de régularité ecclésiastique. Autre est la pureté qu'on demande à l'homme du monde, autre celle qu'on exige de l'homme d'Eglise. Si l'on regarde à son habit, Mazarin, considéré avec les idées de notre époque, n'est pas sans reproche, et il faut répéter le propos que tint, comme il le rapporte lui-même, la reine Christine, en voyant son portrait : *Regina di Suetia ha detto a Chanut, vedendo il mio ritratto, gran bene di me e della mia fisonomia, et in fine che tutto la piaceva, fuori dell'abito di Cardinale.* Mais si l'on veut se souvenir que Mazarin ne reçut jamais les ordres sacrés et que son chapeau n'était qu'un de ces chapeaux séculiers, pour ainsi dire, comme il y en eut dans le Sacré Collège jusqu'à ces derniers temps, il n'est plus qu'un laïque ; on ne peut lui demander que des mœurs irréprochables. Or, sous le rapport des mœurs, Blot et les poëtes de cette espèce, joints à quelques folliculaires de Hollande, osent seuls l'accuser. De tels témoins ne déposent que de leur propre infamie. Voici la vraie opinion des contemporains, formulée plusieurs années après la mort du Cardinal, par Bussy-Ra-

butin, écrivain hargneux, tenant fort du pamphlétaire et qui
ne saurait être accusé de complaisance que pour lui-même.

« Il estoit l'homme du monde aussi bien fait; il estoit
beau, il avoit l'abord agréable, quand il ne vouloit pas l'avoir
rude; l'esprit d'une grande étendue, il l'avoit fin, insinuant
et délicat; il parloit bien, il faisoit fort plaisamment un
conte; *il estoit homme de bonnes mœurs, il n'avoit aucune
passion dominante* : personne n'a jamais esté plus offensé
que luy, et personne n'en a jamais moins pris de vengeance,
quoiqu'il ait esté en pouvoir de le faire impunément. » —
« Dans des temps aussi dissolus, remarque M. de Laborde,
n'avoir aucun reproche à se faire de ce côté, est une sorte
d'avantage que le cardinal Mazarin eut sur son prédécesseur,
sur les hommes d'Etat et les chefs de parti ses contemporains... » Malgré les écarts d'une jeunesse qui promettait
autre chose, « depuis l'entrée de Mazarin au Ministère jusqu'à sa mort, il n'est pas possible de trouver dans les écrits
du temps, à une époque où la presse usait d'une licence
effrénée, de trouver, dis-je, le moindre indice, non d'une
passion, non d'une intrigue, mais d'un penchant passager
ou d'une distraction. »

Pour joueur, il l'était, avec goût, avec ardeur, comme tout
le monde à cette époque : il jouait de belles sommes, il
gagnait bien, il perdait bien, et toujours en grand seigneur,
moins toutefois les tours d'adresse, dont on usait volontiers
pour corriger la chance et brusquer la fortune. Il devint
riche, à la vérité : ce ne fut point le *hoc*, ni la *bassette* qui
fit cette richesse, ni le télégraphe, ni aucune action dans les
mines ou dans les chemins de fer ; mais, outre de beaux
gages comme ministre, il avait force gouvernements, nombre
de charges, quantité d'abbayes. Tout ce cumul semblait légitime alors, et tant de revenus pendant vingt ans, administrés par Colbert, devaient à la fin, malgré de splendides
dépenses, faire un joli capital.

Reste la correspondance du Ministre avec la reine régente. On a bâti là-dessus un petit roman scandaleux, qui s'est installé dans l'histoire sur un si bon pied que M. de Laborde lui-même incline à l'accueillir. Ce jugement est d'un grand poids. M. de Laborde n'est pas de ces honnêtes gens comme il s'en trouve parmi les érudits, desquels nous dirions volontiers qu'ils ont la mémoire et l'imagination *salissantes*, parce que, tout en réprouvant le scandale, ils y croient et le publient volontiers. Pour qu'une anecdote lui semble avérée, pour qu'il reçoive à son tribunal le témoignage d'un manuscrit ou d'un livre, il ne lui suffit pas que quelque nom historique, particulièrement un nom de femme, un nom de reine en soit terni. Cependant nous pensons qu'ici sa perspicacité se trouve en défaut. L'autorité de la *Palatine*, sur laquelle il s'appuie pour supposer que la Reine et Mazarin étaient mariés secrètement, n'a pas la valeur qu'il lui attribue.

« La reine mère, dit cette princesse, non contente d'aimer le cardinal Mazarin, avait fini par l'épouser ; il n'était pas prêtre et n'avait pas les ordres qui pussent l'empêcher de contracter mariage. On en connaît maintenant toutes les circonstances. Le chemin par lequel le Cardinal se rendait chaque jour chez elle *se voit encore* au Palais-Royal.—La vieille Beauvais, première femme de chambre de la reine mère, avait le secret de son mariage avec le cardinal Mazarin : cela obligeait la reine de passer par tout ce que voulait sa confidente. De là est venu que les premières femmes de chambre de ce pays-ci ont tant de droits dans nos appartements. »

On connaît le caractère de la Palatine ; elle est célèbre dans Saint-Simon par ce beau soufflet qu'elle donna en pleine galerie de Versailles à son fils, Philippe d'Orléans, futur régent de France, lorsqu'il consentit à épouser une des bâtardes du roi. C'était une façon de madame Pernelle, avec

un parfum d'Allemagne, haute en gestes, sans cesse gen-
darmée contre les manières de France, qui trouvait que
Versailles était « tout justement la cour du roi Pétant, » et
qui fut toujours elle-même

Un peu trop forte en gueule et très-impertinente.

Elle ramassa les cancans des chambrières et les écrivit en
vendeuse de légumes ; s'y plaisant fort, pourvu seulement
qu'ils caressassent un peu sa fureur. Le mariage de la Reine
et de Mazarin, attesté par elle, et par elle seule nous semble
extrêmement problématique, malgré le chemin de nuit *qui
se voit encore*. Ce sont de belles preuves qu'un corridor et
une porte, ou un privilége de première femme de chambre,
pour certifier une pareille aventure ! Mais quel prêtre a béni
ce mariage ? Quels témoins y ont assisté ? Comment Mazarin, qui pouvait fort bien se marier quoique cardinal, a-t-il
fait pour rester cardinal, quoique marié ? Par quels moyens
a-t-il su calmer les scrupules d'Anne d'Autriche, pieuse et
même dévote ? La Palatine n'en dit rien ; elle a vu le chemin
que prenait Mazarin pour aller chez la reine ; elle sait que
les priviléges importuns de la première femme de chambre
ont eu pour origine les services et la discrétion de la vieille
Beauvais ; ne lui demandez rien de plus.

Le mariage est invraisemblable ; des relations tout à fait
criminelles le sont bien plus encore. En effet, si Mazarin,
depuis son cardinalat et son ministère, fut régulier, Anne
d'Autriche, depuis son veuvage, fut édifiante. Même en admettant pour un fait historique l'aveu que le Coadjuteur
prétend avoir reçu de madame de Chevreuse et la rime im-
pertinente de Voiture au sujet de Buckingham, il faut reconnaître que la Reine Mère se plaça, par sa conduite ulté-
rieure, à l'abri du soupçon. Cependant, elle était coquette,
elle était Espagnole, et elle avait été la femme le plus triste-

ment mariée. Lorsque avec un tel caractère on se lance dans le désordre ou seulement lorsqu'on y tombe, ce n'est pas pour un jour ni pour une fois. Anne, capable d'oublier ses devoirs de chrétienne et l'honneur de son rang, n'y aurait pas mis la modération qu'il faut lui reconnaître encore, lors même qu'on la calomnie. L'histoire et le cœur humain sont là pour proclamer avec quelle rapidité et jusqu'à quelle profondeur les reines et les rois descendent ces dangereuses pentes. La pauvre Beauvais aurait eu tant de secrets à garder, qu'il lui eût été impossible de les retenir tous ; la moitié en fût tombée aux contemporains, nous tiendrions le reste.

Mais cependant, les lettres! ces lettres de Mazarin à la Régente, ces lettres de la Régente à Mazarin, ces lettres *tendres*, ces lettres *passionnées*, ces lettres *qui peignent les regrets de l'absence et les joies du retour;* comment innocenter ces lettres ?

Pour les trouver innocentes, il faudrait d'abord n'y pas mettre tant d'adjectifs qu'elles ne comportent point, et ensuite il suffirait, ce nous semble, de ne pas les incriminer. C'est une souveraine injustice d'appliquer aux personnages historiques l'art homicide des gens du parquet. Quand on part de ce point, qu'un homme est coupable des choses dont on l'accuse, on le confond vivant et présent; tout se tourne contre lui, même sa défense et le serment de ses témoins : jugez de la figure que peut faire un mort ! Quoique nous ne recherchions pas, par goût, les scandales dans l'histoire, nous avons lu ces lettres avec beaucoup d'indifférence, au fond, sur la conviction qui pourrait en résulter pour nous. Sont-elles tendres comme on le dit? sont-elles simplement amicales? En conscience, nous ne saurions y voir autre chose que la plus confiante, la plus vive, mais en même temps la plus exacte amitié.

Quand Louis XIII se sentit mourir, prévoyant les périls

de la Régence, il appela la Reine et lui adressa ces solennelles paroles : *Je vous prie comme mari, et vous commande comme roi, que vous ne souffriez jamais, pour quoi qu'il arrive, que le cardinal Mazarin soit éloigné de mon fils.* Anne d'Autriche était disposée à obéir ; elle savait en qui le Roi lui disait de placer sa confiance, une expérience déjà longue le lui avait appris. Obligée de partager le pouvoir, qui pouvait-elle s'associer avec plus de sécurité que cet homme, si parfaitement rompu à toutes les intrigues de la cour, si parfaitement versé dans la connaissance de la politique européenne, d'un dévouement si souvent éprouvé, d'un esprit si délié, si rempli de ressources et qui lui plaisait tant ? Ajoutez qu'il était étranger comme elle ; qu'entouré de beaucoup d'agents très-capables de le seconder, il n'avait qu'elle cependant pour appui, et qu'ainsi il se recommandait au cœur de la femme par une situation qui donnait en même temps aux intérêts de la Reine une garantie excellente. Ces considérations expliquent assez le crédit du Cardinal, sans en chercher d'autres qui l'auraient rendu plus incertain et plus fragile. Pour se maintenir, Mazarin prit soin d'accroître sans cesse l'influence qu'il tenait jusqu'à un certain point de la force des choses. Afin de rester Ministre, il voulut devenir ami. Avec un roi, l'entreprise aurait pu échouer ; avec une reine, le péril était de trop réussir. Régner sur une femme n'est pas le vrai secret de la gouverner toujours. Soit finesse, soit vertu, Mazarin eut la grande habileté de ne point tenter cette victoire peu sûre ; il n'essaya point de se lier par la solidarité du désordre une souveraine naturellement débonnaire. Anne d'Autriche ne jalousait pas, comme Louis XIII, le génie de son ministre. Il évita d'exposer sa fortune aux coups d'une autre espèce de jalousie, plus à craindre entre homme et femme, et la seule que l'indolente Espagnole pût vivement ressentir.

Mais, en limitant ainsi ses sentiments, il employa, pour

en obtenir de semblables, un art plus noble et plus efficace que les subtils calculs de l'esprit: il aima lui-même; toute sa conduite en fournit l'éclatant témoignage. Plein de respect et de reconnaissance pour la Reine, il s'attacha tendrement et profondément au jeune Roi; il fut certainement l'homme de France le plus dévoué à la personne de cet enfant, dont il voulait, avec la passion que comportent de tels desseins, faire « un prince accompli et le plus grand roi du monde. » C'est trop rabaisser l'espèce humaine, de croire qu'une mère pouvait rester insensible à tant de zèle, et que, pour apprécier comme elle fit l'homme en qui elle trouvait un dévouement si rare, il fallait encore que cet homme fût son amant.

Il fut son ami. Il eut, elle lui donna, il exerça les droits d'un ami. Ces droits sont grands; le Ministre en usa dans toute leur étendue, la correspondance le prouve; mais elle ne renferme rien qui les outre-passe. Quand ces lettres ont été écrites, c'est-à-dire pendant l'exil de Mazarin, et ensuite lors du triomphal voyage aux Pyrénées, Anne et son ministre s'étaient longtemps et mutuellement éprouvés; ils avaient longtemps gouverné, longtemps régné ensemble; ils se connaissaient à fond, et tant de plans formés en commun, tant de secrets gardés entre eux seuls, tant de services réciproques, tant d'affronts même dont ils avaient eu chacun leur part, avaient fini par effacer le rang, la distance, les formules ordinaires de sujet à souverain et d'homme à femme; il ne restait que leur affection, cimentée par une tendresse égale et sans bornes pour le Roi : c'était en vérité un père et une mère dont les mains s'unissaient sur la tête d'un fils. Certes, au temps de l'exil déjà, il n'était pas étonnant que la régente, préférant la fidélité inébranlable et polie de son ministre à l'impérieuse humeur du prince de Condé, suivît les instructions du « pauvre exilé » avec une confiance aveugle, avec une soumission entière; il n'était pas étonnant que le « pauvre exilé » désirât passionnément revenir,

et que, de part et d'autre, on se peignit vivement les regrets
de l'absence et les joies du retour, ou plutôt de la délivrance.
Encore est-il juste d'observer que l'exilé ne voulut point
acheter ces joies au prix d'un amoindrissement de l'autorité
royale et d'un rapprochement avec l'Espagnol, ce qu'il eût
regardé comme une double trahison envers le Roi et la
France.

Pendant le voyage aux Pyrénées, la situation avait changé.
On était devenu vieux, bien vieux pour s'amuser encore à
la bergerie. Le Cardinal atteignait soixante ans; Anne passait
la cinquantaine. Retirée au Val-de-Grâce, elle donnait tout
son temps à ces pratiques de piété dont son ministre, en des
jours moins paisibles, avait blâmé l'excès; elle n'était plus
rien, que la reine. Le négociateur tout-puissant qui mariait
le Roi malgré le Roi lui-même, n'avait désormais nul besoin
de cette faveur, ménagée si adroitement et si longtemps.
Néanmoins les lettres sont du même style, tendres, fami-
lières, pleines d'abandon, avec une pointe d'amertume toutefois qui sent non pas la jalousie, ce serait trop ridicule,
mais le désenchantement. C'est que la vieillesse est chagrine;
c'est qu'au milieu des pompes du triomphe et dans le repos
de la prière, mais aussi sous ce froid des ans, précurseur
du froid de la tombe, les mauvais jours passés apparaissent
beaux comme tout ce qui n'est plus. Mazarin venait de faire
d'ailleurs une dure épreuve. Après avoir servi la France et
le Roi avec une si persévérante ardeur, pardonné à tant
d'ennemis et comblé de bienfaits des milliers de créatures,
il pouvait voir qu'il n'était parvenu qu'à s'entourer d'ingrats. Ses nièces, qui lui devaient tout, le haïssaient; le Roi
avait failli le sacrifier à sa passion; la reine mère était la
seule personne dans le monde qui l'aimât véritablement.
Peut-être, à l'exemple de tous les cœurs blessés, se faisant
un plaisir cruel d'élargir sa plaie, avait-il frappé d'un doute
injuste cette solide affection, qui se plaignait et doutait à son

tour. Doutes et plaintes des amitiés vieilles et sûres, où l'on ne craint plus de s'accuser, parce qu'on ne craint plus de se trahir !

L'interprétation que nous donnons aux lettres nous semble confirmée par les agenda, précieux documents, que M. de Laborde a étudiés avec beaucoup de zèle et de sagacité, et dont il tire un excellent parti. Sur ces agenda, qui passaient entre les mains de la Régente pour lui servir de directoire, le Cardinal notait jour par jour, heure par heure, toutes les idées qui lui traversaient l'esprit. On y trouve parfois des avis qui semblent s'adresser plutôt à la femme qu'à la Reine, et où l'on peut, à la rigueur, quand le parti en est pris d'avance, trouver l'indice d'une intimité plus que politique. Il faut aller chercher cela bien loin, et l'on serait plus près de la vérité si l'on voulait se souvenir que l'amitié aussi a ses ombrages, particulièrement quand l'amie porte couronne. En pays de pouvoir absolu, les sourires d'une reine encore jeune, et malgré sa vertu, très-coquette, peuvent aisément devenir des *questions de Cabinet* ; cela était surtout possible au temps de la Fronde. Mazarin avait ses motifs pour ne laisser grossir aucune *question* de cette espèce ; il veillait aux galants comme aux femmes de chambre. C'est ainsi qu'il écrit à la fin de 1643 : *Allontanare Cheverosa, che fa mille caballe.* Madame de Chevreuse était pourtant l'amie de la reine : elle fut éloignée. Plus tard, il gronde la reine d'avoir fait un cadeau sans l'avertir : *S. M. ha fatto dare 30 m. lire al figlio di Buckingham, per mezzo di Dubosc : e non è conveniente che si possi per alcun modo sospettare che abbia secreto per me.* Madame de Motteville, autre amie de la reine, suspecte à son tour, reçoit cet ordre mortifiant : *S. M. ordonni a madama di Motteville di avvertire se nelli luoghi che pratica, intende cosa che riguardi il suo servizio e quello della mia persona.* Ces exigences ministérielles n'ont rien

d'extraordinaire ; un ministre anglais n'en demanderait pas
moins à la souveraine de la Grande-Bretagne. Les avis
d'une nature plus délicate, et qui touchent à la conduite
particulière de la Reine, ne sont pas donnés si rondement.
Mazarin parle toujours en mentor, mais avec une discrétion
et une adresse qui montrent que Mentor n'a pas le droit
d'être jaloux. Nous nous étonnons que M. de Laborde, si
différent du gros des érudits, n'ait pas saisi ces nuances fines.
Le jaloux ne conseille pas, n'insinue pas : poussé par une
passion impérieuse, il ordonne, ou, comprenant qu'il n'a
plus de titre, il se tait. L'aventure de Jerzé, gentilhomme
Angevin, qui se présenta « pour aimer la Reine, » et que
Mazarin fit chasser ignominieusement par la Reine elle-
même, ne peut être alléguée contre notre opinion. Elle
prouve seulement la vigilance du ministre et la docilité vraiment constitutionnelle de la régente. Cette aventure, curieuse en elle-même, l'est davantage encore par la manière
dont Mazarin la raconte dans son treizième agenda. Nous
copions exactement ce passage, qui fera connaître l'orthographe et le français de l'un des plus habiles ministres qui
ont gouverné la France.

« Gersé s'offrit à M. le Prince contre moi dans la querelle
« et demourat d'accord qu'il s'offriroyt à moy. C'est estre bien
« coquin, trestre et ingrat tout à fayt apprès les grazes que
« je luy ay procurés et la familiarité qu'il avoyst avec moy.

« On a dit à la Reyne que M. le Prince avoyt poussé
« Gersé à se déclarer amoureux de la Reyne et conseillé de
« s'adresser à Bovay (madame de Beauvais), avec dessigne
« (dessein) de reconnestre par là beaucoup des choses, et
« voyr un moyen de me faire du mal.

« La Reyne pourroyt dire devant boucoup des princesses
« et autres personnes : J'avay grand tort à présent de me
« playndre plus de rien, ayant le bonheur d'avoyr un ga-
« lan si bien fait que Gersé ; je crains solement de le perdre

« un de ses jours, que ne pourroy pas empêcher qu'on le
« mène aux petittes maysons, et que je n'oray pas l'avan-
« tage que l'on die qu'il est devenu fou pour amour de
« moy, parce que on sayt que ly a longtemps qu'il est af-
« fligé de ceste maladie.

« Apprès que la primiere fois que Gersé entrera dans le
« lieu où la Reyne sera, s'y a leffronterie apprès ce que des-
« sous dy, de s'y présenter, el luy pourroyt dire en riant :
« E bien, M. de Gersé, me trouvé vous à vostre gré? Je ne
« pensé jamays avoyr une si bonne fortune ; il faut que
« cela vous vienne de raze (race), car le bon homme La-
« vardin estoit aussi le galan de la Reyne mayre avec la
« mesme joye de la court, qu'elle témoigne a présent à
« votre amour.

« S'il répond quelque chose peu respectuose ou mal
« à propos, soyt s'esmouvant, soyt s'adoucissant et voulant
« entrer en matière, la Reyne pourroyt lui repartir : Si
« vous n'étiez connus fou à marotte, l'on vous jetteroyt par
« les fenestres, mais je vous commande de vous en aller
« chez vous, pour vous fayre panser. »

On voit dans les Mémoires du temps que la Reine récita
ce discours du trône, autant que l'émotion le lui permit :
Le pauvre Jerzé, dit madame de Motteville, *fut accablé de ce
coup de foudre. Il n'osa rien dire à sa justification. Il sortit
du cabinet en bégayant, mais plein de trouble, pâle et dé-
fait.* M. de Laborde ne comprend pas l'irritation du Cardinal. On trouvera cependant assez naturel qu'un homme
d'esprit, exposé à se voir traversé dans ses desseins par des
faquins comme l'étaient tous ces amoureux de la Reine, se
soit donné, dans son impatience, le plaisir d'en écraser un
pour l'avertissement des autres. Un ministre a ce droit, tout
autant qu'un rival. Une seconde note, sur un sujet bien différent, fortifiera, ce nous semble, la conclusion que nous
tirons de celle-ci.

« Sa Majesté met les affaires publiques après ses dévo-
« tions privées, et devrait faire le contraire. — Tout Paris
« murmure de ces fréquentes et publiques dévotions ; on en
« parle de tous côtés avec mépris. Que Sa Majesté s'informe,
« elle connaîtra la vérité. Dieu est partout ; Sa Majesté peut
« le prier dans sa paroisse, sans donner lieu à des propos
« qui deviennent extrêmement préjudiciables à son service.
« — C'est un grand point que le public croie l'attention de
« Votre Majesté appliquée avant tout aux intérêts de l'État.
« Ainsi elle se conformera à la volonté de Dieu qui l'a
« chargée du gouvernement de ce royaume et de l'éduca-
« tion du Roi. Voilà le bien qu'elle doit faire. Et que Sa Ma-
« jesté se persuade qu'un seul moment donné à ces devoirs
« sera plus agréable à Dieu que des heures entières consa-
« crées à prier, à visiter les églises, à courir tant de vêpres
« et de sermons [1]. »

Certes, ce n'est là le langage ni d'un mari, ni d'un amant,
ni d'un séducteur. Nous croyons avoir prouvé que Mazarin
ne fut et ne voulut être rien de tel. Si l'on tient trop au
roman pour en convenir, s'il faut absolument que les lettres
et les agenda prouvent ce que nous contestons, qu'on
explique donc par quel miracle ces documents n'ont pas été
détruits ! Il est assez étrange, on en conviendra, que la
Reine et le Cardinal, après avoir gardé avec tant de soin le
secret de leur liaison, n'aient pas songé à supprimer des
témoignages qui, contenant ce que l'on peut y voir, seraient
de nature à diffamer leur mémoire. Supposons que le Cardinal, si retenu, si régulier devant ses contemporains, ait
regardé comme peu de chose de scandaliser la postérité ; on
ne pourra jamais croire à tant de philosophie, disons le mot,
à tant de cynisme de la part d'une femme, d'une reine,
d'une dévote. Laissant subsister ces preuves de son amour,
Anne d'Autriche aurait voulu tout au moins y joindre l'acte

[1] Agendas, numéro 3, page 26. Cette note est en italien.

de célébration de son mariage. Elle ne l'a pas fait : rien ne
démontre mieux qu'elle n'était pas mariée, et qu'elle n'a vu
dans les lettres de son ministre et dans les siennes que ce
que nous y voyons nous-même.

La gloire du Cardinal n'y perdra pas. M. de Laborde,
pour se ranger à notre sentiment, n'aurait certainement
rien à effacer dans cette belle et juste appréciation de
l'homme qu'il célèbre et auquel il demande qu'on élève
un monument digne de lui, en publiant ses correspondances et ses Mémoires politiques aux frais de l'État :

« Mazarin, dit-il, a dirigé les affaires de la France peu-
« dant les vingt années les plus agitées de notre histoire,
« agrandi le royaume avec les plus faibles ressources, relevé
« l'autorité royale au moment de son plus grand affaiblisse-
« ment et préparé un beau règne en formant un grand roi,
« le tout avec beaucoup de courage, un esprit supérieur et
« la plus parfaite modestie.

« Remettre à sa place la figure de Mazarin nous aurait
« semblé le devoir d'un gouvernement favorable aux études
« historiques, et nous aurions lieu de nous étonner si les
« ministres actuels ne se prêtaient pas à la réhabilitation
« d'un ancien collègue qui, plus qu'eux tous, a souffert des
« discussions parlementaires, des écarts de la presse, des
« préjugés de l'opinion, en donnant le premier l'exemple
« de la souplesse qui sait attendre, d'une autorité inébran-
« lable qui consent à plier, d'une habileté sans bruit et sans
« ostentation, dont on ne connaît le but que lorsqu'il est at-
« teint. »

On ne saurait mieux dire ; un dernier mot complétera le
portrait. Pour les grands cœurs, la mort est un acte. Mazarin
sut noblement et humblement mourir. Laissons M. de Laborde nous peindre cette action suprême de son héros :

« Le malade vint attendre la mort dans la tranquillité de
« sa belle résidence de Vincennes. La cour l'y suivit, morne

« et silencieuse ; Louis XIV et sa mère ne quittèrent pas le
« chevet de son lit ; et, tandis que les églises retentissaient
« de ces prières funèbres que l'étiquette réservait à l'État
« et aux rois dans leurs grandes infortunes, le Cardinal di-
« sait au curé de Saint-Nicolas-des-Champs : « Mon père,
« parlez-moi de la miséricorde de Dieu ; car, pour ses juge-
« ments rigoureux, je ne sais que trop ce qu'ils peuvent
« être. » L'histoire ne donne pas d'exemple d'une tranquil-
« lité d'âme plus parfaite, d'un esprit aussi ferme à la veille
« de quitter toutes les grandeurs de cette terre. Mazarin,
« comme l'avoue malgré elle madame de Motteville, « fit
« bonne mine à la mort, » c'est-à-dire qu'il se montra chré-
« tiennement résigné et repentant.

« ...Il laissa au Roi dix-huit gros diamants, les plus beaux
« de la couronne, et les magnifiques tableaux de sa galerie,
« aujourd'hui l'ornement du Louvre ; au Pape 600,000 li-
« vres pour faire la guerre au Turc ; à la ville de Paris,
« plus de deux millions pour fonder un collège et construire
« une bibliothèque publique ; aux hommes de lettres, leurs
« pensions aussi exactement payées que s'il avait encore à
« les craindre ; et, dans ces grandes libéralités qui couvrent
« dignement la source de ses richesses, le Cardinal-Ministre
« n'oublia pas la France : Richelieu avait imposé Mazarin ;
« Mazarin condamna Fouquet et recommanda Colbert. »

Nous hésitons à aller plus loin ; le livre de M. de Laborde
se refuse à l'analyse ; quelque soin qu'on mette à dire ce
qu'il renferme, il y restera toujours quantité de recoins
charmants dont on aura oublié de parler. Nous ne le ferme-
rons pas cependant sans indiquer l'aimable portrait de Catherine de Vivonne, marquise de Rambouillet, et l'esquisse
agréable et savante qui nous fait assister à la création des
salons et aux commencements véritables de la politesse
française.

II. Sous Henri IV, on ne causait pas à Paris : il n'y avait pas de salons. La société, encore féodale, mal remise des guerres religieuses, pleine de discordes et de rudesse, ne trouvait, pour se reposer, ni l'abri de l'autorité ni celui des lois. Chacun y gardait son épée et son armure, soit pour attaquer, soit pour se défendre. Les maisons des grands, armées comme ceux qui les habitaient, conservaient une mine de château fort et laissaient encore pendre à leurs tourelles quelques restes des chaînes du pont-levis, à peine supprimé. Vastes et incommodes demeures, sombres, mal tenues, pleines à la fois de faste et de misère. On y entretenait un peuple de valets, qui gardaient les murailles, mais qui ne servaient point les maîtres, et qui prenaient leurs gages sur les passants, quelquefois même sur les hôtes. Tout Paris admirait la libéralité d'un gentilhomme qui défendait à ses gens de rien recevoir des personnes qui venaient chez lui ; M. d'Angoulême, au contraire, annonçant aux siens qu'ils ne tireraient rien de sa bourse, ajoutait : « Qua- « tre rues aboutissent à l'hôtel d'Angoulême ; vous êtes en « bon lieu, profitez-en si vous voulez ! » On avait pour meubles des coffres, des bahuts qui se pouvaient enlever et vider à la moindre alerte, des consoles, des bancs, quelques chaises, de petits miroirs semblables aux vitres de fenêtres. Sur les murs s'étalaient de lourdes tapisseries injuriées par le temps ; à la voûte pendaient quelques lustres maigrement ornés de petites boules de cuivre ou de morceaux de cristal de roche. Le visiteur arrivait par un escalier tortueux et obscur à l'entrée d'une longue suite de chambres, où il voyait partout les traces du passage de ces seigneurs qui « crachaient haut » pour marquer leur rang et se permettaient de plus grandes libertés, faisant, par exemple, des cheminées un usage tel qu'il ne manquait plus en vérité que d'y coller des

affiches. Mal éclairés le soir par de rares chandelles, les
appartements étaient glacés en hiver. On marchait longtemps avant d'arriver à la seule chambre habitée, quoiqu'elle
fût tout au plus habitable : c'était la chambre à coucher.
Le maître ou la maîtresse de la maison se tenait sur le lit,
avec quelques intimes ; les amis remplissaient la ruelle.

Les mœurs étaient au niveau de cette grossièreté dont
nous ne donnons ici que quelques traits supportables. On
jouait partout, et surtout on trichait de façon à exciter l'admiration des grecs les plus grecs d'aujourd'hui ; mais les
grecs alors faisaient la fleur de la cour. En fait de lans-
quenet, nous ne sommes que des commençants. Nous avons
quelques virtuoses qu'on oblige d'aller se reposer en Amérique ; le XVIIᵉ siècle, quoique moins scrupuleux, dut en
mettre plusieurs à Saint-Lazare. Quant aux malversations
des hommes publics, personne n'y prenait garde. Il était
reçu qu'on devait s'enrichir au maniement des finances de
l'État. Fouquet, si pleuré des beaux esprits, n'y allait pas
de main morte : avec ses charges et son bien, il avait six
cent mille livres de rente ; là-dessus il trouvait moyen de
dépenser quatre millions par an et de consacrer douze millions aux seuls embellissements de Vaux. Notez que ces
douze millions en feraient cinquante de notre monnaie. Il
fallait cela pour se faire remarquer. Le siècle entier, dit
M. de Laborde, fut *enclin à la rapine*. Mazarin faisait surveiller avec soin les nobles curieux qu'attirait la rareté de
ses collections. Prévoyant que la reine de Suède pourrait
demander à voir son appartement du Louvre, il écrivait à
son intendant, Colbert : « Je vous prie de prendre garde que
la folle n'entre pas dans mes cabinets, car *on* pourroit prendre de mes petits tableaux. » Colbert répondit : « Elle n'a
pas visité l'appartement du Louvre. Sy elle y avoit esté,
j'aurois tasché d'empêcher le désordre, comme j'ai fait, et
avec assez de peine, dans le palais de Votre Eminence,

quoique M. de la Bretêche, qui gardoit Sa Majesté, ait fait ce que je désirois de luy. » Les détails de ce genre abondent. On ne valait pas beaucoup mieux sous d'autres rapports plus graves. Le langage était fort cru, la débauche effrontée et vilaine. Quelques dames, d'une incontestable vertu, cruelles accusatrices des autres, se vantaient de n'être pas *valétudinaires*. La Bruyère nous apprend quels étaient encore à cet égard, sous Louis XIV, les débordements de beaucoup de femmes de la première condition, et cependant la décence avait beaucoup gagné. Que devait-il se passer du temps de la Fronde, après les exemples d'Henri IV ? Habile politique et vaillant homme de guerre, Henri IV n'était, hors de là, qu'un soudard spirituel, aimant à parler un langage ordurier et à faire des actions cyniques. Prince plus capable encore de corrompre une nation que de la rendre puissante.

Catherine de Vivonne, fille du marquis de Pisani, mariée à douze ans (le 20 janvier 1600) à Charles d'Angennes, marquis de Rambouillet, prit en dégoût ces coutumes barbares et ces mauvaises mœurs. Elle avait vu un moment la cour du Béarnais ; résolue de n'y plus reparaître, elle ouvrit la sienne, où régnèrent toutes les délicatesses de l'esprit et du cœur, et que fréquenta soixante ans l'élite de la France. Cette femme illustre ne fut pas seulement le véritable Mécène dont les lettres avaient besoin, l'oracle du goût, la réformatrice des coutumes et du langage ; on la vit inspirer, presque créer une nouvelle architecture civile. Elle bouleversa l'ordre des anciennes maisons, et bâtit si bien, distribua si bien son hôtel, qu'il ne lui manqua, « pour compléter son œuvre, que l'invention des sonnettes. » A défaut des sonnettes, elle inventa les alcôves, les salles de bain, les cabinets de toilette et les dégagements du service. Ses cheminées furent proportionnées au feu qu'elle faisait, ses chambres au monde qui devait y être admis ; elle con-

gédia les serviteurs qui ne servaient pas, paya ceux qu'elle
gardait et les plaça dans les antichambres, à portée de la
voix. Elle eut des cuisines, des écuries, des remises en
rapport de grandeur avec le nombre de ses convives, de ses
chevaux, de ses voitures. Le dîner fut servi régulièrement,
et il ne lui arriva jamais de renvoyer ses hôtes parce que les
cuisiniers n'avaient point songé à faire le repas.

« Ses appartements eurent escaliers et dégagements selon
« les besoins. Aux salons de réception l'escalier d'hon-
« neur qui s'arrête au premier, aux logements intimes
« l'escalier de fond, aux cuisines et aux domestiques l'es-
« calier de service. »

Elle supprima l'étiquette du balustre, et, au lieu de
recevoir sur son lit, elle se tint près de sa cheminée, ou
passa dans son cabinet, agrandi sur le jardin par un
balcon vitré. Elle ajouta au fauteuil magistral et à quelques chaises bien rares, des placets et des chaises en plus
grand nombre, au moyen desquels on put remplacer, par
l'agrément des tête-à-tête et des groupes, la solennelle gravité des anciens cercles. Les hommes n'eurent plus la permission de prendre siège sur le lit ; si les jeunes gens conti-
nuèrent de s'asseoir sur leurs manteaux aux pieds des dames,
cette coutume incommode cessa d'être imposée à ceux qui
n'avaient plus la souplesse du jeune âge et à ceux qui crai-
gnaient de miroiter leur velours. Les femmes, après s'être
démasquées en entrant, les hommes la tête découverte,
venaient se ranger auprès du fauteuil de la marquise, préservés de l'ardeur du feu par des écrans, préservés des cou-
rants d'air par des paravents, qui permirent en outre d'entrer
et de sortir sans fracas. Introduit, on prenait part à une
conversation où régnait la plus honnête liberté, mais qu'un
esprit décent et courageux savait épurer de tous les mots
qu'eurent le tort d'employer Régnier et Molière.

Les innovations de la marquise de Rambouillet ne s'arrêtèrent pas là. Chassées des appartements intimes et renvoyées à demeure aux salles de grande réception, les lourdes tapisseries furent remplacées par des tableaux, par des portraits, par de légères tentures d'étoffes aux couleurs tendres. Elle eut une vaisselle simple, mais élégante, et s'interdit de bonne heure les extravagances d'un luxe qui resta longtemps encore à la mode, si nous en croyons cette description, donnée par Loret, d'un festin que madame de Chaulnes offrit à la reine mère :

> ... Elle avait fait arranger
> (Afin que chacun pût manger),
> A l'entour de la même salle,
> Et dans une distance égale,
> Des Mores noirs et non pas blonds,
> Faits en forme de guéridons,
> Chacun portant sur sa teste
> Un grand plat de viande preste,
> Et deux autres en leurs deux mains,
> Les uns remplis de massepains
> Et les autres de marmelades,
> Bisques, tourtes, fruits et salades.
> Ce rare et surprenant spectacle
> Fit à plusieurs crier miracle.
>   . . . .
> ..., Il court un certain caquet
> Que, pour subvenir au banquet,
> Cette dame de haut lignage
> Avait mis ses perles en gage.
>
>   (16 juin 1651.)

Ces belles imaginations et cent autres du même genre, ne vinrent jamais écorner la dot des enfants de la Marquise.

Cependant on ne s'avise jamais de tout ; madame de Rambouillet, qui avait déjà oublié les sonnettes, fit un autre oubli.

Quinze ou vingt ans après le célèbre régal de madame de

Chaulnes, Antoine Courtin donnait ce précepte dans son *Nouveau Traité de la Civilité :* « Il est nécessaire d'observer qu'il faut toujours essuyer votre cuillère quand, après vous en être servy, vous voulez prendre quelque chose dans un autre plat, y ayant des gens si délicats qu'ils ne voudroient pas manger le potage où vous l'auriez mise après l'avoir portée à votre bouche. Et même, si on est à la table de gens *bien propres,* il ne suffit pas d'essuyer sa cuillère, il ne faut plus s'en servir, mais en demander une autre. Aussi sert-on à présent, *en bien des lieux,* des cuillères dans des plats qui ne servent que pour prendre du potage et de la sauce. » Cela est de 1673. Or, voici ce que Saint-Simon disait un peu plus tard du gendre de la marquise de Rambouillet : « La propreté de M. de Mautausier, qui vivait avec une grande splendeur, était redoutable à sa table, où il avait été l'inventeur des grandes cuillères et des grandes fourchettes, qu'il mit en usage et à la mode. » Sur la foi d'un pareil texte, M. de Laborde a certainement le droit de renvoyer encore à l'hôtel Rambouillet la gloire de cette dernière innovation.

Ce ne sont point là de si grandes futilités. Les idées, les réformes de Catherine de Vivonne eurent un immense succès. Adoptées partout, elles contribuèrent puissamment à fonder en France ce quelque chose de particulier à la France, qu'on peut appeler « la société polie; » et la société polie eut une influence considérable sur les mœurs. Ce fut un grand pas de fait dans la pratique de l'égalité, quand il y eut une noble maison dans Paris où un homme d'esprit comme Voiture, un savant comme Ménage et tels autres gens de rien furent admis sur le même pied que les plus fiers seigneurs. L'intelligence eut alors son légitime partage ; si elle ne prit pas plus tôt possession du lot qui lui était fait, c'est qu'elle se trouva trop souvent compagne de la bassesse de cœur.

Nous ne dirons rien de l'histoire très-curieuse de Mancini, qui, se prolongeant jusqu'à la mort de la duchesse Mazarin, conduit l'auteur à nous parler de Saint-Evremont, de Ninon, des Vendôme et de tous les épicuriens du Temple. En citant quelques-uns de leurs bons mots, il ne déguise pas l'horrible senteur qu'exhalent ces vieillesses débauchées. Saint-Evremont ayant perdu la duchesse, mais surtout sensible aux souffrances de son estomac, déplore ainsi la mort de sa bienfaitrice : « *Si la pauvre madame Mazarin vivoit, elle auroit des pêches dont elle n'auroit pas manqué de me faire part; elle auroit des truffes que j'aurois mangées avec elle, sans compter les carpes de Newhall.* » Et Ninon, son élève, répond : « *L'appétit est quelque chose dont je jouis encore. Plût à Dieu de pouvoir éprouver mon estomac avec le vôtre !* » Tels étaient les souhaits qu'ils échangeaient sur le bord de la fosse, car ils avaient, l'un et l'autre, plus de quatre-vingts ans ! Il est vrai que la courtisane fait au philosophe cette amère remarque : « *Qui m'auroit proposé une telle vie, je me serois pendue !* »

Nous ne dirons rien non plus des détails qui nous introduisent dans le salon de madame de Lambert, et, par occasion, à la petite cour de Sceaux ; nous ne dirons rien des cent autres sujets, tantôt effleurés, tantôt traités à fond dans le pêle-mêle de ces pages piquantes. Il faut finir, et nous craignons d'ailleurs de donner trop de regrets à ceux de nos lecteurs, qui voudraient trouver ce livre, déjà peut-être introuvable. Nous terminons donc en renouvelant à la fois nos éloges et nos reproches. M. de Laborde réunit au goût d'écrire le don d'étudier; il a du bon sens, du loisir, une fortune qui lui permet de travailler sans compter avec les libraires, un désintéressement plus grand que sa fortune. Dans une telle situation, avec des goûts si nobles et des sentiments si droits, jeune comme il l'est encore, savant comme il l'est déjà, ayant fait de tant de façons des preuves si honorables, il ne lui est pas permis de n'avoir point d'ambition. Qu'il tienne peu à briller dans les fonctions politiques, qu'il laisse à ses confrères de l'Institut les fermes planturenses de la science, nous ne le querellerons point là-dessus : mais les hommes qui lui ressemblent sont appelés à se faire un nom qui pèse dans la balance en faveur de la vérité. C'est l'ambition qu'il doit avoir.

MADEMOISELLE DE MELUN.

Abbaye de Solesmes, août 1843.

I. Mademoiselle de Melun naquit en 1616, au château d'Ubies, près Mons. Le prince d'Epinoy, son père, tenait par le sang à la plupart des familles royales. Aussitôt qu'elle eut vu le jour, on lui suspendit au cou une parcelle de la vraie croix. Sa mère, Ernestine d'Aremberg, se refusant la joie de l'embrasser tant qu'elle ne serait pas purifiée de la tache originelle, envoya chercher deux pauvres pour être parrain et marraine de cette alliée des couronnes de l'Europe, à qui manquait l'alliance de Jésus-Christ. Ils la nommèrent Anne. On verra si elle fut bonne filleule.

La maison d'Epinoy ressemblait à un fervent monastère. La piété, sans rien refuser aux exigences du rang, y ordonnait toutes choses. Les domestiques étaient traités comme des enfants et des frères, les maîtres voyant en eux des âmes immortelles dont ils avaient la conduite et dont ils répondraient ; les pauvres étaient accueillis comme les véritables possesseurs de ce riche domaine, administré pour eux ; chaque jour on enlevait de la table la meilleure part des mets, et on la portait aux malades. Le prince montrant un jour à Ernestine des sommes considérables qui lui restaient : *Ah ! Monsieur*, s'écria-t-elle, *que d'heureux nous allons faire !*

Onze enfants étaient la bénédiction de ce ménage de saints. La mère les avait tous nourris de son lait, tous avaient appris d'elle à prononcer pour première parole le nom de Jésus, et la première chose qu'ils surent fut le *Pater*. Les garçons, sous la conduite de leurs précepteurs, occupaient des appartements séparés ; la princesse présidait elle-même à l'éducation de ses filles et ne les perdait jamais de vue. Matin et soir, filles et garçons venaient tous ensemble se mettre à genoux devant le père et la mère, qui faisaient le signe de la croix sur chacun et lui disaient : Dieu vous bénisse, mon enfant.

Anne atteignit sa sixième année. Il y avait en elle quelque chose de si céleste que ses parents ne crurent pas leur maison assez sûre pour un semblable trésor. Confiée aux chanoinesses de Sainte-Vautrude, elle y fit sa première communion, avec l'innocence, la joie et les sereines lumières d'un ange. Ravissements que nous ne sommes plus dignes d'exprimer ! Les anges savent et chantent ces cantiques d'allégresse, dont quelques notes confuses ne viennent à nous que dans nos meilleurs jours. Ayant donc reçu son Dieu, Anne crût en grâce. Bientôt, elle eut encore la plénitude des dons extérieurs ; charme d'esprit, charme de douceur, charme de beauté, la fleur était digne du parfum. Tout cédait à sa naïve éloquence : on l'aimait, et, dès qu'on l'aimait, il fallait aimer Jésus et Marie. A douze ans, elle avait converti une protestante ; à treize ans, elle avait fait vœu de virginité ; à quinze ans, elle voulut être carmélite.

La sagesse de ses parents la réserva au monde ; elle y entra, et, en moins de rien, tant de vertus faillirent succomber. Elle avait craint le monde, elle l'aima, ou plutôt elle se laissa dominer par lui. Elle était si jeune, si belle, si riche !

Le vicomte de Gand, son oncle, lui avait donné, comme cadeau de bienvenue, un marquisat royal. Elle n'était plus heureuse, elle ne voulait plus l'être; elle cherchait la paix où elle savait qu'elle ne la trouverait pas. Hélas! disait-elle au milieu des fêtes, où allons-nous? que faisons-nous? quel compte il nous faudra rendre à Dieu! Elle s'endormait dans ces pensées, elle s'éveillait triste et mécontente; le soir elle retournait puiser à la même source les mêmes regrets, la même épouvante. *Quiconque boit de cette eau, aura encore soif* [1]. Elle le sentait, et elle se lamentait. Dieu la prit en pitié, car elle fuyait vite. Un pauvre jésuite, qui la vit à Bruxelles, l'arrêta malgré la violence du torrent. Il lui donna le spectacle de la mort; elle vit les terreurs de ceux qui n'ont mérité que l'estime du monde, et revint à Sainte-Vautru·le pour apprendre à mourir. Elle accomplissait sa seizième année.

Ici commence la sainte. Durant ce court oubli, Anne n'avait rien fait qu'osât condamner la morale mondaine la plus austère; son ange avait pu gémir, il ne s'était pas voilé. Néanmoins elle avait péché, ce fut en pécheresse qu'elle se traita. Les saints sont cruels pour eux-mêmes, parce qu'ils savent quel maître ils ont offensé, quel ami ils ont méconnu. Le corps s'était révolté contre l'âme, Anne le dompta comme on dompte les esclaves rebelles. Il fallut modérer la rigueur de ses pénitences, mais déjà la sainte paix, la sainte joie, les ravissements de la prière et de l'innocence étaient revenus. Comme un signe plus évident de l'amour divin, dans cette existence jusque-là comblée des biens terrestres, les croix apparurent. Le prince d'Epinoy perdit tout à coup la faveur de Philippe II; ses biens furent confisqués; il n'échappa que par une prompte fuite à la prison et à l'échafaud. Mademoiselle de Melun ne plia qu'à

---

[1] Jean, IV, 13.

peine un instant. Tandis que ses amis se désolaient d'une
ruine si soudaine, elle faisait chanter un *Te Deum*. Dieu
n'avait pas compté avec elle, elle ne voulait pas compter
avec Lui; sans regarder ni le passé ni l'avenir, elle lui
rendit grâces d'un événement qui n'arrivait que par sa permission.

Selon la remarque de sainte Thérèse et de tant d'autres
saints qui l'ont su et qui s'en sont réjouis, les croix les
plus pesantes sont pour les plus aimés. Le 17 janvier 1635,
le prince d'Epinoy mourut; Anne sut se résigner, mais
elle chercha vainement son courage. Ce cœur tout à
l'heure si magnanime fut brisé : la douleur la conduisit
à la maladie, et la maladie aux portes de la mort. Sen-
tant qu'elle ne pouvait se relever, elle pria la sainte
Vierge de lui tendre la main. Il y avait à Tongres une
statue miraculeuse de la Mère de Dieu ; elle s'y fit porter,
jeta sur l'image un regard d'amour, et revint guérie.

Elle comprit pourquoi Dieu la guérissait; et c'est le
charme ineffable de ces sortes d'histoires, qui ne sont
jamais les mêmes et qui se ressemblent tant, de voir
comme toujours le maître et le serviteur s'entendent bien,
comptent l'un sur l'autre, se gardent réciproquement fidélité. Anne, quoique engagée par son vœu, était libre de rester dans le monde. Dieu, qui lui donnait de
l'attrait pour la vie religieuse, ne lui inspirait de vocation pour aucun ordre particulier. Elle n'en résolut pas
moins de lui faire un sacrifice absolu. Elle était délicate, toute malpropreté lui inspirait une répugnance in-
surmontable, la vue d'une plaie lui faisait bondir le cœur,
il lui semblait qu'elle ne s'habituerait jamais à respirer
l'air d'un hôpital : elle se fit servante des malades et des
pauvres dans les hôpitaux. Que si l'on veut avoir la
raison de ce choix et le secret de cet héroïsme si fré-
quent chez les âmes chrétiennes, si impossible au reste

de l'humanité, le voici : — « Je puis donc, se disait-elle,
« payer à mes frères ce que je dois à mon Sauveur, quand
« je fais l'aumône, c'est Jésus-Christ qui la reçoit, il me
« tend la main dans la personne des pauvres. Ce sont ses
« membres que je protége contre la rigueur des saisons,
« lorsque je donne des vêtements à ceux qui n'en ont
« point. Il me demande que je l'assiste dans les indigents,
« que je le serve dans ceux qui souffrent. »

Cette croyance est chrétienne, mais la pratique en est
exclusivement catholique. Ceux-là seuls témoignent leur
foi à la présence réelle de Jésus dans le pauvre, qui croient
à sa présence réelle dans l'Eucharistie; et les actions suivent les croyances : il en résulte ou des philanthropes ou
des sœurs de charité.

II. Ce n'était pas assez pour mademoiselle de Melun
de se dévouer. L'éclat de son dévouement lui attirait
des éloges importuns. Il y avait en elle une vertu plus
chrétienne et plus grande que cette charité sans bornes :
elle voulait cultiver pour son Dieu une fleur plus choisie,
plus chère et plus fragile que la virginité même, c'é-
tait la douce humilité. Etre humble, vraiment humble,
il n'y a rien de si beau, puisque c'est spécialement le type
évangélique : *Apprenez de moi que je suis doux et humble de cœur*. Mais il n'y a rien en même temps de si difficile, et les gémissements de tous les saints l'ont proclamé
jusque sur la cendre où ils se couchaient pour mourir, après
de longues années d'abaissement volontaire. Vaine ressource
de s'abaisser, de courir aux emplois dédaignés, de se faire
petit : l'orgueil est toujours là, n'attendant qu'un regard
pour grandir, pour porter sa main insolente sur cette part
que l'on s'efforce de réserver à Dieu. Que faire? Fuir le
piège, se cacher, arriver à n'être rien pour le monde : *Amo*

nesciri, et pro nihilo reputari[1]. Tout ne sera pas dit encore, il restera de durs combats à livrer; mais du moins l'ennemi n'aura plus tant d'alliés, on sera moins lâche à consommer cet anéantissement, cette mort parfaite du vieil homme, qui lui enlèvera tout mouvement et toute inspiration propre, le laissera insensible à la louange, à l'injure, au revers, au succès, n'étant plus qu'une forme, qu'une apparence dont l'esprit fait ce qu'il veut... Eh! oui : *Perinde ac cadaver!* Celui qui a prononcé cette parole savait ce qu'il disait, et il importe peu que les gens de littérature s'amusent de ce qu'ils ne peuvent comprendre. Nous rirons d'eux à notre tour, s'ils pensent que leurs moqueries vont nous faire abandonner une maxime qui est la recette avec quoi se font, depuis dix-huit cents ans, les saints. *Perinde ac cadaver*, c'est la vérité. *Je ne puis rien faire de moi-même. Je juge selon ce que j'entends, et mon jugement est juste, parce que je ne cherche pas ma volonté, mais la volonté de Celui qui m'a envoyé*[2]... Mais : *Comment peuvent-ils croire, ceux qui recherchent la gloire qu'ils se donnent les uns aux autres, et qui ne recherchent pas la gloire qui vient de Dieu seul*[3]?

Pour accomplir son dessein, mademoiselle de Melun avait à faire un sacrifice douloureux : sa mère, retirée chez les dominicains d'Abbeville, l'avait appelée près d'elle. Combien une telle fille devait aimer une telle mère! Il fallait se séparer. Anne pleura, pria et partit, laissant cette noble lettre : « Madame, trouvez bon que je vous dise par écrit un « dernier adieu, ne l'ayant jamais pu faire de vive voix. Si « je ne vous ai pas déclaré mon dessein, ce n'est pas man- « que de respect, ni de confiance, mais par appréhension « de vous causer une peine trop vive, et aussi parce que

---

[1] *Imitation.*
[2] Saint Jean, v, 30.
[3] Id. v, 44.

« mon âme se désolait à la seule idée de vous quitter. Votre
« piété m'est un sûr garant que vous ne trouverez pas mau-
« vais que vos enfants suivent la voix de Dieu qui les ap-
« pelle, dans quelque état, dans quelque lieu qu'il lui plaise
« de les conduire. Pressée de me retirer du monde pour
« mener une vie inconnue, j'aurais craint d'être infidèle,
« si je n'avais obéi aux mouvements de ma conscience et
« à ceux de la grâce. Si cette séparation vous est pénible,
« croyez qu'elle me fait singulièrement souffrir. Mais notre
« commun Sauveur nous dit qu'il est venu diviser l'enfant
« d'avec son père, la fille d'avec sa mère. Cette parole est
« dure, je ne le sais que trop; mais qu'elle sera douce dans
« l'éternité ! Daignez me pardonner, Madame, le chagrin
« que je vous cause, et me donner votre bénédiction, que
« je vous demande à genoux. »

Sous la conduite de son frère, le prince Alexandre,
cœur en tout digne du sien, Anne, cachant son nom, se
réfugia d'abord à la Visitation de Saumur. Dieu l'y avait
conduite, car elle ne savait pas où elle allait. Après trois
mois d'une vie édifiante, elle se préparait à prendre le voile
dans une maison où elle avait trouvé la paix, le travail et
l'oubli, mais ce n'était pas là encore que Dieu la voulait.
Elle fut reconnue, et dès lors on loua sa vertu que l'on
s'était contenté d'admirer.

III. Il nous faut faire connaissance avec de nouveaux personnages. Lorsque l'on sort un peu du bruit et des intrigues politiques qui remplirent en France la première moitié
du dix-septième siècle, on est étonné de trouver partout
des héros de sainteté dont nos tristes historiens n'ont pas
compris le rôle, et peut-être n'ont pas su les noms, laissant
ainsi dans l'oubli la plus noble face de cette époque et rendant l'autre inexplicable. Autour de saint François de Sales,

de sainte Chantal, de saint Vincent de Paul, de M. Olier, du P. de Bérulle, du P. de Condren, de la Compagnie de Jésus, il y avait une quantité d'âmes ferventes, prêtres et laïques, hommes et femmes qui, au milieu des miracles et par des miracles refaisaient la société chrétienne, ruinée par l'influence du protestantisme. Cet esprit catholique si ferme et si intelligent, qui venait de nettoyer la plaie avec le fer glorieux de la Ligue, y versait maintenant le baume de la science de Dieu. Les compagnons de saint Vincent de Paul évangélisaient les campagnes, les Jésuites multipliaient leurs colléges, l'Oratoire, digne encore de son fondateur, exerçait sur le Clergé une action salutaire. M. Olier, l'ami, presque l'égal du glorieux Vincent, constituait en même temps, à Saint-Sulpice, la paroisse et le séminaire, cette œuvre désirée, que le Saint-Esprit avait commandée par la voix du concile de Trente, qu'on essaya vainement pendant un siècle, et qui, enfin accomplie, régénéra le sacerdoce [1].

Richelieu lui-même avait fait, pour procurer de bons évêques, des efforts souvent impuissants, mais généreux ; Anne d'Autriche les continuait à la prière de saint Vincent de Paul. De pieuses femmes, secondant les envoyés du ciel, remplissaient les monastères, les hôpitaux, mettaient en pratique, dans le monde et à la cour même, les leçons qu'elles avaient reçues des filles de saint François de Sales. Chaque jour était marqué par des conversions éclatantes, par des renoncements sublimes ; il y avait comme un souffle de Dieu qui répandait dans la France le culte et l'amour de Jésus crucifié. L'on osait tout entreprendre, l'on savait tout accomplir. Dieu prodiguait sans doute les assistances extraordinaires, mais il trouvait des âmes douces,

[1] Voyez le beau et curieux travail intitulé : *Vie de M. Olier*, 2 vol. in-8º, Paris 1841. Malgré le légitime succès de ce livre, il est encore trop peu connu. Tout chrétien doit le lire pour son édification et pour son instruction.

mortes à elles-mêmes, qui ne savaient rien lui refuser. Combien cette renaissance fut belle, et quelles destinées inouïes elle semblait promettre à la France, lorsque le jansénisme et les débauches de Louis XIV, c'est-à-dire l'orgueil de la chair et l'orgueil de l'esprit, vinrent tout entraver !

Non loin de Saumur, à la Flèche, existait une de ces vertueuses filles qui, par un chaste mariage, épousant Jésus-Christ pauvre et crucifié, faisaient ensuite des miracles ; elle se nommait mademoiselle de La Fère, et venait d'instituer une congrégation d'Hospitalières, formée presque exclusivement de jeunes et nobles demoiselles, gagnées par son exemple à l'amour des malheureux. Un religieux qui dirigeait mademoiselle de Melun, lui ayant parlé de ce nouvel institut, elle sut enfin, par une lumière intérieure, à quelle œuvre elle était appelée. Vêtue presque en indigente, elle se rendit à la Flèche et fut admise parmi les servantes des malades, sous le nom de sœur de La Haie. Là, obéissante, inconnue comme elle l'avait tant souhaité, modèle de ferveur, humble par-dessus tout, elle crut avoir trouvé le lieu de son repos.

Un jour, elle remarqua dans l'hôpital une femme de la campagne qui examinait avec soin toutes les parties de la maison, s'informant dans le plus grand détail de tout ce qui concernait l'administration et le règlement des Hospitalières. Elle eut la curiosité de demander ce qu'était cette femme et ce qu'elle voulait. On lui fit un récit dont elle se souvint toujours.

Cette femme était Marthe de la Bausse, fille de paysans. Son père lui avait légué pour toute fortune un frère à élever et les malheureux à secourir Ayant donc élevé son frère, depuis dix ans elle s'occupait de bâtir un Hôtel-Dieu à Baugé. Elle avait fait commencer les fondations avec vingt sols qu'elle possédait et quarante francs d'aumônes, recueillis à grand'peine. Toutes les ressources lui manquant à la fois, les travaux furent interrompus, mais elle ne renonça pas à son dessein. Elle quêtait. Les dons de toute nature qu'elle put réunir en deux ou trois années, produisirent cent vingt francs : elle ne se découragea point. On la traita de folle, on l'accabla d'injures et de mauvais traitements; elle persévéra. C'est par la croix que l'on apprend à connaître Dieu, et plus on connaît Dieu, dit sainte Thérèse, moins on s'alarme des difficultés que rencontrent ses projets.

« L'ardeur de Marthe pour la gloire de Dieu et le soulagement des pauvres lui suggérait mille industries diverses. Chaque jour de marché elle s'adressait aux gens de la campagne; à l'un elle demandait une journée, un charroi à l'autre; à celui-ci du blé, à celui-là de l'argent. Lorsqu'elle apprenait que des personnes de qualité étaient venues loger dans quelque hôtellerie, elle courait aussitôt les saluer et n'épargnait rien pour les intéresser à son entreprise. On ne saurait dire ce qu'elle eut d'avanies à supporter en ces occasions, soit des valets qui ne voulaient pas la laisser entrer, soit des maîtres qui souvent la maltraitaient de paroles.... Elle visitait tous les malades de la ville, pauvres et riches; les premiers pour les assister et les consoler ; les seconds pour les exhorter à faire dans leur testament quelque legs à l'hôpital. Ce fut encore pour elle une source de mortifications de la part des héritiers. Ils la chassaient ignominieusement. Elle a fait cet aveu à ses confidentes, que plus d'une fois elle a senti vivement l'amertume de ces outrages, et que si Dieu ne l'eût soutenue d'une grâce particulière, elle eût abandonné son œuvre. Ces tentations cependant étaient de courte durée ; elle avait fait trop de progrès dans la science des saints pour ne pas comprendre la gloire et le bonheur attachés au mépris et aux souffrances. Elle n'abandonna pas sa quête un seul jour, toujours contente, quoi qu'il lui arrivât, assurant que les refus étaient une excellente aumône à son endroit, capable de nourrir son humilité et sa patience. Bien loin de concevoir quelque ressentiment contre ceux qui lui faisaient le plus de peine, elle les regardait comme ses meilleurs amis, à qui elle croyait avoir de grandes obligations. Lorsque tout paraissait désespéré ou qu'elle avait absolument besoin de quelque chose, elle allait se prosterner devant le Saint Sacrement et disait à Jésus-Christ, dans la simplicité de son cœur : *Mon Dieu, je ne sortirai point d'ici que vous n'ayez exaucé ma prière. Vous avez promis que votre Père accorderait aux hommes tout ce qu'ils demanderaient en votre nom et pour l'amour de vous ; je vous somme de tenir votre parole. O mon Jésus ! j'ai besoin de cette chose pour les pauvres qui sont vos membres ; donnez-la-moi, je vous en prie !* Cette confiance lui ouvrait les trésors du ciel. Bien des fois elle rencontra au sortir de l'église des personnes qui la cherchaient pour lui remettre ce qu'elle avait demandé. »

Une pauvre femme, la seule amie qu'elle eût au monde, la réconfortait dans ses rares abattements. « Marthe, lui disait-elle, vous réussirez, et cet Hôtel-Dieu procurera le salut de beaucoup d'âmes. » Elle ne pouvait lui offrir d'autres secours, étant trop indigente pour donner, trop vieille et trop infirme pour travailler. Mais c'était assez de sa prière et de sa foi. Néanmoins, elle ne laissait pas de ramasser dans son tablier les pierres qu'elle trouvait en chemin et de les apporter aux ouvriers. Ainsi faisait la jardinière Sophie de Constantinople. Chaque jour elle apportait quelque peu d'herbe aux bêtes de somme qui charriaient les matériaux destinés à la construction de cette magnifique église dont les empereurs d'Orient voulaient décorer leur capitale. Son offrande, quoique petite, fut tellement agréable au Seigneur, à cause de l'intention, qu'un ange, dit-on, écrivit en lettres d'or sur la façade du monument : *Sophie m'a fait bâtir* [1]; et c'est de là que la merveilleuse église fut nommé Sainte-Sophie. Pourquoi ne serait-ce pas la vérité ?

On devine bien que Marthe ne se bornait pas à la construction de l'Hôtel-Dieu. Elle avait du temps pour toutes les bonnes œuvres. On s'adressait à elle pour retirer du désordre les femmes ou les filles qui s'étaient laissé entraîner ; elle était dans le secret des pauvres honteux ; elle servait à la Providence d'instrument universel pour toute sorte de bien. Sa charité n'était jamais sans ressource, et tant de services rendus de tous côtés, au lieu de nuire à sa principale entreprise, la secondaient. Après dix ans, les murs des salles étaient plus qu'à moitié construits, la chapelle était achevée. Marthe, pleine de joie, croyait n'en avoir plus que pour quelques années : car il fallait bien de l'argent encore pour le linge, pour les meubles, pour les toitures... N'importe ! elle venait prendre à l'hôpital de la Flèche une leçon de gouvernement. Elle ne savait pas ce que Dieu venait d'y préparer pour elle, et qu'une fille de sang royal avait été amenée là uniquement pour être sa consolation et son instrument. O voies admirables de mon Sauveur ! quiconque vous suit a-t-il besoin de savoir où il va, puisque certainement il va remplir, pour son salut, vos desseins éternels !

IV. La sœur de La Haie se sentit fortement entraînée vers une âme qui cachait de pareils sentiments et un pareil courage sous des dehors si simples. Néanmoins, Marthe, qu'on admirait maintenant à Baugé, semblait encore un peu extravagante à la Flèche. Ce ne fut qu'une risée dans l'hôpital, lorsque, quelques jours après la visite qu'elle y avait faite, des députés de Baugé vinrent, sur son conseil,

[1] Sozomène, livre IV.

prier de sa part la communauté de leur donner quelques
sœurs pour leur Hôtel-Dieu. La supérieure fit observer aux
députés que cet Hôtel-Dieu n'avait encore ni logements
habitables, ni revenus assurés pour nourrir les malades et
les hospitalières; qu'il convenait donc d'attendre. Pour
divertir la sœur de La Haie, qui était souffrante, on lui
conta cette ambassade. Elle ne rit pas; mais, à sa prière,
le prince Alexandre, qui l'avait accompagnée à la Flèche
sous un nom supposé, se rendit à Baugé afin de tout examiner par lui-même et lui en rendre compte.

Marthe avait des gardes et des sentinelles de charité
postés de côté et d'autre. Avertie presque aussitôt de l'arrivée d'un étranger de distinction, elle vint, suivant sa
coutume, lui demander l'aumône pour son Hôtel-Dieu.
Sur le désir qu'Alexandre en témoigna, elle lui fit voir les
bâtiments, lui communiquant naïvement tous ses projets
pour l'avenir, comme s'il eût été choisi pour les exécuter.
Et, en effet, il les exécuta. La sœur de La Haie se rendit
à son tour à Baugé. Elle, son digne frère et la bonne Marthe,
dont il faut imaginer les ravissements, travaillèrent de
concert. Ils rassemblèrent tant d'ouvriers, et la diligence
fut si grande, qu'en moins de trois ans on acheva cet ouvrage
commencé depuis dix ans. C'était un spectacle digne d'attirer les regards des anges et de Dieu même, de voir le
prince prendre la truelle ou fournir les matériaux aux
maçons pour les aider dans leur travail. De son côté, mademoiselle de Melun préparait elle-même la nourriture des
ouvriers et ne rougissait point de les servir. Cependant,
que disait le public? On ne cessait d'injurier le frère et la
sœur. Les uns disaient que M. de Baumé (c'était le nom
qu'avait pris le prince Alexandre) était un corsaire qui venait
restituer à Dieu, dans un pays éloigné, ce qu'il avait volé
en cent endroits différents. D'autres, plus méchants,
voyant la beauté de mademoiselle de Melun, que vingt

ans d'austérités n'avaient pu détruire, publiaient sans
scrupule les choses du monde les plus outrageantes contre
l'honneur de l'un et de l'autre. Ces impostures trouvaient
croyance dans l'esprit du peuple, au point que, la sœur de
La Haie ayant été obligée de garder la chambre pendant
quelques jours, on osait dire que son mal était l'effet de son
inconduite et que la honte l'empêchait de paraître. On fut
contraint de la faire descendre dans les salles et de la mettre
au rang des pauvres malades, afin qu'étant exposée aux
yeux de tout le monde, le peuple fût désabusé. Elle y gagna
du reste, car elle avait choisi un appartement tout en ruine,
où elle était à peine défendue contre les injures de l'air.
Ces propos lui étaient connus : elle ni son frère ne jugèrent
pas pour cela qu'ils dussent quitter l'incognito, et, songeant
à Jésus outragé par les Juifs, il leur fut doux de pardonner.

Quand tout fut achevé, la bonne Marthe, abandonnant la
maçonnerie, se fit hospitalière. Anne obtint de la supérieure,
comme une grâce, de remplir les offices les plus bas de la
maison. Alexandre se réserva l'office de sacristain. Il entretenait la chapelle dans une grande propreté, veillait à ce
que la lampe fût toujours allumée devant le Saint Sacrement, et ne cédait à personne l'honneur de servir le
prêtre dans l'offrande du divin sacrifice. *Seigneur, j'ai
aimé la beauté de votre maison et le lieu où réside votre
gloire.*

V. Cette douce vie dura peu. Mademoiselle de Melun,
presque toujours languissante, fit une maladie dont elle pensa
mourir. A peine était-elle rétablie qu'Alexandre dut retourner à la cour, où l'appelaient des affaires impérieuses.
« Seigneur, s'écria-t-elle, vous exigez de moi un dépouil-
lement entier de toute créature! » Son frère partit en lui
promettant un secret inviolable. Mais Dieu se plaît à glorifier ceux qui s'oublient eux-mêmes; et, comme il s'était

servi de Judith pour sauver Béthulie, il se servit de notre
humble hospitalière pour sauver Baugé. Un habitant de
la ville tua un soldat de l'armée du maréchal d'Hocquincourt, qui allait soumettre Angers à l'autorité de la Reine
(1652). Le maréchal ordonna le pillage. Un an auparavant,
Anne de Melun avait subi les outrages de la malignité publique sans songer à dire son nom ; elle le révéla pour préserver ce pauvre peuple. Le maréchal, frappé d'admiration
à la vue de cette bure qui dérobait au monde tant de grandeur, lui accorda ce qu'elle demandait et lui promit même
le secret. Seulement, il y mit pour condition qu'elle accorderait à ses soldats l'honneur de les passer en revue. Il y
fallut consentir, elle le fit en princesse. L'armée défila devant elle en lui rendant les honneurs dus au sang royal, et
le maréchal, sans la nommer, s'en alla, publiant dans tout
l'Anjou que les habitants de Baugé possédaient un trésor
dont ils ne savaient pas le prix. Cependant, la pauvre sœur
s'efforçait de modérer la reconnaissance de ceux qui lui
devaient leur salut, et n'y parvenait qu'en les menaçant de
fuir s'ils continuaient leurs démonstrations.

A peu de jours de là, au moment où elle quittait la sainte
table, elle apprit que sa mère était morte en la bénissant.
Ses yeux se tournèrent vers le ciel, elle rentra dans l'église,
et, après avoir pleuré devant le Dieu de consolation, « elle
reprit d'un visage calme ses occupations habituelles. Depuis
longtemps elle avait étudié le néant des choses humaines
et approfondi les mystères de la mort. »

Elle passa, de la sorte, huit ans à Baugé. Une religieuse
qui vécut dans son intimité nous apprend comment elle soignait les pauvres. « Elle entrait dans leurs peines de la manière du monde la plus aisée et la plus naturelle, tour à
tour les exhortant ou les instruisant. Sa tendresse avait pour
eux des délicatesses infinies. En hiver, elle faisait brûler
des parfums pour les récréer par leurs suaves odeurs ; en

été, elle couvrait de fleurs les lits des malades et elle remplissait les salles d'oiseaux privés dont le doux ramage charmait leurs souffrances... Lorsqu'ils mouraient, elle tenait à honneur de les ensevelir de ses propres mains ; et, dans les saisons les plus rudes et les plus incommodes, elle les suivait jusqu'au cimetière, comme aurait pu le faire la mère la plus tendre...

« Il n'était pas un genre de bonnes œuvres qu'elle ne fît. Combien de vierges elle a dotées et placées dans les monastères ! combien de prêtres lui doivent leur éducation cléricale ! combien de ménages elle a réconciliés ! combien d'autres, tombés dans la détresse, où elle a rétabli l'aisance ! Pendant plusieurs années que nous avons habité ensemble à l'Hôtel-Dieu de Baugé, je ne l'ai jamais vue refuser de prendre part à une œuvre de charité, quoiqu'il s'en présentât un grand nombre. Son cœur, ses mains, sa bouche étaient ouverts à tous les genres d'infortunes. Son cœur pour compatir à toutes les peines, ses mains pour répandre l'aumône et les bienfaits, sa bouche pour encourager les malheureux à la patience et à faire bon usage de leurs maux. »

Sa joie était sans égale : on ne songeait plus au maréchal d'Hocquincourt ; connue et visitée seulement des pauvres, Anne était oubliée du reste. Les gens de qualité, soupçonnant qu'elle pouvait être de plus grande qualité qu'eux, s'éloignaient d'une vertu qui condamnait par trop le faste et l'orgueil. Au milieu de cette paix, trois des princes, frères de mademoiselle de Melun, arrivent et dévoilent enfin le mystère de sa naissance et de son nom. Alors les gens de qualité d'accourir et d'admirer ce qu'ils avaient trouvé tout simple et peut-être même, jusque-là trop simple. Sans doute, ces hommages lui rendirent moins pénible la nécessité d'abandonner ses pauvres, pour suivre ses frères à Paris.

Voyons-la dans le monde, puisque Dieu veut qu'elle y reparaisse et qu'elle y porte la bonne odeur de Jésus-Christ.

« Partout où les affaires de sa famille l'appelaient, elle se montra d'un commerce plein de charme et de délicatesse. Sa vertu n'était austère que pour elle seule. Remplie envers tous de politesse et d'égards, elle se pliait avec une facilité admirable à toutes les convenances légitimes. Ses affections la portaient vers la retraite; elle recherchait de préférence les hôpitaux et les pauvres; mais elle savait faire violence à son cœur, à sa charité même : pour elle c'était quitter Dieu pour Dieu, car elle le voyait en tout et partout. On la jugea diversement. Des personnes qui, ne comprenant rien à la piété, la faisaient consister dans des airs composés et une humeur triste, se scandalisèrent; d'autres s'étonnèrent, ne pouvant s'imaginer qu'il fût possible d'unir à des manières si gracieuses de si hautes vertus. Les uns et les autres se trompaient. La vraie dévotion est nécessairement ce qu'il y a de plus beau et de plus aimable, parce qu'elle est ce qu'il y a de plus parfait. »

Cette absence, cet exil, comme elle disait, dura plus longtemps qu'elle n'avait pensé. Le prince Alexandre perdit sa femme et pria sa noble sœur de se dévouer à son tour pour lui en faisant l'éducation de sa fille orpheline. Les saints craignent de suivre leurs inclinations naturelles : Anne obéit aux désirs de son frère, persuadée que tel était le bon plaisir de Dieu. Elle resta donc servante d'une enfant au berceau, comme elle avait été servante des pauvres, et se montra, l'espace de plusieurs années, aussi bonne institutrice que bonne hospitalière. Alexandre ayant ensuite épousé en secondes noces la fille du duc de Rohan, l'hospitalière reprit aussitôt le chemin de Baugé. Au Mans, son frère lui dit un adieu qui devait être éternel; et sans doute elle en eut le pressentiment douloureux, car ce cœur si résigné ne pouvait se consoler. « Ah! que je suis malheureuse, s'écriait-elle, d'aimer autre chose que Dieu! » Il est beau de voir dans ces grandes âmes l'humanité, à la fois morte et vivante, mépriser jusqu'à ne les connaître plus toutes les joies vulgaires, et briser, au premier ordre de Dieu, les nobles et légitimes affections qu'elle ressent avec tant d'ardeur.

VI. Aucun secours ne manquait aux infirmes de Baugé; mais, à quelques lieues de là, tout manquait à ceux de Beaufort. L'hôpital était en ruine; les malades, relégués dans une étroite maison des faubourgs, souffraient d'un dénûment affreux; la ville était pauvre, et mademoiselle de Melun, qui savait ces choses, ayant engagé pour plusieurs années tous ses revenus, ne possédait plus que sa bonne volonté. Elle arriva cependant à Beaufort, conduisant plusieurs hospitalières de la Flèche.

La première chose à faire pour cet hôpital, c'était de le fonder : on se mit à l'œuvre, mais Dieu soumit le courage de ses servantes à d'étranges épreuves. Au bout d'un mois une sœur mourut, quelques jours après deux autres succombèrent; bientôt toutes furent malades. La supérieure et mademoiselle de Melun restaient seules debout; on crut que la peste était dans la maison. Rien ne réussissait de ce qu'on pouvait entreprendre, nulle assistance du dehors, et tout au contraire les parents des hospitalières mortes exigeaient qu'on leur rendît la dot. Au milieu de ces désastres, la supérieure elle-même, femme d'un rare courage cependant, crut que ce serait tenter Dieu de rester davantage et pensa qu'il fallait se retirer. Mademoiselle de Melun ne voulut pas en entendre parler. Par sa persévérance, par ses austérités, par sa foi inébranlable, elle excita l'admiration et la surprise des personnes mêmes qui la connaissaient depuis longtemps. Il y avait à Baugé une religieuse qu'elle aimait entre toutes, et dont elle avait fait en quelque sorte sa fille adoptive : c'était la sœur Roseau, Flamande. Anne avait payé sa dot à Jésus-Christ, et, trouvant en elle une âme de son vol, lui confiait ses secrets et l'employait aux bonnes œuvres qu'elle ne pouvait faire par elle-même : elle l'appela près d'elle; c'était, selon toute apparence, la dévouer à la mort. Mais Dieu était satisfait, il ne prit pas cette victime. Ni Anne, ni la sœur Roseau ne purent succomber à des excès de charité qui effrayaient les plus fermes dévouements. Néanmoins la situation ne s'améliorait pas, et enfin Anne craignit à son tour que l'heure de Dieu ne fût pas venue pour une œuvre si cruellement contrariée.

Tout à coup, l'Evêque arrive à Beaufort. La seule hospitalière qui restât en vie, de toutes celles qui étaient venues de la Flèche, se jette à ses pieds et le supplie de lui permettre de s'en retourner; une postulante, une servante lui demandent en pleurant la même grâce; mademoiselle de Melun lui dit que tout semble désespéré, qu'elle ne voit aucun moyen de poursuivre cette œuvre et qu'elle se préparait à lui demander ses ordres, pour se sauver du doute par l'obéissance. L'Evêque conseille de rester. O miracle! à l'instant toutes les répugnances cessent, toutes les craintes s'évanouissent, personne ne songe plus à partir. Ces pauvres filles étaient dans un dénûment si complet, qu'elles n'avaient pas même de vitres à leurs croisées; la pluie tombait dans toutes les chambres. Elles restent cependant. La force humaine est à bout de voie, elles restent, et elles attendent avec confiance la force de Dieu. Mademoiselle de Melun, se souvenant de Marthe de la Bausse, propose à ses sœurs de devenir elles-mêmes les fondatrices de cet établissement que tout le monde et Dieu même semblent abandonner. Elles réunissent cinquante francs entre elles toutes, et l'on pose la première pierre, mettant Dieu en demeure d'achever. Dieu

achève. Eh! n'en est-il pas toujours ainsi ? A-t-il jamais refusé les lettres à vue que la foi et la charité tirent sur sa
providence?

A partir de ce moment, tout change et tout réussit. Les
habitants, qui ne voulaient pas entendre parler de construc-
tions nouvelles, qui refusaient de donner, qui n'avaient pas
de quoi donner, n'épargnent rien pour rendre les con-
structions spacieuses et magnifiques. Quand les matériaux
n'arrivent pas, ceux qui restent encore sont inépuisa-
bles. L'architecte étonné assure que les pierres et la chaux
se multiplient. C'est merveille, dit-il, chacun n'en revient pas ; plus les ouvriers en emploient plus il en reste
à mettre en œuvre. Mais les pierres vivantes se multiplient bien plus encore pour le développement et la magnificence de l'édifice spirituel ; en peu de temps, soixante personnes prennent le voile ; et l'union et la paix, régnant parmi
ces nobles cœurs, n'en font qu'un seul et même cœur, d'où
s'exhale la joie des anges : *Tu solus sanctus, tu solus Dominus, tu solus altissimus, Jesu Christe !*

« En écrivant tout ceci, dit la bonne mère des Essarts,
qui fit, par ordre de son Evêque, le touchant récit de la fon-
dation de Beaufort, je n'ai eu d'autre motif que de montrer
jusqu'à quel point Dieu se plaisait à récompenser la foi si
humble de son illustre servante, mademoiselle de Melun. Du
haut du ciel, où elle est sans doute dans la gloire, elle veille
sur nous. Chaque jour nous sentons quelque nouvel effet de
sa protection. Puisse, par la miséricorde de notre très-doux
et très-clément Sauveur, son esprit demeurer toujours parmi
nous! Puissions-nous toujours marcher sur ses traces, en dignes filles de Jésus-Christ! Ainsi soit-il.»—« Le Ciel, ajoute
l'auteur, a rempli ces vœux. Le temps n'a rien changé à
l'esprit des hospitalières de Beaufort; la révolution française
es a trouvées fidèles. Les unes sont mortes au milieu
de la persécution, les autres ont porté leurs vertus dans

l'exil, aucune n'a failli à ses serments. Aujourd'hui, les maisons de Baugé et de Beaufort sont comme au jour de leur naissance. Tout a péri ou s'est altéré autour d'elles, leur dévouement et leur charité n'ont pas péri. »

VII De retour à Baugé, où tous les travaux qu'elle s'imposait d'ordinaire n'étaient plus qu'un délassement après ceux qu'elle venait d'accomplir à Beaufort, mademoiselle de Melun ne tarda pas à retrouver la croix ; et peut-être que ce fut alors, après tant de preuves d'amour données à Dieu, que cette nature crucifiée sans relâche depuis plus de quarante ans, commença de souffrir.

Un jour qu'Anne était allée à Beaufort pour ramener sa bien-aimée sœur Roseau, celle-ci vient se jeter à ses pieds, et d'une voix étouffée par les larmes, lui déclare qu'il faut qu'elle la quitte. « Le Seigneur me fait connaître, ajoute-t-elle, que je vous aime d'un amour trop naturel, et que je suis un obstacle à votre perfection. Souffrez que je me consacre ici au service des pauvres; ils en ont plus besoin qu'à Baugé. » Anne poussa un profond soupir : « Seigneur, j'avais cru être détachée de toutes les créatures ; je me trompais !... Eh bien ! oui, mon enfant, séparons-nous en ce monde, pour nous trouver plus sûrement en l'autre. » A peine le sacrifice était-il fait au Dieu *jaloux*, que la bonne Marthe mourut à Baugé, en odeur de sainteté. Anne la chérissait tendrement : *Quoi ! mon Dieu*, s'écria-t-elle, *encore celle-là !* Alexandre, enfin, le bon et doux frère de son cœur, lui fut ravi : *Seigneur, non ce que je veux, mais ce que vous voulez*, répétait la pauvre sœur, en s'accusant de ses larmes. Qu'il y a de miséricorde et d'amour dans ces rudes coups de la Providence, qui brisent une âme et la jettent toute nue dans le sein de son Dieu !

Elle pouvait encore se donner aux pauvres : cette douceur

lui fut ôtée. Dieu lui retira la force comme il lui avait retiré
les créatures, afin que, n'aimant plus que Lui, elle
n'existât plus pour ainsi dire qu'en Lui et pour Lui, deve-
nant inutile sur la terre. « Et par là, dit l'auteur, ce bon
Maître mettait la dernière main à l'œuvre de sa grâce. » Le
monde n'entend guère ce langage. Quoi ! perdre de si saints
amis et des forces si charitablement employées, c'est là une
faveur du ciel ! être inutile au milieu de tant de pauvres qui
souffrent, c'est un bienfait dont il faut remercier Dieu ! Oui,
et les saints du moins l'en remercient, et il nous est permis
d'entrevoir l'inénarrable joie de ces dernières douleurs.
Douleur et joie, mots qu'il faut prendre aux deux limites
opposées des sensations humaines, pour exprimer à peu près
ce ravissement sans nom, cet état de l'âme terrible et radieux,
ce délire d'amertumes et de contentements suprêmes, où les
saints, épuisés d'angoisses et couronnés de béatitude, hommes,
et dieux, nous apparaissent le front dans la liberté du ciel,
les pieds dans les fers de la vie. Qui souffre autant ? peines de
corps, peines d'esprit, tout semble leur être envoyé sans mesure. Ce ne serait rien que les maladies, les outrages, les tortures du cœur ; quiconque a lu leur histoire sait qu'elle en
est tissue ; mais comment peindre ces épreuves qui vont les
persécuter dans leur âme, ces tentations horribles qui sans
cesse les mettent en doute de leur salut, et qui sont telles
que peut-être, à l'exception de la très sainte-Vierge, n'y en
a-t-il pas un seul dans le ciel qui ne se soit cru réprouvé ?
Une chose les console : ils aiment ! et c'est par la puissance
de cet amour qu'ils vivent, qu'ils agissent ; que dis-je ? par
la puissance de cet amour, au milieu des supplices de la chair
et des supplices de la pensée, ils sont heureux. Quand Dieu
se dérobe et qu'ils se croient abandonnés, et que la prière
même est pour eux sans consolation, ils aiment, ils attendent un regard qui les consolera de tout ; et lorsque enfin,
chose effrayante, ils viennent à douter de leur amour,

quelle parole employer pour exprimer ce qui se passe en eux ? car non-seulement ils aiment, mais ils savent qu'ils aiment, puisqu'ils ne meurent pas.

Et c'est une grande grâce que Dieu fait à ceux qu'il laisse sur la terre, en attente à la porte du paradis. Le monde les croit inutiles ou les croit à plaindre ; mais pour eux, s'ils se plaignent parce que leur impatience est grande, s'ils se disent inutiles parce qu'ils comptent pour rien l'exemple que donne leur vertu, ils savent cependant user de ce délai. Juges sévères de cette existence et de ces actions que le monde admire, ils se purifient par une dernière pénitence, par un dernier aveu de cette réelle misère et de cette incurable corruption toujours attachées à la nature humaine. Ils voient et condamnent le péché aux lumières nouvelles de la justice infinie devant laquelle ils vont comparaître, et qui, désirant les trouver sans tache, semble leur envoyer comme un reflet de ses inspirations. Mais à quoi bon ces paroles ! Pouvons-nous douter que Dieu ne les aime incomparablement plus qu'ils ne l'ont aimé, qu'il ne soit plus impatient de les rappeler qu'ils ne l'ont été de partir ? Pourquoi les retiendrait-il sur la terre un instant de plus qu'il ne faut pour sa gloire et pour leur bonheur ? Pourquoi serait-il cruel ?

Anne, depuis longtemps souffrante, se trouvait à Beaufort, lorsqu'elle sentit que son heure approchait. Charitable envers ses sœurs de Baugé, qui étaient spécialement sa famille, elle voulut leur faire don du spectacle de sa mort, et le spectacle fut beau, car il dura toute une année. Ce fut le 13 août 1679, que la très-Sainte-Trinité, occupée dans le ciel de ce grand ouvrage, déclara son humble servante mûre et parfaite pour la beauté des demeures éternelles. Anne rendit le dernier soupir auprès d'une image de la sainte Vierge dont elle avait orné le chœur de la chapelle bâtie des sœurs de Marthe, achevée par elle et consacrée à sa

patronne. Elle y était descendue toute seule, à quatre heures
du matin, parce que le *temps pressait*. Quand les prières
des agonisants furent achevées, elle expira si doucement
qu'on eut peine à s'en apercevoir. Il fallut l'exposer à la
vénération du peuple; le peuple ne se lassait pas de contempler ce noble visage, respecté par la mort. Un nombreux
clergé la conduisit au tombeau le lendemain; mais les gémissements des pauvres et des infirmes ne permirent qu'à Dieu
d'entendre les prières sacrées.

VIII. Telles furent la vie et la mort d'Anne de Melun,
princesse d'Epinoy. Je n'étonnerai sans doute aucun de
ceux qui m'ont lu jusqu'ici, en leur disant que cette femme
admirable n'était pas née toute sainte et *organisée* pour la
bienfaisance, comme certains docteurs ne manqueraient pas
de le penser, si on les consultait sur un phénomène aussi
étrange à leurs yeux qu'il est naturel aux nôtres. Elle était
par penchant fière, hautaine, ambitieuse et colère, et jusqu'à
la fin de sa vie elle garda, non point dans ses œuvres, mais
dans sa conscience, la trace de ces défauts. On les devine
dans les résolutions qu'elle écrivit durant une retraite faite
à Baugé, après son voyage de Paris. Depuis vingt ans elle
était un modèle de chasteté, de douceur, d'abnégation, d'humilité, et il lui fallait encore combattre l'orgueil, la prompt-
titude, l'estime de soi, l'esprit de critique et de raillerie;
et peut-être qu'il lui fallut les combattre jusqu'à la fin, et
que, dans cette abondance d'actes de vertu, dont elle remplit
durant un demi-siècle chacun de ses jours, elle n'en pro-
duisit pas un qui ne fût une victoire. La religion fait souvent
de ces miracles, et à vrai dire elle ne fait pas autre chose;
mais ce qu'elle fait, elle seule le peut faire, et elle ne le
peut faire autrement qu'elle fait.

Lors donc que nous entendons les beaux esprits, les
savants, les sages se moquer de nos humbles pratiques, de

nos bonnes vierges, de nos chapelets, de nos neuvaines, et plus encore de ces maximes crucifiantes pour l'orgueil de la chair et du sang que l'Evangile et les saints nous ont laissées, regardons les âmes héroïques, les cœurs sacrés, les vertus triomphantes qu'ont formés ces pratiques et ces maximes. Sans daigner même demander aux railleurs qu'ils en fassent autant, tâchons d'imiter nos modèles, de servir les pauvres, d'aimer Dieu ; laissons ces grands hommes se préparer des statues.

Hélas ! dans leurs grandeurs, ils sont sujets à l'hôpital tout comme les autres. Ne perdons pas l'art des sœurs de charité : ce serait trop se venger de leurs disciples et d'eux-mêmes.

Il faut que je l'avoue : en lisant l'histoire de mademoiselle de Melun, je me suis souvenu des leçons du Collége de France. M. Michelet qui plaisante si fort la *Fleur des Saints*, et M. Quinet, son compère, qui voudrait détruire la race des Jésuites et la race de leurs pénitents, m'ont fait allonger un récit que je voulais abréger. Je trouve que cette race de dévotes et de dévots, avant d'être expulsée, mérite d'être connue, et qu'elle a son utilité. Pourquoi ne la conserverait-on comme servant à détruire la misère, ainsi qu'en certains pays on protége les oiseaux qui détruisent les reptiles ? Je livre cette idée aux professeurs d'économie politique du Collége de France, afin qu'ils fassent entendre raison à leurs collègues ; et, en attendant, je place ces illustres sous la protection de Marthe de la Bausse, traitée de folle, et d'Anne de Melun, soupçonnée de mauvaise vie par les docteurs ès lettres et par le menu peuple de Baugé.

Que dirai-je maintenant du livre d'où j'ai tiré ces détails, et qui en renferme beaucoup d'autres, non moins édifiants[1] ?

---

[1] Vie de mademoiselle de Melun, revue et corrigée par M. l'abbé Louis Fouré, du diocèse d'Angers. — M. le vicomte de Melun a publié en 1837 une nouvelle et très-intéressante vie de son illustre parente.

L'auteur est versé dans la science des saints. Il m'a fait comprendre ses personnages, et je l'en remercie, car ce sont des amis qu'il me donne dans le ciel. Je ne le connais pas, mais je l'aime. Si ces lignes passent un jour sous ses yeux, qu'il prie pour moi Jésus humble et crucifié.

FIN DU TOME PREMIER.

Caen. — Imprimerie E. Poisson.

.